BECOMING SUPERNATURAL

超自然になる

どうやって通常を超えた能力を目覚めさせるか

ジョー・ディスペンザ［著］
Dr. Joe Dispenza
東川恭子［訳］

ナチュラルスピリット

BECOMING SUPERNATURAL
by Dr.Joe Dispenza

Originally published in 2017 by Hay House Inc., USA

Japanese translation publiched by arrangemnet
with Hay House UK Ltd.through The English Agency(Japan)Ltd.

Tune into Hay House broadcasting at : www.hayhaouseradio.com

真の神秘家　兄弟ジョンへ

『超自然になる』目次

序文

長い人類の歴史を振り返ると、普通の人々が常識では考えられない経験をしたという話がたびたび記録されている。たとえば何世紀も生きたと言われる武道家、李青曇《りせいどん》の、256年に及ぶ人生は1677年に始まり、1933年に亡くなるまでに妻が14人、子供が200人以上もいたと言われる話。また純粋知性科学研究所（IONS）ではありとあらゆる病気が自然寛解した3500例ものケースを、20言語にわたる800の記事で紹介している。これらが明確に示すのは、私たちが本当はこれまで教えられてきたような存在ではないこと、しかも自らに許すおよそ想像できる限界すらも超えた存在だということだ。

人には限りない潜在能力があるという考えが市民権を得るにつれ、関心は「どんなことができるのか」から「どのように実現するのか？　どうすれば尋常でない潜在能力が覚醒するのか？」へとシフトしてきた。この疑問の答えが本書『超自然になる——どうやって通常を超えた能力を目覚めさせるか』の土台となっている。

ジョー・ディスペンザ博士は医療者、科学者であり、現代の神秘家だ。彼はまた多様な科学分野の枠を超えたビジョンに基づいて情報を統合する人でもある。科学の王道とも言える後成遺伝学《エピジェネティクス》、分子生物学、神経心臓学、量子力学など多様な専門領域から情報を取り出し、ジョーはこれまで科学的思考と人の実体験を分離してきた古典的境界線に橋を架ける。そうやって彼は大胆で新しい、セルフ式能力開発パラダイム——知覚し得るものは、広く受け入れられている科学的事実同様に実現可能だという考え方と生き方——の扉を開ける。人の潜在能力がこれまでの認識を上回ったことにより、人が持てる能力をすべて使うとどうなるかが再定義されることになった。そしてその潜在能力は家庭の主婦、学生、一般労働者から科学者、エンジニア、医療専門家まで、誰にでも開かれている。

ジョーの活動がこれほど広く使えるのは、何世紀にもわたり賢者が弟子を指導してきた実績に裏付けられた手法と同じだからだ。それは認知された範疇を超えた能力を一度でも経験すると、その能力は解放されて日常の中にも現れるというシンプルな手法だ。あなたが今手にしている本『超自然になる』は、そのために初めて書かれた現代版マニュアルだ。本書は一歩ずつ段階を踏みながら、理想の体力、健康、人間関係、そして人生の目的を達成するための旅を、読者の好きなペースで進められるよう指南する。

チベット高原の洞窟で私が実際に見た、壁に描かれた偉大なヨガ導師の一人の指導方法でも、弟子たちの〝自己抑制的思考〟を手放すという同じ手法を用いていた。8世紀も前のその導師の教えは今日なお岩に刻まれたまま残り、家庭や教室に生かされている。

＊

1998年の春、私は西チベット高原に向かう巡礼ツアーのリーダーだった。私たちの旅の行程の一つに11世紀の詩人、聖者、ヨガ行者、ジェツン・ミラレパ（当時は単にミラレパと呼ばれた）の人里離れた洞窟があった。

伝説のヨガ行者ミラレパの名前を最初に聞いたのは1980年代、後に私のヨガ教師となったシーク教修行者の指導を受けていた頃のことだ。私は何年もかけてミラレパの人生にまつわる謎について調べた。――裕福な家庭に生まれたミラレパが物質界の所有物を手放す決意をしたこと、残酷な集団虐殺で家族や愛する者たちを失った悲劇的経緯、そして彼の行った復讐とその後の苦悶によりヒマラヤ高山にこもったこと、そこで敬虔なヨガ行者としての潜在能力に目覚めたこと。私はミラレパが物質界の法則を破って自らと弟子たちに、私たちを縛るのは自らの能力を否定する考えだけだということを示した場所をこの目で確かめたかった。旅の19日目、ついにその機会がやってきた。

湿度10度未満、標高4，000メートル以上という気候に慣れた頃、私は800年前にミラレパが弟子たちの前に立ったという場所に立っていた。洞窟の壁から数インチしか離れていないところに顔を寄せ、現代科学では解明も真似もできない未解決の謎を真正面から覗きこんだ。その場所はまさにミラレパが初めて、開いた手を肩の高さ辺りの岩壁に当て、まるで岩壁が存在しないかのように、そのまま壁を手で押したという場所だった。岩壁は彼の手に押されると、柔らかくへこんだ。こうして岩壁に残されたヨガ行者の手形の跡は当時の弟子たちの手本となり、その後数世紀にわたり、人々の目に触れてきた。洞窟内の壁や天井に光を当てて見渡すと、他にもあちこちに手の跡が残っていて、ミラレパの超常デモンストレーションは数回に及んでいたことがうかがわれる。

私も手を広げ、手形の跡に乗せると、8世紀前にあのヨガ行者が手を当てたのと同じ感触が拡がった。あまりにぴったり手の跡に収まったため、この出来事に対する私の一抹の疑念はたちまち消え去った。それはインスピレーションが胸に迫る、敬虔な時間だった。そして私はその時の彼に思いを馳せた。岩壁を押したとき、何が起きたのか？　彼は何を考えていたのか？　恐らくもっと大事なのは、彼が何を感じていたか、だ。手が岩の中にめり込むなんてあり得ないという物理の法則を、彼はどう跳ね返したのだろうか？

心に浮かんだ疑問を見透かしたかのように、チベット人のガイドが答えてくれた。「ゲシェー（偉大な師）の瞑想が教えるのは、自分は岩と分離した存在ではなく、岩の一部だということ。岩が人の手を取り込むことはできません。ゲシェーにとって、この洞窟は経験の場であって、人の限界を示すものではありません。この場所で彼は自由自在に移動でき、まるで岩が存在しないかのように振舞えるのです」。ガイドの言葉には説得力があった。従来の信念では不可能とされていることをミラレパがやってのけた様子を目の当たりにした弟子たちは、現代の我々が自己抑制的思考から自らを開放しようとした時に直面するのと同じジレンマを感じたことだろう。

ジレンマとは、弟子たちの家族、友人、社会が信じていた社会通念である、限界や境界線だらけの世界観のことだ。そこには洞窟の壁を人の生身の体が突き通せるはずがないという考えも含まれる。ミラレパの手が岩にめり込んで行った様子を見た弟子たちは、物理の法則には例外があるということを見せつけられた。皮肉なことに、どちらの見方もまったく正しい。それはその時点で我々がどちらでありたいかによって変わるのだ。

遠い昔にヨガ行者が弟子たちに見せた手形の跡に自分の手を合わせて、私はこう自問した。「今我々が感じている制限や不自由感は、ミラレパの弟子たちのそれと同じものだろうか？もしそうなら、どうすればその制限だらけの世界観を克服し、力を覚醒させられるだろうか？」

人生において真理とされるものは随所に現れるものだと、私は経験から学んだ。このため、ジョーのクラスの実験結果を示す科学的データが、ミラレパを始めとする様々な歴代の聖者たちが発見したのと同じ結論に達したとしても、それは驚くにはあたらない。その結論とは、宇宙が今の宇宙であり、私たちの体がこのようであり、私たちの置かれた環境がこうであるのはすべて意識自体と、我々が自らをどう捉えているかの結果に他ならないということだ。ミラレパの話をしたのは、恐らく普遍的なこの原理を示すためだ。

ヨガ導師の教えのポイントはこういうことだ。不可能だと信じられてきたことが可能になる瞬間を自ら体験するとき、または誰かの経験を目の前で目撃するとき、私たちはこの世界の可能性の限界という考えから解放され、限界のない世界に移行できるということだ。だからこそあなたが今手にしている本は、あなたの人生を変える力を持ち得るのだ。あなたの未来の夢が今現実に起きていることとして受け入れ、あなたの体がそれを今起きていることとして認識すると、それがあなたの未来の現実を反映した感情や生理的なプロセスを連鎖的に引き起こすということに気づくだろう。脳神経細胞や心臓の感覚神経突起、そして体内の化学物質の分泌のすべてが新しい思考を反映し、調和し、量子場にあるあなたの人生にこれから起きる出来事の可能性が再構成され、過去に属する望ましくないことを消去し、今すでに起きているとみなしている未来の出来事を引き寄せる。

本書がパワフルな所以はそこにある。

シンプルでストレートな表現でわかりやすく解説するジョー・ディスペンザは、意識の型を破る量子力学の発見と、古来の聖者たちが生涯をかけて習得した深い教え——超自然になる方法を一冊の本に詰め込んでいる。

グレッグ・ブレイデン
ニューヨークタイムス・ベストセラー
『聖なるマトリックス』著者

はじめに　ようこそ超自然の世界へ

本書を出版することは、自らの評判を落としかねない危険な行為だということは分かっている。世の中、特に科学界の一部では、私の活動を似非科学だと指摘する人々がいて、とりわけ本書の出版後は勢いを増している。かつての私はそのような批評家の意見には十分気を遣っていた。初期の作品では懐疑主義者のことを常に心にとどめ、彼らが納得できるような内容に仕上げたものだ。それは科学界に受け入れてもらうことが重要だとどこかで考えていたからだ。しかしある日ロンドンでの講演中、聴衆の女性がマイクを握り、彼女がどのように病気を克服したか――私の著書の指示に従い、自らを癒やすことができたという話を聞いているとき、私はひらめいた。

私が何をしようと、懐疑主義者や厳格な科学者たちが自らの信条を変えることはどの道なく、彼らが私や私の著作を気に入ることはないだろうということが、その時はっきりとわかった。そしてこれまで多くの貴重なエネルギーを無駄なことに浪費してきたことに気づいた。それ以来私は人間の潜在能力について、一般的・自然科学的見地を支持する人々を説得しようとするのをやめた。私はいわゆる一般常識を超越した出来事に全情熱を傾けていたし、超自然についてもっと学びたいと思っていた。私はもう科学界というひと握りの人々に分かってもらおうとする不毛な努力を断念し、人間の潜在能力の可能性を信じ、私が差し出す考えを聞きたいと願っている大多数の人々のために全エネルギーを使うべきだという明確な考えを持つに至った。

　科学界に認められたいというこだわりを手放し、それ以外の人々に貢献するという考えに転換したことで、私はすっかり気が楽になった。僧侶でも尼僧でもなく、学者でもないあの愛らしいロンドンの女性の話を聞いたとき、私が彼女の話をすれば聴衆はきっと彼女の中に自らの片鱗を見出すだろうと考えた。自力で自らを癒やした彼女のたどった道の話を聞けば、聴衆は自分にもできるかもしれないと考えるだろうと。これまでの人生経験のお蔭で今の私は他人に何を言われても動じない強さを身につけている。もちろん私にも欠点はあるけれど、私はかつてないほど強く、人々の人生を変える役に立っていると実感している。自慢するつもりは毛頭ないが、私は長い年月を費やして難解な科学書に取り組み、それをたくさんの人々がたやすく理解し、活用できるような形にして提供してきた。

実際、私の研究チーム、スタッフと私はごく平凡な人々が非凡な能力を持っていることを示す、人の生物学的変容を科学的に数値化し、分析し、記録して世界に見せるという大きな実績をこの4年間で残すことができた。本書では健康を著しく改善させた人々や、病気を完治させた人々の話に加え、そうするために必要なツールについて書いてはいるが、これは単なるヒーリング本ではない。私たちが積み上げた実績は私の教え子たちの間では当たり前になりつつある。しかし今あなたが手にしている本の内容は一般常識の枠の外にあり、大多数の人々が日常的に目にしたり、理解したりできるものではない。この本は、私のもとで学ぶ者たちが進化を続ける教義を学び、実践したことにより神秘的な能力の領域へと深く踏み込んでいった、その教義と実践に基づいて書かれている。そしてもちろん、本書が科学界と神秘世界の間を結ぶ架け橋となることを願っている。

私が本書を書いた目的は、可能なはずだとずっと考えてきたことを、もう一段階深く理解することにある。人にはよりよい人生を創造する力があること、そして人とは一本の線に沿って描かれた人生をたどる線的存在ではなく、複数次元の中で生きている多次元的存在だということを、私は世界に知らしめたかった。本書を読み、解剖学・化学・生理学的見地から、超自然になるために必要なすべての要素がすでに自らの中にあり、活用されるのを静かに待っているのだということに、読者諸氏が気づくことを願っている。

かつて私はこの領域の現実について取り上げるのをためらっていた。個人の価値観や信条の違いから、読者や聴衆の意見が分かれるのではないかと恐れていたからだ。しかし本書を著すことは私の長年の願いだった。そうして何年も過ごすうちに、豊かで深遠な神秘体験に何度も遭遇し、私の考えは不可逆的に進化した。それらの内的体験は今の私のあり方に大きな影響を及ぼしている。私は読者にその次元の世界を紹介し、私たちが世界中で開く上級者向けワークショップで実施した方法やその成果についてお見せしたい。ワークショップ参加者たちの健康状態は著しく向上していったが、それは瞑想を通じて生理機能が変化するからだと確信したため、私はその様子をリアルタイムで記録し、データ収集を始めた。

私たちは数千枚に及ぶ脳の断層写真を撮り、彼らに起きた変化が気のせいではなく、実際に脳に変化が起きているからだと証明した。ワークショップに参加した被験者の一部は4日（上級ワークショップの日数）以内に脳内変化を示した。私は科学チームを結成し、ワークショップ開始前と終了後、そして瞑想や演習の最中にリアルタイムで脳電図（EEG）を測定し、脳の断層画像記録を集めた。その変化は目覚ましいものだったが、彼ら自身の変化にはもっと驚いた。彼らの変化はそれほど衝撃的なものだった。

世界中で開催されている上級者向けのリトリート（宿泊型ワークショップ）に参加すると、参加者の脳波はシンクロ（同期すること）し、コヒーレント（位相がそろうこと）に機能するようになる。その結果体内の神経系が調和し、これから何を創造していくかが非常に明確になる。すると彼らは外界の条件にまったく影響されることなく自らの意思を行使できるようになる。脳が正しく機能しているとき、その持ち主もまた正しく機能する。ほんの数日で脳がどれほど変化できるかを、これから科学的に示していきたい。これを見ればあなたの脳も同様に変化できることがわかるだろう。

変化の兆候は２０１３年の終わり頃から起こり始めた。私のイベントを見学しに来た科学者や研究者が困惑するような変化が、参加者の脳の断層写真に見つかったのだ。瞑想中の参加者の脳波の測定で、それまで大きなエネルギーが計測されることはなかった。しかしその頃から私たちは計測不能なほど高い数値を何度も観察するようになった。

参加者に聞いたところ、瞑想中の主観的経験は非常に不思議ではあるものの現実味があり、これを経験した参加者は世界観を一変させ、著しく健康が改善した。彼らが瞑想中に内面世界で味わう超現実体験は、外的な世界での経験よりずっとリアルに感じられることを、私はよく知っていた。そして私たちはその主観的な経験を客観的に捉えることに成功したのだ。

私たちにとって、その状態が新しい標準値となった。実際数年にわたり観察してきた結果、一定の数値や兆候が見えた時には脳内に大量のエネルギーが発生することを予測できるようになっていた。本書を通じて私は、これまで謎が多かった〝次元を超える経験〟を解明したい。同時にその経験を可能にしている臓器、神経系、神経伝達物質について科学、生物学、そして化学的見地から解説していく。こうして本書で提供された情報が、読者諸氏自らが次元を超える際に役立つロードマップとなることを願っている。

私たちはまた驚くべき心拍変動（ＨＲＶ）も観察した。これは被験者が心《ハート》を開き、感謝、インスピレーション、喜び、親切、感慨、慈愛といった高揚感をキープしたと思われたときに起きた。このような高揚感を経験するとき、心臓はコヒーレントに脈打つ……つまり規則正しく調和したリズムを刻む。人の生理機能が過去に生きる状態から未来に生きる状態へと変化を始めるには、明確な意思（コヒーレントな脳）、高揚感（コヒーレントな心臓）が不可欠だということが分かっている。意識と体、つまり思考と感情が調和することも重要な条件だ。こうして私たちは現実を創造している。

あなたが心に思い描くことが未来に実現すると本気で信じられるなら、その可能性がすでに現実になったかのように行動してみよう。訓練と試行錯誤を通じてこのスキルに熟達し、特技にしていこうではないか。

数千人に及ぶ参加者の反応を測定するにあたり、私たちがパートナーに選んだのは、カリフォルニア州ボルダークリークにあるハートマス研究所（ＨＭＩ）だ。私たちが目指したのは、それぞれの参加者が外的条件にかかわりなく内面の状態をコントロールする能力を身につけること、そして自分の心臓がコヒーレントになっているか否かを識別できるようになることだ。別の言い方をすると、内面の変化が計測されれば、その人の心臓には調和のとれたパターンができているという判断ができる。その時その人のパフォーマンスは最大級となり、このままの状態をキープすべきだということになる。逆に生理的変化が計測されないときは、その人を望ましい状態にするためのプロセスを習得させることも可能になる。このように、望ましい状態にあるか否かを判別するのがフィードバックの役割だ。

自分の内面で起きている感情や思考を変えることができれば、外界にも変化を起こせる。外界の変化の有無を通じて自分のしたことを観察・評価でき、自分をより注意深くコントロールして、うまくいったことを反復できるようになる。建設的な習慣はこうして作られる。これを実践した人々の実例を紹介していくことで、あなたもどれほどパワフルになれるかを示していきたい。

参加者たちが習得するのは自律神経系に働きかける方法だ。自律神経系とは、私たちの意思とはかかわりなく、ただ身体機能を自動的に調整し、健康とバランスを保つ働きのことだ。無意識に働くこの機能のおかげで私たちの体には生命が宿り、健康に過ごしていられる。ここにアクセスできるようになれば、もっと健康になれるだけでなく、自らの可能性を制限するような信条、行動、習慣などをより望ましいものにさし替えることだってできる。これについては、私が数年かけて収集した情報も示していく。

心臓がコヒーレントになると、そこには体の外に向かって広がる計測可能な磁場がつくられるということについても、私たちは指導してきた。磁場はエネルギーで、エネルギーとはつまり周波数であり、すべての周波数には情報が盛り込まれている。周波数が運ぶ情報とは、その人の意思や考えであり、離れた場所にいる他人の心臓をコヒーレントに調和させるよう促す力を持っている。私たちは同じ部屋の離れた場所にいる人々の心臓が同時にコヒーレントに変化したという証拠を得ている。それは私たちが常に目に見えない光と情報でできた磁場で結ばれていて、互いに影響し合っていることを示すものだ。

そうであるなら、私たち全員が世界を変えるという意図を持ってこれを実行したらいったいどんなことが起きるだろうか？　まさしくそれが、地球とそこに住む生きとし生けるものたちのよりよい未来を実現することに情熱を傾けている私たちの関心事である。この大義を掲げ、私たちはあらかじめ決めた日時に、この星に住む数千という人々が一致団結して同時に地球の波動を上げるというイベント、〝プロジェクト・コヒーレンス〟を企画した。無理だろうって？　とんでもない。論文審査をクリアした23以上の記事で、また平和を志向する50以上のプロジェクトで、そういうイベントが暴力事件や戦争、犯罪、交通事故などを減少させ、経済成長を促進すると主張している。誰でも世界を変えられるということを科学的に証明するのが私の願いだ。

私たちはまた、ワークショップ中に550〜1500人という参加者集団が同時にエネルギーレベルを上げ、心臓と脳がコヒーレントになったらどんな風にエネルギーが変化するかを計測した。そして何度も何度も驚くべき変化を目の当たりにした。私たちが計測に使った道具はまだアメリカの科学界で認可されてはいないものの、ロシアを始め海外では認められている。私たちが計測を行ったどのイベントでも、どこかしらのグループで顕著なエネルギーの高揚が起こり、そのたびに驚かされた。

私たちは人の体を取り巻く生命エネルギーの場を自在に拡大できるかについても、数千人を対象に計測した。結論から言えば、物質界のあらゆるものが、絶えず光と情報を発信している。あなたも例外ではない。アドレナリンなどストレスホルモンの負担を強いられながらサバイバルモードで生きているとき、あなたは目に見えないエネルギー場からエネルギーを取り込み、体内で化学物質に変える。その結果、あなたの周りにあるエネルギー場は小さく縮んでいく。私たちは人の体を包んでいる光の場が拡大しているか、縮小しているかを、フォトン（光の粒子）放出量によって測定する高性能検出装置を考案した。

光の放出が起きているときはエネルギーが豊富にあるということで、その人は生命力に満ち溢れている。体を取り巻く光の場に光と情報が少ないとき、その人はより物質的で、結果的に生命力が不足している。広範に及ぶ研究の結果わかったのは、人の細胞同士や、組織間の連携はよく知られている化学反応によるものだけでなく、メッセージ（情報）を運ぶコヒーレントエネルギーの（光）場を通じて行われるということ。そのエネルギーが細胞や組織内のみならず、周辺全域にある細胞や生命体に指示を与えていることが解明された。[2]私たちは参加者たちが瞑想を通じて内面に変化を起こした結果、体から放出される生命エネルギーの量を計測した。たった４日間、またそれ以下の期間でどれほどの変化が起きるかについて、本書でご紹介したい。

心臓以外の中枢機能（これをエネルギーセンターと私は呼んでいる）も自律神経系の管轄だ。各エネルギーセンターは固有の周波数、意思あるいは意識、ホルモンとその分泌腺、化学的特性、独自の小さい脳があり、要するに小さくてユニークな意思決定機関だ。あなたはこれらの小さな脳に対して、より調和のとれた活動をするよう統合管理することができる。しかしそれにはまず、この無意識下で働く機能にアクセスするために自らの脳波を変える方法を習得しなくてはならない。実際のところ、ベータ波（思考する脳はコンスタントに外界に注目し、分析している）からアルファ波（脳は静かに内面に関心を移行させている）に変えることがカギとなる。脳の活動を意図的に遅くしていくことで、自律神経系のプログラミングがしやすくなるからだ。私が教えた様々な瞑想法を数年にわたり実践している教え子たちは、脳波を変えられるだけでなく、望ましい状態にするために必要な焦点に集中する方法もマスターし、明らかな効果を得られるレベルに達している。私たちはこのような変化を測定する道具を発見し、その研究データを本書に記した。

私たちはまた、遺伝子発現（後成的変化と呼ばれる過程）の変更にかかわる、いくつかの異なる生物学的マーカーの計測も行った。本書を読むと、あなたは遺伝子に書かれた通りの存在ではなく、あなたの思考、行動、感情がそれまでとは違ったものに変化し始めると遺伝子発現も変化し得ることがわかるだろう。イベント開催中の4、5日の間、参加者たちは普段の自分がどういう人物かを思い出さないような環境で過ごす。その間は彼らのことを知っている人々と離れ、彼らの持ちものとも距離を置き、習慣化して無意識にしてきた行動をやめ、いつも決まって行く場所にも行かずに過ごす。そして歩く、座る、立つ、寝るという4種類の瞑想を通じて内面に変化を起こし始める。それぞれの瞑想により、彼らは別人になることを学ぶ。

彼らの遺伝子発現には目覚ましい変化がみられ、健康状態が著しく改善されたとの報告を見る限り、私たちの研究の信ぴょう性は明らかだ。被験者が本当に神経伝達物質、ホルモン、遺伝子、たんぱく質、酵素を思考のみによって著しく変更したことを数値化して広く証明することができれば、これを実践した当人も自らの努力が的を射たものであることを再確認でき、変容がリアルに起きていることも自らに証明できることになる。

本書でこれらの情報を解説し、一歩ずつプロセスを紹介し、その理由について説明するうちに、かなり詳細にわたる知識が習得できるだろう。安心して読み進められるように、各章のカギとなる概念についてあらかじめ概説しておこう。これを敢えてするのは、あなたが何をすでに学んできたかを確認できるようにするためだ。そうすれば前章で学んだものに新たな概念を積み上げてさらに大きな枠組みでの理解を構築できる。ときには難解なものに遭遇することもあるだろう。私が何年もかけて築いてきたものなので、情報量は膨大なものだ。本書では何度も復習や確認が出てくるので、読者がいちいちページを戻って探さなくてもいいようにできている。もちろん戻って読み返したければそれも構わない。言うまでもなく、本書に書かれた内容のすべては、あなた自身が変容するために用意されている。したがって本書に書かれた概念にあなたの意識を添わせていけるほど、ほとんどの章の最後にある瞑想をスムーズに実践できることと思う。これらの瞑想はあなたの変容体験の道具となるだろう。

本書の概要

第1章では、超自然になることの意味をざっくりと理解するために、3つの物語を紹介する。最初の物語で出会うのはアナという女性。過去のトラウマに囚われ、深刻な健康問題をいくつも抱える女性だ。負の感情のストレスが彼女の遺伝子とそれにつながるホルモンを刺激し、非常に困難な健康状態に陥っていた。これはとても過酷な話だが、私はあえてすべての詳細を語ることにした。事態がどれほど悪化していても、この驚嘆すべき女性のように、誰だって好転させる力があるということを読者に示したかったからだ。この女性は本書に書かれた瞑想法の多くを使って自分の人格を修正し、病気を克服していった。私にとって、彼女は真実の生き証人だ。しかし、完全に別人になるまで毎日変容への努力をやめなかったのは彼女一人ではない。彼女は、同じような結果を出したたくさんの参加者集団の一人だ。彼らにできて、あなたにできない道理はない。

あとの2つは私自身の物語で、非常に深いレベルでの変容経験について書いている。この本のテーマは超自然とヒーリングであり、私たちの日常に新たな機会を創出するために書かれている。２つの話をする意図は、３次元の〝空間－時間〟（高校の科学の授業で習ったニュートン的世界）の外に出ると何が可能になるかを示すこと、そして目的地である〝時間－空間〟（量子場の世界）に入るために松果体を活性化する方法を紹介することだ。私のワークショップ参加者の多くが、似たような神秘体験、異次元体験を持っているが、それは物質界の現実に負けず劣らずリアルな体験だ。

本書の後半では物理学、神経科学、神経内分泌学、さらにはなぜそうなるのかをひも解く遺伝子学について掘り下げていく。このため実際にどんなことが可能になるのかがわかる３つの物語で読者のワクワク感を高めておきたい。今この本を読んでいるあなたに呼びかけている〝未来のあなた〟は永遠の今という瞬間の中にすでに存在している。未来のあなたは今よりずっと愛情深く、進化していて、より意識が行き届き、今を生きていて、親切で、豊かで、注意深く、強い意志があり、周囲とつながり、超自然的で、より包括的な存在だ。未来のあなたは現実に存在している。永遠の今の中で、今のあなたが未来のあなたの波動に到達するためにエネルギーを変える行動習慣を起こすのを待っている。

第２章は、私のお気に入りの話題を扱っている。この章を書いたのは、あなたが〝今という瞬間を生きること〟の意味を完全に理解するためだ。量子場（あるいは統一場）と呼ばれる５次元にあるすべての潜在的可能性は、永遠の今の中にある。このため、あなたが新しい人生を創出するとか、体の不調を治すとか、未来の軌道修正をするとかいう場合、今のあなたを超えていく以外に道はない。

この優雅な一瞬というものは、その人がより大きな存在になるために、最終的に自分であることの記憶を手放したときに訪れる。私たちはこれを数千枚の脳画像診断によって見てきた。大多数の人々は、毎日同じ日課を繰り返しながら人生の大半を過ごすことを無意識に選択し、あるいは過去の思い出に浸るという自動的思考回路にはまり、同じ感情を繰り返し味わって過ごしている。その結果彼らは予測可能な未来や慣れ親しんだ過去という時間の中で生きるよう自らの脳と体をプログラミングしていて、今という時間を生きていない。今を生きられるようになるには訓練が必要だが、その努力は必ず報われる。麗しき今という時間のスウィートスポットを見つけるためには、あなたの自動プログラムを上回る強さの意志力を発動する必要があるが、一歩踏み出すたびに私があなたの背中を押してあげよう。

第2章のはじめには科学理論をいくつかおさらいする。本書でひも解いていく概念体系を理解するため、用語の共有を図りたい。ここはわかりやすいことと思う。脳機能（つまり意識ということ）、神経細胞とネットワーク、神経系の各部分、化学物質、感情、ストレス、脳波、エネルギーと指向性などについての話は、あなたが目指す場所にたどり着くためには避けて通れない。本書に頻繁に登場する瞑想のやり方について教える前に、なぜそれをするのかを説明するためのボキャブラリーを読者と共有しなくてはならない。より系統だった詳細の説明を知りたい場合は私の前作『あなたという習慣を絶つ』（ナチュラルスピリット）、〝You Are The Placebo〈あなたはプラシーボ〉〟（未邦訳）をお読みいただきたい。

第3章は、量子場の世界、5次元の入門編だ。3次元の時空の先に、目には見えないがエネルギーと情報の場が存在していること、私たちがアクセスできることをまずは理解してほしい。実際、今という時間を生き、五感での知覚を超えたこの領域に入ったら、あなたは自分が意図する現実を作り出す準備ができたことになる。体に向けられた感覚、あなたの人生を彩る人々、所有物、いつも行く場所、そして時間すらも忘れて今に集中すると、あなたは3次元で体イコール自分自身として生きることで形成されたアイデンティティを文字通り忘れることになる。

純粋な意識体となったとき、あなたはいつもの時空を離れ、量子場と呼ばれる次元に入っている。あなたが抱える問題や、あなたに付けられた名前、スケジュールやルーティーン、悩みの種、感情などを抱えたままこの非物質領域に踏み込むことはできない。他人に評価や認識された人物として入ることはできず、誰でもない存在、無にならなくてはならない。実際あなたの意識を、客観的認識に基づく既知領域（物質・物理世界）から、未知領域（非物質の可能性の世界）へと移行させる方法を覚えたら、そしてそこに心地よく留まっていられたら、あなたのエネルギー周波数は量子場にあるどんな可能性の周波数とも同調できる。（ネタバレ注意：すべての未来の可能性がそこにあるため、事実上創造できないものはない）

あなたのエネルギーと、統一場からあなたが選んだ可能性との間で周波数のマッチングが起きるとき、あなたはその経験を引き寄せることになる。それがどうして起きるのかについて解説している。

第3章の終りに、量子場を経験するために開発した瞑想について簡単に説明している。本章以降、各章の終りには瞑想法とその概要が書いてある。私の誘導で瞑想したい読者には、私のウェブサイト（drjoedispenza.com）で購入またはダウンロード可能な誘導瞑想CD（英語版）がある。もちろん音声に誘導されなくても、本書の瞑想を自分で行うことは可能だ。これらの瞑想のガイドラインは私のウェブサイトでも無料で閲覧できる

www.becomingsupernatural.com/meditation-information/

自分で瞑想をする場合、BGMをかけることをお勧めする。最も望ましいのはボーカルのないもので、スローテンポでトランス状態へ誘うようなもの。あなたを思考から遠ざけ、過去の記憶を喚起しない楽曲を選んでほしい。私のウェブサイトには瞑想BGMにお勧めの音楽がリストアップされている。

第4章では、私のコミュニティで最も人気の高い瞑想法の一つをご紹介する。〝エネルギーセンターの祝福〟と呼ばれるものだ。各エネルギーセンターはみな自律神経系によってコントロールされている。瞑想中にこれらのセンターを健全で最良の状態にプログラミングするための科学について解説する。もしあなたが私の初心者向け瞑想（体の各部、そして体

の外の空間に意識を向けるという瞑想）を実践している場合、それらの経験はすべてこの瞑想のためにあると言える。初心者向け瞑想の習慣は、あなたの意識を集中させ、脳波を変化させて自律神経系のＯＳ（オペレーティングシステム）に作用する態勢を作ることに役立ってくれるはずだ。その領域に入れば、あなたを癒やし、健康と調和を維持し、エネルギーレベルを上げて人生を確実に向上させるためのプログラムをＯＳに組み込むことができる。

第５章では瞑想の導入部に多く使われる呼吸法を紹介する。この呼吸によりあなたのエネルギーが変化し、体内に電流が巡り、あなたの体の周囲にパワフルな電磁場が形成される。後述するが、ほとんどの人々は長年にわたり同じような思考、行動、感情を繰り返してきているため、彼らの体は脳の代わりをするようプログラミムされている。その結果として体内にエネルギーが蓄積されている。サバイバルモードで生きていることから来るこのプロセスにより、ほとんどの創造エネルギーは体からやってくる。したがって、このエネルギーを体から脳へと戻してやる必要がある。そうすればエネルギーを単なるサバイバルに使うのではなく、もっと有意義なことに活用できる。

瞑想により過去から解放されていく過程で、あなたがより意図を持って行えるよう、呼吸の生理学についても解説した。体内に固まっていたすべてのエネルギーをほぐして脳に戻したら、体の再設定をして新しい意識を作ることを学んでいく。体が、それまでのように大半の時間を過去と現在の現実の中で生きるのではなく、現在と未来の現実を生きるよう、感情を使って体に教え込んでいく方法を指導する。環境が遺伝子に信号を送ることは科学的に立証されている。感情というものは、私たちを取り巻く環境で私たちが経験したことによって生成される化学的結果物なので、瞑想で高揚感を味わえば、体内のエネルギーレベルを上げるだけでなく、それは新しい遺伝子に新しい手法で信号を送ることを意味する。それは新しい現実環境に属している。

良い物語に勝るものはない。**第6章**では、前章で詳述した瞑想を実践した人々の実例を紹介する。これらのケーススタディは、ここまで私が解説してきた素材をより包括的に理解するためのガイドラインとして役立つだろう。ここで触れる人々のほとんどはあなたとそれほど違わない。彼らはみなごく普通の人々だが、とても尋常ではないことを成し遂げている。彼らの話をするもう一つの理由は、読者であるあなたが彼らを身近に感じてもらうためだ。「この人たちにできたのだから、自分にもできるはずだ」と感じたら、あなたはごく自然に自分を信じるようになっている。私が人々に発信する際はいつも「あなたが本当はどれほどパワフルかを信じることを選択したら、この先どれほど人の役に立てるか、計り知れないだろう」と言っている。ここで紹介する人々は、あなたがどこまでパワフルになれるかを示している。

第7章では、心臓のコヒーレンスを生み出すことの意味について解説する。私たちが真に今を生き、高揚した感情を維持し、可能性に対してオープンになれるだけの安全が確保できていると感じるとき、コヒーレントな脳と同じように心臓も規則的に働くようになる。脳は考え、心臓はわかる。心臓はワンネスや包括性、統合意識《ユニティ》の中核だ。心臓が活性化すると利己主義から利他主義の状態に変化する。外界の環境の諸条件にかかわりなく内面の状態を維持できれば、あなたは環境を超越したと言えるだろう。心臓の解放というスキルを習得するには訓練が必要だが、ひとたびマスターすれば、心臓は長い期間にわたり鼓動を刻むことになる。

第8章では上級ワークショップで実施する、もう一つの人気アイテムをご紹介する。マインドムービーと呼ばれるビデオと万華鏡を合体し、望む未来を紡ぎ出していく。トランス状態を引き出すために、私たちは万華鏡を使う。トランス状態にあるとき人はより暗示にかかりやすくなるからだ。このとき人には、分析することなく受容し、信頼し、委ねる力が備わっている。正しく行うことができれば、無意識のプログラミングは確実に実施可能だ。だからこそ、万華鏡を使って脳波を変える（目を閉じて瞑想する代わりに目を開けて行う）と、分析しようとする思考を鎮め顕在意識と潜在意識の間にある扉を開けられるのに合点がいくだろう。

マインドムービー（あなた自身の未来やあなたに起きてほしい未来のシーン）を使ってその手順に従うと、あなたはそこに描かれた未来に自らをプログラミングできる。時間をかけて自分のマインドムービーを編纂してそれを万華鏡で見ることにより、あまりにも多くの人々が驚嘆すべき未来を創出し、好機を生み出してきた。初めに作った2本のマインドムービーに網羅した、起きてほしい未来がすべて実現したため、3本目を作っている人もあるほどだ。

第9章では、歩行瞑想を紹介する。この瞑想には立位と歩行の二通りがある。この瞑想法は、私たちが実際に未来に向かって歩み始めるのを助けるという意味で非常に貴重な演習と言える。座位瞑想では、大いなる何かとつながる驚異的な経験が多数起きている。しかし目を開けて我に返ると、私たちは再び無意識領域に入り一連の無意識プログラム、つまりお決まりの感情的反応といった、自動的に繰り返されるパターンのモードに戻っている。私がこの瞑想法を考案したのは、人々が未来のエネルギーを、(目を閉じて行う瞑想時だけでなく)目を開けていても取り込んでいけるようになってほしかったからだ。この演習を習得すると、あなたもごく自然に大金持ちのように考え、何の制約もない人のように行動し、無限に広がる生の喜びを感じるようになるだろう。なぜならそういう人になるような思考回路を脳にインストールし、体に教え込んだからだ。

第10章では再びケーススタディを紹介し、エピソードの形で読者の理解度をさらに深めていく。これらの魅力的な物語は、あなたが学んだ断片的な情報を系統だった知識に変えていくのに役立ち、初めて経験した人々の目を通して別のアングルから捉えることができるだろう。こうしてあなたがより確信と自信と信頼を携えて臨み、あなたの真実に触れることができるよう願っている。

第11章では、五感の領域を超えた世界ではどんなことが起こり得るのかについて、あなたの意識拡大を図る。私は静寂の中にいるとき、たびたび神秘の世界に迷い込む。これは私の好きな分野で、物質界の現実に匹敵するほどリアルな超現実の体験が大好きだ。これを見てしまうと、もう知らなかった頃には戻れない。内面の体験をしているとき、その臨場感やエネルギーはとてつもなく深遠なため、3次元に戻った時にはよく「今までのことはすべて間違っていた！」とひとりごちてしまう。ここで言う「今までのこと」とは、現実のありようのことで、自分がプログラミングした現実のことではない。

この章ではあなたを3次元の時空「空間－時間」――空間は無限大で、空間を移動することで時間を感じるところ――から「時間－空間」へ――時間が永遠で、時間の経過とともに空間（あるいは複数の空間や次元）を感じられるところ――へと誘う。ここではあなたにとっての現実認識について疑問を投げかける。私に言えるのは、あなたがあきらめて投げ出しさえしなければわかるだろうということだけだ。しっかりと腑に落ちるには何度も読み返す必要がある人もあるだろう。しかし書かれたものを読み、考えているうちに、その行為が新たな脳内回路を作り出し、実地体験するためのインフラが整っていくだろう。

物質界とのつながりを切断し、無限の可能性がぎっしり詰まった統一場に入ると、生体システムが高次の周波数を持つエネルギーを取り込み、脳内で5次元の映像に変えていく。そこに**第12章**のテーマである松果体が登場する。脳の中央のやや後ろに位置する小さな分泌腺、松果体は、受信した波動と情報を鮮やかな画像や映像に変換するアンテナだと考えてほしい。松果体を活性化すると、五感を感じる器官を一切使うことなく極めて感覚的な経験ができるようになる。閉じた目の奥で広がるその内面世界の出来事は、あなたがそれまで物理的に体験した最も印象に残る出来事も凌駕するほどリアルに感じられることだろう。言い換えると、完全なる忘我の境地で内面世界に没頭するには、それほどリアルにそこに存在する必要があるのだ。それが起きたとき、この小さな分泌腺はメラトニンを非常にパワフルな代謝物に変換させ、結果として超自然的な体験となって認識される。この章では松果体の性質について学び、使い方を習得する。

第13章では、〝プロジェクト・コヒーレンス〟の最新情報をご紹介する。同日の同時刻にたくさんの人々が一斉に同じ瞑想をして心臓のコヒーレンスを実現したところを何度も計測したとき、参加者たちは非局所的に（エネルギーを通じて、地理的条件にかかわりなく）互いに影響を与え合うことがわかった。彼らが高揚した感情という形で発信したエネルギーには、部屋に集まった人々全員に何か素晴らしいことを切望するという意思が込められていた。すごい人数の集団が全員で高揚した感情を作り、そのエネルギーに「人々の人生が豊かになれ、健康な体になれ、未来の夢が現実になれ、そして奇跡が日常茶飯事になれ」という意図を乗せて放ったらいったいどんなことになるか、想像してみてほしい。

参加者たちが他者の心《ハート》を開放できる様子を見た私たちは、世界を変えるために地球レベルでの瞑想を始めるときが来たと確信した。この惑星を癒やし、そこに生きるものたちを癒やすために、世界中の何千何万という人々がこのプロジェクトに賛同し、参加した。私たちが瞑想するのは結局この惑星をよりよい場所にするためではなかったか？　このプロジェクトがどんなふうに機能するかを科学的に、文字通り純粋な科学として解説したい。平和運動のプロジェクトが持つ底力について研究した論文はすでにたくさん世に出されている。そろそろ歴史の記録を読むのはやめて、歴史を創ろうではないか。

本書の結びとして、**第14章**ではこのワークをした結果、きわめて刺激的な体験をした人々のレアなケースをご紹介する。ここでも、あなたが実践し続ければこれほど神秘的な大冒険も可能だという実例を示している。

さて、超自然になるための準備はできただろうか。

第1章 超自然の扉を開ける

2007年6月、春も終わりに近づき、夏の訪れを予感させるのどかな日曜の午後。そのごくありふれた日が、アナ・ウィレムスにとって普通とはかけ離れた1日となった。

リビングルームから庭に通じるフレンチドアは開け放たれ、白いレースのカーテンがゆるやかに風に踊っている。庭に咲く花の香りを風がかすかに運んでくる。太陽の日差しがあふれるリビングでまどろむアナ。聞こえてくるのは鳥たちのさえずり、隣家のスイミングプールで遊ぶ子供の笑い声、楽しげな水音。12歳になるアナの息子はソファで本に夢中。11歳の娘は上の階で遊んでいるのか、楽し気な歌声が聞こえてくる。

アナは心理療法士。毎年一千万ユーロ以上を売り上げる、アムステルダムでも有数の精神医学施設の役員に名を連ね、部長として勤務していた。アナは興味のある論文や記事を週末にまとめて読む習慣にしていたが、その日も赤い革の椅子にすわり、学会誌を読んでいた。アナのリビングルームの光景は、誰が見ても幸せを絵に描いたようだった。しかしそれが悪夢と化すのに、数分とかからなかった。

ふと、アナは記事を読みながら上の空になっていることに気づいた。読むのをやめると、アナは不意に「そう言えば夫はどこに行ったのだろう」と考えた。夫は今朝早く、アナがシャワーを浴びている間に家を出て行った。どこに行くとアナに告げることなく、彼は姿を消してしまった。子供たちが言うには、パパは一人ずつしっかり抱きしめて「さよなら」と言って出て行ったとのことだ。アナは夫の携帯電話に何度も電話したが、返事はなかった。そこでアナはもう一度電話をかけてみた。返事は来ない。これはどうみても何かおかしい。午後3時30分。玄関のベルが鳴った。アナが出ていくと、そこには二人の警察官が立っていた。

「ウイレムス氏の奥様ですか？」と一人が言った。アナが「そうです」と答えると、警官は「中でちょっとお話をしてもいいでしょうか？」と尋ねた。アナは少し混乱し、不安に苛まれつつ了承した。こうして警官が話したのはこんなニュースだった。今朝早く、街の中心部にある高層ビルのてっぺんから彼女の夫は身を投げた。即死だったのは想像に難くない。アナと二人の子供たちは信じ難いショッキングなニュースに打ちのめされた。

アナは一瞬呼吸が止まり、息苦しさに再び息をした。そして全身が震え出し、しばらく抑えることができなかった。まるで時間が凍りついたようだった。子供たちは座ったまま麻痺したように動けない。その様子を見て、アナは自らの痛みとストレスを彼らには見せまいとした。するとにわかに激しい頭痛が起き、同時に下腹部のあたりに深く大きな穴が空いたような鈍い痛みが襲ってきた。狂乱状態の脳が次から次へと考えをめぐらす中、アナの首と肩はがちがちに固まった。ストレスホルモンがアナの全身を支配した。アナはこのとき、〝サバイバルモード〟になっている。

ストレスホルモンの支配が始まるとき

科学的見地から言うと、ストレスの中で暮らすこととは、生きるか死ぬかというサバイバルモードで生きるということだ。私たちの平和な暮らしを何らかの形で脅かすストレス要因（予測・制御不能など）を感知すると、交感神経系と呼ばれる自律神経のスイッチが入る。そして体はストレス要因に反応して膨大な量のエネルギーを稼働させる。生理学的に言うと、体は目の前にある危険に立ち向かうために必要な資源を自動的に動員する。

状況をよく見極めるために瞳孔が開き、逃げる、戦う、あるいは隠れることができるように心拍数と呼吸数が増加し、全身の細胞にエネルギーが行き渡るように血管には大量のグルコースが放出される。いざというときに素早い身のこなしを可能にするべく、内臓に向かう血流量は限界まで減らされる。免疫系は最初上昇するが、すぐに抑制モードになり、筋肉にはアドレナリンやコルチゾールがあふれ出す。これはストレス源から逃げるか、あるいはそれと格闘するのに備えて大量のエネルギーが注ぎ込まれるからだ。脳内の血流は理性を重んじる前脳から後脳に移動し、結果的に創造的な思考能力が落ち、敏捷に反応するために本能が研ぎ澄まされていく。

アナの場合、夫の自殺というストレス源である情報により、脳と体がまさに前述のようなサバイバル態勢に突入した。差し迫ったストレス源に対して戦う、隠れる、逃げるなどの対応をするために、短期間ならすべての組織は持ちこたえられる。私たちはみな短期的な緊急事態には耐えられるようにできている。危機的状況が去れば体は数時間で元の調和した状態に戻り、エネルギーが充電され、通常モードの生命維持機能が復活する。しかしストレス状態が数時間で終わらない場合、体は調和した状態に戻らない。真実を言えば、自然界のどんな生き物も、緊急事態の中で長期間生き続けることはできない。

大きな脳を持ったおかげで、人類はあれこれ考える力を持っている。自分の抱える問題について考え、過去の出来事を脳内で再現し、未来に起こり得る最悪のシナリオを想像するなど。ただ考えるだけでストレス性の化学物質を滝のように放出するスイッチをオンにしている。お決まりの過去のワンシーンや予測不能の未来を何とかコントロールしようとするたびに、その思考が脳と体の正常な生体反応を阻害してしまうのだ。

アナは毎日何度も何度もあの日のことを思い出していた。アナは知らなかったが、体は〝実際に目の前で起きているリアルな危機〟と、〝記憶をたどっているだけの危機〟との違いを識別できない。このため何度も思い出すたびに、その感情がトリガーとなり最初に起きたのと同じストレス反応を体に起こしていた。まるであの日と同じことが何度も起きているかのごとく、アナの脳と体には同じ化学物質が放出され続けた。その結果、アナの脳は何度も同じ出来事を記憶庫に記録し続け、体はあの日と同じ感情体験が作り出す化学物質を浴び続けた。それが一日に少なくとも１００回以上繰り返された。とめどなく思い出すという反復行為により、アナの脳と体は過去のあの日にしっかり固定されてしまった。

感情とは、過去の経験の科学的帰結（またはフィードバック）のことだ。外的環境から私たちの感覚器官を通してある情報を受け取るとき、脳内のニューロンが結束し、ネットワークを形成する。その過程が収束してあるパターンができると脳は化学物質を作り、全身へと送り出す。この化学物質の分泌を感情と呼ぶ。私たちは過去の出来事を、湧き起った感情を通して鮮明に思い出すのだ。経験の良し悪しにかかわりなく大きく感情を揺さぶるほど、体内の化学物質の組成変化が大きくなる。体内の大きな変化を感知すると、脳は外界の何（または誰）がそのような変化を起こさせているのかに注目する。そしてその外的経験を画像として記録する。これを記憶と呼ぶ。

こうして一つの出来事の記憶は脳内で神経学的ラベルがつけられる。アナの場合のように、そのシーンは脳内で永遠に凍りついてしまう。極限までのストレスを体験したある特定の時間と場所にいた人々の顔触れやそこにあったものは、ホログラフ画像として脳内の神経構造に刻み込まれる。長期記憶はこのようにして形成される。経験は神経回路にしっかりと刻印され、感情は体に貯蔵される。こうして過去が私たちの生物的組成の一部となる。別の言い方をすると、一度トラウマ体験をすると私たちはその時できた神経回路の中で思考を巡らせ、その時できた化学物質が作る感情の範囲内で感情を味わう。この時私たちの存在のすべて(何を考え、感じるかを含め)は生物学的には過去にすっかり囚われた状態になっている。

アナが怒涛のように湧き起る否定的な感情にどっぷり浸かっていたことは想像に難くない。途方もない哀しみと悼み、被害者意識、苦悩、罪悪感、慙愧の念、絶望、怒り、憎しみ、フラストレーション、恨み、ショック、恐れ、不安、弱気、打ちのめされた感、苦悶、無力感、孤立、孤独、不信、そして裏切り。どれを取ってもなかなか消えるものではなかった。アナがそれらの感情について分析していくと、辛さはいや増すばかりだった。アナは繰り返し味わっていた感情の轍にはまり、それ以外の感情の入る余地がなくなっていた。感情とは過去の記録なので、アナは過去の中で考えを巡らせ、日に日に落ち込んでいった。心理療法士だったアナは自分に起きていることを理論的、専門的に判断することができた。しかしどれほど優れた洞察も、彼女の圧倒的な苦しみの前にはなすすべがなかった。

周囲の人々はアナを〝夫を失った女性〟として接するようになり、それが彼女の新しいアイデンティティになった。アナは自分が今の状態にある理由として過去の記憶と感情を結びつけていた。アナの沈んだ様子に「どうしたの？」と聞かれるたびに、アナは夫の自殺の話をした。そのたびにあの日の苦悩と絶望が何度でも蘇った。こうしてアナは脳内の同じ回路を繰り返し活性化しては同じ感情セットを再生し、脳と体を同じ過去の日に縛り付けていたことになる。来る日も来る日もアナは過去が今も目の前で起きているかのように考え、行動し、感情を湛えていた。思考、行動、感情は人格を構成する要素なので、アナの人格は完全に過去でできていた。生物学的に言うと、夫の自殺の話を繰り返し語ることにより、文字通りアナの頭はその出来事でいっぱいになった。

下降スパイラルの始まり

アナは仕事ができなくなったため、休暇を取ることにした。その間に分かったのは、有能な弁護士だったアナの夫が、実は自己破産していたことだった。まったく知らされていなかった夫の多額の負債をアナが肩代わりしなくてはならないのに払える金はなく、借りる当てもなかった。すっかり弱っていたアナに、こうしてさらなる感情的・心理的・精神的負担が重くのしかかった。

アナの頭の中は無数に湧き起る疑問で堂々巡りをしていた。……子供たちをこれからどうやって育てていけばいいの？　私たちこれからどうやってこの悲劇を乗り越えていけばいいの？　私たちの将来はどうなるの？　夫はなぜ私にサヨナラも言わずに逝ってしまったの？　悩んでいた彼に、私はどうして気づかなかったの？　私は妻として失格かしら？　子供たちが二人いるのにどうして私を置いていってしまったの？　私一人で育てていけるはずないじゃないの……？

やがて彼女の思考の中に夫への非難や断罪が忍び込んできた。……彼は多額の借金を私に残して自殺するべきじゃなかった。何という臆病者だろう！　よくも子供たちを父親のいない子にしてくれたものだわ。私たちに遺書一枚書かずに逝くなんてひどい人！　黙っていなくなったあいつが憎らしい。子育てを私一人に押し付けるなんて最低の無責任男だわ。自分のしたことが家族にどんな結果をもたらすか、考えもしなかったのかしら……？　こんな風に考えるとき、その感情エネルギーは非常に強力で、体にはさらなる負担となる。

それから9か月後の2008年3月21日の朝、アナは目覚めると下半身が麻痺して動かなかった。その数時間後、アナは病院のベッドに横たわり、傍らには車椅子が置かれていた。診断は神経炎（末梢神経系の炎症）だった。いくつか検査をしても妥当な原因を見つけられなかったため、医師たちがアナに告げたのは「自己免疫疾患以外に考えられない」ということだった。アナの免疫系が下部脊椎の神経を攻撃し、神経を保護する膜を破壊したため、両足が麻痺したのだろうと。アナは尿意をこらえられず、肛門を閉めることもできず、両足はまったく感覚がなくなり動かすことができなかった。

闘争・逃走（ストレスのかかる事態に対処する自律神経の反応）神経のスイッチが入り、慢性化したストレスのためオフにならずにいるとき、体はすべての貯蔵エネルギーを動員して外界から感知する絶え間ない脅威に備えようとする。結果として体の成長や修復、免疫系に使われるべきエネルギーもすべて危機対応に向けられることになる。内面での葛藤があまりにも長期間に及んだため、アナの免疫系は体を攻撃し始めたのだった。アナが味わい続けてきた精神的苦痛が、ついに物理的苦痛として姿を現した。端的に言えば、アナの人生は、過去に生きることで完全に停止していたため、体が動かなくなったということだ。

それから6週間にわたり、主治医は炎症を鎮めるためにデキサメタゾンや副腎皮質ステロイドの点滴を大量に行った。入院生活という新たなストレスに、免疫系をますます苦しめる投薬が加わり、強い細菌感染を引き起こしたアナは、またまた大量の抗生物質を取る羽目になった。2か月の入院生活を終えて退院したアナは、歩行器と杖がないと動けない体になっていた。左足に麻痺が残っていたため、まともに歩けないばかりか立っていることすら困難だった。便意のコントロールはいくらか復活したが、尿意はまだコントロール不能だった。ご想像通り、すでに高かったストレスレベルに、アナの新しい状況がさらなる追い打ちをかけた。夫を自殺で亡くし、自分と子供たちの生活を支えるために働くこともできなくなり、多重債務に苛まれた揚句、2か月以上も下半身麻痺で入院生活を送ったのだ。アナの母親が見かねて助けに来た。

アナは身も心もボロボロだった。評判の良い病院で名医に恵まれ、最良の医療を受けていたにもかかわらず、病状は少しも改善しなかった。夫の死から2年が経った２００９年には鬱病と診断され、ますます多くの薬を飲むことになった。その結果、アナの気分は怒りから悲しみへ、痛みや苦悶から絶望へ、さらにはフラストレーション、恐怖、憎悪などへと乱高下し続けた。これらの感情は行動に反映されるため、アナは次第に理不尽な行動を取るようになった。初めのうちアナは、子供たちを除き、接する人全員に喧嘩を売るようになった。やがて娘ともうまく行かなくなった。

魂の闇夜

そうこうするうちに新たに複数の病気が見つかり、アナの日常はますます苦痛を伴うようになった。口の粘膜にできた大きな潰瘍が食道上部にまで拡がり、びらん性口腔扁平苔癬《へんぺたいせん》を患った。これも自己免疫疾患の一つだった。これを治療するためにさらなる内服薬に加え、口内に副腎皮質ステロイド軟こうを塗らなくてはならなかった。この治療の結果、アナは唾液が出なくなった。その結果固形物が食べられなくなり、食欲減退を引き起こした。アナは物理・化学・情緒面という3種類のストレスを同時に抱えていた。

2010年、アナはある男性とのひどい関係に陥っていた。彼はアナだけでなく子供たちにも言葉の暴力を浴びせ、高圧的な態度でアナ一家を絶え間ない恐怖にさらした。アナは一文無しで仕事も心安らぐ家庭も住む家も売却して失ったため、その粗野な男性と暮らす以外選択肢がなかったのだ。アナのストレスはとどまることなく上昇し続けた。自己免疫性の食道潰瘍はさらに深いところまで広がり、肛門や膣といった他の粘膜にも飛び火した。彼女の体の免疫機能は完全に崩壊し、今や複数の皮膚疾患と食物アレルギーを発症し、体重が激減した。病んだ食道のために嚥下《えんげ》障害が始まり、胸やけを起こし、ますます薬が増えていった。

その年の10月、アナは心理療法士の仕事を再開した。子供たちが学校に行っている午前の間に2セッションを週3日だけ、という軽い内容にした。それでもセッションをした後はぐったりと疲れてしまい、子供たちが帰宅するまでベッドで休養が必要だった。子供たちのためにできるだけのことをしたいと思いつつ、体力も体調も思わしくないため、家から出られなかった。アナは家に来る人以外誰とも会わず、社会から完全に切り離されていた。

彼女の体調や日常を含むすべての状況が繰り返しつきつけたのは、彼女がどん底にあるということだった。彼女は人にも状況にも、一触即発でイライラしていた。彼女は秩序立った思考ができず、集中力もなくなっていた。もうこれ以上生きるために必要な生命力もエネルギーも枯渇していた。ちょっと激しい動きをするだけで、心拍数が２００を超え、常に息切れして、汗をかくようになった。そしていつでも胸のひどい痛みに苛まれていた。

アナの魂はどん底の暗闇を経験していた。唐突にアナは、夫がなぜ死を選んだのかが理解できた。このままあとどれくらい続けられるか分からず、自殺しようかと思い始めた。「これ以上悪くなれないところまで堕ちてしまったわ」

しかしもっと悪いことがまだあった。２０１１年１月、アナの医療チームは、アナの胃の入り口付近に、食道がんを見つけた。当然ながらアナのストレスは頂点に達した。医者はアナに化学療法《キモセラピー》を勧めた。誰ひとりアナの気持ちや精神面のストレスについて訊ねる者はなく、医師団はアナの体の症状についてしか関知しなかった。アナのストレス反応は依然として続き、危機スイッチはずっとオンのままだった。

驚くことに、アナのような経験をした人は枚挙にいとまがない。突然人生に降りかかった衝撃やトラウマが引き起こす否定的な感情に飲み込まれてしまい、健康も人生も壊れていく。もし依存症が自力では歯止めがかけられないものだとするなら、アナのような人々は自分を痛めつける元凶であるストレス感情に依存していると、客観的に判断できる。大量に放出されるアドレナリンと、その他のストレスホルモンが脳と体を興奮状態にしてエネルギーを垂れ流す。[1]　そのうちに放出される化学物質にも依存するようになり、その時点での周囲の状況や人々の態度によってますます依存を正当化していく。こうして否定的感情はエスカレートしていく。アナは彼女が置かれたストレス満載の環境を利用してエネルギー放出を繰り返した。本人が知らないうちに、アナは自分が最も嫌っていた人生に感情的依存症を起こしていた。このような慢性化・長期化したストレスは、病気を引き起こす遺伝子のボタンを押すことが科学的に証明されている。アナが抱える問題や過去に起きた出来事について考えるという行為がストレス反応をオンにしているのなら、彼女の健康を破壊したのは彼女の思考ということになる。ストレスホルモンには驚異的な力があるので、彼女は自分を最悪の状態に貶める元凶である思考に依存するという事態に陥ったのだ。

アナは化学療法に同意した。しかし第1クールを終えたところで情緒不安定と神経衰弱に陥った。ある日、子供たちが学校に行った後の家で、アナは床に倒れて泣き出した。ついにどん底の中の底に到達したのだ。このままいけばもう長くは生きられないこと、そして子供たちは両親のいない孤児になるだろうという考えがよぎった。

アナは生まれて初めて神に救いを求めて祈った。何かを変えなくてはならないと、心の奥で感じたからだ。まったくお手上げ状態の敬虔な姿勢で、導きや指導、この地獄から脱出する方法を神に請うた。そして彼女は神にこう約束した。「もし私の祈りが聞き届けられたら、残りの人生を死ぬまで毎日あなたに感謝して過ごし、人の役に立つために働きます」と。

人生のターニングポイント

アナは人生を変えようと決心した。最初に変えたのは、それまで受けていたすべての治療と投薬を（抗鬱剤以外）やめたことだった。「今後は治療に来ません」と、医師や看護師に告げることなく、ただ病院に行くのをやめた。その後病院から様子をうかがう電話が来ることはなかった。近所のかかりつけ医だけが心配して連絡してきた。

２０１１年2月、床に倒れ込んで泣きながら祈ったあの冬の寒い日、アナは固い決意で自分を変え、人生を変えるという選択をした。その決断が持つ強いエネルギーに、体が反応し始めた。〝変わろうという決意〟がアナに活力を与え、不毛な関係の男性のもとを離れて子供たちと3人で暮らす家を探し始めた。それはあたかも、決意したあの一瞬の彼女自身がアナの新しいアイデンティティを作ったかのようだった。アナはまっさらになってやり直す必要があるとわかっていた。

私がアナと出会ったのは、それから1か月後のことだった。かろうじて残っていた数少ない友達の一人が、金曜の夜の私の講演会の座席をアナのために予約してくれたのだった。アナの友達はこう言った。「もし金曜の夜の講演が気に入ったら、土日の2日間のワークショップに参加するといいわ」。そしてアナは金曜の夜、講演会を聞きに来た。満員の会場の中でアナを初めて見た時、彼女は左端の壁際の席に座り、松葉杖を壁に立てかけていた。

私はいつも通り、思考と感情がどんなふうに体や人生に影響を及ぼすかについて講義した。ストレス性の化学物質がどれほど有害で、病気を作るかという話だ。神経の可塑性や精神神経免疫学、後成的遺伝学、神経内分泌学について触れ、量子物理学の話までした。これらについては本書でも追々詳述するが、ここではこの分野の科学の最先端研究が大いなる可能性を指摘していることを理解するだけで十分だ。インスピレーションをたくさん得たあの夜、アナはこう考えた。「私が抱える麻痺や絶望、弱り切った免疫、潰瘍、そして癌までも含めた今の人生を私自身が創ってきたのなら、同じようにして全部を消す力だってあるかもしれない」。そして新しい理解に勇気づけられて、アナは自らを癒やす決意をしたのだった。

週末ワークショップの直後から、アナは1日2回の瞑想を始めた。もちろん当初はただ座り続け、瞑想をするのは難しかった。アナには克服するべき疑念が山ほどあり、精神・身体面で体調の悪い日も少なくなかった。それでもめげずにアナは瞑想を続けた。アナはいろんな恐れも抱えていた。アナが病院に行くのをやめた時、心配して連絡してきたかかりつけ医に「治療をやめるのは愚かで、幼稚な決断だ。このまま治療をせずにいると症状はどんどん悪化していき、早晩死ぬことになるだろう」と言われた。権威ある立場の人にそんな宣告をされたらどんな影響力があることだろう！　それでもアナは毎日瞑想を続け、徐々に恐れに囚われなくなっていった。財政面での負担や子供たちの世話、体の不自由さに消耗することもあったが、それらを言い訳にして内面のワークをやめることはなかった。その年、アナは私のワークショップに4回も参加した。

内面と向き合い、無意識に続いてきた思考の癖や習慣、反射的な情動反応など（これらは脳にがっちりプログラミングされていて、お馴染みの感情が体を支配している）を変えるにあたり、アナは慣れ親しんできた過去ではなく新しい自分の未来を信じようと決意を固めた。アナはポジティブな感情、明晰な意思、そして瞑想の力により、過去を生きる自分から新しい未来を生きる自分へと生物学的に変身しようとした。

アナは毎日、瞑想の前と後では別人になるまでやめたくないと思って瞑想に臨んだ。アナは全身全霊で自分の人生を愛するようになるまで瞑想を終えないという決意をした。現実を五感で定義する物質主義者から見れば、アナが自分の人生を愛せる明白な根拠はどこにもない。アナは絶望した未亡人でシングルマザー、財政破綻していてまともな職もない。癌を患い、足には麻痺があり、あちこちの粘膜が潰瘍を起こしている。支えてくれる配偶者もパートナーもなく貧しい生活を余儀なくされ、子供の世話をする力もない。しかし瞑想の中では、**実際に経験するよりひと足早く**、自らの体に明るい未来を感じるよう導くことができるとアナは学んだのだ。体とは無意識の頭脳であり、実際に起きている経験と、想像により感情を想起している状態との区別がつけられない。後成的遺伝学についても学んだアナは、愛、喜び、感謝、インスピレーション、慈愛、そして自由といった高次の感情は新たな遺伝子に信号を送り、身体機能と構造を健全化するたんぱく質を生成するようになることを知った。もしストレスホルモンが体内を駆け巡り、健康を害するよう遺伝子を動かしているのだとすれば、ストレス感情を打ち消すほど強いプラスの感情で体を満たしていけば、健康を増進する遺伝子を新たに発動し、病気をリセットする体作りが始まるというメカニズムをアナはしっかりと理解した。

約1年の間、アナの健康には大した変化が起きなかった。それでもアナは瞑想をやめなかった。実際アナは、私が考案し、指導しているすべての瞑想を行った。アナがボロボロの体になるまで何年もかかったことを考えれば、元に戻すにもそれなりの年月が必要だということをアナは理解していた。アナはひたすら無意識によぎる思考、行動、感情に意識を向ける努力を続け、間違っても自分が望まない経験が意識にのぼらないよう細心の注意を払い続けた。こうして最初の1年が過ぎた頃、アナは精神面、感情面で少しずつ良くなってきたことに気がついた。アナはそれまでの自分でいるという習慣を断ち、まったく新しいアナを創出したのだ。

私のワークショップにたびたび参加していたアナは、自律神経が消化吸収、血糖値、体温、ホルモン分泌、心拍といったすべての不随意運動をつかさどるのだから、自律神経系を修復し、調和させなくてはならないことを学んでいた。その〝OS〟に入り込み、自律神経系のプログラムを書き換える唯一の方法は内面の状態を変えること。そしてその状態をキープすることだ。

アナは瞑想の最初に必ずすべてのエネルギーセンターを祝福するようにした。エネルギーセンターはどれも自律神経系の管轄だ。本書の冒頭でも触れたように、各エネルギーセンターには独自のエネルギー、つまり波動（独自の意識を持ち、情報が内包されている）があり、固有の内分泌腺、ホルモン、化学的組成、そして小さい脳がある。要するに各センターがそれぞれ固有の意識を持っている。これらのセンターは、顕在意識の下に広がる無意識脳の影響下にある。アナは自律神経系（脳の中央に位置する）のＯＳに入り、各センター同士が調和して働くようプログラムを書き換えるために脳波を変える方法を学んだ。集中力と情熱を携え、アナは毎日たゆまず体の各部分や各センターに意識を向け、祝福をささげ、健康の回復と幸福を願った。ゆっくりと確実に、アナは自律神経系に調和というプログラムを書き込むことに成功し、体の調子が整っていった。

アナはまた、私の教えた呼吸法も習得した。習慣化された結果体に蓄積されている思考や感情のエネルギーを、この呼吸法によって解放した。同じ思考回路で考える習慣ができていたため、アナは同じ感情ばかり想起し、その感情の存在が再び元の思考回路を呼び覚ますというループにはまっていたのだ。過去に抱いた感情はみな体に蓄積されているが、その過去から解放される道があること、過去の感情エネルギーは呼吸法によって解除できることをアナは学んだ。癖になっていたネガティブな感情に勝るポジティブな感情を体に経験させるべく、アナは毎日呼吸法に取り組んだ。こうして呼吸により体から古い感情エネルギーを一掃することを学んだアナは、望むような未来が起きる前に、心臓のあたりで感じるであろう喜びの気持ちを想起することにより、体を新しい意識に調和させる方法について学んだ。

私のワークショップで後成的遺伝学モデルの勉強をしたアナは、遺伝子が病気を作るのではなく、環境が遺伝子に「病気を作れ」という信号を送るのだということを理解した。感情とはある環境を経験した結果生まれる化学物質の合成物だ。そうであるなら、つらい過去の日々の感情を引きずっている限り、アナは次々に病気を引き起こした同じ遺伝子を選択し、同じ信号を送り続けていることになる。現実の環境とかかわりなく、起きてほしい理想の未来の暮らしから湧き起こるであろう感情を抱くことができれば、アナは遺伝子発現を変えることができ、結果としてその未来と調和した体が創られていくだろう。アナはそう考えた。

アナが取り入れたもう一つの瞑想は、胸の真ん中あたりに意識を集中させ、自律神経を活性化するというものだ。これによりコヒーレントな心拍(これについては詳しく後述する)と呼ばれる効率の良い心拍の形を作り、そのまま維持することができる。苛立ちや恨み、フラストレーション、怒り、憎しみといった感情を抱くとき、その感情がストレス反応を引き起こし、コヒーレントな心拍が失われてバランスを崩すことをアナは学んだ。以前のアナが否定的な感情にすっかり馴染んでいたのと同様に、心臓に意識を集中させるという新しい感覚に親しみ、そのままキープできれば、遠からず前向きな感情をより深くリアルに醸成できるということを、アナは私のワークショップで学んだ。もちろん怒りや恐れ、絶望、恨みといった強い感情を、喜び、愛、感謝、自由といった感情に差し替えるのは並大抵の努力でできることではない。しかしアナはあきらめなかった。ポジティブな感情の高揚感は千種類を超える化学物質の放出を促し、アナの病んだ体を癒やしてくれると知ったからには、試してみるより道はなかった。

アナは私の作った歩行瞑想も実践し、新しい人格のアナとなって毎日歩き続けた。目を閉じて座位瞑想をする代わりに、アナは目を閉じたまま立位瞑想をしてみた。立った状態で変性意識に入ったので、瞑想状態を保ったまま目を開け、未来のアナとして歩いた。これをしながらアナは新しい思考・行動・感情の習慣を築いていった。ここで作った新しい回路はやがてアナの新しい人格となっていった。アナはもう以前の無意識状態で暮らす自分に戻りたくなかった。

懸命な努力の甲斐あって、アナは自分の思考のパターンが変化したことに気づいた。もう以前のように負の感情のループに陥ることはなくなっていた。脳内の古い神経回路は使われなくなったので、解体されていった。回路が消失したため、古い思考パターンが浮かんでくることはなくなった。アナは数年ぶりに、ほんの少しずつだが感謝や喜びという感覚を思い出し始めていた。アナは毎日瞑想をして、体と心の弱い部分の克服にいそしんだ。アナは落ち着きを取り戻し、ストレスホルモンが刺激する否定的感情への依存はほとんど見られなくなった。この頃から愛を感じるようにもなった。アナは引き続き前進し、外界から見たアナという人物像をなぞるような生き方をしないように、努力し続けた。

アナ、手応えをつかむ

２０１２年5月、アナはニューヨーク州郊外で開かれた私の4日間セミナーに参加した。3日目に実施した4つの瞑想の最後の一つで、アナはとうとう完全に顕在意識によるコントロールを手放し、すべてを委ねることができた。瞑想を始めて以来初めて、彼女は真っ暗な広大無辺の宇宙に浮かんでいるような感覚を経験したのだ。しかもそれを感じているという自覚は維持していた。アナは自分がどういう人物かという客観的評価の枠組みの記憶を飛び出し、完全に体から自由になり、物質界とも線形に流れる時間とも無縁な、純粋な意識体となった。あまりに圧倒的な自由に感動し、健康状態などどうでもよくなった。限界も枠も何もなくなったので、今の自分を何と形容したらいいかわからなかった。あまりにも高みに来てしまったため、過去のアナとのつながりは切れていた。

この状態のアナに、問題は何一つなく、痛みも過去のこと。アナは生まれて初めて自由というものを味わった。この状態のアナはアナという名前ではなく、女性でなく、病気でもない。生まれ育った文化でもなく、職業でもない。このアナは時空を超えた存在だ。アナがつながったのは、量子場と呼ばれる、あらゆる可能性を内包する情報の宝庫だ。突然アナは、まったく新しい未来の自分の姿を見た。そこで彼女はステージに立ってマイクを握り、大観衆の前で自らの体を癒やしたというストーリーを語っていた。そのような未来をアナが想像したというのとは違った。それはさながら、まったく別人のような、新しい人格を持った未来の自分が新しい現実の中にいる姿を映した動画をダウンロードして、その新しい人生を垣間見たような気分だった。その内面世界は、今の外界の現実よりもずっとリアルに感じられた。五感という感覚器官を一切働かすことなく、臨場感あふれる感覚を味わったのだ。

瞑想中、唐突に新しい人生を経験した瞬間、アナの体に溢れんばかりの喜びと光が流れ込み、体の芯から湧き上がるような深い安堵を感じた。この時の彼女は、物質的な自分自身をはるかに超えた大きな存在だという感覚があった。圧倒的な喜びが体を駆け巡り、感謝の気持ちが全身にみなぎった時、アナは我知らず笑い出した。その瞬間アナは、もう大丈夫だ、と確信した。それ以来、アナの抱く信頼、喜び、愛、感謝の念は重みを増していき、瞑想状態に容易に、深く入れるようになった。

アナがこうして過去と決別し、代わりに入ってきた新しいエネルギーはアナの心《ハート》をどんどん開放していった。アナにとって瞑想は毎日の義務ではなくなり、毎日のご褒美となった。それはアナの生き方となり、習慣として定着した。アナにエネルギーと生命力が戻り、抗鬱剤を飲まなくなった。思考パターンも気持ちの持ちようもすっかり変化した。彼女の意識はまったく新しくなり、行動もそれに伴って劇的に変化した。その年、アナは見違えるほど健康になり、人生ががらりと変化した。

その翌年、アナは引き続きいくつものイベントに参加した。覚えたワークをこなしながら私の活動に賛同する人々のコミュニティとの親交を深め、完全なる健康を取り戻すためにたくさんのサポートも得られるようになった。ワークショップでは強く決心できた人も、ひとたび元の環境に戻ると古いプログラムが発動し、これまでの習慣どおりの思考や感情、行動パターンに舞い戻ってしまうのはあまりにも簡単だ。それにもめげず、アナは毎日瞑想を続けた。

2013年9月、アナは総合的健康診断を受けた。癌と診断されてから9か月、夫の自殺から6年経っていたが、アナの体から癌が姿を消し、食道はすっかり元通りになっていた。血液検査でも腫瘍マーカーの結果はネガティブで、食道、膣、肛門部の粘膜の潰瘍も完全に癒やされていた。口腔粘膜の潰瘍も消えていたが、粘膜の充血が残り、潰瘍の治療薬を飲んでいたせいで唾液が出ないという問題も残っていた。

アナは、健康な体のアナという新しい人物になった。病気は古い人格に従属するものだった。まったく違う思考、感情、行動を取ることでアナは新しい自分を再発明した。ある意味一つの人生の中で、アナは二度めの誕生を果たしたのだ。

2013年12月、バルセロナで開かれた私のイベントに、アナは最初に私の講演を紹介した友人を伴って参加した。観衆を前にして、私はある参加者がたどった驚くべきセルフヒーリングの話をした。それを聞いたアナは、アナ自身がたどったストーリーを私に共有するときが来たと考えた。アナは話の全容を手紙に書いて、私のアシスタントに届けた。私の活動の参加者や読者からの手紙にはよくあることだが、その手紙の書き出しはこんなものだった。「これから話すことを、あなたは信じられないでしょう」。手紙を読み終えた私は翌日アナをステージに招き、観衆に彼女の話をするように依頼した。こうして彼女はステージに立ち、奇跡のようなV字回復ストーリーの話をした。これに遡ること1年半、ニューヨークでの4日間セミナーで（私は知らなかったが）瞑想をしたときに見た未来のビジョンが鮮やかに現実となった瞬間だった。

バルセロナでのイベント以来、アナは熱心に口腔内に残る問題に取り組んだ。6か月後、私はロンドンで講演を行い、アナも参加した。そこで私は後成遺伝学の話をした。突然アナはひらめいた。「私は癌を含め、すべての体のトラブルを解決した。だったら遺伝子に唾液を作れ！　という信号を送ることだってできるはずだ」その数か月後、２０１４年に開かれたワークショップで、アナは口の中で唾液が湧き出るのを感じた。その日以来、正常に唾液が出るようになり、口腔粘膜は完全復活した。それ以来、再発は起きていない。

今のアナは健康で生気にあふれ、幸せで安定した人格と明晰な頭脳の持ち主だ。スピリチュアル面で言えば、アナは目覚ましい進展を遂げ、瞑想で深い変性意識に入り、たくさんの神秘体験をしていた。アナは今、創造的で愛と喜びに満ちた人生を送っている。彼女は私が行っている企業向けトレーナーの一員となり、組織や企業研修で定期的に指導を続けている。２０１６年、アナは精神医学研究所を創設し、20人以上のセラピストやプラクティショナーを雇い、成功している。財政的に自立し、豊かな人生を送れるだけの資産を手に入れた。アナは世界中を旅し、美しい場所を訪れ、インスピレーションあふれる人々と親交を深めている。彼女には愛情豊かで楽しいパートナーと、新しい友人たちがいて、彼らはアナと子供たちを慈しみ、リスペクトしてくれる。

もしアナに、過去のひどい健康問題について訊ねたら、彼女はこう答えるだろう。「苦境のてんこ盛りだったあの経験は私の宝物よ」。考えてみてほしい。あなたに起きた最悪の出来事が、人生最高の宝物になるとしたらどうだろう？　アナはいつも私に、今の自分の日常が大好きだと話す。私は決まってこう答える。「そりゃそうさ。君は毎日〝自分の人生を心から愛せる人物〟を創り、その人物になれるまで瞑想をやめようとしなかった。そういう人を君が作ったんだから、当然の結果だよ」。アナはその変容の旅路の結果として、〝超自然〟となった。彼女は彼女の過去とつながっている古い人格を克服し、文字通り新しく健康な未来を創造した――体の生物学的組成が新しい意識に合わせて変化したのだ。アナは真実と可能性の生きた見本だ。アナが自らを癒やせたのだから、あなたにもできないはずがない。

神秘体験

あらゆる身体症状を解決できるのは、このワークの魅力的な利点と言える。しかし利点はそれだけではない。神秘体験は本書のテーマの一つでもあるため、体のヒーリングに負けずにパワフルな変容をもたらす、もっと深い次元での現実についてご紹介したい。超自然になることとは、自分自身をより深く見つめ、物理次元と、他次元での立ち位置を探る行為でもある。私が何を言わんとしているのか、またあなたにどんなことが可能になるのか、私の人生を例に挙げて具体的に説明してみたい。

太平洋岸米国北西部のある冬の雨降りの日、長い一日を終えた私はカウチに腰かけ、窓の外で風が大きなモミの木の枝の間をすり抜ける音を聞いていた。子供たちはすでに自室のベッドで眠りに落ち、ようやく自分だけの時間がやってきた。心地よい部屋の中で、私は次の日にするべき仕事の確認をしていた。心の中で段取りを整理し終えた頃、あまりにも疲れたため、私は数分の間ぼうっと何も考えない時間を過ごしていた。暖炉の火の影が壁に映ってちらつく様子をぼんやりと見ているうちに、私は変性意識状態になった。体は疲れていたが、意識ははっきりしていた。しかし何かを考えたり分析したりするモードにはなく、ただ宙を見つめ、今という瞬間を生きていた。

体はどんどん緩んでいき、私はゆっくりと体が眠りに落ちるに任せた。一方で意識は眠らず、起きているようにした。部屋の中の一点に目の焦点を合わせないように、ぼんやりと意識を全体に漂わせた。これは私がよくやる一人遊びだ。毎回ではないが条件がそろうと非常に深い異次元体験ができるため、私はこの時間が大好きだ。それはあたかも覚醒と睡眠、夢見の狭間に扉が現れ、その向こうにある明晰な神秘空間に迷い込むような感覚だ。この時私は期待や予測をしないように、ただただ心を開放するようにしている。先を急がず、何も起きないからと言って焦らず、また何かを捏造することもなく、ただ静かにその異次元に漂い続けるのはかなりの忍耐力が必要だ。

あの夜、私は松果体に関する記事を書き終えたところだった。小さな松果体が隠し持つメラトニンの魔法のような代謝物の数々について数カ月かけて研究してきた私は、ついに科学とスピリチュアルの間に橋を架けたという喜びに浸っていた。何週間もの間、私の頭は松果体の代謝物が神秘体験を引き起こすのではないかという命題に取り憑かれていた。ネイティブアメリカンのシャーマンのビジョン、ヒンドゥ教のサマディ瞑想、その他もろもろの儀式で変性意識を取り入れているように、古代文明の人々は異次元から情報を引き出す方法を知っていた。この領域で何年も未解決のままだったいくつかの概念の謎を解くカギが突然ひらめき、その発見をしたことで私はより大いなる存在に近づいた気になっていた。時空を超えた高い次元に至る方法を解明するための貴重な一歩を上れたと私は考えていた。

学んだ知識の一つひとつがインスピレーションとなり、人類が持つ可能性をより深く理解する手がかりとなった。しかし私の好奇心はそこで終わらなかった。その気持ちに任せて私は松果体のある位置に意識を集中させていった。そしてふと思い立ち、「おい、松果体、君はどこにいるんだい？」と訊いてみた。

関心を脳内の松果体のあるあたりに集中させ、暗闇の世界へと滑りこんだとき、まったく唐突に丸い瘤《こぶ》のような私の松果体の3次元画像がポンと浮かんだ。それはぴくぴくと口を開いては牛乳のような白い物質を放出していた。そのホログラフィックな画像の鮮明さに衝撃を受けたが、あまりにリラックスしていたためただ感心してそれを受け入れ、観察を続けた。それはあまりにもリアルで、私は自分の小さな松果体を見ているのだと確信した。

次の瞬間、目の前に巨大な時計が現れた。それは鎖の付いた昔の懐中時計のようで、信じられないほど鮮明な画像だった。それを見た途端に私はある明確な情報を受信した。それまであると信じていた線形の時間、つまり過去から現在、未来へと続く時間の概念は、実際に世界で起きていることとは違っている――私は瞬時にそう悟った。実際には、すべてが永遠の今という瞬間に起きている。この無限の広がりを持つ時間の中に無限の空間や次元があり、そこには数えきれない現実があるのだと。

もし永遠の瞬間というものが一つしか存在しないのなら、今の人生に過去はなく、まして過去世もないことは理に適っている。しかし私はまるで無限のコマ数を持つ古い映画を見るかのように、すべての過去と未来の映像を同時に見ることができた。それも映画のフレームが映し出すのは単一シーンでなく、限りない別の選択肢も含めて足場を組むように存在し、あらゆる方向に無限に続いているのだ。それはさながら2枚の合わせ鏡を同時に見ているような感覚で、そこには永遠に終わらない空間や次元が相互に映し出されながら延々と続く二つの世界がある。しかし私が見たものをご理解いただくために、こんなふうに考えてほしい。無限に連なる次元フレームがあなたの前と後ろ、上と下、右と左にそれぞれ伸びている。それぞれの無限の可能性は既に存在している。それらの無数の可能性のうちどれか一つに意識を集中させるとき、それは現実として経験される。

私はその時、私はどんなものとも切り離されていないことを実感した。私はすべてのもの、人、場所、そして時間とも一体であると感じた。それは私がよく知っている感覚と知らない感覚が混ざり合ったものとしか言いようがない。

松果体と時計の画像を見せられた私は、松果体とは〝次元時計〟だと、すぐに理解した。この次元時計のスイッチが入ると、ダイアルを合わせるだけで時系列のどの地点にも行ける。見せられた時計の針が進んだり戻ったりしているのを見て、まるでタイムマシンのように、ある特定の時間にセットして時間旅行をすると、そこには経験すべき空間、あるいは次元が広がっているのだということを、私は理解した。この驚くべきビジョンが教えてくれたのは、松果体には物理次元の現実からは知り得ない情報にチューニングを合わせ、永遠の時間の中にすでに存在している現実に私たちを結びつけてくれる、宇宙のアンテナのような機能があるということだ。この日私がダウンロードした情報はあまりにも膨大で、どれほど言葉を尽くしても語り切れるものではない。

過去と未来の自分を同時体験する

時計の針が戻り、過去のある時点を指すと、その時空次元がリアルに浮かび上がった。私は瞬時に過去のその時点を実際に生きている自分自身を見つけた。私はリビングルームのカウチにいるにもかかわらず、それは今まさに起きているかのように感じられたことには驚いた。次の瞬間私はその時間と場所に物理的に存在している自分に気づいた。そこにいる私は小さな子供で、それを見ている私は依然としてカウチに座っている大人の私なのだ。子供の私は7歳で、その日高熱を出していた。当時の私は高熱が大好きで、体が熱くなったとき特有の精神錯乱状態で見られる抽象的な夢やビジョンの世界に深く入り込むことを楽しんでいた。私は自室のベッドで布団を鼻まですっぽりかぶっていて、母が部屋を出て行ったところだった。私は一人になれてワクワクしていた。

母がドアを閉めるや否や、私は大人の私が今やっているのとまったく同じ異次元トリップを始めた。体を緩めていき、覚醒と睡眠の狭間でまどろみながら今に留まり、何かが始まるのを待っていた。大人の私は今の今まで、子供の頃のこの習慣についてすっかり忘れていた。子供の自分に戻ってみると、私は明晰な夢を見ていて、そこに展開する可能性をはっきりと理解していた。

その様子を観察していた大人の私は、少年の私が解明しようとしていたことに深く感動し、わずか7歳にしてこれほど複雑な概念を理解していたことに驚きを隠せなかった。大人の私はこの少年にすっかり惚れ込んでしまった。この時私は少年として生きている私と、ワシントン州で生きている大人の私の両方に、同時につながりを感じた。子供の私がベッドで明晰夢に浸っていること、そして大人の私がカウチでしていること。これらは今同時に起きているということ、そしてそれらには深いつながりがあるという強い確信があった。そして大人の私が子供の私に感じた愛情を、子供の私が感じ、カウチにいる未来の自分を引き寄せていた。

次に起きたのはもっと奇妙なことだった。子供のシーンが消えると再び時計が現れた。時計の針を未来に進めることもできるようだった。好奇心に駆られた私は、何の恐れもてらいもなく時計の針が未来を指す様子を見守った。次の瞬間私は寒い夜にワシントンの自宅の裏庭に裸足で立っていた。それはカウチで異次元体験をしていたのと同じ夜だったので、何時だったかは分からない。しかし裏庭に立っていた私は未来から今という時間に来ていた私自身だった。言葉ではとても表現しきれないことだが、敢えて説明するとしたら、ジョー・

ディスペンザという名の未来の人物はものすごい変化を遂げていたということだ。私は未来の自分が途方もなく進化していることに驚愕し、恍惚感に浸った。

未来の私は研ぎ澄まされた感覚の持ち主で、すべてに気づいていた。気づいているというのは、つまり超がつくほど感覚器官が敏感になり、フル稼働しているような感じだ。見る、触れる、感じる、匂う、味わう、聞くものすべてが拡大したように感じられる。私の感覚器官はあまりに高感度なため、身の回りのすべてがつぶさに感じられ、すべてに最大限の注意を払い、今という時間を味わい尽くそうとしているかのようだった。感度がいきなり跳ね上がったため、意識もそれに合わせて高揚し、エネルギーレベルもアップしていた。この張り詰めたエネルギーを体感し、私は身の回りで起きているすべてのことに注意を向けていた。この感覚を言葉で表現するとしたら、一定で揺らぐことのない、極めて整然としたエネルギーだということ。それは私たちが人として普段経験するような化学物質が醸成する感情とはまったく異質のものだった。実際のところ未来の私には人間のような感情はもう抱けないと感じた。彼らより進化したからだ。それでも愛を感じることはある。ただし質が異なり、人間のような化学物質醸成型の愛ではなく、電気的な愛だ。未来の私はほとんど火の塊のように熱く情熱的で、生命を愛していた。私は信じられないほど純粋な喜びそのものになっていた。

真冬のさなか、私は靴もジャケットも身につけることなく裏庭を歩き回り、冷たい外気を感じていたが、それが究極の快感だったのだ。足の裏に感じる凍りついた土がどれほど冷たいものか知る由もないが、未来の私は裸足に感じる凍った草や大地を心から愛し、草にも大地にもつながっているという強い連帯感があった。気づいたのは、もし普通の人間がするように寒さを捉えると、すぐさま善悪といった二極化した概念につながり、未来の私が経験しているエネルギーを分断してしまうということ。寒さという体験に何らかの評価を下すことで、その体験のもつ価値の完璧さが損なわれるのだ。未来の私が体内に感じていたエネルギーの高揚感は筆舌に尽くしがたく、それは真冬の裏庭という外的環境をはるかに凌駕するものだった。そのため私は寒さを何の苦もなく体感し、情熱を持って受け止めていた。それが生きるということだ。実際私はあまりの法悦に浸り、この時間が永遠に終わらないことを心から願った。

強さと叡智を身につけ、進化バージョンとなった私は歩き始めた。私は心静かに強い力が備わったことを実感し、存在の喜び、生命への愛をほとばしらせていた。庭を歩きながら、私はあえて、庭に設えた炉の前に座るため、横にして階段状に積み上げられた大きな玄武岩柱の上を歩いてみた。巨大な石の上を裸足で歩くのはこの上ない快感をもたらした。私はその比類ない感覚を心から楽しんだ。散策は続き、私は自作の噴水に近づいた。この芸術作品を、弟と二人で作った時の記憶がよみがえり、笑みがこぼれた。

突然、噴水の後ろにまばゆい白い服を着た小さな女性が目に入った。彼女の身長はせいぜい2フィート（約60cm）くらいで、その後ろにはもう一人の女性が立っていた。もう一人のほうは大人の身長があり、同じような服装で光を放っていた。長身の女性は小さな女性を護るかのように背後から見守っていた。

小さな女性に見入っていると、彼女も私に気づき、私の目をじっと覗き込んだ。すると私はさらに強い愛のエネルギーが湧き起るのを感じ、彼女が愛を送ってきたのだと感じた。格段に進化していたはずの私でも、こんなに大きな愛を感じたことはないと思った。完全無欠さと大いなる愛の感覚が弾けるように広がった。私は驚嘆した。「少し前に感じた至福の愛をさらに上回る愛が存在するなんて！」それは恋愛感情とは異質のものだった。心が浮き立つ電気ショックのようなエネルギーが私の内面で目を覚ましたかのような感覚だ。私の中にこれほど大きな愛があることを、彼女は知っているようだった。彼女が私以上に進化した存在だということも分かった。私がその電流を受けた時、同時に情報が伝わってきた。「キッチンの窓を見なさい」。その瞬間、私はなぜここにいたのかを思い出した。

未来の私は振り返ってキッチンの窓を見た。数時間前までカウチでまどろんでいた現在の私は今キッチンで食器洗いをしていた。私は庭陰でほほ笑んだ。私は家の中にいる彼を愛していた。私には彼の誠実さや戦いぶり、情熱、愛情が見えた。彼の意識はいつでもせわしなく働いていて、ひっきりなしにいろんな概念をつなぎ合わせては有意な法則を引き出そうとしていた。彼についていろいろ見えてきた中で、彼の未来の姿もいくつかあった。偉大な親のような心境で、私は彼を誇りに思い、彼が彼でいることに崇敬の念を覚えた。彼を見ながら私の内面から強いエネルギーが湧きあがるのを感じた。すると突然彼は食器洗いの手を休め、窓の外に目を向け、庭を見渡して様子をうかがい始めた。

私は依然として未来の私だが、現在の私のことも記憶していた。あの時私は実際に皿を洗う手を止めて窓から庭を見渡したのだ。私は胸の辺りに理由もなく愛が湧き起るのを感じ、庭のほうから誰かが見ているか、少なくとも誰かが外にいると感じたからだ。頭上にあるキッチンの照明が窓に反射していたので、庭をもっとよく見ようと身を乗り出した。そうやって数分の間、暗い庭の様子をうかがってから、シンクに残った食器を洗い始めたことまで覚えている。未来の私は、あの美しい輝きを放つ女性が未来の私にしたのと同じことを、現在の私にしてくれた。それであの女性が現れた理由がわかった。

我が子に向けたような愛と尊敬の念を抱いたさっきのシーン同様、未来の私は愛を届けることで現在の私とつながりを持ったのだ。あの時未来の私は現在の私に未来の姿を見せるために現れ、その絆を可能にしたのは愛だった。未来の私は溢れんばかりの叡智を持っていた。しかしその私も現在の私もどちらも同時に生きている私だというパラドックスがある。実際のところ、過去、現在、未来の3つではなく、無数の私がいる。無限の領域に、数えきれない私の可能性が存在しているのだ。しかもその無限の領域も一つではなく、無数に存在している。そしてそれらすべてが永遠の今の中で起きている。

異次元トリップを終えてリビングのカウチに戻ってみたら、世界が色褪せて見えた。そして「ああ、さっきに比べて今の私の現実の知覚能力は何と制限だらけなのだろう」と感じた。内面の体験があまりに豊かで、すべてを明晰に知覚し、理解できたため、この経験をする前の私が知っていると思っていた神、自分自身、時間、空間、そしてこの永遠の今という次元で何が可能か、といった認識のすべてがあまりに狭い考えだったということに、この時初めて気がついた。私たちが現実と呼んでいる代物が、どれほどの大きさをはらんでいるかに考えが遠く及ばない私はたとえるなら幼児のようなものだ。私は生まれて初めて〝未知の領域〞という言葉が持つ本当の意味を、恐れや不安を伴うことなく理解した。そして、あの経験をする前の自分にはもう戻れないと確信した。

こういうことが起きた時、家族や友人に話すと、たいていは脳内の化学物質のバランスがちょっと崩れたせいだろうなどと言われるのが関の山だ。私は自分が経験したことを誰にも言えずにいた。大体うまく説明できるような言葉が見つからなかったし、下手にケチをつけられて二度と経験できなくなるのも嫌だった。それから数カ月の間、私は心の中であの過程を再現し続け、何があの経験を引き起こしたのかについてばかり考えて過ごした。時間の概念についてもすっかりわからなくなり、考え込まずにはいられなかった。しかし、永遠の今というパラダイムシフトの他にも気づいたことがあった。あのめくるめく体験を終えて3次元に戻った時、実際にはわずか10分程度しか経っていなかった。私は2種類の濃密な体験をしてきたのだから、あれを全部網羅するにはもっとずっと長い時間が必要なはずだった。拡張する時間の謎も大いに私の好奇心をそそり、私は自分に起きたことについてますます精力的に研究を始めた。もし解明できれば、あの経験を再現できるかもしれないという期待があった。

あの記念すべき夜から数日の間、私の胸の中心の辺りには電気的刺激の感覚が残っていた。あの小さな美しい女性が私の中の何かのスイッチを入れた時と同じ感覚だった。「現実に体感できるものがある以上、あの経験は本当に起きたという以外考えられない」と私は繰り返し思った。私が胸の中心に意識を向けると、その感覚が拡大することにも気づいた。当然といえば当然だが、その当時私は社会活動にあまり興味が持てなかった。外界で起きることや周囲の人々は私を内面の世界から引き離し、あの特別な感覚が失われるのを恐れていたからだ。時の経過とともに、それは実際消えてしまった。それでも私たちの経験にはもっとずっと大きな愛が存在するということについて私は考え続けた。そしてあの次元で体にみなぎっていたエネルギーはずっと残っていた。またあれを経験したいと願ってはいたが、その方法が分からなかった。

私は長い間あの経験を再現しようと何度も試してみたが、結局何も起きなかった。今思えば、同じ結果を期待することと、無理やり起こそうとしてイラつくことは、神秘体験（に限らず、何にでも言えることだが）をする上で最もしてはいけない2点だった。私はあれがどうして起きたのか、どうしたらもう一度体験できるかについて自己分析を重ねるうちに袋小路にはまった。そこでいくつか新しい試みをした。あの経験の再現を夜更けにする代わりに、早朝瞑想で試してみた。メラトニンの分泌量が最高値に達するのは午前1時から4時で、神秘体験を起こす化学代謝物であるメラトニンがあのような明晰体験を生み出すことから、私は毎朝4時に内面のワークをすることにした。

その後どうなったかを話す前に、その頃私は滅多にないほど苦しい時期にあったことを心にとどめておいてほしい。私は人に教える仕事をやめるべきか迷っていた。2004年のドキュメンタリー映画、"What the Bleep Do We Know!?" に出演してからというもの、私の人生は忙しすぎてカオス状態だった。著名人としての生活にそろそろ見切りをつけて、人目に触れず静かな日々を過ごしたいと思案していたところだった。今の生活をやめることのほうがずっと簡単に思えた。

過去世を体験する

ある朝、座位の瞑想を1時間半ほどしたところで、体がだんだん後ろに倒れてきた。そこで私は覚醒と睡眠状態の狭間に少しでも長くとどまっていられるように、膝の下に枕を置いた。私は横になって、頭の中の松果体のある位置に意識を集中させた。ただし今度は「何かを起こそう」と考える代わりに、ただ成行きに身を委ね「何が起きても起きなくてもかまわない」と自分に言い聞かせた。それが「開けゴマ」の呪文だった。今ならそれがよくわかる。私はただすべてを手放し、自意識を引っ込め、具体的な予測を抱くことなく、すべての可能性に対して心を開放した。

次に気づいたら、私は今でいうギリシャかトルコあたりの暑い気候の土地の、体格のいい男になっていた。ごつごつした岩の多い場所で、大地は乾ききっていて、ギリシャ・ローマ時代の石造りの建物群の間に、たくさんの色鮮やかな布製のテントが見えた。私は肩から太ももまでの長さで裾がスカート状になった、黄麻布《おうまふ》の服を身にまとい、ウエストには太い縄をベルトのように巻いていた。足には太ももまで編み上げたサンダルを履いていた。髪はふさふさの巻き毛で、屈強な体躯の持ち主だった。肩幅はがっしり、手足は筋骨隆々だった。私は哲学者であり、長い間カリスマ運動［訳注：教派を超えたキリスト教による、神の啓示としての聖霊のしるしを求める運動］の研究をしていた。

その時間と場所にいる私を観察している現在の自分も同時に存在していることを感じていた。この時も、私は普段よりずっと敏感な知覚能力——超感覚的知覚があった。すべての感覚器官の感度が増し、周りのすべてを感知していた。私の体はいつもの麝香《じゃこう》の香りを放っていて、顔から流れる汗の塩味も感じた。私はその味が大好きだった。私には物理的存在としての自己認識や、頑健な体の持ち主であることが染みついていた。右肩の奥には痛みがあったが、私はそれを気に留めていなかった。抜けるような空の青さ、木々や山々の織りなす豊かな緑が見え、まるで古いハリウッド映画の中にいるようだった。遠くでカモメの鳴く声が聞こえ、ここが海の近くであることがうかがわれた。

私は何らかの使命を帯びた巡礼の旅の途上にあった。私は生涯をかけて研究と実践を続けてきた哲学を、民衆に説法しながら旅をしていた。私には長年にわたり薫陶《くんとう》を受けた偉大な師匠がいて、彼は私の面倒を見、忍耐強く導き、知恵を授けてくれた。そして今、私が彼に代わって諸国を巡り、人々の意識改革を促す説法をする番だった。私が広めようとしている考えは当時の社会通念と相容れないものであり、政府や宗教組織によって罰せられるであろうことを私は知っていた。

私が伝えたい説法とは、自分の外にある〝モノや他人〟の権威に従う義務に縛られた人生から開放されることを標榜する哲学だった。それは人々がもっと豊かで意義深い人生を送れるように、自らの権威に目覚めるよう促すという原理でもあった。私はこの理想に心血を注ぎ、その教義に従って毎日を過ごしていた。当然ながら、その説法の主旨は「宗教は要らない、政府に頼るな」というものであり、人々が囚われている個々の痛みや苦しみから解き放とうとするものだった。

降り立った過去世で、私は比較的大きな村の民衆を前に、説法を終えたところだった。民衆が三々五々散っていく中、数人の男たちが足早に群集を縫って駆け寄ってきた。私は逃げる余裕もなく逮捕された。彼らが初めからこのように計画していたのだと私は悟った。説法の最中に少しでもそんな動きがあれば、私は彼らに気づいただろう。彼らは周到にこのタイミングを狙っていたのだ。

私は抵抗せずに従った。彼らは私を牢屋に入れ、私を一人残して去って行った。細長い小窓がいくつかあるだけの石造りの小さな独房の中に座り、私は自らの運命を悟った。これから起きるであろうことに、私はなす術を持たなかった。それから2日もしないうちに私は数百人の民衆が集まっている町の広場に連れ出された。その中には数日前に私の説法を聞いていた人も多く混ざっていた。しかし今や彼らは私の審問と、それに続く拷問の様子を早く見たくてうずうずしていた。

私は服を脱がされ、小さな布でできた下着姿になり、水平に置かれた大きな石板の上に寝かされ、縄でつながれていた。縄は石板の四隅に掘られた溝に固定されていた。縄の先には金属性の手かせ、足かせがついていて、私の両手首、足首にはめられていた。そしてそれは始まった。私の左側に立っていた男が歯車を回し、水平に置かれた石板が少しずつ垂直方向に持ち上がっていった。石板が上がるにつれて縄が張っていき、私の手足は4方向に引っ張られた。

石板が45度くらいの傾斜になった時、本格的な痛みが襲ってきた。そのとき審問官らしき男が私に「説法をまだ続けるつもりか」と叫んだ。私は顔をあげず、返事もしなかった。するとその男は石板をもっと上げるよう命令した。少しするとぼきぼきという音が聞こえ始め、それは脊椎が次々に脱臼していく音だった。このシーンを傍観している私は、痛みが頂点に達し、苦痛に顔をゆがめる私を見た。それはまるで鏡を見ているような感覚で、石板の上につながれた私が自分自身であることは疑う余地がなかった。

金属製の手かせと足かせは私の皮膚にめり込み、とがった金属の角が当たってひりひりした。私は流血し、片方の肩も脱臼した。私はあまりの痛みにあえぎ、うなり声をあげた。私は手足がちぎれるのに抵抗しようと筋肉に渾身の力を込めると、体全体がぶるぶると震え出した。脱力していたらもう持ちこたえられなかっただろう。突然審問官が叫んだ。「まだ説法を続けるか」と。

私はこんなことを考えていた。「説法をやめることに同意しよう。彼らがこの公開処刑から解放したら、また一から始めればいい」。論理的にそれが正しい答えだと思った。審問官は満足し、これ以上の苦痛（そして死）を阻止できる。そして私は使命を再び果たすことができる。私は無言のままゆっくりと顔を左右に振った。

審問官は私に「声に出してノーと言え」と迫った。が、私は声を出さなかった。彼はすぐに私の左に立つ拷問者に、もっと上げろと手で合図した。私は私を苦しめるという明確な意思を持って歯車を回す男を見下ろした。その男の顔を見て、彼と眼が合った時、それがジョー・ディスペンザとして今生きている私がよく知っている人物だとすぐに分かった。このシーンを見た瞬間、何かが氷解した。この拷問者は現世に転生し、現世を生きている私を含む、多くの人々に苦しみを与えている人物だったのだ。彼が今の私の人生に存在する理由がこれでよくわかった。それは初めから知っていたような、肌に馴染む気づきともいうべき不思議な感覚で、すべてに合点が行った。

石板がさらに垂直になり、骨盤が砕ける音がして、私は次第にコントロールを失っていった。そこまできてようやく私は壊れた。気を失うほどの強烈な痛みと、底知れぬ深い悲しみにすっかり打ちひしがれて、私は泣き出した。石板を立てている重しが取り除かれ、石板は速やかに水平の位置に戻った。私は黙って横たわったまま、体が自然にぶるぶる震え続けるのに耐えていた。私は石板から外され、引きずられて元の小さな独房に入れられ、隅に丸まってじっとしていた。それからの3日間、拷問のフラッシュバックが絶え間なく続いた。

私は極限まで辱めを受けたので、それ以来二度と人前で話ができなかった。自らの使命に復帰しようという考えがよぎるだけで体が拒否反応を起こすため、考えることすらできなかった。ある晩私は釈放された。耐え難い屈辱感にうなだれ、私は誰にも気づかれることなく姿を消した。それ以来私は一度も人の目を見られなくなった。私は使命を全うできなかった敗北者だと思った。私は隠遁者となり、残りの人生を海辺の洞穴でひっそり暮らし、魚を獲って生き延びた。

この哀れな男の生き様、そして彼が世界から隠れて生きる決心をしたのを見て、これは私へのメッセージだとわかった。私が今生きている人生から逃げてはいけないのだと悟った。私の魂は、現世で私が再び隠遁者となることを望まず、この仕事を続けることを望んでいるのだ、と。私は今まで通り人々の前に立ち、伝える価値のあるメッセージを伝える努力を続けるべきで、この過去世のように苦難に挫折してはならないのだ、と。思えば私はこれまで一度も失敗に見舞われたことがない。実際私はベストを尽くしてきた。あの若い哲学者は今も、無数の私の可能性の一つとして永遠の今の中を生きている。二度と再び真実のために死ぬことなく、真実と共に生きることにより、私は自分の未来と彼の未来を変えられると悟った。

私たちは誰もが数えきれないほどの自分の人生を、永遠の今の中に持っている。それらはみな発見されるのを待っている。自分という存在を包む神秘のベールが取り除かれると、私たちは過去から未来に向かって一直線に生きているのではなく、複数の次元を同時に生きる多次元的存在なのだということがわかるようになる。私たちを待っている無限の可能性の魅力は、永遠の今という瞬間を変える以外に未来を変えられないことにある。

第2章
今という時間

もし、あなたが自らの体を癒やしたり、望外の好機を作ったり、あるいは現実世界では起こり得ない神秘世界の探訪といった超自然体験を望むなら、永遠の今という時間の概念をマスターする必要がある。昨今では今を生きるとか、現在を意識するとかいった話をよく耳にする。そのためたいていの人は過去に生きるとか未来のことばかり考えるのはよくないという主旨の基本的な意味は理解している。しかし、私がこれから言わんとしているのはそれとはまったく違うものだ。それにはあなたの体、あなたのアイデンティティ、そしてあなたがいる環境といったすべての物理次元に関することを超越し、時間すらも超越することが求められる。そこは可能性を実在するものに変換する場所だ。

つまるところ、あなたが自分だと思っているあなたを超越し、あなたが真実だと思っている世界の成り立ちや営みといった認識を超越できなければ、新しい人生も運命も作れない。極めて現実的な意味で、今の人生から抜け出し、あなた自身であることやその記憶をすっかり手放し、あなたより大きくてもっと神秘的な存在に舵取り役を明け渡さなくてはならない。本章ではその仕組みについて解説していく。

はじめに、脳機能についてみてみよう。脳や体の神経細胞が活動するとき、それが意識を形成する。神経科学的に言えば、意識とは〝活動する脳〟のことだ。たとえば、車を運転するという意識がある。シャワーを浴びるという意識がある。歌を歌う時、音楽を聴く時にもそれぞれ違った意識がある。私たちは複雑な機能を行使するにあたり、その機能に特化した意識を使っている。私たちはそれらの行動を日常で何千回と繰り返しているので、その行動をするたびに脳は同じ意識を何度となく呼び起こしている。

たとえば車を運転するという行動に合わせて脳が活動しているとき、あなたは脳神経細胞ネットワークの特定の手順、パターン、そしてコンビネーションを起動している。これらの神経ネットワーク（神経網）とは単に集団で一斉に動くニューロンのクラスターのことで、ソフトウェアの自動プログラム（マクロ）のようなものだ。自動化した回路ができているのは、あなたがこれを何度となく繰り返した結果だ。別の言い方をすると、ある仕事をする目的でともに発火するニューロンは反復によりつながりを強化していく。[1] 車の運転という仕事を意図して選択するとき、あなたは自動的に脳内のこれらのニューロンを選択し、意識を形成するよう指示を出したことになる。

人の脳は、ほとんどが過去の産物と言える。あなたが現時点までに学び、経験したすべての記録となるように形成され、成型されているからだ。神経科学的に言えば、学ぶということは、あなたの脳内のニューロンが集結し、数千のシナプス（ニューロン同士の連結器）で結合したのち、それらの結合が複雑な3次元的神経ネットワークになることを指す。学習とは、脳のアップグレードと捉えるといい。あなたがある知識や情報に注目し、それが理に適っていると感じれば、この外界とのやり取りはあなたの脳内に生物学的印象を刻印する。あなたが何かを初めて経験するとき、あなたの感覚器官は脳内に神経細胞でストーリーを描き、新たなニューロンの集団が招集され、さらに緊密な結束が作られ、さらなるアップグレードが行われる。

経験は脳内回路を拡充するだけでなく、感情も作り出す。感情は過去の経験の化学的残留物、あるいは化学的フィードバックと捉えるといい。出来事が醸す感情が強ければ強いほど、脳内にはくっきりとその印象が記される——こうして長期記憶が生まれる。学習が新しい脳内ネットワークを作ることなら、記憶とはそれらの結束を維持することを指す。同じ思考、選択、行動、経験、あるいは感情を繰り返すほどニューロンの発火と結束が繰り返され、ニューロン同士の長期的関係が盤石になっていく。

前章のアナの話では、人の経験のほとんどは外界とのやり取りから生まれることを学んだ。感覚器官は外界に向けられていて、（良い悪いにかかわりなく）感情が高ぶるような出来事は脳内に神経学的に記録されていく。こうしてそれは脳内に神経学的に刻印され、記憶となる。したがって、ある経験が普段のあなたの化学的反応を変え、大きな注意を対象に払うと き、あなたはその対象となる人物やものと、それを経験した時間と場所にいるあなたの体とを関連づける。外界とのやり取りの記憶はこうしてつくられる。過去が実際に存在する唯一の場所は脳、そして体だと言ってもかまわないだろう。

過去が未来になっていく過程

人が何かについて考える、あるいは感じる時、体内で起きる生化学反応についてよく見てみよう。何かを考える（あるいは思い出す）時、脳内で生化学反応が始まり、脳は化学信号を発信する。これが非物質である思考が、文字通り物質に変わる瞬間だ。思考は化学のメッセンジャーに変化した。この化学信号により、体は今何かを考えているという感覚を醸し出す。それによりあなたが何らかの感情を抱くと、あなたはその感情とマッチした思考を上乗せしていく。すると脳からさらなる化学信号が送られ、その思考とマッチした感情が喚起される。

例を挙げよう。何か恐ろしいことを考えると、怖いという気持ちが湧き起る。怖いと感じた瞬間に、その感情がもっと恐ろしい考えを想起させる。その考えが引き金となって脳と体にさらなる化学信号が放出され、あなたはますます恐れの感情におののくことになる。そうなると、思考が感情を呼び、感情が思考を呼び起こすというループに陥る。思考が脳の言語で、感情が体の言語なら、そしてあなたの思考と感情のループがパターンとなりあなたのありようを決めているのなら、あなたは丸ごと過去にいることになる。

同じことを繰り返し考えることであなたの脳は同じ回路を繰り返し発火し、活性化する。この時あなたは脳に同じパターンの習得回路を作っている。その結果あなたの脳は過去の思考の産物となり、同様の思考が浮かぶと早晩自動的に発動するようになる。同じ要領で、同じ気持ちを繰り返し感じるとき、感情とは体の言語であり、過去の経験の化学的残留物なので、あなたの体は過去にいることになる。

では、それが日常化したらどうなるか考えてみよう。すでに学んだように、気持ちや感情が過去の出来事の化学的結果物であるとして、朝目覚めた瞬間に、〝あなた〟でいるという慣れ親しんだ感情を探し出し、過去のあなたとして一日が始まる。したがってあなたが抱える諸々の問題について考え始めると、さまざまな時間と場所にいた人々や事柄にまつわる経験の記憶に結びついた問題は、不幸、徒労感、悲しみ、痛み、苛立ち、不安、焦り、フラストレーション、無力感、あるいは罪悪感といった慣れ親しんだ感情を生み出す。それらの感情があなたの思考を喚起し、もしその感情を打ち消すような思考が出て来ない限り、あなたの感情だけでなく思考も過去にいることになる。馴染みのある感情が今日これから下す選択に影響しているとしたら、その後のあなたの行動や経験は予測可能になり、同じような毎日が延々と続くことになる。

それではもしあなたが朝起きて目覚まし時計のアラームを止め、ベッドの中であなたのフェイスブック、インスタグラム、ワッツアップ、ツイッター、ショートメール、電子メール、そして今日のニュースに目を通すとしたらどうだろう（こうしてあなたは自分の性格や、過去現在未来の現実を再確認し、自分が何者かを明確に思い出す）。そしてあなたは洗面所で用を足し、歯を磨き、シャワーを浴び、服を着てキッチンへ行く。朝のコーヒーを飲み、朝食をとる。ここで新聞を読み、再びメールチェックをするかもしれない。これらは毎日繰り返されるルーティーンだ。

それからあなたはいつもと同じ道を通って会社に行く。会社に着くと昨日と同じ同僚たちと会い、話をする。あなたは昨日やっていた仕事の続きをして一日を過ごす。仕事ではいつもと同じ問題に遭遇し、いつもと同じ気持ちを抱く。仕事が終わると帰宅する。途中でいつもの店でいつも買っている好みの食料を調達する。夕食をいつも通りに作り、いつもと同じリビングで同じテレビ番組を見ながら、いつもと同じ食物を食べる。その後いつもと同じ手順で就寝の準備をする。右手で歯ブラシを持ち、右上の奥歯から磨き始める。それからいつものベッドの同じ側から布団に入り、少し読書をして眠りにつく。

こんなふうに何度も繰り返しているうちに、ルーティーンは習慣となる。習慣とは、頻繁に繰り返した結果生まれた思考、行動、感情の自動的無意識反復機能だ。基本的に、この時体は自動運転機能で作動している。体が一連のプログラムを自動的に動かしているという意味では、〝体が脳になっている〟状態だ。そのルーティーンをあまりにたくさん繰り返したため、体はある意味脳や顕在意識よりも上手に体の管理法を心得ているのだ。あなたは自動運転装置を作動して無意識状態になる。こうして次の朝も目覚めればほとんど同じ一連の動作を繰り返すことになる。つまり現状は、あなたの体が、慣れ親しんだ過去を繰り返すという予測可能な未来へとあなたを引きずり込んでいるというわけだ。あなたは同じことを考え、同じ選択をし、その結果同じ行動を取り、その同じ経験が同じ感情を醸し出す。そうこうするうちにあなたは脳内に堅固な神経ネットワークを築き、感情を通じて体は過去の時間を生きることになる。こうして過去があなたの未来となる。

朝目覚めてから夜眠りにつくまでの一連の行動スケジュールを見ると、それは昨日も今日も明日も、どの日を選んでもほぼ同じ時間には同じことをしている。あなたが今日したことは十中八九明日も明後日もその次の日にも同じことを繰り返しているからだ。改めて考えてみよう。もしあなたが昨日と同じルーティーンを今日もなぞっているのなら、あなたの明日

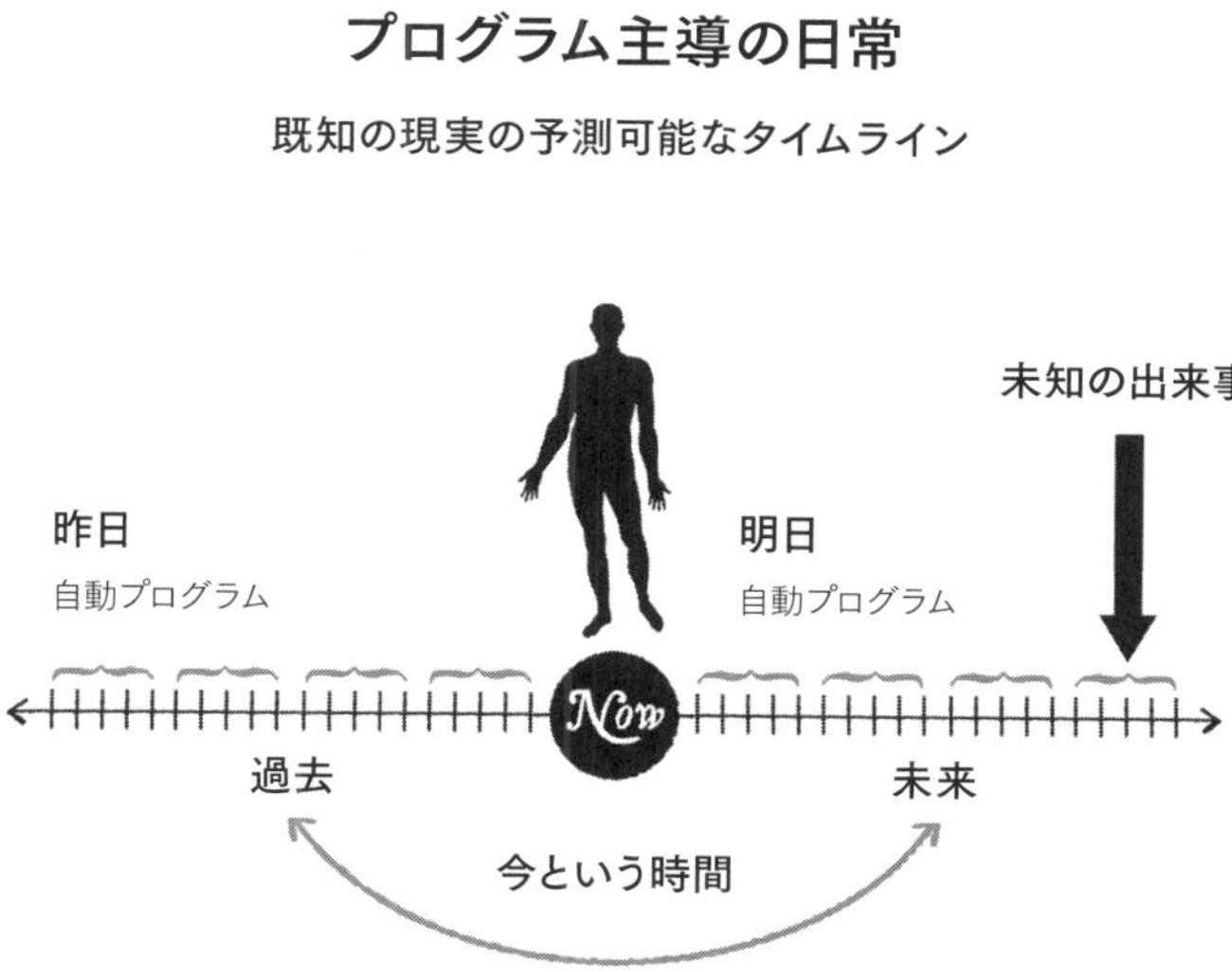

図2.1

習慣とは、頻繁に繰り返した結果生まれた思考、行動、感情の自動的無意識反復機能だ。あることを何度も繰り返すと、体は脳になるようプログラムされる。やがて体は、あなたが過去にしたことに基づきあなたを予測可能な未来へと引きずり込んでいく。つまり、今という時間を生きていないとき、あなたはおそらくプログラムの自動運転中だ。

はあなたの昨日と瓜二つの一日になるだろう。あなたの未来は過去の再来だ。それはつまり、あなたの昨日が未来を作っているからだ。

図2・1を見てほしい。短い縦の線はそれぞれ同じ思考を指し、同じ思考は同じ選択をして自動運転を作動し、同じ経験の結果としていつもと同じ気持ちになる。この一連の行動を再生し続ければ、遠からずこれらの小さなステップはまとまって一つの自動プログラムとなる。こうしてあなたはプログラムをコントロールする自由意思を手放していく。太い矢印はあなたが朝車で出勤する途中、今日も遅刻するだろうと思いながらもクリーニング店に立ち寄ろうとしている時に起きる未知の出来事を指す。

あなたの意識と体はいつもと同じ予測可能な、過去の繰り返しに基づいた未来という予定調和の中にあると言っていいだろう。そのすでに決まった未来の中に、未知の要素が入る余地はない。実際何か予定外のことが起き、毎日変わり映えのしない予定表が変わるかもしれない未知の出来事に遭遇したとしても、あなたは普段通りのルーティーンを邪魔された程度にしか思わないだろう。恐らくあなたはそれを面倒で、問題を起こしかねない、そしてまったく不都合なことだと感じるだろう。そしてこんなふうに言うかもしれない。「明日にしてくれないか？　今はダメなんだ」。

未知のものは、予定調和の日常に入る隙がないというのが実情だ。未知のものはどんなものかまったく予想できないからだ。未知のものは馴染みがなく、不確実ではあるが、予測不能な分エキサイティングでもある。そこで考えてほしい。あなたのお決まりの日常に、未知の要素が入る余地はどれくらいあるだろう？　と。

毎日同じことを考え、同じ選択をし、プログラムされた習慣を遂行し、同じ神経ネットワークを稼働して、あなたという名の毎度お馴染みのパターン化した存在を再確認する――こんなふうに既知の世界に留まることにより、あなたは同じ意識レベルを何度も何度も反復している。あなたの脳は早晩自動プログラムを発動し、一つひとつの動作をスムーズに楽々とこなしてくれるようになる。

もともと独立していた一つひとつのステップが合体して一つの包括的ステップとなると、ある人、ある時間と場所での経験に関するいつもの考えを抱くとすぐに、いつもと同じ感情が立ち上がってくる。ある経験を思い浮かべるだけでどんな気持ちになるか想像できたら、それは予定調和の中の経験だ。たとえば、何年も一緒に仕事をして来た人々との会議を想像するだけで、その時自分がどんな気持ちになるか自動的に浮かんでくる。あらかじめ予測できるほど何度も同じことを繰り返していると、未来の自分の気持ちがわかるし、未来においてもほぼ同じ経験を生み出すことになる。当然ながら、あなたの予測は正しかった、ということになる。正しいのは、あなたが過去のあなたと同じだからだ。このような自動プログラムが多数作動しているなかで、ある経験がどんな気持ちにさせるか予測不能だったとき、あなたはおそらくその経験をするべきか迷うだろう。

決まった一連の意識で生き続けるとどうなるかについて、もう一つ知っておくべきことがある。思考と感情のループは測定可能な電磁場を形成し、体を取り巻いている。実際のところ体は常に光、エネルギーまたは波動を発信していて、それにはメッセージ、情報、または意思が内包されている。（ちなみに私が光というとき、可視光線だけではなく、エックス線、携帯電話の電波、電子レンジの電磁波など光の全スペクトルを含んでいる）。同様に私たちは常に、外界から異なる周波数で送られてくる重要な情報を受信している。つまり私たちは常に電磁エネルギーを受発信しているのだ。

それはこんなふうに機能している。あることについて思考を巡らすとしよう。すると脳内の神経ネットワークが発火して、電荷を生み出す。思考は化学反応も起こし、その結果ある感情が生まれる。気持ちや感情が生まれると、それに呼応した思考を引き出す。この時感情は磁力を帯びる。それは思考と合体して電荷を作り、その思考＋感情が作る意識状態特有の電磁場を形成する。[2]

感情は動くエネルギーと考えるといい。何らかの強い感情を抱いた人が部屋に入ってくると、そのエネルギーは（ボディランゲージは別にして）多くの場合、一目瞭然だ。誰かが怒っているとかイラついている時、その人のエネルギーや意思を感じたという経験は誰しもが持っていることだろう。その人が特定の情報を含んだ強いエネルギー信号を発しているため、それを読み取ったのだ。これと同様に、性的に興奮している人、苦しみのさなかにある

感情によって異なるエネルギーレベル

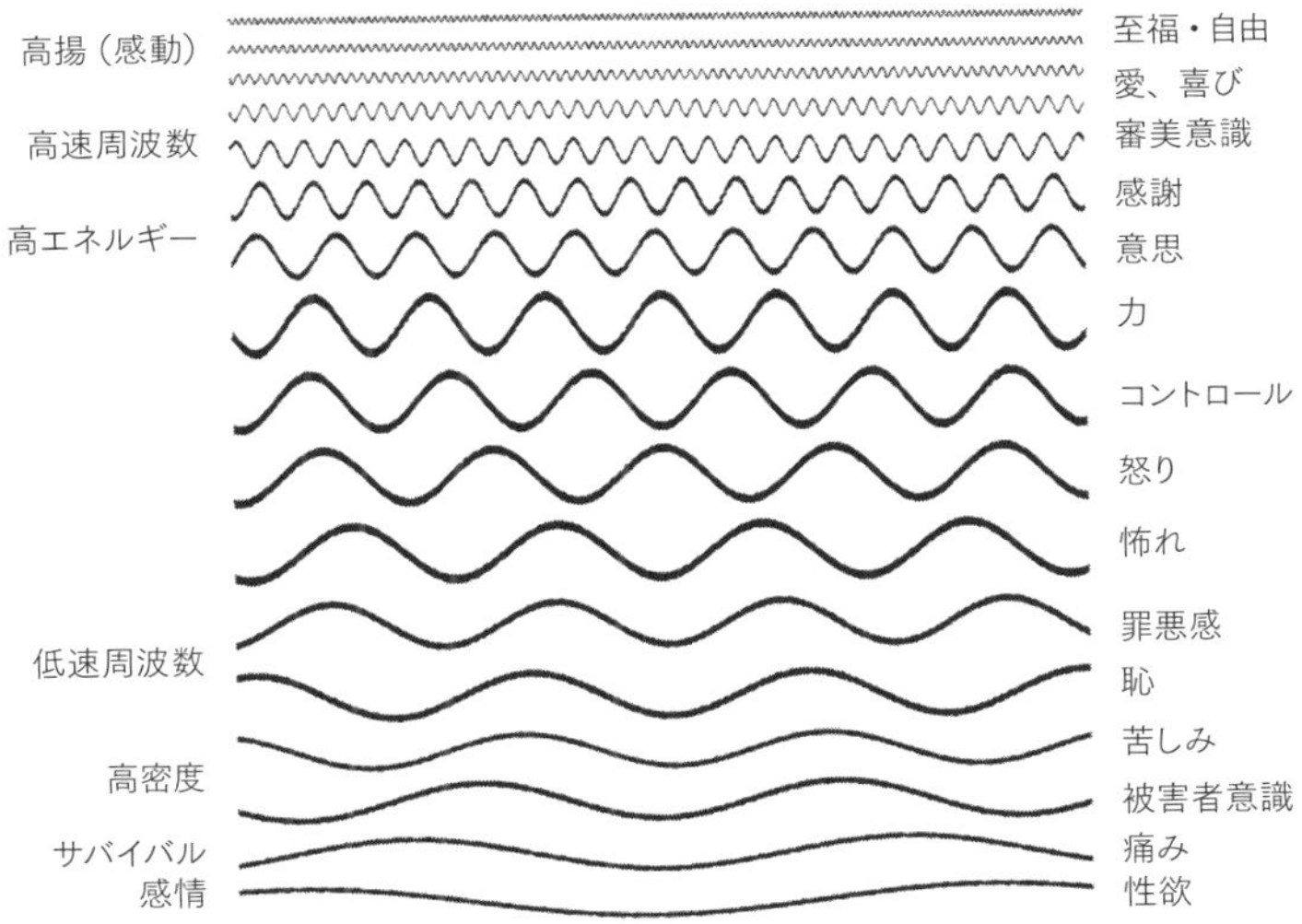

図2.2

感情とは動くエネルギー。すべてのエネルギーには周波数があり、すべての周波数は情報を搭載している。私たちは自らの思考と感情の情報をいつでも発信、また受信している。

人、あるいは穏やかな愛のエネルギーを湛えている人など、それぞれが発するエネルギーを私たちは感知する。おわかりのように、感情には異なる周波数がある。愛や喜び、感謝といった創造的で高揚感のある感情の周波数は、恐れ、怒りなどのストレス感情よりずっと高い。何故なら内包する意思とエネルギーのレベルが異なるからだ。(図2・2参照。さまざまな種類の感情とそれが持つ周波数が表示されている)。この概念については本書の後半で扱うことにする。

来る日も来る日も同じことを考え、同じ感情を抱き、過去の再生ばかりしていると、あなたは毎日変わらず同じ電磁場——同じメッセージを帯びた同じエネルギーを発信し続けていることになる。エネルギーと情報の観点から言えば、過去の情報を帯びたエネルギーとまったく同じエネルギーを発信するのだから、未来でも過去と同じ情報を発信することを意味する。この時あなたが発しているエネルギーは過去のものだ。人生を変える唯一の方法は、エネルギーを変えること、つまり私たちがコンスタントに発している電磁場を変えるしかない。別の言い方をすると、あなたのありようを変えるには、あなたの思考と感情を入れ替える必要があるということだ。

あなたが注意を向けた先にエネルギーが集まる(これが本章の要となる概念だ)とすれば、あなたが慣れ親しんだ感情に意識を集中させた途端にあなたの意識、そしてエネルギーは過去にある。その感情が過去のいつか、どこかで起きた出来事の記憶につながっているな

エネルギーを今という時間から抽出する

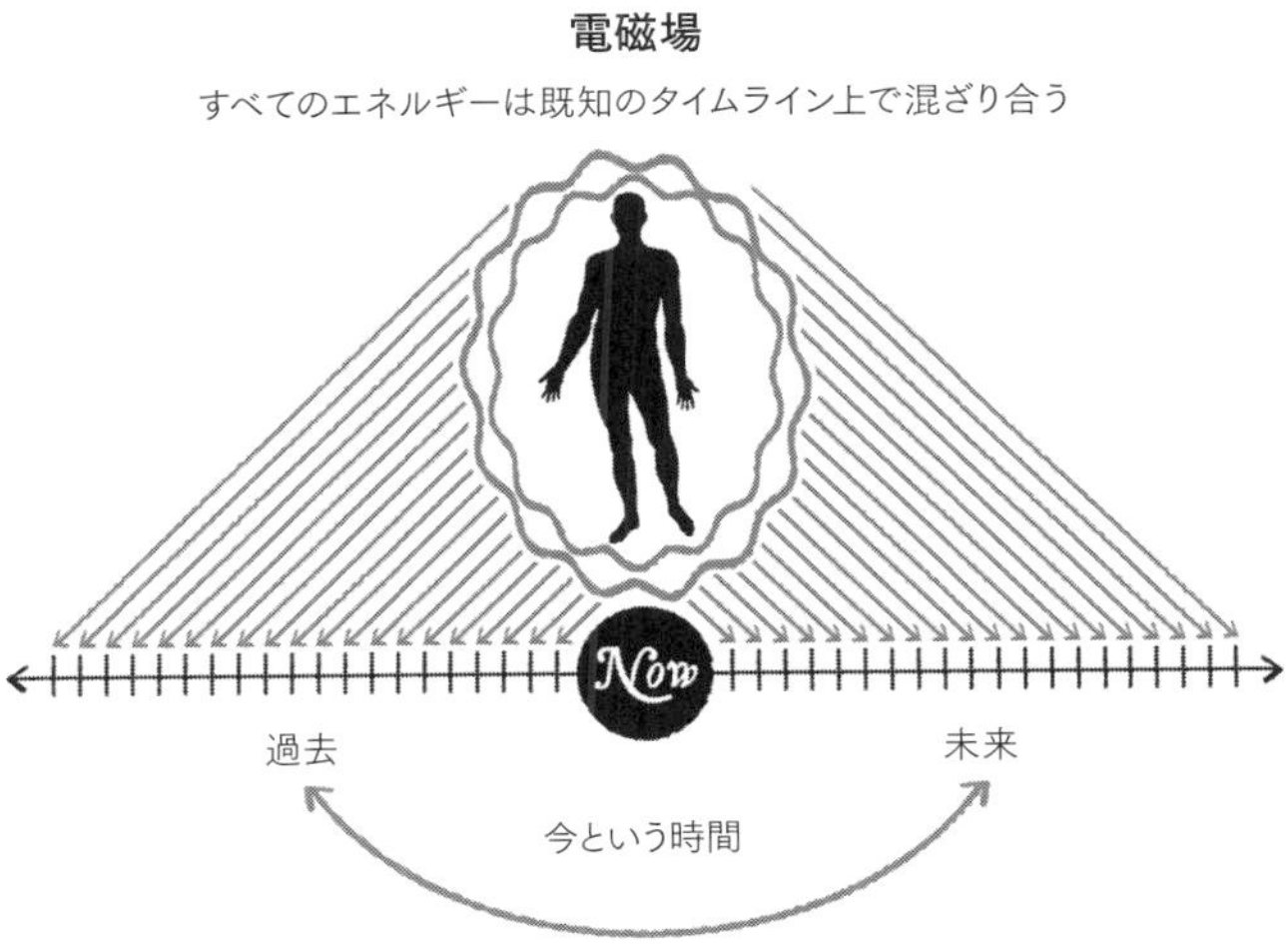

図2.3

あなたが注意を向けた先にエネルギーが集まるとすれば、あなたが慣れ親しんだ感情や記憶に意識を集中させた途端、あなたは今という時間にあるエネルギーを抜き出して過去に注いでいる。同様に、あなたが既知の現実の中にある、これから会わなくてはならない人々、するべき仕事、行くべき場所について考える時、あなたは今という時間にあるエネルギーを抽出して、予測可能な未来に注ぎ込んでいる。

ら、やはりあなたの意識とエネルギーは過去のものになる。結果的にあなたは現在のエネルギーを抜き出して過去に注いでいるようなものだ。同様に、あなたがこれから会わなくてはならない人々、するべき仕事、行くべき場所について考える時、あなたは自らの意識とエネルギーを抽出して、予測可能な未来に注ぎ込んでいる。このことを図解したのが図2・3だ。

あなたのすべてのエネルギーは既知のタイムライン上にある、慣れ親しんだ経験にすっかり取り込まれている。あなたのエネルギーは同じものを作り続け、あなたの体は脳に従い、同じ現実にある同じ出来事をなぞっている。あなたは現在のエネルギーを過去と未来に振り分けている。その結果、新しいタイムライン上にある未知の経験を生み出すためのエネルギーはほとんど残っていない。

あなたが発信する電磁エネルギーが、あなたが知っているすべてと波動が一致していることも、図2・3に描かれている。したがってあなたが朝ベッドから起きた時、トイレに行こうと考えた時、次にあなたがしているのはトイレに向かうことだ。次にシャワーを浴びようと考えたら、次にしているのはシャワールームで温度調節をしていることだ。次にコーヒーメーカーのことを考え、あなたは注意力とエネルギーをコーヒーメーカーに向けて注ぎ込んでいる。そしてほとんど自動モードでキッチンに向かい、朝一杯のジャワコーヒーを淹れている。自動モードの体は脳の指示で動いている。この一連の動作をかれこれ22年やっているなら、あなたの体は流れるように淀みなく、惰性で動くだろう。体は常に脳に従う。しかしこの場合は熟知していることに向かう脳に繰り返し従っている。何故なら、あなたの関心が（そしてエネルギーも）そこに向かっているからだ。

ここで一つお訊ねしたい。「あなたの体は、未知なるものに向かう脳に従うことができるだろうか？」もしできるとすれば、それにはあなたが注意を向ける先を（そしてエネルギーも）変える必要があることがおわかりだろう。新しい何かが起きるためにはある程度の期間継続して思考と感情のパターンを変える必要がある。出来そうもないと感じるかもしれないが、実現は十分可能だ。あなたの体はあなたの日常で知り尽くした経験（朝の一連の行動）に向かう脳に従ってきたのだから、あなたが注意を向ける対象を未知なる経験に変更すれば、あなたの体はそのまま新しい経験をする未来についてくるだろう。

脳と体を新しい未来に向けて準備する

もしあなたが私の著作について知ってご存知なら、私がどれほどメンタルリハーサルの概念が好きかおわかりだろう。私は、思考のみで脳と体を変えられるということに心底惚れ込んでいる。これについてちょっと考えてみたい。あなたが心の中で何かを具体的に想像し、それについて考え、それに伴う感情に集中するとしよう。その時あなたの脳と体はそれが外界で実際に起きているのか、はたまた単に想像しているだけなのかを識別できない。したがって、あなたが全神経を集中させて心の中で何かを想像する時、内面の想像は外界の経験とみなされる。そしてそれに応じて脳と体は生体的変化を起こす。つまり、実際に経験することなく、その想像が実現した際の脳と体に変えられるということだ。あなたが注意力を振り向け、メンタルリハーサルを何度も反復していると、それはあなたを生体的に変化させるだけでなく、あなたの未来を決めることになる。

例を挙げよう。ハーバード大学の研究チームが、これまでピアノを弾いたことがないという対象者を集め、2グループに分けて実験を行った。第1グループには5日間にわたり、毎日2時間、簡単な5本の指の練習を実施した。第2グループにも同じ指の練習を実施したが、すべて想像で行ったのでピアノはなく指を動かすこともしなかった。実験の前と後で実施した脳の画像診断では、両方のグループで新しいニューロン回路が劇的に増加していて、指の動きをコントロールする脳の領域で新しい神経プログラムが作られていた。第2グループは想像しただけなのに、だ。[3]

考えてみてほしい。指の練習をメンタルリハーサルだけでやった人々の脳は、指一本動かしていないのに、実際に指の練習が済んだようになっていた。5日間のメンタルリハーサルの後で彼らをピアノの前に座らせたら、一度も鍵盤に触れたことがないにもかかわらず、彼らはそれまで何度も想像上でやってきた練習曲を弾いて見せるだろう。毎日指の練習を想像し続けることで、その経験をするために必要な神経回路が開発されたのだ。彼らは注意と意思の力を傾けて、繰り返し同じ脳内回路を発火し、結束し続けた。結果脳内には自動ソフトウェアプログラムが形成され、その経験が必要となった時には楽々と体が動くまでになっていた。５日間の想像練習を終えた後で実際にピアノの前に座れば、意図するだけで望む経験を再生できる。何故なら彼らは事前に脳の準備を済ませているからだ。訓練された脳とは、それほどパワフルなものなのだ。

筋力トレーニングに関する似たような研究結果もある。クリーブランド・クリニックで実施された先駆的研究では、20歳から35歳までの被験者10名が、週５回、12週間にわたり二頭筋を極限まで鍛えるトレーニングを想像上で行った。研究者は隔週で、トレーニング中の被験者の脳の電気的活動と筋力を測定した。実験終了後、筋肉をまったく動かしていないにもかかわらず、被験者の筋力は平均13・５％向上した。その後向上した筋力は３か月にわたり維持された。[4]

もっと新しいデータでは、テキサス州サンアントニオのテキサス大学、クリーブランド・クリニック、そしてニュージャージー州ウエストオレンジにあるケスラーファウンデーション・リサーチセンターの合同研究で、肘屈筋の収縮を被験者に想像してもらう実験を行った。１回15分、週５回、12週間にわたる実験で、被験者たちは腕の筋肉を極力強く曲げるイメージを抱き、強く念じることでメンタルエネルギーを強化するよう指示された。第１グループは外的イメージ、または第３者イメージと呼ばれる手法で、自分がエクササイズをしている場面を見ている(たとえるなら自分が出ている映画を見ているような)自分を想像するように指示された。第2グループは内的イメージ、または主観イメージと呼ばれる手法で、自分が実際にエクササイズをしていることを想像するよう指示された。これは第1グループより臨場感、現実感がある手法だ。第3グループは対照群なので何もしない。外的イメージでエクササイズを行った第1グループ、そして何もしなかった第3グループでは何の変化も見られなかったが、内的イメージを実施した第2グループでは筋肉が10・8%強化された。[5]

オハイオ大学の研究チームは、29名のボランティアの手首を外科用ギプスで固め、1か月間まったく動かせなくするという荒っぽい実験を行った。ボランティアの半分は毎日11分、週5日、実際はまったく動かせない手首を想像上で動かすというメンタルエクササイズを行った。残りの半分は対照群として、何もしなかった。一か月後、ギプスが取り除かれ、筋力テストを行ったところ、メンタルエクササイズを行ったグループの筋力はしなかったグループの2倍になっていた。[6]

これら3つの筋力実験が示すのは、メンタルリハーサルを行うと、思考のみにより、脳だけでなく体も変えられるということだ。言い換えれば、一定期間継続してある訓練を心の中で行い、それを反復していると、体をまったく動かすことなく実際に動かしたのと同じ状態になるということだ。これに感情という要素を加え、極限までエクササイズを行う、というイメージを持つと想像の臨場感が増し、結果の数値も増加する。

ピアノの実験で、想像の中でのみ指を動かしていたグループの脳は、指を動かし続けた結果生まれる変化をすでに示していた。同様に、肘屈筋の実験でも、被験者たちはメンタルリハーサルをしただけなのに、あたかも現実に経験したかのように体を変化させていた。あなたが朝起きて、その日に会うことになっている人、行く予定の場所、するべき仕事などを忙しいスケジュールに組み込んでいく段取りを考える（これはメンタルリハーサル）、そしてそれを負担に感じる重たい気分や不満、フラストレーションといった強い感情を乗せて強調している……これは肘屈筋を動かすことなく、動かしている様子を強く念じているのと同じ状態だ。あなたはこうして脳と体に、未来がすでに現実になっているかのように〝条件付け〟をしているのがおわかりだろう。経験は脳を成長させ、感情を作り出して体に信号を送るので、外界での経験そっくりにリアルな内的経験を想像し続けているうちに、あなたの脳と体は実際に外界で経験した時のように変化していくだろう。

実際あなたが朝起きて一日のことを考えるとき、神経学的、生物学的、化学的、そして遺伝学的（これについては後述）に見るとその一日はすでに起きたかのようだ。そして実際に体はそうなっている。前述の筋力実験のように、あなたが朝起きて、一日の行動をメンタルリハーサルするとき、あなたの体はごく自然に、かつ自動的にあなたの意思（無意識を含む）を実行に移し始める。あなたが同じことを何年も延々と続けているのなら、その脳内回路（そしてそれ以外の生物組織）はいとも簡単に作動できるように訓練されている。それはあなたが毎日意識して自らの体に準備をさせてきたからであり、実際にその経験を繰り返すことにより脳と体にさらなる学習をさせているからである。精神的、物理的に同じ習慣を毎日再学習するという習慣を実践していれば、無意識モードで行動するほうが簡単になる。

遺伝子の変化を起こす

これまでの常識では、遺伝子がいろんな病気を引き起こし、それはDNAに書かれているのでどうすることもできないと思われてきた。したがって親族のうち何人もの人が心臓病で亡くなると、その一族は心臓病のリスクが極めて高いと考えられた。しかし今や後成的遺伝学の研究により、病気を作るのは遺伝子ではなく、**環境**が遺伝子に病気を作るようプログラミングしているのだということが分かってきた。ここでいう環境とは、体外環境（たとえば煙草の煙や殺虫剤など）だけでなく、体内環境（細胞の外側のこと）も含まれている。

体内環境とはどんなものを指すのだろうか？　前述のとおり、感情とは私たちを取り巻く外的環境で経験したことの結果物であり、化学的フィードバックだ。したがって外的環境のある状況に反応して感情を抱くと、結果として体内に生成される化学物質が遺伝子のスイッチをオンかオフにする信号を送る。オンとは遺伝子発現を増加させ、上方調整する指示、オフとは遺伝子発現を減少させ、下方調整する指示を送ることだ。遺伝子自体が変化するのではなく、遺伝子発現が変化する。私たちの健康と生命に影響するのは遺伝子発現で、ここが最も重要な点だ。たとえばある人が遺伝的にある病気になる確率が高いとしても、その人の遺伝子が繰り返し健康を発現していれば、病気を発現する条件が整わないのでずっと健康でいられるだろう。

体とは、たんぱく質を作る精緻にチューニングされた機械だと考えてほしい。細胞のどれ一つ（赤血球以外）をとってもたんぱく質を作り、体の物理的構造と生理的機能を支えている。たとえば筋肉細胞はアクチンとミオシンと呼ばれるたんぱく質を生成し、皮膚細胞はコラーゲンやエラスチンと呼ばれるたんぱく質を作る。免疫細胞は抗体を作り、甲状腺細胞はチロキシンを、骨髄細胞はヘモグロビンを作る。目の細胞の一部はケラチンを作り、膵臓細胞はプロテアーゼ、リパーゼ、アミラーゼと呼ばれる分解酵素を作る。私たちの体内のどの組織も系統もたんぱく質を作り、また必要としている。たんぱく質は免疫系、消化器系、細胞の修復、そして骨格と筋肉の構造に不可欠な要素であり、どれを取ってもたんぱく質なしには成り立たない。きわめて現実的な意味で、たんぱく質の発現は生命の発現であり、体を健康に保つための中心的存在だ。

細胞がたんぱく質を作るには、遺伝子が発現しなくてはならない。遺伝子の仕事はたんぱく質を作れるようにすることだ。細胞の外からやってくる信号が細胞膜に届くと、細胞の外側にある受容体《レセプター》に化学物質が受容され、細胞内部にあるＤＮＡに到達する。すると遺伝子はその信号に見合ったたんぱく質を作る。このため細胞の外から来る信号が変化しなければ、遺伝子は同じたんぱく質を作り続けるので、体は変化しない。これが長い間続くと遺伝子は下方調整を行う。するとたんぱく質の健全な発現は停止するか、あるいは最終的に劣化する。たとえるならコピーのコピーを繰り返した結果画像がぼやけていくように、たんぱく質の質が徐々に低下していく。

外界からの刺激は分類され、その分類により遺伝子スイッチの上方調整、あるいは下方調整が行われる。たとえばあなたが何か新しいことをする時、新しい情報を学んでいると き、〝経験によって発現する遺伝子〟が稼働する。これらの遺伝子は幹細胞(細胞がどう変化したらいいか指示を与える役目を持つ)と連動し、その時点で体内の壊れてしまった細胞にとって代わる。また、あなたが強いストレスなどで興奮状態のとき、また夢見などの変性意識状態にあるときは、〝行動状態によって発現する遺伝子〟が稼働する。これらの遺伝子は、意識と体を結ぶ支点のようなものだと考えるといい。これらは多様な行動(たとえば瞑想、祈り、社会的行事など)が物理的健康に影響する架け橋となる、思考と体のリンクとなっている。このように遺伝子が変化すると、変化した遺伝子は時にはものの数分で次の世代へと伝達している。

あなたの感情が変化する時、遺伝子発現も同時に変化(オンかオフかの分類を)する。つまり変化した感情はあなたのＤＮＡに新しい化学信号を送り、遺伝子に「違うたんぱく質を作れ」という指示を出す。こうしてあなたの体の構造や機能を変える多種多様な材料が上方、あるいは下方調整される。例を挙げよう。たとえばあなたの免疫系があまりに長い期間ストレス感情にさらされ続けた結果、遺伝子のいくつかが炎症や病気を作るよう動き出したとしよう。そこであなたは成長と修復をつかさどる新たな遺伝子のスイッチをオンにして、病気を作る古い遺伝子のスイッチをオフにできる。そして同時にこれらの後成的に変更された遺伝子は、新しい指示に従って新しいたんぱく質を作り、体に成長・修復・ヒーリングという新プログラムを作る。こうして体を新しい意識に合わせて再調整していける。

本章のはじめにも書いたが、あなたが毎日毎日同じ気分で過ごしていると、あなたの体はあなたがずっと同じ環境条件下にいると判断する。そしてその気分があなたに同じ選択をするよう促し、同じ習慣に追い込んでいく。その結果同じ経験ばかり繰り返すことになり、その経験は初めにあったあの同じ気分を呼び起こす。こうして無限ループが完成する。自動プログラム化された習慣のお蔭であなたの細胞は長い間同じ化学的環境（体外環境と体内の細胞の外の環境を含む）にさらされている。その化学物質は同じ遺伝子に同じ信号を同じ方法で送り続けている。その結果あなたは同じことばかりしているうちに轍にはまって身動きがとれなくなる。なぜなら、あなたが変わらなければ遺伝子発現も変わらないからだ。こうなるとあなたは遺伝子の運命の通りに生きることになる。外界から新しい情報が来ないのだから当然だ。

しかしあなたの人生の状況が好転するとどうなるだろう？　それもまたあなたの細胞の外の化学環境を変えるのではないか？　答えはイエスだが、いつもそうとは限らない。あなたが長い年月を同じ思考と感情を抱いて過ごし、ループ化した感情と思考の繰り返しで体を飼い馴らしてきた場合、あなたは知らずに自らの体をこれらの感情／化学物質の依存症に陥らせている。この場合、たとえば新しい職を得ると言った外的環境の変化が起きても中毒が解消するとは限らない。それはさながら薬物依存症患者が宝くじに当たるとか、ハワイに移住したくらいでは依存から脱却できないのと同じことだ。確立された思考と感情のループがあるため、ほとんどの人は環境の変化の新鮮味が失われると、遅かれ早かれ元の基本的な感情状態に戻っていく。すると体はその感情を感知して、元の経験に戻ったものと信じ込む。

たとえばあなたがブラック企業勤務で疲れ果てていたが、ようやくもっと条件のいい仕事に転職できたとしよう。あなたは数週間、あるいは数か月の間幸福感を味わう。しかしもしあなたが転職するまでの数年間かけて自らの体を、疲れ果ててボロボロな気分を表す化学物質の依存症にしていたとしたら、最終的にあなたの体はその感情／化学物質を渇望し、古い感情に戻っていくだろう。外界が変化しているにもかかわらず、体は外界よりも体内の化学環境のほうを信じる。このため古い感情があなたの日常のありようを古いパターンに固定し、依存症を助長する。これもまた、過去に生きている一例と言える。体内の化学環境が変わらなければ、遺伝子は新しいたんぱく質を作らないので、体の構造や機能を向上させるたんぱ

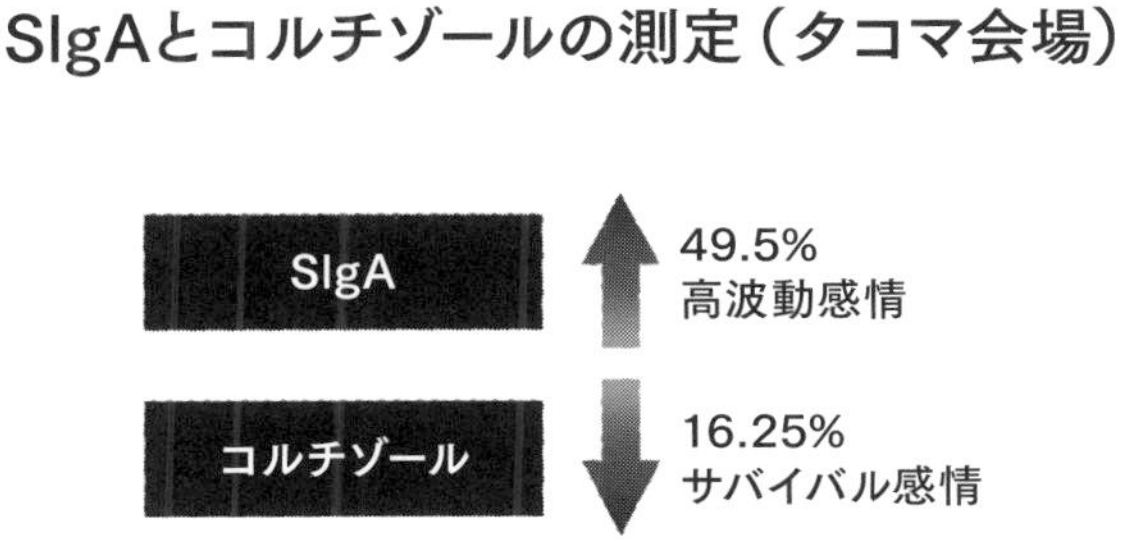

図2.4

高波動の感情をキープして自らのエネルギーを変える訓練をすると、実際に“体内の防御システムを強化するたんぱく質を新たに作れ”という増加指令を遺伝子に送ることができる。サバイバル感情を鎮め、体外の防御システムの必要性を最小限に抑えると、“ストレスホルモン分泌量を落とせ”という減少指令を出すことになる。（図の上のSIgAとは、唾液腺免疫グロブリンAの略称。コルチゾールはストレスホルモン。いずれも唾液採取による測定）

く質を新規に作ることもなく、体の健康状態も人生も変化しない。目に見える、永続する変化を起こすには、今の気分や考え方の枠を飛び越えなくてはならないのはこのためだ。

２０１６年冬、ワシントン州タコマで開かれた上級ワークショップで、私たちは高波動感情が免疫系にどんな影響を及ぼすかについて実験を行った。４日間のワークショップの初日に参加者１１７名の唾液サンプルを採取し、最終日終了時に再び採取した。手法としては免疫グロブリンＡ（ＩｇＡ）と呼ばれる免疫系の強さの指標となるたんぱく質マーカーを計測した。

ＩｇＡは極めて強力な化学物質で、健全な免疫機能や体内防御システムを担う基本的たんぱく質の一つだ。ＩｇＡは、いつでもバクテリア、ウイルス、胞子、その他の侵入物、そしてすでに体内に棲みついている異物と戦っている。その強さはインフルエンザの予防接種や免疫効能促進剤にも勝る。稼働しているときは体内の最大の防御システムとなる。ストレスレベルが上がる（これに連動してコルチゾールなどのストレスホルモン分泌が増加する）と、ＩｇＡのレベルが下がる。すると、このたんぱく質を作る遺伝子は免疫系の発現を下方調整する。

ワークショップを実施した4日間、私たちは参加者たちに愛、喜び、インスピレーション、あるいは感謝といった高波動の感情を9～10分キープするエクササイズを一日3回、毎日行ってもらった。感情の波動が上がると免疫機能が促進するのではないか？　と私たちは考えた。別の言い方をすれば、感情の質を変えるだけで参加者たちのＩｇＡを増やすよう遺伝子を上方調整できないか？ということだ。

私たちは結果に驚愕した。ＩｇＡレベルが平均49・5％上昇したのだ。ＩｇＡの平常値は37～87mg／dlだが、ワークショップ終了時の数値が100mg／dlを超えた人もあった。[7]　参加者たちは外的環境で何らかの経験をしたわけではないのに顕著な、計測可能な後成的変化を示した。ほんの数日間、高波動の感情で体を満たしただけで、体は彼らが新しい環境にいると受け止め、結果として新しい遺伝子に信号を送り、遺伝子発現を変えることができた（この場合は免疫系のたんぱく質発現）。（図2・4参照）

これが意味するのは、もしかしたら体を癒やすのに薬や何かを外から体内に取り込む必要はないかもしれないということだ。あなたはほんの数日あれば体内で遺伝子の上方調整を促し、ＩｇＡを作り始めるパワーを持っているのだから。喜び、愛、インスピレーション、感謝といったシンプルな心理状態を５〜10分間キープすることを毎日続ければ、あなたの健康も人生も著しい後成的変化を見せるだろう。

注意を向けた先にエネルギーが流れ込む

あなたが注意を振り向けた対象にエネルギーが集まる。このため、朝起きてすぐにその日に会うべき人々、行くべき場所、あなたが所有するもの、するべきことなど３次元のもろもろのことに意識を向けていると、あなたのエネルギーは分散するだろう。図２・５が示すように、あなたの創造エネルギーはあなたから離れていく。

そしてあなたの関心を引こうとする無数の対象、携帯電話、ラップトップ、銀行口座、家、仕事、同僚、配偶者、子供たち、敵、ペット、治療中の病気といった事柄に向かってエネルギーは流出する。図２・５を見てほしい。ほとんどの人の注意の対象、そしてエネルギーが外界の物質に向けられているのは明らかだ。そこでこんな疑問が浮かぶ。「あなたの日常に新しい現実を創造するベースとなる思考と感情を内的世界でつくるために、一体どれだけのエネルギーが残っているだろうか？」

あなたがこれほど熱心に注意を振り向けている人々や事柄はどれをとっても経験済みなので、すべてが既知領域に収まっている。本章で解説してきたように、これらの事柄一つひとつが脳内に独自の神経ネットワークを持っている。これらは脳内にマッピングされているので、あなたはこれらを認識し、過去に準じた経験をする。その経験を反復すればするほどその事柄の神経回路は繰り返し動員され、強化され太くしっかりしたものになっていく。経験とは脳を豊かにするものだ。こうしてあなたの脳には上司の神経回路、お金の神経回路、配偶者の神経回路、子供たちの神経回路、経済状態に関する神経回路、住んでいる家に関する神経回路など、あなたが物質界で所有しているもの一つひとつについての神経回路ができている。何故なら、これらはどれも違った時間と場所で経験されたものだからだ。

あなたの注意、そしてエネルギーが外界のこれらのモノ、人、問題、課題などに分散されていると、もうそれ以外の思考と感情を内面で展開するエネルギーが残っていない。このため何か新しいものを生み出すために使えるエネルギーは存在しない。何故か？　それはあなたの思考と感情が文字通りあなたの現実を作り上げているからだ。したがって、あなたがすでに知っていることについてばかり考え、感じていれば、あなたは既存の現実を再確認し続けることになる。実際あなたという人格はもうあなたの個人的現実を創造していない。あなたの外的環境があなたの思考と感情をコントロールしているのだ。あなたの内面にある思考

注意を向けた先にエネルギーが集中する

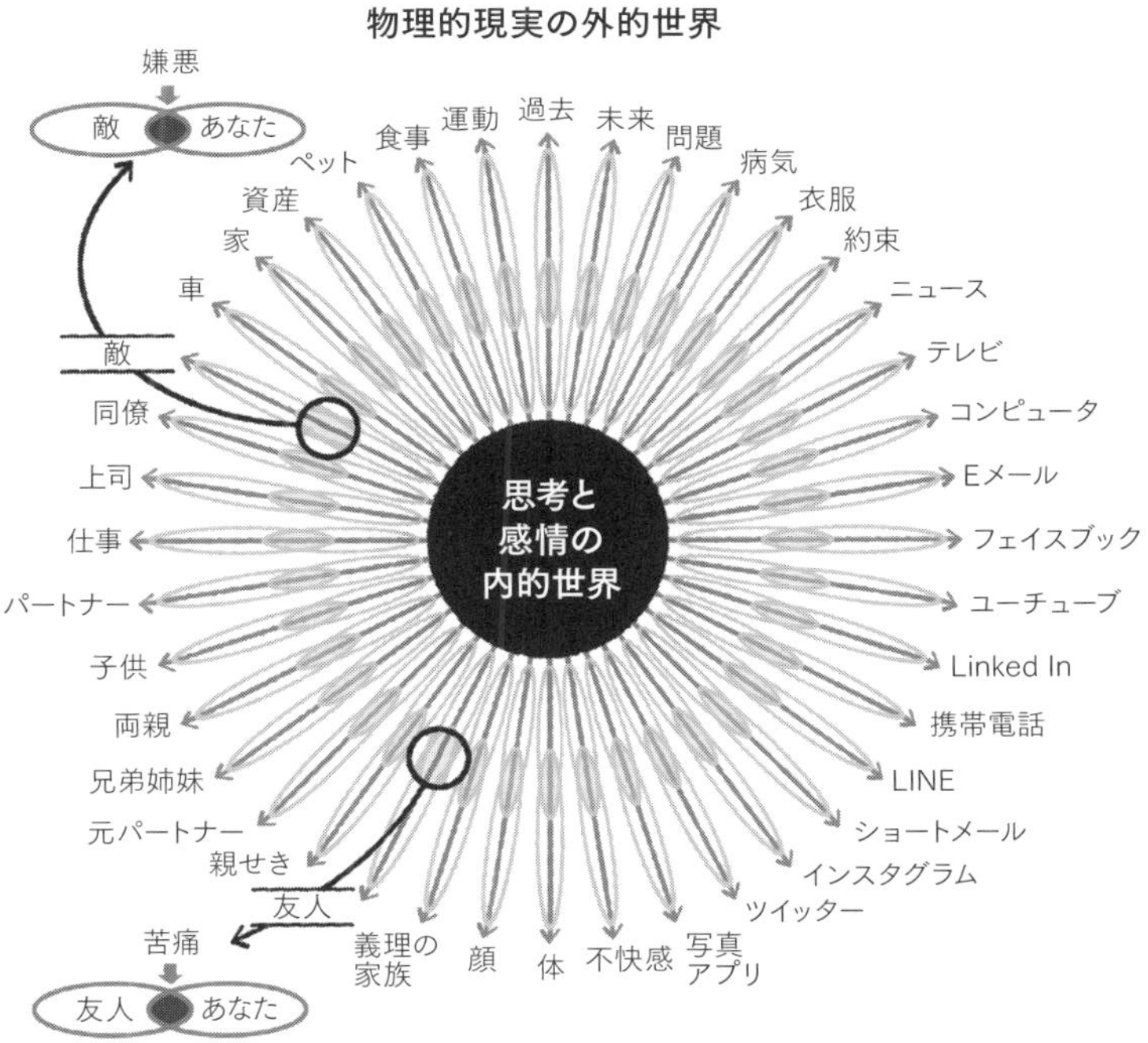

図2.5

私たちが慣れ親しんだ物理的現実の中にあるどの人、モノ、場所、状況も脳内にそれ専用の神経ネットワークが割り振られていて、それらを経験した際に起きた感情がその一つひとつに結び付けられている。このようにして私たちのエネルギーは過去と現在の現実に結び付けられていく。このためあなたがこれらの外的現実について考えるとき、エネルギーはあなたの内面から外界の諸々の対象物へと流出する。結果として内的世界にエネルギーがほとんど残らず、新しい人生を創造することができない。

図の左側の拡大部分、2つの楕円が交差しているのは、私たちが外界の各要素を使って感情依存を再確認していることを示している。たとえば苦痛という感情を助長するのに友人を使い、嫌悪感という感情に依存し続けるために敵を利用している。そこで質問が生まれる。「新しい人生を創造するために使えるエネルギーはどれくらいあるだろうか？」

と感情、そして外界や過去のある時間と場所で経験した人や事柄についての過去から現在までの現実――これらは生物学的に釣り合っている。あなたは注意や関心（思考）とそこに向かうエネルギー（感情）をいつも同じ対象に向けることにより、あなたはコンスタントに同じ人生を維持している。

さらに、あなたの思考と感情が特有の電磁場を発信し、それがあなたのすべての人生に影響しているのなら、あなたは同じ電磁場を発信し続け、あなたの人生が変わることはない。あなたのエネルギーはあなたの過去から現在までのすべてと同等であり、あなたは過去を再生産し続けている。しかし不都合はそれに留まらない。あなたが注意力とエネルギーのすべてを外界の対象に注ぎ、同じ状況に同じように反応し続けている時（たとえばそれが慢性的なストレス状態だったら、脳は慢性的に危機状態を認識していることになる）、外界とからっぽの内面との間で不均衡が起こり、脳は機能不全に陥る。そうなると何を創造するにも効率が悪くなる。言うなれば、この時あなたは自らの人生の創造者ではなく、犠牲者となっている。

ストレスホルモンで生きる

否定的な感情の中毒が続くとどうなるか、詳しく見てみよう。否定的感情とはつまりストレスホルモンのことだ。外界のある状況に脅威を感じた瞬間、それが目の前にある危機であれ仮想であれ、体は大量のエネルギーを放出してその危機に対応しようとする。この時点で体はバランスを崩している。これがストレスの正体であり、生物としての自然で健全な反応だ。その昔、人類が外界で危機に直面した時、アドレナリンやコルチゾールといった一連の化学物質が体内に放出されていた。ここで言う危機とは猛獣に追いかけられるといった生命の危機のことで、その状況下で人は戦うか逃げるか隠れるかの選択を瞬時にしなくてはならない。

　このようなサバイバルモードにある時、人は自動的に物質優位に考える。つまり世界を視覚、聴覚、嗅覚、触覚、味覚だけで判断する。しかも危機に集中対応するため視野が著しく狭くなり、ある特定の時間と場所にある自らの体が物理的に助かることにしか意識が及ばなくなる。すべての危機は外からやってくるので、ストレスホルモンはすべての注意力を外界に向ける態勢を作る。天敵と戦っていた古代人類にとって、これは極めて効率のいいシステムだ。当時の環境に順応し、人類が生き延びるのに役立っていた。外界の危機が来れば集中対応し、去れば速やかにストレスホルモンで崩れたバランスを平常値に戻す。

　ところが現代の世の中ではそうはいかない。上司や家族からのたった一本の電話やメールで湧き起る怒り、フラストレーション、恐れ、不安、悲しみ、罪悪感、苦痛、あるいは屈辱感といった強い感情が、あたかも天敵が追ってくるかのような原始人類の闘争逃走神経システムをオンにする。同じ化学物質が自動的に何種類も放出され、外界の危機がなかなか去らないため放出しっぱなしとなる。真実を言えば、私たちの多くがこの興奮状態のまま大半の時間を過ごしているということだ。ストレスは慢性化している。天敵はすぐ目の前で牙をむいているわけではないが、それはあたかも猛獣と同じ洞窟で暮らしているようなものだ。つまり、天敵である同僚とオフィスで机を並べているような環境だ。

このような慢性化したストレス反応は時間とともに慣れるものではなく、どこまで行っても不適応のままだ。私たちがサバイバルモードにある時アドレナリンやコルチゾールは体内にどんどん汲み出され、興奮と緊張で崩れたバランスを取り戻す時はやってこない。第1章のアナの経験のように、バランスが崩れたまま何年も過ごしていると、そこに病気が忍び寄ってくる。長期的なストレス状態が健全な遺伝子発現を下方調整するからだ。実際のところ、体はストレス性化学物質の中毒症状を起こしているため、体が病気を渇望するのだ。

このモードにあるとき脳は生き延びる確率を少しでも上げようと、懸命に外界の出来事を予測し、コントロールし、無理やり有利な結果を引き出そうとする。これをすればするほど中毒症状は悪化し、私たちの存在イコール物理的な体だけという自意識が生まれ、体につけられたアイデンティティや外的環境や線形時間に縛られていく。そこにすべての注意が向かっているからだ。

脳が興奮し、サバイバルモードにある状態であなたが仕事、ニュース、別れた配偶者、友人、メール、フェイスブック、ツイッターなどにも注意を向けなくてはならなかったら、これら各々の神経ネットワークを超高速で稼働しなくてはならないだろう（図2・5参照）。それが長期化し、習慣的に視野が狭くなり、散り散りの関心事に脳内回路が分散されているうちに、脳はすっかりバランスを失うだろう。脳機能がバランスを失うと、それはあなたが脳に不規則でコヒーレントでないリズムを刻むよう（そうやって非効率化するよう）訓練しているようなものだ。雲の間に稲光が走るように、突然異なる神経ネットワークが不規則に発火して、脳はぎくしゃくと不揃いに動く。それはたとえるならドラマーの集団がそれぞれのドラムを一斉に、好き勝手に叩き続けるようなものだ。コヒーレンスについては後の章でじっくり解説するが、今は脳がコヒーレントでなくなると、あなた自身もコヒーレントでなくなるということがわかればいい。脳がベストな状態でないと、あなたもベストな状態ではいられない。

あなたの既知の世界に属する、外界で出会った人やモノにまつわる経験一つひとつに感情が結びついている。何故なら感情（＝動くエネルギー）は、経験の化学的残留物だからである。もしあなたが大半の時間をストレスホルモン中毒状態で過ごしているとしたら、あなたは理不尽な決めつけへの中毒を上司に、競争心への中毒を同僚に、苦痛への中毒を友人に、嫌悪感への中毒をあなたの敵対者に、罪悪感への中毒を両親に、不安への中毒をフェイスブックに、怒りへの中毒をニュースに、恨みへの中毒を別れた配偶者に、そしてあなたの欠乏への中毒をお金に投影することで、日常的に自らの中毒を再確認しているのだ。

つまりあなたの感情／エネルギーはあなたが慣れ親しんだ既知の世界で経験した人やモノ、場所などにつながれ、ほとんど結合していると言ってもいい。そうなってしまえばもう新しい仕事や人間関係、新しい経済状況、新しい人生、あるいは癒やされて一新した体を作るエネルギーなど残っていない。別の表現をしてみよう。人にはみな固有の周波数があり情報を発信している。それが電磁場を形成し、その影響を自ら強く受けている。この電磁場の周波数は本人の持つ思考と感情によって決まる。もしこの人が注意を向ける対象のすべて（＝全エネルギー）が外界の人やモノ、場所、時間その他もろもろとがっちり結びついていたら、内面世界にはもう思考や感情の醸成に使えるエネルギーが残っていない。したがって、中毒になっている感情が強ければ強いほど、それに結びついた外界の対象物への関心や執着度が高くなり、貴重な創造エネルギーの大半を外界の対象物に献上することになる。その結果起きるのは、既知の世界を出られない思考と感情の繰り返しだ。外界の対象物への中毒があるとき、新しい考えはなかなか浮かばず、目新しい感情が起きることもない。しかも十分考えられるのは、その人を悩ます問題の元凶に、中毒になるほど執着しているということだ。人はこのように自らのエネルギーを浪費し、使い道を誤っている。図2・5を見ると、人がどのようにして外界のもろもろの対象物とエネルギー的つながりを築いているかを、2例で示している。

エネルギーと情報の共有

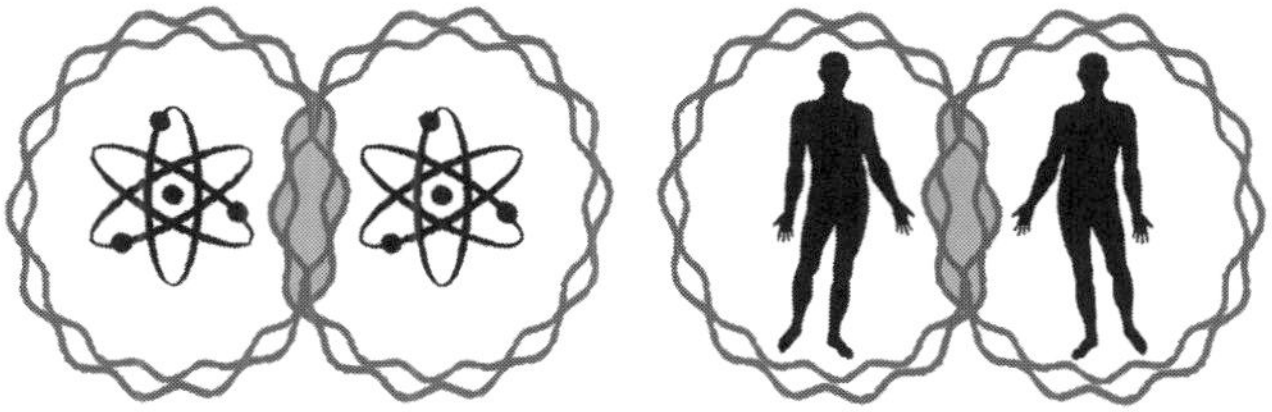

2つの原子が合体して1つの分子となる。

同じ感情、同じエネルギーを持ち、同じ思考と情報を共有する2人はひとつに結ばれる。

図2.6

同じエネルギーと情報を持つ二つの原子が合体して一つの分子ができるのと同様に、2人の人物が同じ感情やエネルギーを持ち、同じ思考や情報を語り合うと、2人はひとつに結ばれる。どちらの場合も、両者は目に見えないエネルギー場で結び付けられてくっついている。これら2つの原子を引き離すのにエネルギーを要するのなら、貴重な創造エネルギーの大半を投じて結びついた外界の人や状況から関心を引き離すにも大量のエネルギーと意思が必要となる。

図2・6の左側には、2つの原子が目に見えないエネルギーの場で結びついている様子が描かれている。2つの原子はこうして情報を共有している。2つを結びつけているのはエネルギーだ。右側は2人の人物が屈辱的な経験を共有し、原子同様目に見えないエネルギー場で結ばれ、エネルギー的につながっている様子を示している。2人は同じ情報を共有している。

結合している2つの原子を引き離すにはエネルギーが必要だ。これと同様に、あなたが外的物理世界のいつもと同じ人々、同じ場所、同じものたちとエネルギー的に結びついているとき、これらとのつながりを断つにはエネルギーや努力が不可欠だということは、瞑想をするとよくわかる。ここで質問。「あなたの創造エネルギーのどれくらいが罪悪感、嫌悪感、屈辱感、不足感、そして恐れと結びついているだろうか？　もしかしたらあなたは全エネルギーを傾けて新しい運命を〝再生産〟しているかもしれない。

新しい運命を創造するにはまず、外界にあるもろもろの関心事から注意を逸らし、それらでいっぱいになった日常を超越する必要がある。このため私たちは内面の状態を変えるための受け皿として瞑想を利用する。瞑想なら外界のすべての人、モノ、場所、時間とのつながりを断ち、ある程度の時間をかけて内面の旅ができる。あなたの体を満たしている感情を超越し、外界の既知のすべてとのつながりを切り離したら、あなたは外界に放出・浪費していたエネルギーを取り戻し、あなたを無限ループに閉じ込めていた過去から現在までの現実とのつながりを断つことができる。この過程であなたは外界に知られている何某というアイデンティティを捨て、誰でもない人にならなくてはならず、そのためには自らの体、そして体に属する痛みや空腹感も意識の中から消し去らなくてはならない。あなたが物質界で知られるアイデンティティ、たとえば誰それの配偶者、誰それの親、どこの会社の社員、といった肩書も意識から切り離す。あなたの関心の対象を何らかの有形物から、無そのものに振り向ける。当然ながら携帯電話、メール、そして飲みかけのコーヒーのことも頭から追い出す。あなたが今座っている椅子も、住んでいる場所につけられた住所も忘れ、あとで行くべき場所、今後のスケジュールについても意識から消し、どこでもない場所、時系列に属さない時間に身を置くようにする。

私は別に携帯電話やラップトップ、車、銀号口座などが悪いと言っているのではない。そういうものにあなたが過度に関心を奪われて感情移入してしまい、生活の大半を占めるようになると、それらのものたちが**あなたを支配し始める**と言いたいのだ。そうなってしまうとあなたはもう新しい何かを創造できない。創造を始める唯一の方法は、外界の現実に散り散りに分散したエネルギーを再び呼び戻し、すっかり中毒になっているサバイバルモードの感情を克服することだ。外界の関心事に向かう意識を内面世界に取り戻すことにより、それらのものとの間に結ばれた感情のつながりが薄れていく。そして次第に新しい未来を創造するために必要なエネルギーを確保できるようになっていく。そのためにはまずあなたが無意識ならない。

に外界のどんな対象に関心を奪われているかに気づく必要がある。そしてそれとの結びつきを意図的に解くには、原子を引き離す時のように、それなりのエネルギーを投下しなくてはならない。

ワークショップでは、参加者がひっきりなしに私にこんなことを訴えてくる。コンピュータのハードディスクが壊れてデータ消失した、車を盗まれた、失業した、一文無しだ、などなど。彼らが失った人やモノ、時間について語るとき、私は決まってこう答えるようにしている。「素晴らしいじゃないか！　これでどれだけのエネルギーを取り戻せただろうね？　それを使って新しい人生を創造しよう」と。ちなみにもしあなたが首尾よく全部のエネルギーを手元に取り戻し、瞑想ができたとしても最初は居心地が悪く、どうしていいかわからないと感じることだろう。実際あなたの日常のいくつかの分野が崩壊する可能性があるので、心の準備が必要だ。ただし心配はご無用。あなたは古い現実とあなたとの間に結ばれたエネルギー的つながりを断ち切ろうとしているのだから、それは当然の成り行きなのだ。あなたとあなたが向かう未来が持つ波動と調和しないものはすべて消えてなくなる運命にあるのだから、自然に任せればいい。あなたはこれから新しい未来でひどく忙しくなるのだから、古い現実に属するものは放っておけばいい。

ここに素晴らしい例がある。大学で副学長をしている私の友人が、この瞑想を始めて3週間経った頃、役員会議に出席した。彼はこの大学の支柱的存在で、学生も教授陣も彼を愛していた。その彼が役員会議に行き、着席するなりクビになった。彼は私に電話してきてこう言った。「おい、この瞑想はうまく行っていないぞ！　役員会議でクビになった。このワークをすると何か素晴らしいことが起きるんじゃなかったのか？」

「まあ聞けよ」と私は答えた。「今君は古い感情のサバイバルモードに陥っているんじゃないか？　手放さないと古い現実に舞い戻るよ。今という時間を生きてみろ。そしてそこから新たに創造してみろよ」。それから2週間もしないうちに彼はある女性と恋に落ち、その後結婚した。その上彼がいた大学よりずっと規模も偏差値も上の大学の副学長のポストをオファーされ、彼は快く受け入れた。

1年後、彼は再び電話してきて、彼をクビにした大学が彼に学長として戻ってほしいと依頼してきたと語った。古い現実が破綻しても、その後に宇宙があなたにどんな未来を用意しているか計り知れない。確約できるのはただ一つ。私が未知の領域にがっかりさせられたことはただの一度もない。

エネルギーを呼び戻す

外界とのつながりを断つには、自分の脳波を変える方法を学ばなくてはならない。そこでちょっと脳波の周波数の話をしたい。覚醒時のあなたの脳波は大体ベータ波の領域にある。

ベータ波には低域、中域、高域がある。低域ベータとは、外界から脅威を感じないリラックスした状態ではあるが、3次元の時空にある体を意識している状態を指す。これは今あなたが本を読んでいる時や、娘と楽しい会話をしている時、あるいはセミナーで講義を聞いている時の状態だ。中域ベータはこれより少し緊張している状態で、たとえば集団を前に自己紹介をして、初対面の人々の名前を必死に覚えようとしている時など。この状態のあなたは注意力が高まっているが、完全にバランスを崩すほどのストレスレベルではない。中域ベータはプラスに働くストレスと言える。高域ベータはストレスホルモンが大量放出されている状態だ。これは怒り、警戒、動揺、苦痛、心痛、不安、苛立ち、絶望といったサバイバルモードの感情になっている時の脳波だ。高域ベータは低域ベータの3倍以上、中域ベータの2倍の高さを持つ。

覚醒している時間のほとんどをベータ波域で過ごしていても、時たまアルファ波域に踏み込む時間がある。思考を巡らせたり分析したりせず、ただリラックスして、穏やかな気分でいる時、そして何かを創造している時、直感を働かせる時、脳はトランス状態のような白昼夢、あるいは夢想に耽っている時のアルファ波域にある。ベータ波域にある時のあなたが注意の大半を外界に向けているとすれば、アルファ波域にある時のあなたは注意の大半を内面世界に向けていると言えるだろう。

シータ波域は、意識は覚醒しているが体が眠りに落ちかけているという、狭間にある時の脳波。この脳波域は深い瞑想状態にある時の領域だ。デルタ域の脳波は普通、元気を回復させる深い睡眠状態の時に現れる。しかし4年にわたる私たち研究チームの調査によれば、瞑想中でも非常に深いデルタ域に入れる人が数名いた。彼らの体は深い睡眠状態にあり、夢は見ていない状態で脳スキャンをしたところ、非常に多くのエネルギーを処理していた。瞑想終了後彼らはその時非常に深い神秘体験をしていたと話した。その体験で彼らは宇宙にあるあらゆる人やモノとつながり一体となる、ワンネスを味わったという。図2・7にはそれぞれ異なる脳波の状態が示してある。

ガンマ周波数の脳波はいわゆる超意識状態を示す。この高周波数のエネルギーが現れるのは、外的世界の刺激ではなく、内面で起きる出来事（最も一般的な例の一つは、目を閉じて瞑想して内面世界に入り込む時）に脳が強く反応している時だ。ガンマ脳波についてはあとの章で解説する。

人が瞑想する時の最大のハードルの一つは、高域ベータ（中域も）から出てアルファ域に滑り込むこと、そしてさらにシータ域にまで到達することだ。それは必ずクリアしなくてはならない。脳波が遅くなり、次の周波数域に入るにつれ、外界に対する注意力がオフになり、ストレスのある環境下で習慣的に考えているようなことが意識にのぼらなくなるからだ。過去の恐ろしい経験の記憶に基づいて最悪のシナリオを想定したり、分析したり、戦略を立てたりしなくなって初めて、意識は純粋に今という時間に存在できるようになる。

瞑想中に外界のいろんな事柄とのつながりを断ち、体も恐れも今後のスケジュールも超越し、馴染みの深い過去や今の延長線上にある未来もすべて断ち切ることができたらどんなに素晴らしいだろう？　正しくできれば時間の感覚も消し去ることができる。瞑想をすると、自動化した思考や感情、習慣を克服できる。するとあなたは体も環境も時間も超越する。そして過去から現在に至る現実とのエネルギーの結びつきが弱くなり、今という時間を生きている自分に気づくだろう。エネルギーを取り戻すことができるのは今という時間以外にない。

それにはちょっとした努力（慣れるとどんどん楽にできるようになる）が必要だ。難しいのは、普段あまりに多くの時間をストレスホルモンに浸かって生きているからだ。瞑想中に今という時間にいられないとどうなるかについて、実際そうなった時のために考えてみよう。瞑想でストレスや問題や痛みを超越できなければ新しい未来がある場所に行けないので、それを創造することはできない。だからこそやり方をきちんと理解することが重要なのだ。

さて、あなたが座って瞑想していると、いろんな取りとめのない思いがよぎり始めたとしよう。そういう思考パターンは長年の習慣で、あなたは気づけばいつもと同じ人々やモノや時間に関心を向けてしまうからだ。そして自動的にいつもと同じ感情を抱き、いつもと同じ個人的現実とつながっている同じ人格を再確認するために毎日同じことを繰り返している。こうして繰り返し体を過去に送り出している。いつもと違うのは、今は瞑想しようとしているため目を閉じていることだけだ。

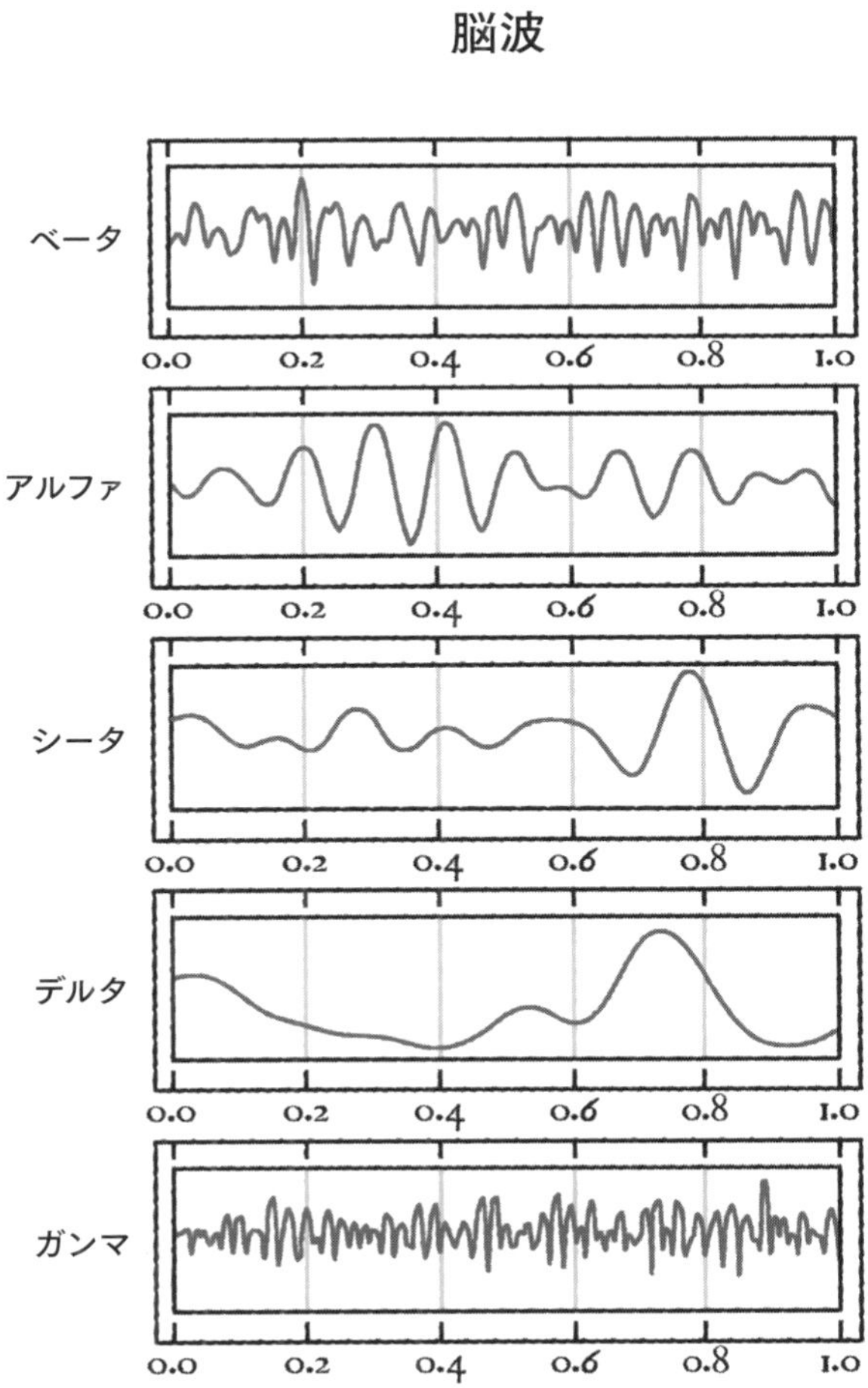

図2.7

多様な脳波の比較

今あなたの目は閉じられているので、物理的に上司の姿は見えていない。しかしあなたの体はあの怒りを感じたいと求めている。何故なら1日50回、週に5日、上司の姿が目に入るたびに苦々しい怒りの感覚を思い出すからだ。同様に上司からメールを受信するとき（少なくとも1日に10回）も、あなたは無意識に同じ反応を感じるため、体は〝怒り中毒〟を再確認するために上司を必要とすることに慣れてしまっている。体は中毒になった感情を感じたがっている。そして薬物依存症患者が薬物を渇望するように、体は慣れ親しんだ化学物質を渇望する。昇進を阻んだ上司に感じているいつもの怒り、あるいはいつでもあなたに難題を押し付ける同僚への怒りを体は感じたがる。そのうちにあなたはうっとうしい存在の別の同僚について考え、上司について腹の立つ別の理由について考え始める。あなたは座って瞑想をしようとしているのに、体は全力で抵抗しているのだ。体は目が開いている間じゅう浸り続けている、慣れ親しんだ感情の化学物質の合成カクテルを渇望するからだ。

自分に起きていること（中毒になるほど馴染んだ感情にすべての関心を向けていること）に気づいた瞬間、あなたは自分の全エネルギーを過去（感情は過去の記録）に投資していることに思い至る。すると、あなたは関心とエネルギーを過去に投資するのをやめて、今という時間に集中し始める。こうしてしばらく経つと再びフラストレーションや怒りの感情がむくむくと湧き上がってくる。そして自分が戻っていることに気づく。あなたは体が化学物質中毒になっていてその感情を求めていることや、それらの感情があると脳波は高域ベータ波

エネルギーをとりもどす

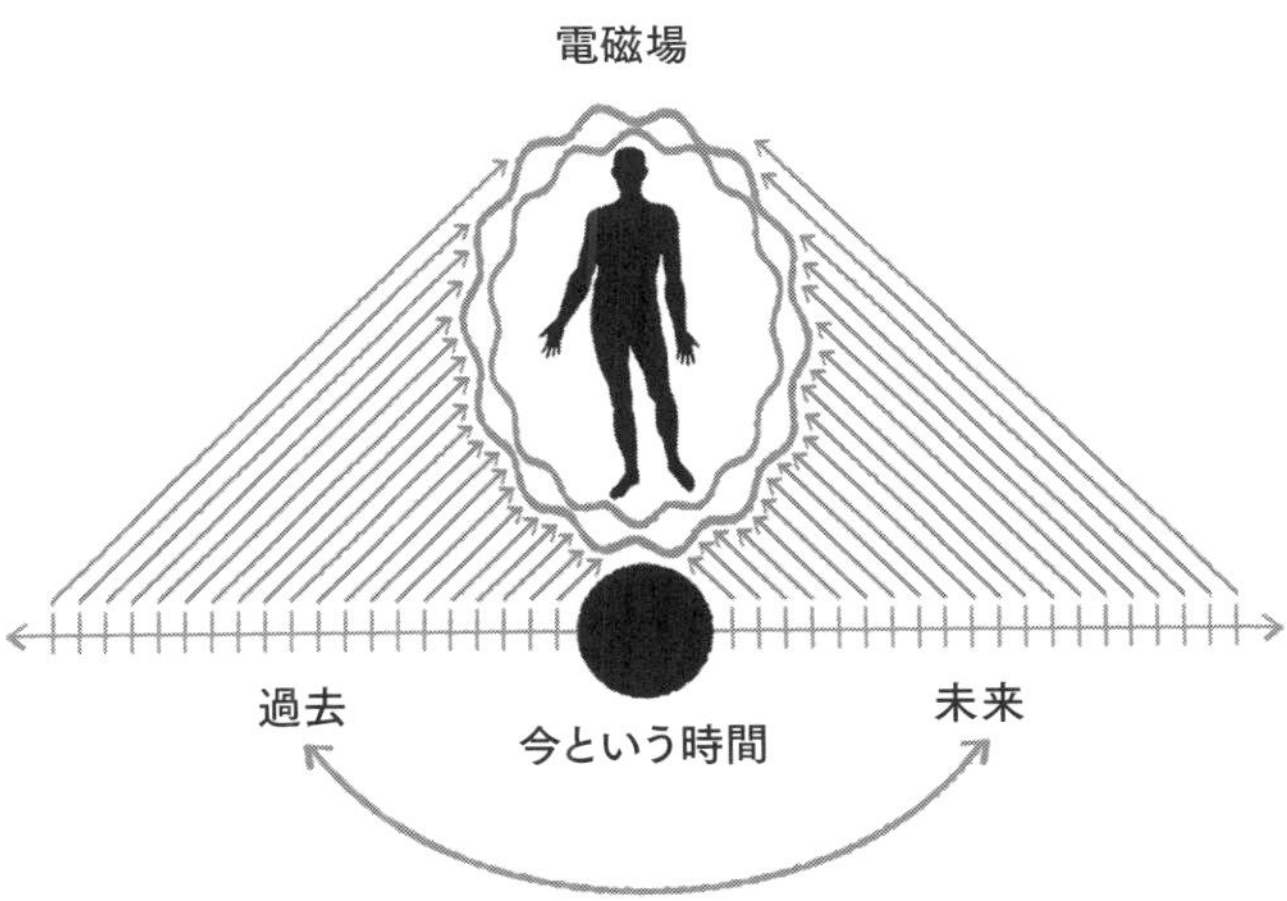

図2.8

になることを思い出し、すぐに感じるのをやめる。こうして何度も気づいては立ち止り、体を鎮め、今という時間に留まることで、あなたは体に対して、もう「体ではなくあなたが意識の司令塔なのだ」ということを分からせる。

それでも思考は気づくとその日に会うことになっている人々や行くべき場所、するべきことなどにふらふらと向かう。例のメールに上司はもう返信しただろうか、とか妹からの電話にまだ返事をしていなかったとか、ああ今日はゴミの日だから忘れずにゴミを出さなくちゃ、とか。そして突然あなたは、それら一連のこれからすべきことのシナリオについて考えることは、関心とエネルギーを既知の現実に投資していることだと気が付き、すぐに考えるのをやめる。そして今という時間に集中し、エネルギーを予定調和の未来から取り戻し、未知の領域に向かう態勢を整える。

図2・8を見てほしい。

豊かな今という時間のスイートスポットに自分自身を収めることができると、あなたのエネルギーは（矢で示してある）図2・3のように過去や未来に浪費されなくなる。ここでのあなたは慣れ親しんだ過去や予測可能な未来に向かっていたエネルギーを撤収している。同じ感情を追体験するのをやめたあなたはいつもの神経回路の発火と結束をやめ、同じ遺伝子を制御したり刺激したりするのをやめている。意識してこれを繰り返していると、あなたは過去から現在の事象と結ばれたエネルギー的なつながりを断ち、繰り返しエネルギーを取り戻していることになる。これが起きるのは、あなたが外界に向けられた関心とエネルギーを断ち切って意識を内面に向けることにより、あなたの体の周りに固有の電磁場を形成するからだ。この態勢であなたは何か新しいものを創造するために使えるエネルギーを調達できたことになる。

それでもあなたの関心の矛先は再び彷徨い出すが、それもよくあることだ。ずっと座って瞑想していると、体は退屈し何かをしたくてじっとしていられなくなる。毎日同じルーティーンに従って動くように体を仕込んだのはあなた自身だから無理もない。体は瞑想をやめ、目を開けて（視覚）会うべき人に会いたい。あるいはテレビで情報を仕入れ（聴覚）、電話をかけたい。何もせずに座っているより朝食を味わいたい（味覚）。いつものように朝のコーヒーを淹れて香り（嗅覚）を楽しみたい。1日を始める前にシャワーを浴びてさっぱり（触覚）したい。

体は五感を通じて物理的な現実を経験し、同じ感情を感じたい。しかしあなたのゴールは、五感を超越した世界の現実を創出することだ。その現実とは、体が意識の司令塔となって主導権を握るのではなく、あなたが主導権を握ることによって出現する現実のことだ。自動的なプログラムの存在に気づいたら、繰り返し体を今にとどめるよう試みを続けよう。体は何度でも馴染みのある過去に戻りたがり、あなたは体を手なずけようと努力を続ける。自動プログラムを鎮め、体を今に引き戻すたびに、あなたは体を新しい意識に馴らしている。それは犬に〝お座り〟を教える訓練のようなものだ。自動プログラムに気づき、その発動をキャンセルして今に引き戻すたびに、あなたは「自分の意思は自動プログラムより強い」と宣言している。あなたが関心を（エネルギーも）今という時間に戻し続け、今を生きているか否かに注意を払っていると、遅かれ早かれ体は降参するだろう。今という時間からすり抜けていると気づくたびに戻すというこの一連のプロセスが、既知の現実と深く結ばれたエネルギーのつながりを解体していく。そして今という時間に戻る時、あなたがしているのは物理世界でのアイデンティティを超越し、量子場に分け入っていくことだ（この概念については次章）。

どんな戦いでも、最も困難なのは最終局面の戦いだ。すなわちあなたの体が主導権を主張して猛然とあなたを抑え、五感の世界に戻ろうとするため、あなたはもうこれ以上は頑張れないと感じたら、あなたは善戦しているということだ。あなたは本当の意味で未知の領域に踏み込んでいて、遅かれ早かれ一連の感情の中毒は断ち切られるだろう。あなたが罪悪感や悩み、恐れ、フラストレーション、苦痛、無力感といった感情を超越するとき、あなたは体を過去の習慣や体に縛り付けていた鎖から解放しているに等しい。その結果、過去に向けられていたエネルギーを開放し、自分の元に取り戻している。体が蓄えていたエネルギーを放出すると、体はもう意識の司令塔ではいられない。恐れの真逆にあるのが勇気、欠乏の逆が完全無欠、疑念の向こうには知恵があることにあなたは気づくだろう。未知の領域に踏み込み、怒りや憎しみを手放す時、そこには愛と慈悲があることに気づくだろう。両極端でも同じエネルギーだ。体が体内にしまいこんでいたエネルギーが今、新しい運命を切り開こうとするあなたの手に返ってきた。

あなたが自分自身、あるいはあなたとあなたの人生の記憶を克服することを学ぶ時、あなたはあなたを過去から現在までの現実に縛り付けてきたすべてのモノ、人、場所、時間とのつながりを断ち切っている。あなたが最終的に怒りや苛立ちを克服し、過去に閉じ込められていたエネルギーを解き放つ時、あなたはようやく自分のエネルギーを取り戻せる。あなたの体の内部や周囲にあったサバイバルモードの感情エネルギーをすべて解放する時、あなたは新しいあなたのエネルギー場を体内と周囲に形成する。

私たちの上級ワークショップでは、実際に取り戻したエネルギー量の計測を行った。スプートニクアンテナと呼ばれる特殊センサーを搭載したガス放電視覚化装置（ＧＤＶ）という非常に繊細な測定機器（コンスタンティン・コロトコフ博士が開発した）を使い、専門技師によって計測が行われた。会場内の電磁場を測定し、ワークショップが進むにつれて会場内のエネルギーがどのように変化するかを調べた。初日の様子を終日測ったところ、時折エネルギーの低下がみられた。それは瞑想中、参加者たちが既知の現実とのつながりを断ち切り、自分の内面にエネルギーを取り戻していくためだ。彼らは会場内に広がるエネルギー場からエネルギーを取り込み、自分の体の周辺に固有のエネルギー場を形成し始める（そして新しい運命を計画する）時、会場内のエネルギー量は低下する。参加者は全員、初日が終わるまでには既知の自分を超越し、固有の光の場を形成できる。日を追うごとに彼らのエネルギーの場は拡大し、会場内のエネルギー量が増していく。こうして私たちは会場のエネルギー増加を確認した。この様子はカラー図版ページの画像1Aと1Bを参照するとわかる。

あなたの瞑想を成功させるための一案として、十分な時間をとることをお勧めしたい。そうすれば早く成果を上げようと焦ることがなくなり、腰を据えて取り組める。たとえば私は瞑想のために2時間を確保する。毎回きっちり2時間やるわけではないが、1時間しか取らないと、それでは足りないと感じる自分をあまりにもよく知っている。2時間あると思えばリラックスでき、今という時間を探す時間がたっぷりあると思える。今という時間のスイートスポットにすぐにたどり着く日もあれば、脳と体が言うことを聞かず、なかなか至らない日もある。

私は大変多忙だ。たとえばワークショップやイベントで各地を飛び回り、ほんの3日だけ家に帰るというスケジュールの中で、朝起きるとすぐにその日予定している3つの会議で会うそれぞれのメンバーたちとどんな話をするべきか頭の中でまとめておく。それから会議の前に送るべきメールの内容を考える。その日の夕方に乗る予定の飛行機について考える。そして空港に行く途中で電話するべき相手とその内容について心の準備をしておく。……とこんな具合だ。

そういう日常で、私がよく知っている現実の中にある、これから会うべき人々や行く予定の場所、予定している行動について同時に頭を巡らせる時、私は自分の脳と体にその未来がすでに起きていると信じ込ませようとしているのだということに気づく。私は知っていることだらけの未来に注意を向けていると気づくたびにそれをやめて、今という時間に戻るように努める。そうすることで、予定された未来の経験を示す脳内回路は発火しなくなり、神経の結束は緩んでいく。すると私は昨日の出来事について考え始め、じりじり、いらいらし始める。感情は過去の記録で、注意を向ける対象にエネルギーは集中するため、私は過去にエネルギーを投下していることに気づく。ストレスホルモンが私の脳を興奮させ、体は脳波を高域ベータ波へと変貌させる。そうなると私は再び脳と体を鎮め、今という時間に引き戻そうと奮闘する。その時私はもう過去の記憶を示す脳内回路を発火させず、過去にエネルギーを投下していない。

いつもの感情に結びついた思考を巡らしていることに気づくと、私はその感情にストップをかける。その時私はもう体を過去に閉じ込めていないし、古い遺伝子に同じ信号を送っていない。感情は経験の産物、遺伝子に信号を送るのは環境。ゆえにいつもの感情を追い出した時、私は古い遺伝子を選択していない。それは私の健康に影響するだけでなく、私は体を過去から解放している。こうして私は自らの体の遺伝子プログラムを書き換える。長期にわたるストレスホルモン分泌は健全な遺伝子発現を阻害し、病気を生み出すため、ストレスにつながる感情を見つけるや否や、それを潰し続けることができれば、私は体のストレス感情への中毒を助長していない。

もし私が首尾よく慣れ親しんだ過去や未来を克服できたら、エネルギー・神経学・生物学・化学・ホルモン・遺伝子的観点からそれらの過去と未来は存在しなくなる。古い神経ネットワークの発火が起きなくなれば、そして私が引き続き今という時間に留まっていられれば、私は既知の現実に向かっていたエネルギーを今に取り戻すことになる。図2・9は、既知の過去と未来が存在しなくなった人の図だ。

今私は無限の広がりを持つ今というスイートスポットの中にあり、創造するためのエネルギーを持っている。私は自分の周りにエネルギー場を築いた。永遠の今と呼ばれる境地にたどり着くために、ときには何時間もかけて努力を重ね、本当の意味でブレークスルーを経験した。そしてつくづく思う。あの努力をした甲斐があったと。

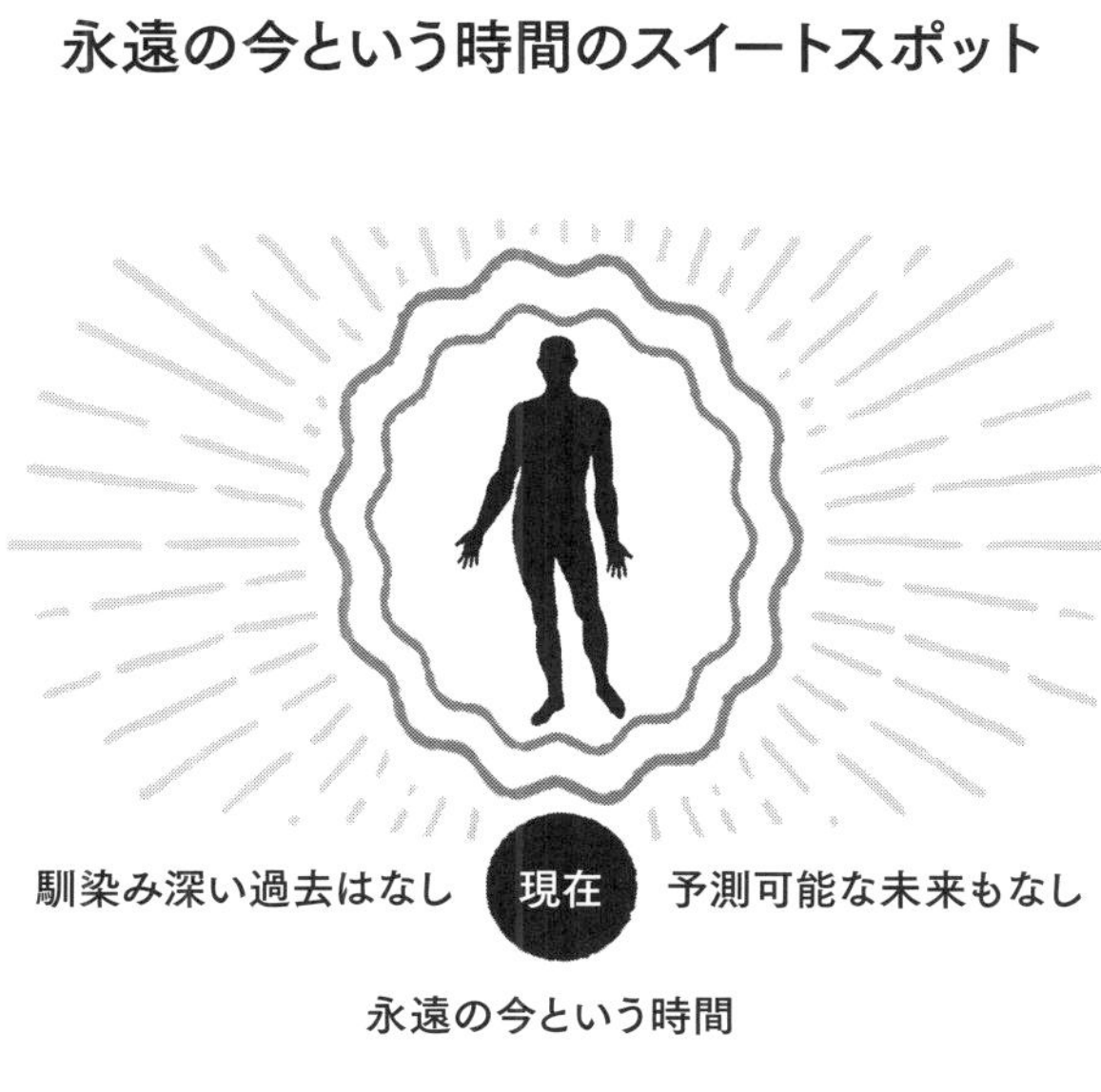

図2.9

永遠の今という時間のスイートスポットの中にいると、馴染み深い過去も、予測可能な未来も存在しなくなる。この時あなたは人生の新たな可能性を創造する準備ができている。

第3章 量子場の可能性と波長を合わせる

体、環境、時間を超越するのは簡単なことではないが、やる価値は十分にある。意識を3次元の現実と切り離すと、私たちは量子と呼ばれるまったく異なる現実、つまり無限の可能性の領域に進入する。そこにある現実は私たちがよく知っている物理的宇宙とは似ても似つかないため、言葉で説明するのは難しい。それは万物の法則として習ったニュートン物理学が通用しない世界だ。

量子（統一）場とは、目に見えないエネルギーと情報の場で、時空を超えた叡智の場、意識の場と呼んでもいいかもしれない。そこに物質は一切存在しない。それは五感で感知し得ない世界だ。量子（統一）場はすべての自然法則を統括する。世界の成り立ちや仕組みをより深く理解するため、科学者たちはそこで起きる現象の量的計測を試み、年を追うごとにいろんなことが明らかになっている。

私の知識と経験から引き出した認識では、自立性を持つ知性というエネルギーが存在し、それは複数の宇宙や銀河系を含む全宇宙の秩序を見守っている。これについて人はしばしば「それはちょっと非科学的な見地じゃないか」と指摘する。これに対して、私はいつも同じことを言う。「爆発が起きると、その後どうなる？　秩序か、無秩序か？」彼らはたいてい無秩序と答える。そして私はこう訊ねる。「じゃあ最大の爆発、ビッグバンが起きた後で、どうしてこれほどの秩序が生まれたと思う？　何らかの知性がエネルギーや物質を操作して秩序を生み出し、自然の力を統合して現在の麗しき世界を創造したとは思わないか？」その知性、エネルギーが量子（統一）場だ。

量子場とはどんなものかの例えとして、地上のすべての人類、動植物、すべての物理的存在（自然・人工物を含む）、大陸、海洋そして地球そのものもなくなったと想定してみよう。そして太陽系のすべての天体、月も太陽も取り除いてみよう。さらに銀河系宇宙の他の太陽系をなくし、最後にすべての銀河系もなくなったと想定してみよう。空気もなければ光もないので見ることもできない。あるのは圧倒的な暗黒、虚空、ゼロポイントの場のみだ。この何もない景色を覚えておいてほしい。何故なら今という時間で意識体となったあなたが行く統一場とは、無限に広がる暗闇で、物理的なものは一切存在しないところだからだ。

そこは目に見えないが、そもそも体を物理次元に残して進入しているので、見ようにも目がない。体がないので聴覚、嗅覚、味覚、触覚など五感はまったく働かない。量子場に存在する唯一の方法は、意識体となることだ。言い換えれば、この領域を経験する唯一の方法は、あなたの五感ではなく意識だ。意識とは気づきであり、気づきとは注意深く観察することだ。五感を超越し、量子場のエネルギーに注意を払う時、あなたの意識は高次の周波数と情報の領域につながっている。

ただし、不思議に聞こえるかもしれないが、量子場は空っぽではない。そこには波動、またはエネルギーが詰まっている。そしてすべての波動には情報が含まれている。量子場とは、物理的な五感の世界を超越した、無限大のエネルギーが振動しているところだと考えるとい い。目に見えないそのエネルギーの波は、私たちが創造する時にいくらでも使える。ではこの無限に広がる可能性のエネルギーの海で、いったい何が創造できるだろうか？　簡単に言えば、量子場とは〝すべての可能性が存在するところ〟なので、何を創造するかはその人次第だ。さっき書いたとおり、量子場にいる私たちは意識だけで、その意識は途方もないエネルギーの海である、もっと大きな宇宙意識の中に存在する無限の可能性を秘めた場に注意を向けている。

意識体となってこの終わりのない虚空に進入する時、そこには体や人々、モノ、場所、時間は存在しない。あるのはただ正体の知れない無限の可能性のエネルギーのみだ。そこであなたが自分の日常にある何かについての考えがちらつくと、あなたはすぐに3次元の時空に舞い戻ってしまうだろう。未知の暗闇の領域にある程度の時間とどまることができれば、あなたが人生に未知の何かを創造する態勢が整っていく。前章で私が瞑想中に気が逸れてもすぐに今という時間に戻ることについて書いた際、私が強調していたのは既知の未来や過去について考えるのをやめ、注意力を3次元の現実から切り離し、時間すらも振り捨てて無の領域に留まるということだった。これができていれば、あなたは意識以外の何物でもなくなっている。それが量子場への道順だ。

ここで少し科学の話をしよう。量子の宇宙は、科学者たちが原子より小さい素粒子の世界の研究を始めた際に発見したものだ。物理的宇宙に存在する万物を構成するのは原子だが、原子には原子核と、それを取り囲む膨大な場があり、そこには1個以上の電子がある。極小の電子と比較すると、その場は巨大で、原子とは99・9999999999999％が空洞でできている。しかし先ほど書いたように、空洞と言っても空っぽではない。そこには目に見えない、相互に絡み合った情報網からなるエネルギーの波動が詰まっている。つまり、物理的宇宙にある物質は固体のように見えてはいるが、実際には99・9999999999999％がエネルギー、あるいは情報でできているということになる。宇宙の大半はこの〝空〟のスペースであり、膨大な非物質領域に比べると、物質が占める割合は限りなく小さい。

研究者たちは、広大な空間を動き回る電子がまったく予測不能な動きをすることに気づいた。電子の振る舞いは、物質宇宙の物理の法則には当てはまらない。今ここにいた電子が次の瞬間には忽然と姿を消し、電子がいつどこに現れるかを予測することができない。それは電子が無限の可能性、あるいは確率の中に同時に存在しているからだと、研究者たちは結論づけた。観察者が何らかの物質を探して注意を向けると、エネルギーと情報の場は私たちが電子と呼んでいる粒子へと姿を変える。この現象を〝波動関数の崩壊〟と呼ぶ。しかし観察者がその電子から目を逸らすと、電子は再びエネルギーに戻る。言い換えれば、その物質である粒子（電子）は、誰かが観察（注目）しないことには生まれない。そして見るのをやめた途端にそれはエネルギー（具体的にはエネルギーの波動で、科学者は波動と呼ぶ）に戻る（つまり可能性の状態に戻る）。物質と意識は量子場ではこんな風に作用し合っている（ちなみに私たちの主観的意識はそのように観察により物質を生み出すが、宇宙全体を見守る客観的意識というものがあり、私たちを含むすべての3次元の現実が秩序を保ちながら存続するよう見守っている）。

これが何を意味するかというと、もしあなたが毎日を過去の視点で過ごしているとしたら、あなたは無限の可能性を創出できるエネルギーの波動を崩壊させて、昨日と同じワンパターンの今日を作り出しているということだ。たとえば朝起きて、「さてどこが痛かったんだっけ？」と考えると、痛みはすぐにやってくる。あなたのリクエストに即座に反応するからだ。あなたが物理的世界や環境から注意を逸らすことができたらどうなるか想像してみてほしい。前章で学んだように、体から注意を逸らし、体の感覚を忘れるともう五感に頼ることはできなくなる。あなたの人生に存在する人々から注意を逸らすと、あなたは誰でもなくなる。親、配偶者、きょうだい、友達、企業・宗教・政治組織の一員としての肩書も国籍もなくなる。民族的属性も男女の別も、性的指向も、年齢もなくなる。また、物理的環境にある物質や場所から注意を逸らすと、あなたは自らの所在を失う。そして最後に過去から未来へと流れる線形の時間から注意を逸らすと、あなたは自分のいる時間軸を失い、今という時間、つまりすべての可能性がそろった量子場にいる。物理世界の属性やつながりを持たなくなったあなたは物質に影響を与えようとしなくなる。あなたは物質を超越していて、特定の時間と場所に存在する自分という多様な名前や役割を付けられた体も超越している。あなたは現実的な意味で、物質が一切存在しない統一場の膨大な暗闇の中にいる。これが、前章で私が解説した、繰り返し今という時間に帰るという努力をした結果到達する状態だ。

そうなった時、あなたは物質を超越した、すべての可能性がある未知の場、情報または意識を内包する波動だけが漂う場に注意とエネルギーを振り向ける。そして科学者が電子から目を逸らし、電子が波動／可能性に戻るのを確認したように、あなたが注意を自分の人生、そして人生の記憶から逸らすと、それは可能性へと変化する。要するに既知の世界に意識を集中させると、既知の世界へ行く。未知の世界に意識を向けると、可能性を創造するという原理だ。無限の可能性の場に、純粋意識体として長く留まっているほど、あなたはエネルギーを可能性の場に集め、より多くの新しい経験を創造し、新たな可能性への道が開かれる。そういう法則だからだ。

脳の変化

量子場に入っていくには、自分のアイデンティティをすべて捨てていかなくてはならない。入っていくのは意識体、思考体、あるいは可能性だけで、物質界のすべてを忘れ、今という時間以外にいてはならない。すでに前章で書いたとおり、それをするには少なくとも瞑想の間だけは習慣になっている思考や感情を断ち切り、それに呼応する化学物質中毒を停止し、その注意をエネルギーや可能性（波動）に集中させなくてはならない。そこまでできると、その経験が脳をどれほど変化させるかを聞いてもさほど意外には感じないことだろう。

第一に、あなたは完全に物質界を超越しているため、外界の危険もなくなっている。その結果、覚醒意識が収まる大脳新皮質と呼ばれる、思考する脳の動きが遅くなり、リラックスするので全体と調和していく。すでに書いたように、ストレスホルモンが分泌している状態で生きる時、人は環境をコントロールし、何が起きるかを予測しようとするため脳波は非常に不規則なパターンを示し、身体機能が低下する。危機に過度に集中するあまり視野が狭くなる。既知のもろもろにつながっている神経ネットワークが活性化し、一度にひとつのことしか処理できなくなる。

物理的現実を白紙状態にして物質不在の無限の場に滑り込むと（思考を巡らしたり分析しなくなると）、個別に機能する神経ネットワークは作動しなくなる。モノや人や自分の体や時間といった物質界の狭い対象から注意を逸らし、エネルギーと情報だけの暗闇に心の目を向けると、脳が変化し始める。各対象ごとに分散していた神経ネットワークは互いに統合されていき、脳全体がコヒーレントに向かう。異なる神経群が相互につながり、大きなまとまりになっていく。神経群はシンクロし、組織化され、一つにまとまっていく。脳内で**シンクロした組織同士は相互にリンクを形成する**。脳がコヒーレントになれば、あなたもコヒーレントになる。脳が秩序立って働けば、あなたも秩序立って動く。脳がよく働けばあなたもよく機能する。端的に言えば、脳がホリスティックに機能すれば、あなたは完全無欠だと感じられるだろう。意識体となって統一場にアクセスすると（または統一場に注意を向けると）、生体としてのあなたもまた統一されていく。統一場の定義とは、統一するエネルギーのことだ。

コヒーレンスとインコヒーレンスをより明確に比較した、カラー図版の図２と、図３・１を見てほしい。

コヒーレント／インコヒーレントな脳波の違い

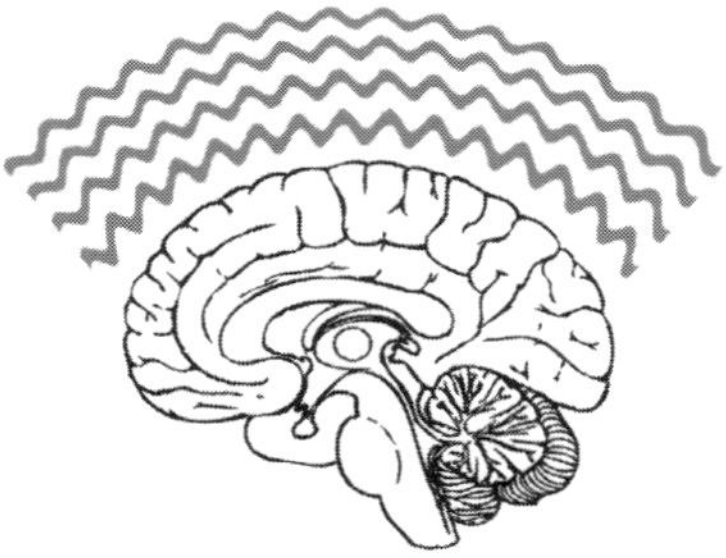

コヒーレントな脳波

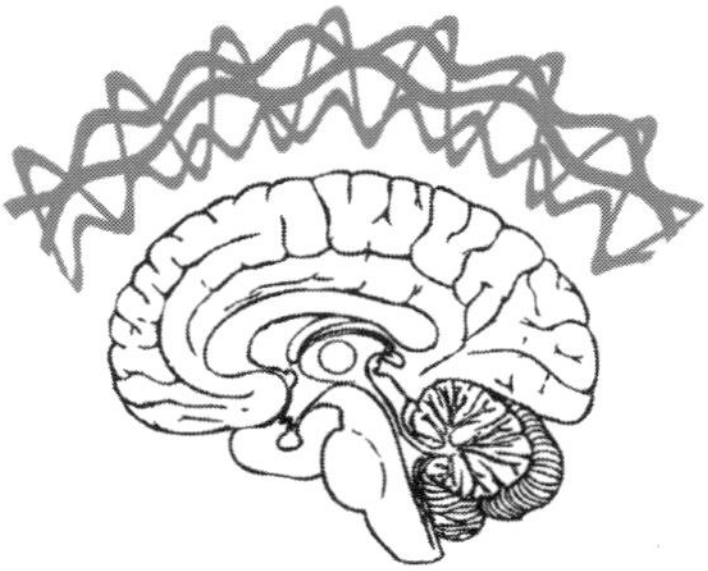

インコヒーレントな脳波

図3.1

物質世界から注意を逸らし、未知の領域に意識を集中させ、今という時間にとどまっていると、脳はコヒーレントに動き始める。脳がコヒーレントな時、その働きは全体的に調和しているため、その持ち主も完全性を感じる。

脳がストレスホルモンにより興奮し、視野が狭くなり、注意力が既知の世界の人やモノ、場所に集中する時、脳はインコヒーレントに動く。このように脳がバランスを崩すと、その持ち主は大局を見失い、焦点が定まらず、二元論的分離の世界で生きていると感じる。

脳波の変化に伴い、意識の位置が変化する

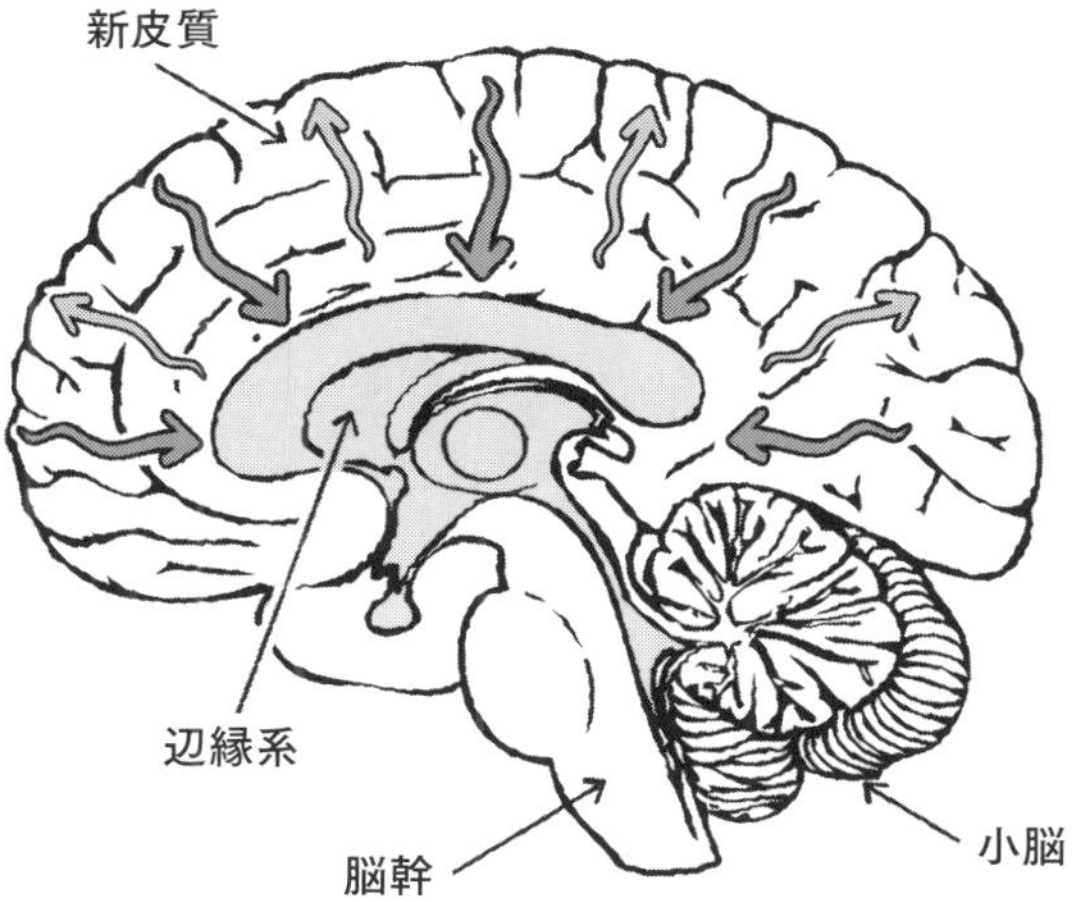

図3.2

脳波が遅くなり、体、環境、時間を意識しなくなると、意識は新皮質を出て自律神経系の本拠地である辺縁系へと移行する（脳の中心に向かう濃いグレーの矢印）。

すると同時に、調和をもたらす役割を持つ自律神経系が動き出し、新皮質（思考の場）と辺縁系の間のコヒーレンスを作る（脳の中心から外に向かうグレーの矢印）。

脳波がコヒーレントなら、脳の各部分は互いに同調（各波長の山と谷が一致）している。コヒーレントな脳波は規則正しく、パワフルだ。たとえるなら脳の各部分が同じ言語を話し、同じリズムを刻み、同じビートでダンスを踊り、同じ周波数を持っている仲間同士なので、コミュニケーション効率がいい。彼らは文字通り〝波長が合う〟仲間同士だ。一方で脳波がインコヒーレントの時、脳の各部分が他の脳や体に送る電気化学的メッセージや信号は混乱し、不規則なものになる。そのため体は調和が取れた理想的な機能を発揮できない。

量子場に入ると起きる2つめの変化は、脳波の周波数が落ちること。脳波はベータ波からコヒーレントなアルファ波やシータ波に変わる。これは非常に重要で、脳波がゆっくりしたペースに落ちてくると、意識は思考脳の新皮質から中脳（辺縁系）へと移動し、自律神経系（体の無意識のOS）とつながる（図3・2参照）。自律神経系は食物の消化やホルモンの分泌、体温調節、血糖の制御、心臓機能、細菌と戦う抗体の製造、壊れた細胞の修復など、ほとんどの科学者が不随意とする無数の体の保全機能を司っている。私たちは自律神経系によって生かされていると言っても過言ではない。その主な仕事は規則性と生体恒常性を築くことにあり、脳のバランスを保つことにより体のバランスも維持している。物理的現実と切り離して量子場に長く留まるほど脳は統合され、コヒーレントになっていく。そこに自律神経系が介入し、体のヒーリングが始まる。自己意識が自律神経系の意識と一体化するためだ。

言い換えれば、今という時間にいる時あなたは自分のやり方を放棄している。純粋な意識体となっている時、そして脳波がベータ域からアルファやシータ域に変わった時、体の癒やし方を顕在意識よりずっとよく知っている自律神経系が稼働して、体内掃除の機会を得る――そのお蔭で脳がコヒーレントになる。カラー図版3A－3Cは、3種類の脳スキャンを示している。3Aはベータ域で思考中の人の通常スキャン、3Bは瞑想中のワークショップ参加者のスキャンで、アルファ域の脳波がコヒーレントでシンクロしているのがわかる。3Cはコヒーレントでシンクロしているシータ域の脳波を示している。

この状態であなたがいつもの日常に意識を向けることなく（銀行口座にお金を預けるかのように）エネルギーを未知の領域に投下し続けると、あなたの人生に新たな、未知の経験を創出できるだろう。科学者が電子を観察するのをやめると電子は非物質のエネルギーに戻っていくように、あなたが自らの痛みや日常のルーティーン、悩み事から関心を逸らすとそれらは非物質の、無限の可能性を秘めたエネルギーへと戻っていく。3次元の時空を超え、純粋に今という時間に留まることができる時、本当の変化が始まる。

2016年に米国ワシントン州タコマで実施した4日間の上級ワークショップでこれを実際に試す実験を行った。117名の参加者全員の脳波をとり、脳波解析（EEG）を行った。[2]　ワークショップ開始前と終了後の2回EEG測定を行い、2種類の脳機能に起きる変化をワークショップ前後の2つのデータで比較した。対象とした脳機能の1つ目は瞑想状態に入るまでにどれくらいの時間がかかるかという点。瞑想状態の定義は、脳波が最低15秒

脳波の変化（タコマ会場）

- 安定したアルファ状態に至るまでの時間の短縮‥‥ ↑ 18%
- ベータ波に対するデルタ波の比率‥‥‥‥‥‥‥‥‥ ↑ 62%
- 広域ベータ波‥‥‥‥‥‥‥‥‥‥‥‥‥‥‥‥‥‥ ↓ 124%
- デルタ波‥‥‥‥‥‥‥‥‥‥‥‥‥‥‥‥‥‥‥‥ ↑ 149%

図3.3

この表は、2016年米国ワシントン州タコマで開かれた上級ワークショップで測定した脳波の変化を示している。

間アルファ域に留まっていることとした。これについて4日間のワークショップ前と後では18％の進歩（時間短縮）が認められた。

2つ目の脳機能とは、デルタ域の脳波（無意識へと深く入ったことを示す）と高域ベータの脳波（通常高レベルのストレス状態を指す）の比率だ。不安な人やせっかちな人は大体において高域ベータ波が非常に多く、デルタ波はあまり見られない。瞑想によって物質界を忘れることで、この数値が改善されるかを調べたが、結果はイエスだった。参加者たちの平均値では、高域ベータ波が減少（ストレスが軽減）したのが１２４％、デルタ波が増えた（瞑想中にワンネスを体感した）のが１４９％という結果だった。高域ベータ波の量がデルタ波と比べて相対的に減少したのが62％で、これらすべてがわずか4日のうちに起きている。図3・3を見ると、測定結果の下2つは100％を超えているが、これは短期間のうちに大きな進化を見せた参加者が多かったことを示している。なかなか超人的な数字だ！

エネルギーを変える　明確な意思と高揚した感情の合体

豊かな今という時間のスイートスポットに入ったら、どのようにしてそこにある非物質の可能性を3次元の物理的現実に変えられるのだろうか？　それには明確な意思と高揚した感情の2要素が必要だ。明確な意思とはまさに読んで字の如し、あなたが何を創造したいかを可能な限り具体的にイメージし、詳細にわたり説明できるように思い描く。仮に最高のバケーションを望むとしよう。どこに行きたいか？　どうやって行きたいか？　誰と一緒に行くか、あるいは目的地で誰に会いたいか？　どんな宿泊先がベストか？　そこに行ったら何をしたいか、または見たいか？　どんなものを食べたいか、飲みたいか？　どんな服を持っていくか？　お土産には何を買うか？　こうして旅を具体的にイメージしていく。可能な限り細かく具体的に決めていこう。それがそのまま現実になるのだから。前章に書いた通り、あなたの意思や思考が統一場に電気信号として送られるのだ。

意思ができたら今度はそれに愛、感謝、インスピレーション、喜び、ワクワク感、驚嘆の念といった高揚した感情を合体させる。あなたの意思が現実になったら感じるであろう高揚感を思い起こし、実際に**経験する前に**感じてみる。高揚感（高いエネルギーレベルを持つ）はあなたが統一場に送り込む**磁力**となる。すでに書いた通り、電気信号（意思）に磁力（高揚感）を合体させる時、それはあなたの存在のありようと等しい電磁的事象を創出する。

高揚感とは、別の言い方をすると心に響く感情、感動とも言える。大体において愛や喜びといったポジティブな感情を感じると、私たちの心臓が高鳴る。それは私たちのエネルギーがそれらと共振するからで、その結果起こる至福の高揚感には他者への奉仕や慈愛、共感、信頼、あるいは創造、感謝といった私たちの意思が含まれている。体の周辺の目に見えないエネルギーと情報の場からエネルギーを奪うストレス感情と異なり、心に響く感情は体の周辺のエネルギー場を拡大させる。実際心を開いた時に生まれるエネルギーは脳に与える影響同様、心臓の規則性を増し、コヒーレントにするため、計測可能な磁場を形成する。[3] それが私たちと統一場とを結びつける。意思という電気信号と感情エネルギーという磁力を合体させる時、私たちは新たな電磁場を形成する。エネルギーには周波数があり、すべての周波数には情報が含まれるため、それはあなたの意思を載せた高次のエネルギーとなる。

この時点ではまだ、量子場の可能性は情報を内包した電磁エネルギーの波動でしかなく、五感で認識できるような物質ではない。あなたが発信する新しい電磁信号が、外界にある同じ電磁波を発しているものを引き寄せることになる。言い換えれば、あなたのエネルギーと統一場にすでに存在している可能性とがマッチすると、その新しい経験はあなたの元に引き寄せられてくる。あなたが自分の未来を作る渦となると、その経験のほうがあなたを見つけて寄ってくる。したがってあなた自身が手に入れる段取りをする必要がなく、あちこちに探しに行く必要もない。するべきなのはあなたが純粋な意識体になりきること、そしてあなたのエネルギーの質を変えること（あなたが発信する電磁信号を変えること）。これができれば未来の経験をあなたの元に引き寄せる（エネルギーを物質に変える）ことができる。文字通りあなたのエネルギーの波動を新しい未来と同調させ、そうすることにより観察者（統一場）はあなたが新しい運命を観察しているところを観察し、あなたの創造の裏付けを提供してくれる。図3・4を見てほしい。

この法則が発動するにあたり、高揚した感情がいかに重要かをここでもう一度強調したい。量子場にある可能性の中で、あなたが実現したい未来の出来事を観察しようと決める時、仮にあなたが被害者感情や苦しさ、不幸といった気持ちを感じていた場合、あなたの感情エネルギーはあなたの望む創造活動との一貫性を欠いているため、それを引き寄せることができない。それらの感情は過去のものだからだ。あなたの意思は明確で、これから起きてほしいことを具体的にイメージしていても、感情が過去の抑制的なものにつながっていると、体は依然として不自由な過去にいるとみなしてしまう。

何度も書いている通り、感情は動くエネルギーであり、高揚した感情はサバイバルモードの感情より波動が高い。したがって変化を生み出したいなら、罪や苦痛や恐れや怒り、恥、無価値観より高い波動の感情を想起する必要がある。実際のところ、波動の低いエネルギーを感じている時は未来の夢など描けない。抑制的な感情に見合った意識状態になるからだ。したがって制限のない経験を生み出したいなら、制限がないと感じなくてはならない。自由を創造したいなら自由を感じなくてはならない。そして本当の意味で自らを癒やしたいなら、まずエネルギーを健全なレベルまで引き上げなければならない。あなたが感じるエネルギーの波動が高いほど、あなたが発信するエネルギー信号も強くなり、それだけ物質界に強く作用できる。エネルギーが強いほど、描いた夢が現実になるまでの時間が短くなる。

その過程であなたは、大いなる意思（統一場の意識）があなたにふさわしい出来事を準備するのをのんびり楽しみに待つ。突然予想もしなかったことが起こり、戸惑うことがあったら、それはあなたが何の脈絡も持たない統一場で創造した結果だ。統一場には3次元のような場所も時間もないので、唐突に現れたように見えるのも当然だ。

フランスの研究者、ルネ・ピオック博士は、生まれたてのひよこの意思の力を示す実験を行った。[4] ひよこが生まれた瞬間に目にした母鶏の姿が刷り込まれ、絆ができるとひよこは母鶏について歩くようになる。しかし生まれた瞬間、そこに母鶏がいない場合、ひよこはそこにある動くものを母鶏とみなして刷り込みが起きる。たとえばそこに人間がいれば、ひ

すべての可能性は今という時間の中で電磁的潜在性として量子場にある。

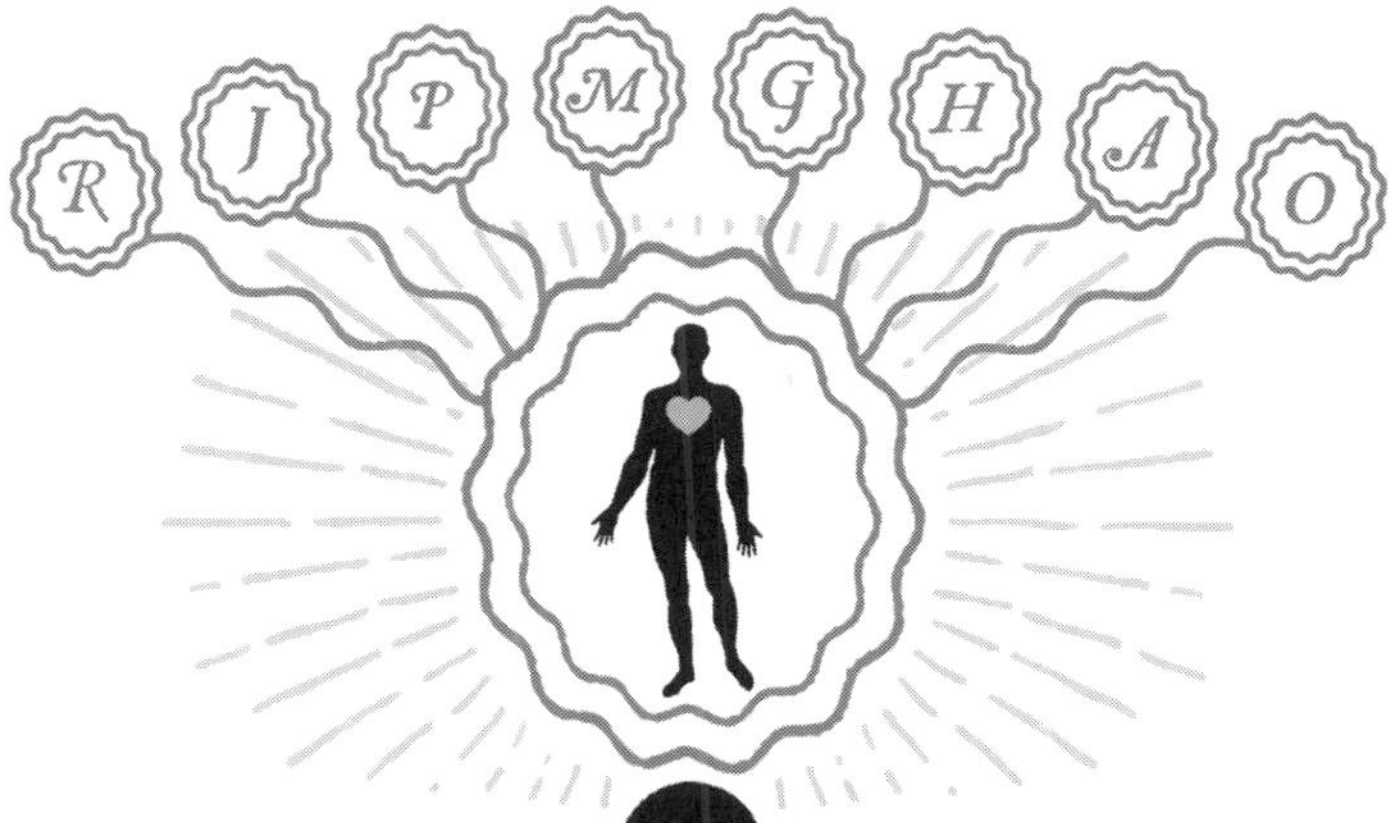

図3.4

今という時間に落ち着くと、量子場には無限の可能性が電磁エネルギーの形で存在しているのがわかる。明確な意思と高揚した感情を合体させると、あなたはまったく新しい電磁信号を量子場に送ることになる。あなたのエネルギーと量子場の潜在エネルギーの振動が一致すると、そのエネルギーを意識している時間が長いほど多くの経験を引き寄せることになる。

図のアルファベットはそれぞれ異なる潜在的可能性を示している。Rは新しい恋人、Jは新しい仕事、Pは悩みごとの解決、Mは神秘体験、Gは非凡な発想、Hは健康、Aは豊かさ、Oは新たな機会を指す。

よこはその人のあとをついて歩くようになる。

この実験でピオックは特殊なランダム行動を発生させる自律走行型ロボットを考案した。コンピュータ制御によりこのロボットの進行方向の確率はランダムに右に50％、左に50％進むように作られている。基準データとして、ピオックはひよこがいない状態でこのロボットを動かし、その軌道を記録した。何度もやるうちピオックは、ロボットが実験スペースをまんべんなく均等に移動することに気づいた。次にピオックは生まれたばかりのひよこをロボットに遭遇させた。予想通りロボットはひよこの母親として刷り込まれ、ひよこは実験スペースを巡るロボットについて回った。刷り込みが完了した後で、ピオックはひよこを実験スペースの端のケージに入れた。ケージに入れられたひよこはロボットが目に入るがついて歩けない。

次に起きたことは驚愕に値する。ひよこが母親だと信じているもの（ロボット）の近くにいたいという意思が、ロボットのランダムな動きに影響を与えた。ロボットはスペース内を均等に移動する代わりに、ひよこに近いほうの半分のスペース内を移動したのだ。（図3・5参照）ひよこの意思がコンピュータ制御のロボットに作用するなら、あなたの望む未来を引き寄せる力がどれほどのものか、想像に難くない。

統一場に入ったあなたはそこに何がすでに存在しているかがわかり、それに注意を向け、物質界で現実にするという意思を持って臨む。統一場のあなたは天才にも、大金持ちにも、

ランダムに動くロボットの軌道
ルネ・ピオックの実験

A. 対照実験：ケージは空。

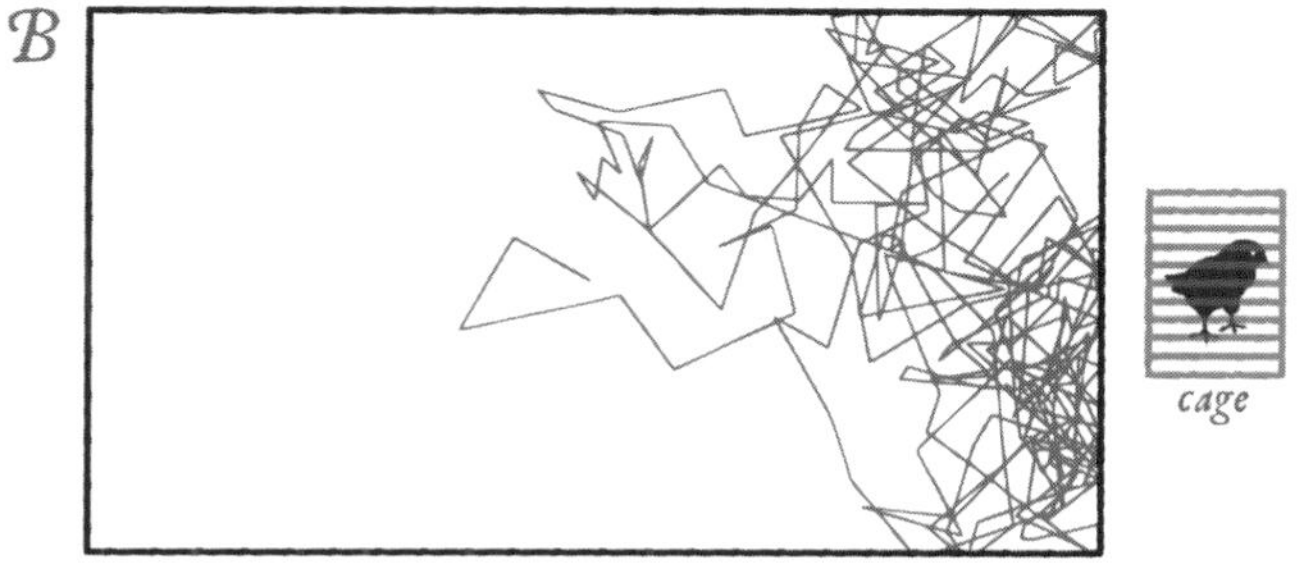

B. 意思の実験：ランダムに動く自律走行ロボットが刷り込まれたひよこでケージはいっぱい。

図3.5

ルネ・ピオックのひよこ実験の結果を示す図。Aはケージが空の時にランダム走行をプログラムしたロボットが動いた軌跡を示す。Bは、走行スペースの右端にあるケージにひよこを入れた際の同一ロボットの軌跡。ひよこの意思がコンピュータ制御のロボットにほとんどの時間ひよこのそばにいるよう影響を与えられるなら、あなたの望む未来を引き寄せるために何ができるか考えてみよう。

完全なる健康体にもなれる。神秘体験だってできる。新しい仕事を創出できるし、人生の懸案事項を自力で解決できる。

忘れてならないのは、これらすべての可能性は量子場の電磁波として存在しているということ。それは物理次元の時空にはまだ生まれていないので、五感で感じることはできない。それは情報を搭載したエネルギーで、物理次元に出現するにはそれに向けられる観察者の存在が必要だ。それを正しく行うためには、その情報とつながれるエネルギーと感情がなくてはならない。

別の見方をしてみよう。もしあなたが広大な可能性を持つ量子場の意識や、量子場にある人やモノや場所や時間のエネルギーと一体になっていれば、量子場にある潜在的可能性を観察することとは、すでにつながっている自分の一部を見るという意味において物理次元で自分の手を見るようなものだ。あなたの未来のエネルギーと波長を合わせ、それを現実に出現させる意図を持って観察すると、無限のエネルギーの波動関数が崩壊し、波動は粒子となり、経験へと変貌し、あなたがいる物理次元に現れる。

瞑想を終えたあなたは物質界である3次元に戻ってはいるが、望む未来が現実になる前に高揚感を経験しているため、あなたはそのまま夢が叶ったかのように嬉々として生き続けることになる。あなたは新しい未来と親密なつながりを感じ、どんなふうに出現するか知る由もないが（もし分かっていたらそれは既知の領域にある）いずれやってくると確信している。

結果として、瞑想を終えたあなたは新しいあなたになっている。新しいあなたは物質というよりエネルギーに近い。

しかしその未来がいつ実現するかとか、どんなふうに登場するかなどについてあれこれ悩み始めるとすぐに、過去に照らして未来予測をしていた古いあなたに舞い戻ってしまう。そうなるとまた以前の波動の低い感情が戻ってきて、それに見合った古い思考パターンが呼び起こされ、既知の世界の悪循環に取り込まれてしまうだろう。そうならないように、常に留意していなくてはならない。過去の感情が蘇った時点で、もう未来のエネルギーとのつながりは切れたと考えていい。

しかしあなたが選んだ可能性に波長を合わせ、途切れてもまた合わせようと繰り返し習慣づけていると、瞑想中に限らず銀行のATMに並んでいる間にも波長が合っているようになる。渋滞に巻き込まれている時でも量子場に波長を合わせられるだろう。ひげを剃りながら、料理をしながら、散歩の最中でもだ。目を閉じて瞑想をしている時と同様に、目を開けたままで何度でもその境地に滑り込める。今という時間に入り、未来のエネルギーと波長を合わせるたびに、あなたはその未来を自分の元に引き寄せているということを覚えておくといい。

正しいやり方で一定頻度を持続していれば、あなたの生体の構成は過去から現在までの現実から、現在から未来までの現実を反映するように変わっていく。つまり、あなたの脳神経の組成が過去の記録の貯蔵庫から未来が描かれた地図へと変わることになる。同時に、未来が現実になったらどんな気持ちになるかを事前に体に教え込むことで、その高揚感に馴染む体を調整することになる。新しい遺伝子に新しい方法で信号を送り、あなたが明確な意思で求めている未来がすでに現実に起きているかのように体を変化させる。それは生体としてのあなたがすでに未来を身にまとっているようなものだ。

ジェイスの量子場体験

私の長男ジェイスが大学院を終えた後、サンタバーバラにある軍事用精密カメラの製造を手がける大企業に就職した。そこでの契約を終えると今度はサンディエゴに移り、新規事業に取り組んでいた。しかししばらくすると彼はそこの経営方針に幻滅し、退職して旅行をすることにした。波乗りが得意な彼が立てた計画はインドネシア、オーストラリア、ニュージーランドを7か月かけて周遊するというものだった。スーツケースとサーフボードを持って彼は長期休暇へと出かけて行った。その6か月後、彼はニュージーランドから電話してきてこう言った。「ねえパパ。休暇を終えた後に何をするかをそろそろ考えようと思うんだ。前の仕事よりもいい仕事を、違ったやり方でやりたいんだよね。仕事を休んでいる間にいろんなことを学んだよ」。

「オーケイ」と私は答えた。「量子場にはいろんな可能性があるから、君がやりたい仕事に波長を合わせられるだろう。紙を用意してそこにまずJと書いてごらん。そしてJの周りをゆらゆらした曲線の2重丸で囲むんだ。これが電磁場を表す」。（本章の最後であなたもこれと似たようなことを瞑想でやるので、それまで待ってほしい）ジェイスがそこまでやったのを確認し、私は続けた。「そのJは、可能性を示す。君が望む仕事への明確な意志だ。ここでどんな仕事を望んでいるか、具体的に決めなくてはならない。やりたい仕事の条件をリストアップしてみよう。君にとって新しい仕事が意味することを象徴するのがJという文字だ。Jの文字の下に意志と書いて、君の理想の仕事に必要な条件をリストアップしてごらん。どんなことを書いてもかまわないが、いつ、どんなふうにできるようになるかだけは入れないこと！」

彼は語り始めた。「世界中のどこにいてもできる！」「収入は前の仕事で得ていたレベルと同等かそれ以上！」「半年から1年の個人契約を結び、僕がその仕事を愛していること！」

「いいね。他には？」と私は訊ねた。

「あるよ。独立した事業主となってチームを編成したい」

「オーケイ。これで明確な意志が決まった。これからJの文字を思い浮かべるたびに今リストアップした具体的条件を想起できるかな？」彼の答えはイエスだった。

次に私は彼に、その仕事が手に入ったらどんな気持ちになるか想像するように言った。

「紙に〝高揚感、未来のエネルギー〟と書いて、その下に感情をリストアップするんだ」。

「パワーアップした感覚、人生を愛している感覚、自由、感謝」と彼は言った。それらの高揚感を使ってこれから仕事を創出していく。あとは段取りを決めるだけだ。ジェイスが書いたのは図3・6のようなものだ。

「君は今バケーション中でサーフィンしてるだけなんだから、時間はたっぷりあるだろう。未来を創造するのはきっと簡単だね。毎日コミットして、新しい信号を量子場に発信するために行動できるか？」と訊ねると、彼はイエスと答えた。

それから私は今という時間を見つけてそこに留まり、彼の未来への意思を乗せたエネルギーを量子場に発信できるようエネルギーをアップする方法を彼と確認した。「3次元の自分を超越した領域にそのエネルギーを放射している間じゅう、Jというシンボルから心の目を離すんじゃないぞ」「コツはラジオを聞く時に聞きたい情報を発信している局に合わせてチューニングするような感じだ。意識がそのエネルギーに長く留まっている分だけ、君が未来のエネルギーを意識していられた分だけ、その経験を引き寄せられるだろう。だから毎日そのエネルギーにチューニングするんだ。君が統一場に発信したものが何であれ、君の運命の実験になると覚えておくといいよ。君のエネルギーの波動と統一場の波動がマッチすれば、それは君を見つけてくれる。ジェイス、できるかな？」。彼は「できるよ！」と答えた。

私は続けてこう言った。「その新しい状態にしばらくとどまれるようになったら、新しい仕事で何をするか考えてみなさい。どんな選択をするか？　その仕事でどんなことをするの

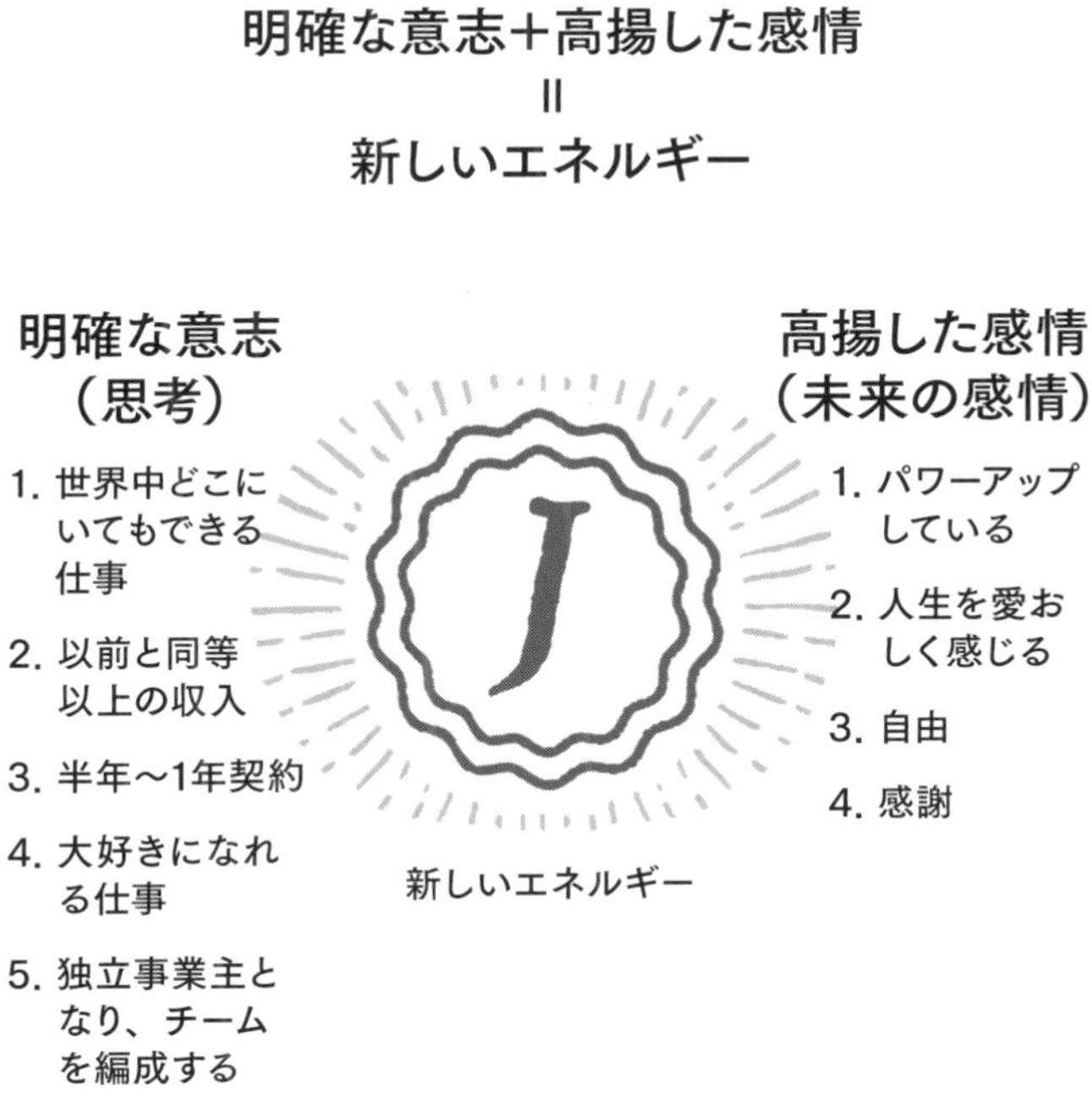

明確な意志＋高揚した感情
＝
新しいエネルギー
明確な意志
（思考）
1. 世界中どこにいてもできる仕事
2. 以前と同等以上の収入
3. 半年～1年契約
4. 大好きになれる仕事
5. 独立事業主となり、チームを編成する
J
新しいエネルギー
高揚した感情
（未来の感情）
1. パワーアップしている
2. 人生を愛おしく感じる
3. 自由
4. 感謝

図3.6

息子ジェイスはこうして新しい仕事を創出した。Jの文字が象徴するのは、潜在的な新しい経験。「明確な意志」と書いた左側には仕事に求める具体的条件、「高揚した感情」と書いた右側には、その経験が起きた時に感じるであろう感情をリストアップした。これら2つの要素を合体させ、彼は毎日エネルギーを変えて新しい仕事を引き寄せた。

か？　どんな経験が待っているか？　その経験をどう感じるか？　現在の時制にありながら、その未来の現実を生き始めてごらん。新しい状態の君として未来を経験するんだよ」。世の人々にありがちな、最悪のシナリオを思い浮かべて恐怖に取りつかれる代わりに、私は息子に、その仕事が彼を見つけたら起こるであろう最良のシナリオの数々を心に描くようアドバイスした。「サーフィンをする時間がいくらでも作れるよ。好きなところに旅していられるよ。そして君には素晴らしいチームがいて、彼らはみなすごく有能で、収入もたくさん入るから新しい家と車を買う計画を立てるといいね。そういうことを毎日思い描いて楽しんだらいいさ」。前章に書いたピアノの架空練習で筋肉がつくように、ジェイスは夢に描いた未来がすでに起きているかの如く、脳と体の訓練を始めた。

「注意を向けた先にエネルギーが集中するから、その新しい未来に全エネルギーと関心を向けてやるんだぞ。そして毎朝体が自然にシャワーを浴びに行こうとして既知の世界をリピートするように、新しい現実を心に描くプロセスを続けているうちに、体はその未来を生きるように変化していくよ」。ジェイスは毎日欠かさず瞑想をすると言った。

それから1か月経ち、ジェイスは帰国した。ロスアンゼルス空港に着陸するや否や、彼は私にメールしてきた。「パパ、帰国したよ。ちょっと話したいんだけど」。

「そら来た！」と私は思った。私は彼に電話をかけて近況を聞いた。

「最高さ！　でもちょっと金欠なんだ。これからどうしようかと思ってるところ」。

私の中の父親キャラはこう言いたかった。「息子よ、心配するな。君が一人立ちできるようになるまでいくらか用立ててあげよう」。しかし私の中の教師キャラが父親キャラを打ち負かし、こう言った。「すごいじゃないか。もう何かを創造するしかないってことだな。君は今まさに未知の領域にいる。この後どうなったか、あとで顛末を聞かせてくれよ！」と言うなり私は電話を切った。彼ががっかりしたのがわかったが、私は彼をよく知っている。彼なら集中して創作に励むだろうということを。

お尻に火が付いていたので彼はいよいよ真剣に取り組むしかなかった。彼は大学時代の仲間に会いにサンタバーバラに行き、毎年していたようにスノーボード旅行に4日ほど出かけた。その長い週末が終わり、彼は帰宅する前にサンタバーバラに立ち寄った。そこでたまたま入ったサーフショップに、世界的に有名なサーフボードのフィンのデザイナーが、たまたま来ているのに遭遇した。

2人はすぐに雑談を始め、デザイナーがジェイスにこんなことを言い出した。「サーフボードのフィンの設計ができるエンジニアを探しているんだ。そいつと一緒にこの業界に革命を起こしたいんだよ。契約は半年から1年程度の自由契約で、彼はどこで何をしていてもかまわない。僕が求めるのは高品質なボードを作ることだけさ」。

その後どうなったかは容易に想像できることと思う。ジェイスは任意更新の1年契約で仕事を得た。収入は以前より増え、サーフィンが大好きな彼にとってこれ以上ない仕事だった。彼は時々メールしてきてこんなことを言う。「こんなに楽しいことをするだけなのにお金がもらえるんだよ！」。彼は独立事業主となり、世界中どこにいても仕事ができる。作ったフィンのテストを兼ねてしょっちゅうサーフィンをしている。彼は今の人生を心から愛している。履歴書を送らず、電話やメールで売り込みをすることもなく、募集要項に記入することも、面接に出かける必要もなかった。新しい仕事という経験のほうから**彼を見つけてくれた**。

体の感覚をなくし、誰でもない存在となり、時間と場所の感覚もなくした時、私たちは3次元にあるすべての関心事から気を逸らし、私たちの内面と周辺に遍在する統一場の叡智に集中できる。私たちは内面に意識を向け、いつでも私たちとともにある大いなる意識と一体となる。鏡を覗き込むように、その遍在意識と向き合うと、相手もこちらを見返してくるような感覚になる。そしてついに、私たちが遍在意識に発信してきたほしいものがそこに見えるようになる。この非物質の境地に長く留まり、全エネルギーと関心を注ぎ込むほど早く、統一場へと進入できる。そして無限の可能性の祭壇の前に立ち、自らのエネルギーを変容させる時、人生が変わる。

未知なるものを信頼し、3次元の邪念を捨ててそこに向かっていく時、私たちは宇宙全体との一体感（ワンネス）、そして完全無欠であることを実感する。その過程で少しずつ、私たちに欠落している部分は補完され、分離感や二律背反は調和され、体の不調や人格形成不全などは癒やされていく。それに合わせて体の生理機能は全体として調和していく。

私たちが完全無欠だと感じる時、当然ながら不足感は生まれない。必要なものはすべてそろっている。その状態で私たちはすべての可能性が詰まっている量子場を観察し、そこに注目というエネルギーを注ぎ、望むものに物質の姿を顕現させていく。

ここであなたに訊ねたい。「量子場であなたを見つけようとしているのはどんな経験だろう？」。

波長を合わせるための準備

この瞑想にはちょっとした準備が必要だ。まず、どんな経験をしたいかについて考えてみよう。波動崩壊して物質になる電子と同様、その経験はすでに量子場にエネルギー（波動）として存在していることを心にとどめておいてほしい。あなたがこれから波長を合わせるのはそのエネルギーだ。参加者の中には、波長を合わせただけでコレステロールの数値を下げた人もいる。腫瘍マーカーの数値が下がった人もいて、結果的に腫瘍を消すことができた。最高の仕事、無料の招待旅行、非の打ちどころのないパートナーとの関係、大金、深遠なる神秘体験、そして宝くじの当たり券を創出した人もいる。これらはみんな実話だからどうか信じてほしい。あなたも未知の世界をぜひ探訪してほしい。

あなたが創出したい経験が決まったら、それを象徴するアルファベットひと文字を決め、紙に大文字で書いてみよう。その文字はあなたの未来に起きてほしい経験を指すと考えよう。ただ心の中で想像するのではなく、実際に紙に書くことが大事なのは、書くという行為によりほしいものがより鮮明になるからだ。次にその文字を囲むようにゆらゆらした線を2本描く。このゆらゆらの2重丸は、あなたの周りにこれから形成する電磁場を示す。ここがあなたの発信するほしい経験と、量子場の可能性がマッチングする場所だ。

それではあなたの意思をもっと明確にするために、その文字が象徴する事柄を列記していこう。ほしい経験を具体的に想起しながら、最低4つは書いてみよう（時間に関することはここに入れないこと）。たとえばあなたが望むのが素晴らしい仕事だったら、こんな風に書いてみよう。

- 年収は今より5万ドル多くなる。
- 卓越したプロ集団を招集し、チームリーダーとなる。
- 潤沢な経費で世界中を飛び回る。
- 比類ない健康手当と自社株購入権がある。
- 世界を変えられる仕事。

同じ紙に、今度はそれらが実現したらどんな気持ちになるかについて、感情の種類を挙げていく。

・パワーがみなぎってくる。
・青天井の爽快さ。
・感謝。
・自由。
・感動。
・人生を愛する。
・喜び。
・自己肯定感。

どんなことでも心に浮かんだことを書いてみよう。まだ現実になっていないからどう感じるか想像できないという場合は、感謝の気持ちを感じてみよう。感謝の気持ちは望む経験を現実にする際強いパワーを発する。感謝というのは普通、何かを受け取ったあとで感じるものだからだ。このため感謝のエネルギーの性質は「すでに現実になっている」というものだ。あなたが感謝の気持ちに満たされている時、あなたの〝受け取るモード〟はマックス状態にあるということだ。あなたが感謝の気持ちに浸る時、潜在意識である体は望む未来がもう現実になったと捉え始める。

ここまで来たら瞑想の準備完了だ。私のウェブサイト、drjoedispenza.comでTuning in to New PotentialsのCDまたはMP3ダウンロードを購入し、私の誘導（英語）で瞑想するか、自分でやることもできる。

新たな可能性に波長を合わせる瞑想

瞑想の初めは体のあちこちの部分、そしてそこと接する空間に注意を向けていく（このやり方、そしてなぜそうするかについては次章で詳しく解説する。ここでは体を取り巻く空間に意識を向けるだけで、脳波をインコヒーレントなベータ波からコヒーレントなアルファ波、シータ波に変える力があるとわかるだけでいい）。

次に目の奥から広がる茫洋とした暗闇の空間を感じていく。頭の中心の部分に意識を移し、咽喉の裏側と後頭部の辺りへと移動する。それから頭の外の空間へと意識を向ける。次に咽喉の中心に意識を戻し、首周りを感じる。下に降りて行き胸の真ん中の辺りへ意識を移動させ、その外側の空間を感じる。へその内側に意識を移動させ、暗闇の空間が続く中、意識は最後に腰へと移動する。これら一つひとつの過程に十分時間をかけて感じるようにして、今に集中してみよう。

あなたがいる部屋の空間を感じ、その大きさを感じてみよう。次にその部屋を囲んでいる空間の大きさに意識を移していき、最後にその空間を含むすべての空間の大きさを感じてみよう。

ここまで来たら、体、環境、時間の感覚をなくし、自分が誰かも忘れて純粋な意識体となり、終わりのない暗闇の空間へ、無限の可能性が収められている量子場へと滑りこむ。途中で邪念の横やりが入ったら、すぐに今という時間に戻るようにしよう（前章参照）。非物質の何もない空間に入り込み、集中力を切らさないように。

あなたが決めたアルファベットのひと文字を思い出し、あなたが創出したい経験と波長の合う可能性を量子場の中から探してみよう。その未来の可能性が自分の中と周辺にあると意識し、未来と波長を合わせよう。これをしながらあなたは新しい電磁波の信号を量子場に発信している、以前とは異なる存在へと変化している。あなたのエネルギーと、量子場の可能性の波動がマッチしたら、新しい出来事があなたを見つけてくれるだろう。あなたは何も行動を起こさなくていい。ここではっきりしておきたいのは、現実になるまでには数回の瞑想以上の時間がかかる場合もある。1週間後、1か月後、あるいはもっと長くかかるかもしれない。成功のカギは実現するまでやめないことだ。

新しいあなたとなって、以前とは違う信号を発信するようになったら、望む未来がすでに現実になったような気持ちで自分を満たし、メンタルリハーサルを続けることを忘れてはならない。可能な限りリアルにイメージし、あなたがリストアップした高揚感を味わい、体に未来の感覚を覚えさせよう。

あなたの未来の創造を大いなる宇宙意思に委ねるべく、無限の可能性の海に種を蒔いたら、それが成長し始めるのを待とう！　最後に新しい意識であなたの体を祝福してあげよう。あなたの人生を、挑戦を、魂を、過去と未来を祝福しよう。あなたの内なる神を祝福し、心を開放してひと足早く新しい人生の訪れに感謝をささげよう。

ゆっくりと意識を今いる部屋に戻していく。準備ができたら目を開ける。新しい人生が始まったつもりで瞑想を終えよう。そしてシンクロニシティや新しい可能性があなたを見つけてくれるのを待とう。

第4章 エネルギーセンターを祝福する

　これまで光、情報（エネルギー）、意識について詳細に語ってきた。ここからはこれらの概念を少し掘り下げて、次に紹介する瞑想がどんなふうに機能するかを解説していこう。私たちの宇宙の万物が光と情報、あるいはエネルギーと意識でできていること、そしてそれら（別名は電磁エネルギー）を発信していることについてはおわかりいただけたと思う。実際物質と電磁エネルギーは分かち難く一体となっている。周りを見渡すと、私たちにはモノや人、場所といった物理的なものしか見えないが、実際そこにあるのは物質それぞれが放出する、符号化された情報満載のエネルギーの海だ。つまり人の体が光や情報、エネルギーや意識できていることのみならず、あなたは体を操る意識体であり、ラジオや携帯電話のように常に情報を載せた電波を送受信している、情報が詰まった光の塊だ。

すべての波動には情報が載っている。たとえばラジオ波というものがある。あなたが今座っている部屋の中にはラジオ波が飛び交っている。あなたがラジオをつけて、特定の波長や信号にチューニングを合わせると、ラジオに内蔵されている小型の変換器が電波を受信し、音に変換する。こうしてあなたは楽曲やニュース、宣伝などを聞く。空気中を飛んでいるラジオ波が目に見えないからと言って、存在しないわけではない。ラジオ波は特定の周波数の波動に情報を満載して四六時中飛んでいる。周波数のチューニングをほんの少し変えただけで、別のラジオ局が発信している別のメッセージを拾うことができる。

図4・1Aを見てほしい。これは光の全スペクトルで、私たちが知る限りすべての電磁波を示している。私たちが住む世界にあふれる多様な色彩として私たちが認識する可視光線のスペクトルは、全体の1％にも満たない。つまりほとんどの電磁波は私たちの目には見えない。したがって宇宙に存在する現実を五感によって経験することは不可能ということだ。多様な光がモノに吸収されたり反射したりする様子がまったく見えないわけではないが、真実のところは光のスペクトルのごく微々たる部分しか見えていない。しかし肉眼で見えなくても、無視できない重要なことが実はたくさん起きている。本書で私が光という時、それは見える部分も見えない部分も含む、光の電磁波のすべての領域を指している。

光のスペクトル電磁周波数

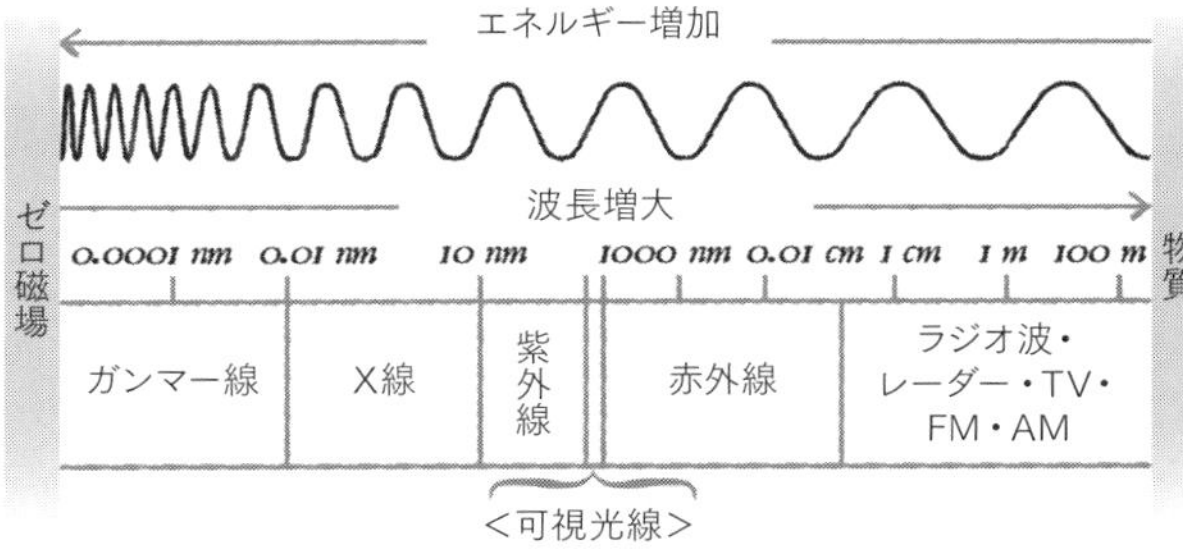

図4.1A

この図では、周波数が最も高いゼロ磁場から最も低い物質までの、すべての電磁波の周波数を示している。エネルギーが増加する（または振動が早くなる）と、波長は短くなる。エネルギーが減少する（または振動が遅くなる）と、波長が長くなる。中央の可視光線の領域のみが人が感知できる現実となる。

たとえばX線は目に見えないが、その存在はよく知られている。人類はX線を発明する技術があるし、それを測定することもできる。実際X線の光の中にも無限の数の周波数が存在する。X線は可視光線より高振動のため、エネルギー量も多い（振動数の多さはエネルギー量に正比例）。物質の周波数は最も低い。物質は光と情報が最も低振動、高密度になった姿といえる。

図4・1Bを見てほしい。左端のaから波形の山と谷をたどり、b、cと右方向へと進んでみよう。aからb、bからcのように次のアルファベットまでがひとつの周期で、これを波長と呼ぶ。2つのアルファベットの間の距離が波長の一単位となる。周波数（振動数）とは、1

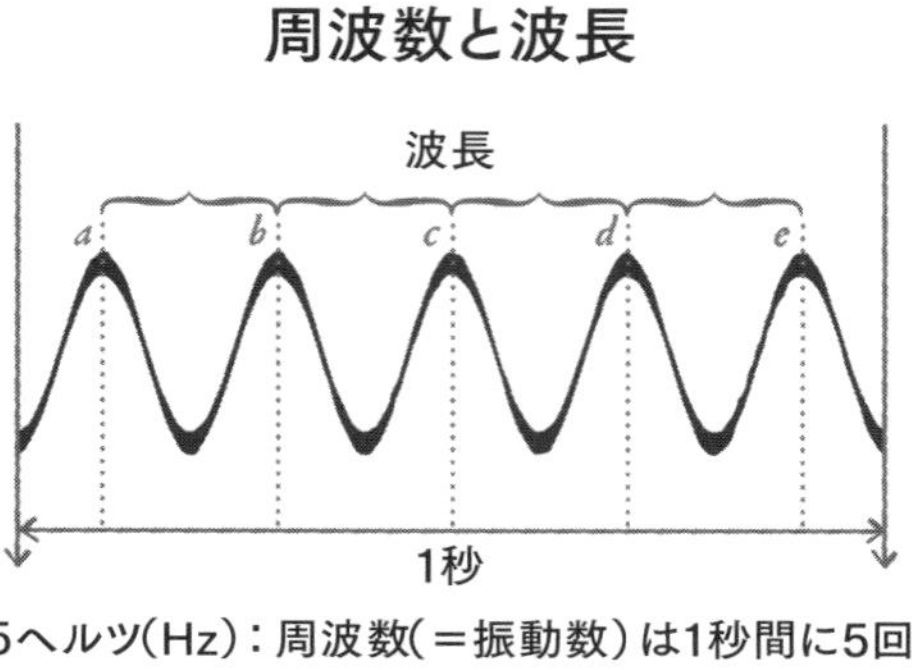

図4.1B

ここで示すのは周波数（振動数）と波長の関係だ。1つの完結した周期の数（アルファベットaからbまで、bからcまでなど）が1波長。2本の垂直な下向きの矢の間は1秒間という時間の経過を示す。この場合、1秒間に完結した周期が5つあるため、周波数は毎秒5周期、つまり5ヘルツという。

秒間に起きる波長または周期の数を指し、ヘルツ（Hz）という単位で表す。したがって波動の振動が早いほど波長の一単位は短くなる。その逆も同様で、振動が遅いほど波長は長くなる（図４・１Ｃ）。

たとえば赤外線領域の光の振動数は紫外線領域より遅い。このため赤外線の波長は紫外線より長い。可視光線領域でもうひとつ例を挙げてみよう。赤の振動数は遅く（毎秒４５０周期）、青は早い（毎秒約６５０周期）。したがって、赤の波長は青より長い。

歴史を振り返ると、人類はたびたび光の場を写真に撮って測定しようと試している。その最たる例が〝キルリアン写真〟で、１９３９年にロシアの電気技師とアマチュア発明家、セミオン・ダヴィ

周波数と波長の関係

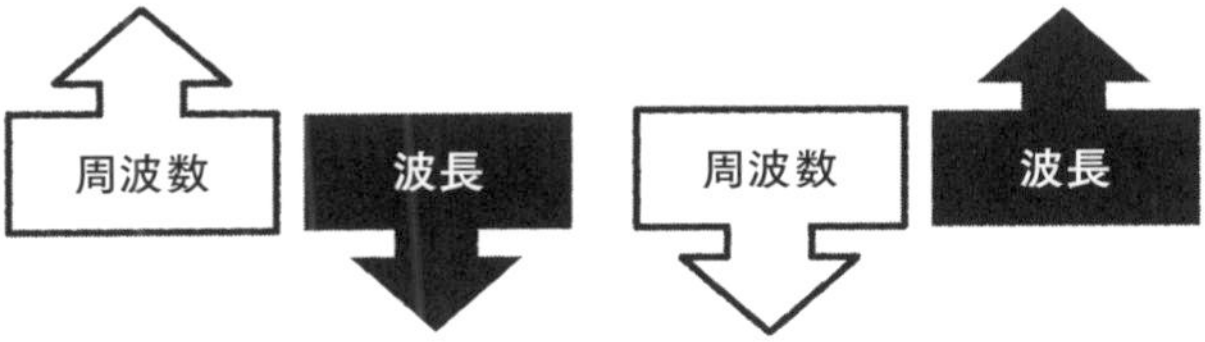

図4.1C

周波数が増加すると波長は短くなる。
周波数が減少すると波長は長くなる。

ドビッチ・キルリアンによって発見されたものだ。この技術を用いてキルリアンは、生物や無生物の周辺にある電磁場の画像を捉えた。彼が考案した技術とはこんなものだ。金属板の上に写真用フィルムを置き、測定対象となるものをフィルムの上に載せる。次に金属板に高圧電流を流すと、対象物と金属板の間に発生する放電の様子がフィルムに映し出される。こうして現れる画像は対象物を囲む光のシルエットのような形をしている。

キルリアンが行ったたくさんの実験のひとつで、まったく同じ2枚の葉を映したものがある。1枚は健康な木、もう1枚は病んだ木から採ったものだ。健康な木から採った葉の光の場は強く、病んだ木の葉はずっと弱い光を放っていた。これを見てキルリアンは、この技術は健康を評価する方法になると考えた。診断ツールとしてのキルリアン写真の有効性に今日の科学者たちは疑問を呈しているが、さらなる研究は現在も続いている。

この手の研究の最近の例では、ドイツの生物物理学者、フリッツ－アルバート・ポップ博士による30年以上にわたるバイオフォトンの研究がある。バイオフォトンとは、すべての生物が体内に貯蔵し、体外に放出している微弱な光の粒子のことだ。ポップはバイオフォトンを研究する世界12カ国以上の研究組織のネットワーク、国際生物物理学協会（ＩＩＢ）を１９９６年に設立した。ＩＩＢ研究者とポップは、ＤＮＡに貯蔵されているこれらの光の粒子に含まれる情報は、有機体を構成する細胞に非常に効率よく伝達されるため、有機体の機能保全に重要な役割を果たしていると信じている。[1] バイオフォトンは、その放出を測定する目的で作られた超高感度カメラで捉えることができる。放出が強いほど、そして光の場の密度が高くコヒーレントであるほど、細胞同士の交信が盛んで、その有機体は健康だとみなされる。

私たちの体が生命を維持し、健康を保つために、細胞同士は重要な情報をそれぞれ独自の光の周波数で発信することにより交信している。ポップはその逆も言えることを発見した。つまり細胞がある程度秩序立ったコヒーレントな電磁エネルギーを発信しない時、その細胞の健康は衰えていく。他の細胞と十分な情報共有ができないと、結果的に必要なものが不足していく。私たちが高校の生物の授業で習った細胞の働きのメカニズムは時代遅れということだ。電荷を帯びた分子が引き合ったり反発し合ったりすることが細胞の働きを左右するのではなく、細胞が受発信する電磁エネルギーが分子をつかさどる主力となっている。これが私たちの存在の真実を支える根幹の法則なのだ。

これらを総合して言えることとは、私たちは文字通り光でできているということだ。一人ひとりが生命エネルギーを放ち、体の周辺に光の場を作って自己表現している。それは小さな細胞がそれぞれに発信しているメッセージを含んだ光の総体だ。つまり、私たちが自らの現実を五感によって捉え、物質重視の（結果としてストレス反応の多い）生活を送るほど、貴重な情報を失っていくと考えて差支えないだろう。意識を向ける先を外界の物質、つまり対象となるものや人、場所に焦点を絞るほど、肉眼で見えない領域にある波動を受信しにくくなるからだ。気づかないということは、その人にとっては存在しないということだ。

前章で紹介した瞑想を実践していれば、あなたもそろそろ周囲に存在する何らかの波動に（ちょうどラジオのダイアルを回して107・5に合わせるように）チューニングできるようになっているかもしれない。静かに座って目を閉じ、外界から受ける刺激（雑音は、大体において繊細な波動を妨害する）を遮断し、訓練するうちにはっきりと信号とそれに含まれる情報をキャッチできるようになっていく。この訓練を繰り返すうちに、それまでアクセスできなかったレベルの光とそこに含まれる情報にチューニングでき、それを使って物質界に影響を及ぼし、変えられるようになる。それをする時、あなたの体は無秩序化《エントロピー》（拡散、物理的衰退、カオス）ではなく、同向性《シントロピー》（より高度な規則性）を経験するだろう。分析や思考に向かう脳を鎮め、この高度に規則化された情報にチューニングを合わせると、体は自動的に反応して新しい意識を受け入れエネルギー的に同化していく。その結果として身体機能は効率が上がり、健康でコヒーレントになっていく。

集中と分散の視点

前章で書いた瞑想の初めに私は意識を体の各部、そしてその周辺の空間に向けるよう促した。私が考案した瞑想のほぼすべてで、なぜこの過程を勧めるかについてより深い説明をしよう。これをする時、あなたは脳に、集中と分散という2つの視点を使う能力の訓練を行っている。

集中というのは、物質界のただひとつの対象物のみに意識を向けることを指す。私の瞑想では、体のある部分に意識を向けるという焦点の絞り方のことだ。これはあなたが日常で何かひとつのものに関心を向けている時と同じ種類のものだ。たとえばグラスを手に持つ、誰かに電話をかける、メールを打つ、靴ひもを結ぶといった行動をしている最中のあなたは狭い焦点で捉えている。狭い焦点のモードにある時のあなたはほぼ、関心を外界の物質的な対象（ほとんどが3次元）に向けている。

サバイバルモードで生きるとは、差し迫った敵と戦うか逃げるかの準備を整えるべく、体が大量のストレスホルモンを送り出している状態だという話を覚えているだろうか？　その状態にある時、私たちの意識の焦点はさらに狭くなる。敵のちょっとした動きを見逃さないように最大限の注目を向けることは死活問題だからだ。その状態の私たちは現実を五感のみで捉え、物質界の住人となっている。平時には協同して動いている脳内の各部はばらばらに動き、切れ間なく規則的なコヒーレントな動きも失われる。この時、脳はインコヒーレントな状態にあり、背骨を経由してインコヒーレントなメッセージを全身に送っている。脳波の画像診断では、あまりにも多くの人がこの状態にあることを繰り返し見てきた。

繰り返すが、あなたの脳がインコヒーレントなら、あなたもインコヒーレントになる。あなたの脳が正しく機能しない時、あなたは正しく機能しない。それはたとえるなら美しい交響楽を奏でる代わりに、あなたの脳と体は不協和音を奏でているようなものだ。不調和でインコヒーレントな状態を強いられながらあなたは眼前の現実に対処しなくてはならなくなる。あなたは心の内なる思考や感情に注意を払う代わりに外界の対象に関心を集中させる結果、過去の経験に基づいて未来を予測する。言い換えれば、狭い焦点に意識を集中させ、同じことばかり繰り返し考えている。ストレスはそういう状態を作る。ストレスはあなたが近視眼的に問題に囚われるように仕向け、過去の記憶に照らして未来に起こり得る最悪のシナリオを想定し、準備を促す。最悪の結果を予測することは生き延びるチャンスを高める。実際そうなったとしても準備はできているからだ。

しかし、狭い焦点にズームする代わりに広角レンズで見るように（瞑想で空間を意識する時のように）広い範囲を俯瞰する時、空間の存在に気づき、結果体の周りにある光とエネルギーに気づくようになる。これを〝分散の視点〟と呼んでいる。見る対象を物質から物質でないものへ移行させる。つまり粒子（物質）ではなく波動（エネルギー）を見る。現実とは粒子であると同時に波動でもある――物質でありエネルギーでもある。したがって、瞑想で体の各部に意識を向ける時、そこにある粒子を意識し、その各部の外側にある空間に意識を向ける時は波動を意識する。こうして脳はよりコヒーレントで均整の取れた状態へと変化する。

無意識領域に入る

1970年代、ニュージャージー州プリンストンにある、プリンストンバイオフィードバックセンターの所長、レス・フェミ博士は、意識を集中から分散へと移行する時脳波が変化することを発見した。注目を向けることとバイオフィードバックの第1人者であるフェミは、脳波をベータ（意図的思考モード）からアルファ（リラックスした創造モード）へと移行させる方法を探っていた。彼が見つけた最も効果的な方法は、人々に何もない空間に意識を向けさせるというやり方だ。これを彼は〝半眼《オープンフォーカス》〟と呼ぶ。[2] 仏教ではこの瞑想方法を数千年前から実践している。注意を向ける対象の範囲を拡大し、物質ではなく情報に注目すると、脳波が遅くなり、ベータ域からアルファ域に移行する。感覚に軸足を移し、感じている時、思考は止まっているので、これは理に適っている。

思考脳（大脳新皮質）の働きがペースダウンすると、分析や評価をする思考の領域（臨界思考とも言う）を超越できる。この境界線が顕在意識と無意識の分かれ目だ（図４・２参照）。すると体のＯＳである自律神経の本拠地に進入でき、脳はより包括的に動くようになっていく。

本章の最後に紹介する「エネルギーセンターを祝福する瞑想」では、体のエネルギーセンターの一つひとつ（別名チャクラ。チャクラとは古代東インドのヴェーダ文献で輪のことを指す）に注意を向けていき、焦点を空間に合わせる半眼を始める。注意を向けた先にエネルギーが集まってくるので、エネルギーがエネルギーセンターに移動していき、各センターが目覚める。

たとえば、あなたが意識や脳の中でエッチな妄想をすると、それを担当するエネルギーセンターにエネルギーが移動していくことに何の不思議もない。それを受けてその部分だけが特定の動きを始める。その際体の組織や細胞、化学物質、ホルモン、神経組織はみな同様の欲求に反応する。また、たとえばお腹をすかせたあなたが夕食に何を食べようかと想像をめぐらす時、あなたの体内では消化液が分泌され、唾液が出てきて、体はもう夕ご飯を食べる準備が完了するのは偶然ではない。これもその担当領域にエネルギーが流れ込み、活動開始したからだ。あなたが上司と議論したり、娘に小言を言おうと考える時、相手と直面する前にアドレナリン分泌が始まる。こんな具合に、何かを考えるだけで、その思考が経験となる。これについては次の項で各エネルギーセンターについて解説する際に、より詳しい説明をしたい。今は、各センターが独自の化学物質とホルモンを作って送り出し、それにより各組織や細胞が反応するということがわかればいい。

瞑想を通じて脳波の速度を落とし、各エネルギーセンターの周辺の空間に意識を半眼で集中させることにより各エネルギーセンターのOSに進入したらどんなことが起きるだろうか？ 各センターの動きは規則的でコヒーレントになり、その結果ニューロンには新しい意識を作るよう信号が送られる。意識が変わると各センターと連携している組織や細胞が活動開始し、各センターが専門に扱うホルモンや化学物質がメッセンジャーとなって全身に送られる。これを繰り返し実践していると、それは現実に物理的変化となって現れる。

このワークを実践していた集団では、慢性の膀胱感染症、前立腺トラブル、勃起障害、憩室炎、クローン病、食物アレルギー、セリアック病、卵巣癌、肝酵素の上昇、胃酸の逆流、心臓の動悸、不整脈、喘息、肺機能障害、背骨のトラブル、甲状腺、咽喉癌、首の痛み、慢

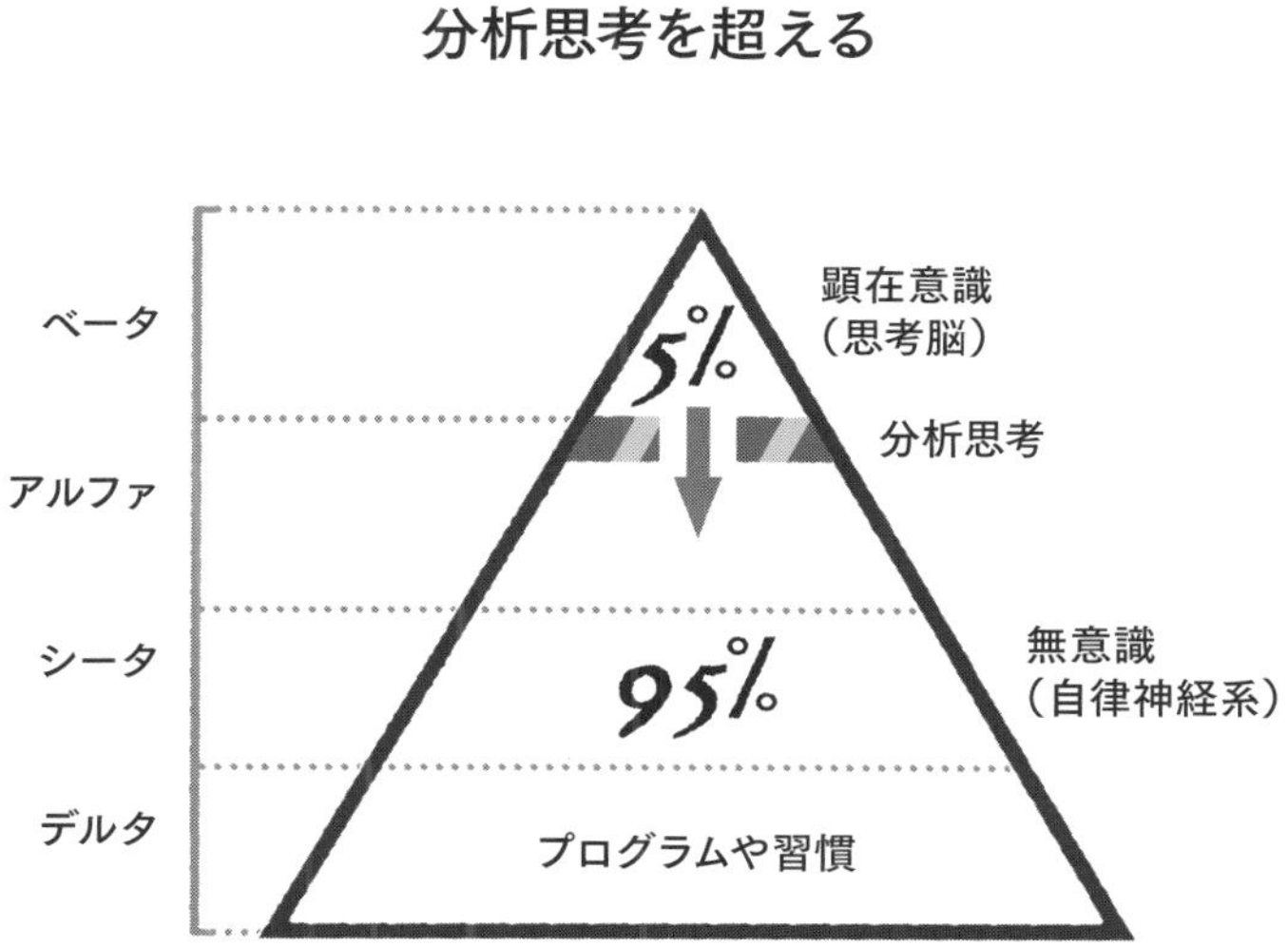

図4.2

瞑想の主な目的の一つに、分析思考を超えることが挙げられる。顕在意識と無意識を分離させているのが分析思考だ。脳波の周波数が遅くなり、意識は顕在意識（思考脳）から離れる際、分析思考を通過する。そしてすべての自動プログラムや無意識の習慣が収められている無意識というOSに進入する。

性偏頭痛、頭痛、脳腫瘍など多くの疾患を自力で治している。この瞑想をした結果、たくさんの人々にありとあらゆる改善が起きることが確認されている。早い人では一回目から成果が表れる。そのように劇的なヒーリングが起きるのは、DNA発現を後成的に変えて遺伝子のスイッチをオンにしたりオフにしたりすることで、遺伝子が作り出すたんぱく質が変化するからだ（第2章の復習）。

体内の各エネルギーセンターの働き

これから各エネルギーセンターについてみていくが、まず総体的な働きについて話しておきたい。エネルギーセンターはそれぞれが情報センターの役割を持っている。各センターはそれぞれ異なるエネルギーを持ち、それに調和した意識レベルがある。そして各センターに特化した情報を含む光を放つ（つまり独自の周波数で一定のメッセージを発信している）。各センターには独自の分泌系があり、その管轄下のホルモンや化学物質を分泌し、独自の神経細胞からなる網状組織がある。これらの神経組織は小さな脳と捉えるといいだろう。各センターに個別の小さい脳があるのなら、そこには個別の意識があると考えていい。（図4・3に各エネルギーセンターの位置とそれぞれに関連する生体構造と生理機能が描かれている）。

第2章で扱ったとおり、神経組織を活性化しようと意図する時、そこに意識《マインド》が生まれる。マインドとは行動する脳のことだ。各エネルギーセンターに網状の神経組織があるのなら、それぞれにマインドがあるはずだ。というより各センターには独自のマインドがあると言っていいだろう。マインドを動かしているのはその人の「動かそう」という意思、つまりエネルギーだ。各センターが動き始めると、その支配下にあるホルモン、組織、化学物質、細胞機能が活性化し、エネルギーを放出する。

たとえば、あなたの第1センター（生殖線があるところ）にエネルギーが満たされると、そのマインドは独自の行動計画と意思を発動する。あなたがある思考や妄想を抱くことで神経組織に働きかけると、次に起きるのは体の生理的変化で、つまりあなたのエネルギーが変化する。その思考や妄想によって起動した分泌系が性行為に備えて情動的な態勢作りをする。その行為を専門とするセンターにはさらなるエネルギーが集まってきて、意思と情報を載せた波動が発信される。

意思を持ったエネルギーは生殖腺のあるエネルギーセンターを活性化し、脳にある意識は、このセンターの神経組織をベースにした小さい意識であるマインドに働きかける。するとマインドは独自の小さい脳から自律神経系を使って無意識レベルの活動を始める。この活動はあなたの顕在意識でコントロールできる範疇にはない。活性化したエネルギーセンターにある小さい脳が分泌系を起動し、放出されたホルモンや化学物質が体を生理的に変えた今、体はそのマインドに従って動いていると言っていいだろう。この時、あなたはそのセンターから非常に明確な指示を伴うエネルギーを発信している。性的に発情している人がこのエネルギーを放つ様子を、私たちはみなどこかで経験しているだろう。エネルギーがどれかのエネルギーセンターにある神経組織に流れ込む時、そこにあるマインドが目覚める。その時そのエネルギーセンターでは独自の意識、マインドが稼働している。

第2センターにも独自のマインドがある。ここにある小さい脳とマインドが活性化する時、私たちは自分の勘を信じるようになる。そして第1センターの時同様一連の変化が起きるが、つかさどる分泌系が異なり、それに対応するホルモンや化学物質、感情、エネルギー、情報は第2センター独自のものとなる。実際のところ、ここでは何億という数のニューロンが相互に連携していて、その規模は脊髄や末梢神経系を超えていることから、第2センターは〝第2の脳〟と呼ばれている。実際体内に分泌される快楽ホルモン、セロトニンの95％が脳ではなく腸の中にあるくらいだ。[3] 勘を信じる［訳注：英語では「腸を信じる」という表現］とは直感を信じるという意味だ。それはとりもなおさず体の第2センターの小さい脳が、頭の脳と意識の理論的分析能力を上回ると言っているようなものだ。

心臓のセンターはどうだろうか？　心のままに従う時、何が起きるだろう？　第1、第2センター同様、胸の真ん中にある第4のエネルギーセンターにも独自の周波数、ホルモン、化学物質、感情、そして小さな脳があり、周辺にあるエネルギー場からエネルギーや情報を

エネルギーセンター

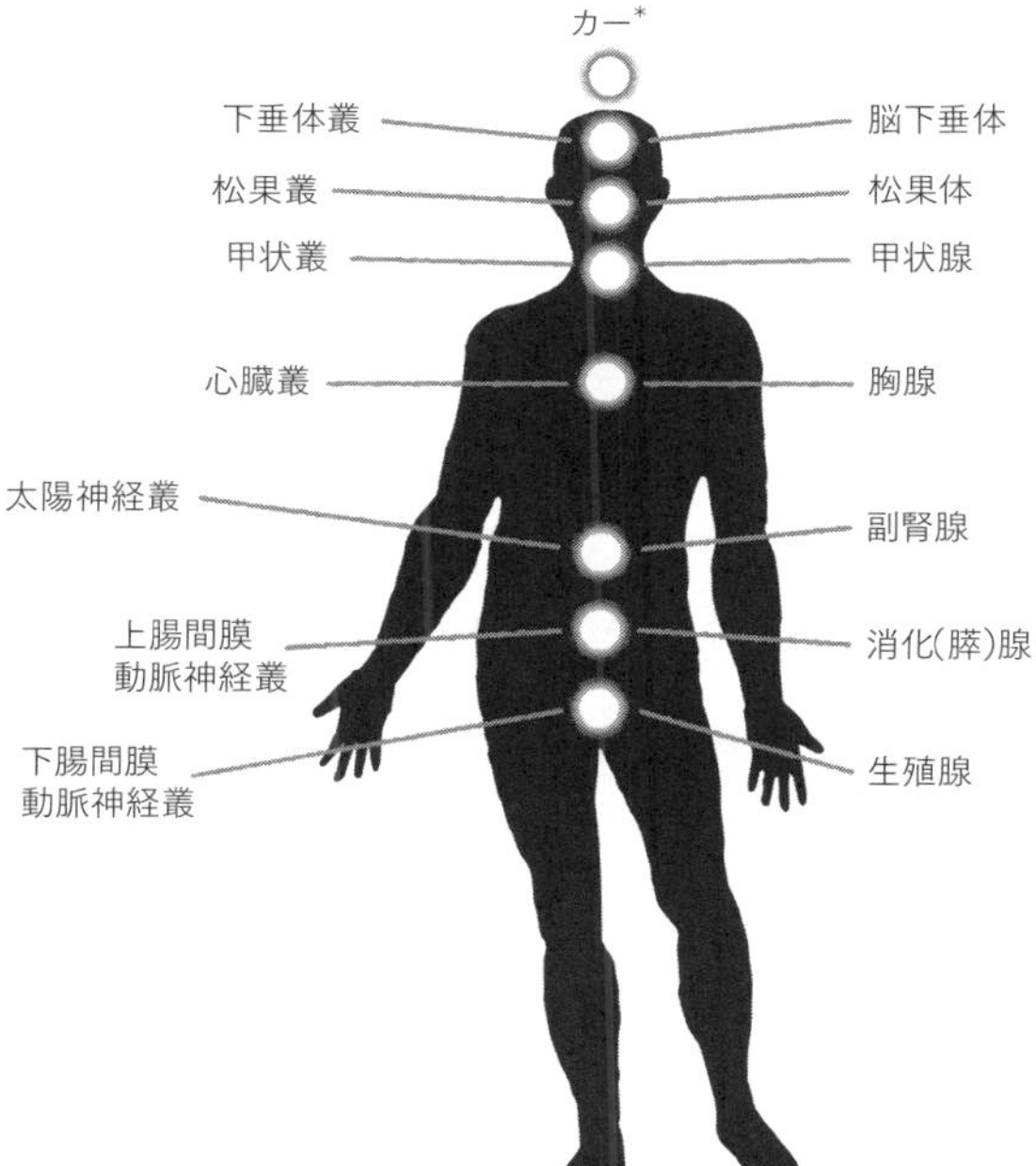

図4.3

各エネルギーセンターには独自の生理機能がある。それぞれ独自の分泌腺、ホルモン、化学物質、小さい脳（神経細胞の網状組織）、つまり独自のマインドがある。
＊カーとは、頭上40cmに位置するエネルギーセンターのこと。

取り込んでいる。心の赴くままに動く時、人は普段よりやさしく親切で、インスピレーションに富み、利他的で奉仕的、慈愛に満ちて感謝と信頼、忍耐力を備えている。ここにある小さい脳がそのような情報を受信すると、この脳が管轄する体内組織にそれに即した指示を伝達し、第4センターは愛あふれる情報を発信する。

それでは各エネルギーセンターについて詳しく見てみよう。なかには管轄する機能の一部が複数のセンターで重複する場合もあるが、多少なりとも体のことを知っていれば、それは自明のことと思う。必要に応じて図4・3で基本的機能を確認してほしい。

エネルギーセンターに親しむ

第1エネルギーセンターは、会陰部《えいんぶ》、骨盤底部、ヴァギナやペニス・前立腺とつながる生殖腺、膀胱、腸の下部、肛門を含む生殖器官をつかさどる。このエネルギーセンターの守備範囲は生殖、繁殖、排泄、セックス、性的アイデンティティだ。エストロゲンやプロゲステロンなどの女性ホルモン、テストステロンなどの男性ホルモンはこのセンターと関係が深い。このセンターは下腸間膜動脈神経叢とつながりがある。

第1センターには膨大な量の創造エネルギーが貯蔵されている。生命を創造し、赤ちゃんを創るにはどれほどのエネルギーが必要か考えてほしい。このセンターが調和している時、創造エネルギーはスムーズに流れ、性的アイデンティティはぶれることなく安定している。

第2エネルギーセンターは臍のちょっと下の内側に位置している。ここは卵巣、子宮、結腸、脾臓、腰をつかさどる。ここの守備範囲は消費、消化、排泄、そして食物のエネルギー変換で、これには消化酵素、消化液、そして血糖値をコントロールする酵素やホルモンも含まれる。このセンターは上腸間膜動脈神経叢とつながりがある。

第2センターは社会のネットワークや構造、人間関係、支援システム、家族、文化、対人関係にも関係が深い。ここは取り込む（消費）、手放す（排除）を専門とする器官と考えるといい。このセンターが調和している時、自分を取り巻く環境や世界について安全、安心を感じられる。

第3エネルギーセンターはみぞおちに位置している。ここの守備範囲は胃、小腸、脾臓、肝臓、胆のう、副腎腺、そして腎臓だ。ここが担当するホルモンにはアドレナリン、コルチゾール、腎臓ホルモン、そしてレニン（たんぱく質分解酵素）やアンジオテンシン、エリトロポエチンその他の肝臓酵素、そしてペプシン、トリプシン、キモトリプシン、塩酸といった胃から分泌される酵素などの化学物質が含まれる。このセンターは太陽神経叢、別名腹腔神経叢とつながりがある。

このセンターは私たちの意思やパワー、自己評価、自己制御、やる気、攻撃性、支配欲などと関係がある。ここは競争心、個人としての力、自尊心、指向性を持った意思の中心だ。

第3のセンターが調和している時、私たちは自分の意思と意欲を制御して環境や置かれた条件を克服できる。第2センターと異なり、周囲の環境が安全でない時や予測不能な時、このセンターは自動的に活性化して自分自身や種族を守ろうとする。第3センターは何かがほしい時や、手に入れるために体を使う必要がある時にも活性化する。

第4エネルギーセンターは胸骨の内側に位置している。ここの守備範囲は心臓、肺、胸腺(体の主たる免疫中枢で、〝若さの泉〟として知られている)だ。ここが管轄するホルモンは成長ホルモン、オキシトシンの他、胸腺(体の成長、修復、再生をつかさどる)を通じて体内の免疫系を刺激する1400種類に及ぶ大量の化学物質だ。このセンターが担当する神経叢は心臓神経叢だ。[4]

第1から第3までのセンターはサバイバルに終始していて、私たちの動物的本能や人間であることを反映している。しかし第4のセンターでは自分本位から他者本位へと移行する。このセンターとつながりのある感情には愛、思いやり、育み、慈愛、感謝の気持ち、親切、インスピレーション、無私、完璧さ、そして信頼などがある。私たちの中の神性はここに端を発している。魂の居場所だ。第4センターが調和している時、人は他者を思いやり、地域や社会にとって何がベストかを主眼として他者と協力しようとする。命に対する純粋な愛を感じる。そして自らを完全無欠と捉え、あるがままの自分自身を愛する。

第5エネルギーセンターは咽喉の中心に位置している。ここの守備範囲は甲状腺、副甲状腺、唾液腺、そして首の組織だ。このセンターが管轄するホルモンは甲状腺ホルモンT3とT4（チロキシン）、そして体の新陳代謝やカルシウム量の循環をつかさどる副甲状腺の化学物質だ。このセンターが担当する神経叢は甲状叢だ。

　このセンターとつながりがあるのは第4センターで感じた愛を表現すること、そして心の真実や自分の個性を言語と音声を通じて語ることで自らの現実をパワーアップさせていく行為だ。第5センターが調和している時、人は自分の感じる愛を含む、現在の自分を巡る真実について語る。自分自身と自分の人生に心から満足し、自分の考えや気持ちを他人と共有したいと願う。

第6エネルギーセンターは咽喉の裏側と後頭部の中間（イメージしにくい場合は単に脳の中心より少し後頭部に近い場所と考えて構わない）に位置している。ここの守備範囲は聖なるホルモン中枢、松果腺だ。松果体のことを〝第3の目〟と呼ぶ人もあるが、私に言わせれば〝第1の目〟だ。ここは高次の次元へと通じる扉であり、物理的現実を超越した現実を知覚することや、線形でない時間の認識と関係が深い。

　このセンターが開かれている時、それはちょうど五感を超越した次元の周波数に合わせられるラジオアンテナが使用可能になっているようなものだ。ここはあなたの中の錬金術師が目覚める場所だ。本書では丸まる1章分をこれに費やしているが、ここでは単に、日中可視光線を浴びている間は起きて、夜暗くなると眠くなるという概日《がいじつ》リズムを制御するセロトニンやメラトニンといったホルモンを（他にも素晴らしい代謝物を）分泌する器官だと理解していればいい。実際のところ松果体は可視光線だけでなくすべての電磁波に感応し、それぞれに対応したメラトニン誘導体を分泌し、現実認識を変える支援をする。このホルモン中枢が調和している時、脳の働きが明晰になる。頭が冴えわたり、内面と外面の世界を両方感知でき、より多くの情報を読み取れる。

第7エネルギーセンターは頭の中央部にあり、脳下垂体があるところだ。脳内のこのセンターから松果腺、甲状腺、胸腺、副腎腺、膵腺、そして一番下にある生殖腺に至るまでの調和を生み出す機能を持つことから、ここは内分泌腺の司令塔とも言われている。体の中でこのセンターは人の神性を最も強く経験できる場所だ。ここは人の神性、高次の意識が生まれる場所だ。このホルモン中枢が調和している時、すべてのものと調和している。

第8エネルギーセンターは頭上約16インチ（40 cm）のところにあるエネルギー体で、物理的な体とつながりはない。このセンターのことをエジプト人は〝カー〟と呼んだ。このセンターは大宇宙、宇宙、そして全体とのつながりを象徴している。このセンターが活性化すると、自分は受信する価値のある存在だと感じ、結果として洞察やひらめき、深遠な理解、創造的ダウンロードなどの情報を含んだ波動を、神経系に貯蔵された記憶からではなく、宇宙や統一場など、どんな呼称であれ個人を超越した大いなる源泉から受信する。量子場にある情報や記憶はこのセンターから取り込む。

エネルギーを進化させる

各エネルギーセンターについて詳述したので、次はその働きについてより大胆にみてみよう。すでに書いたとおり、体は各センターのエネルギーを使うように設計されている。しかしそのエネルギーを、普通に生存するため以上のことに使ったらどうなるだろうか？　全部のエネルギーを生殖や食物の消化、危険回避などに使いきることなく、余力を活かすと何が起きるだろうか？　第1センターから余ったエネルギーが上のセンターへと上昇していき、それにつれて体の波動も上昇していくだろうか？

何が起きるか概説してみよう。まず第1センターの創造エネルギーの変換が起きる。身の回りの安全を感じ、安心して創造できると見ると、そこにある創造エネルギーが進化して上昇を始め、第2センターに流れ込んでいく。第2センターでは、身近な環境下の何らかの調整や限界の克服が必要な時はその創造エネルギーが使われる。そしてここでの余剰エネルギーは上昇し、意思とパワーをつかさどる第3センターへと送られる。

私たちに成長と順応を促す逆境が克服できると、私たちは自身を完全無欠だと感じ、より自由を味わえるようになる。そうなると自分自身や他者に対する純粋な愛を感じられるようになり、エネルギーは第4センターへと上昇し、そこを活性化する。それをクリアした時、私たちはその愛と真実（自らが経験した愛、自分の完璧さ、心の真実など）を表現したくなる。そしてエネルギーはさらに上昇して第5センターを動かす。このようにエネルギーは進化を続け、第5センターから第6センターへと上昇する。それまで眠っていた脳の部分が覚醒すると、真実を覆い隠していた幻想のベールが取り除かれ、かつて見たこともないような広い視野が開けていく。エネルギーが進化して第7センターに流れ込むと、悟りを開いたような覚醒感が訪れ、体はバランスが取れて調和し、自然界を含む外界も調和とバランスを取り戻していく。覚醒エネルギーを感じると、自分の真価が実感でき、エネルギーはさらに上昇して第8センターを開く。そこは私たちの努力の成果が受け取れる場所であり、それは記憶として私たちの意識や体からもたらされるのではなく、私たちに内在し、かつ取り囲んでいる大いなる意識から降りてくる叡智、洞察やビジョン、夢、そしてそれらの顕現としてやってくる。第1センターから順に第8センターまで上昇していくエネルギーの進化の流れは、図4・4Aに描かれている。

これは、下からエネルギーがコンスタントに上昇を続けるという、理想的な個人の進化モデルだ。しかしほとんどの場合、外界で起きたことやそれへの対応の仕方によりエネルギーは各センター内に閉じ込められている。先ほどの理想的なエネルギーフローが起きることはほぼない。エネルギーが閉じ込められる場所（どれかのエネルギーセンター）は、私たちが何に囚われているかによって異なる。図4・4Bには、人が囚われる問題とそれに対応した

体内の創造エネルギーの流れ

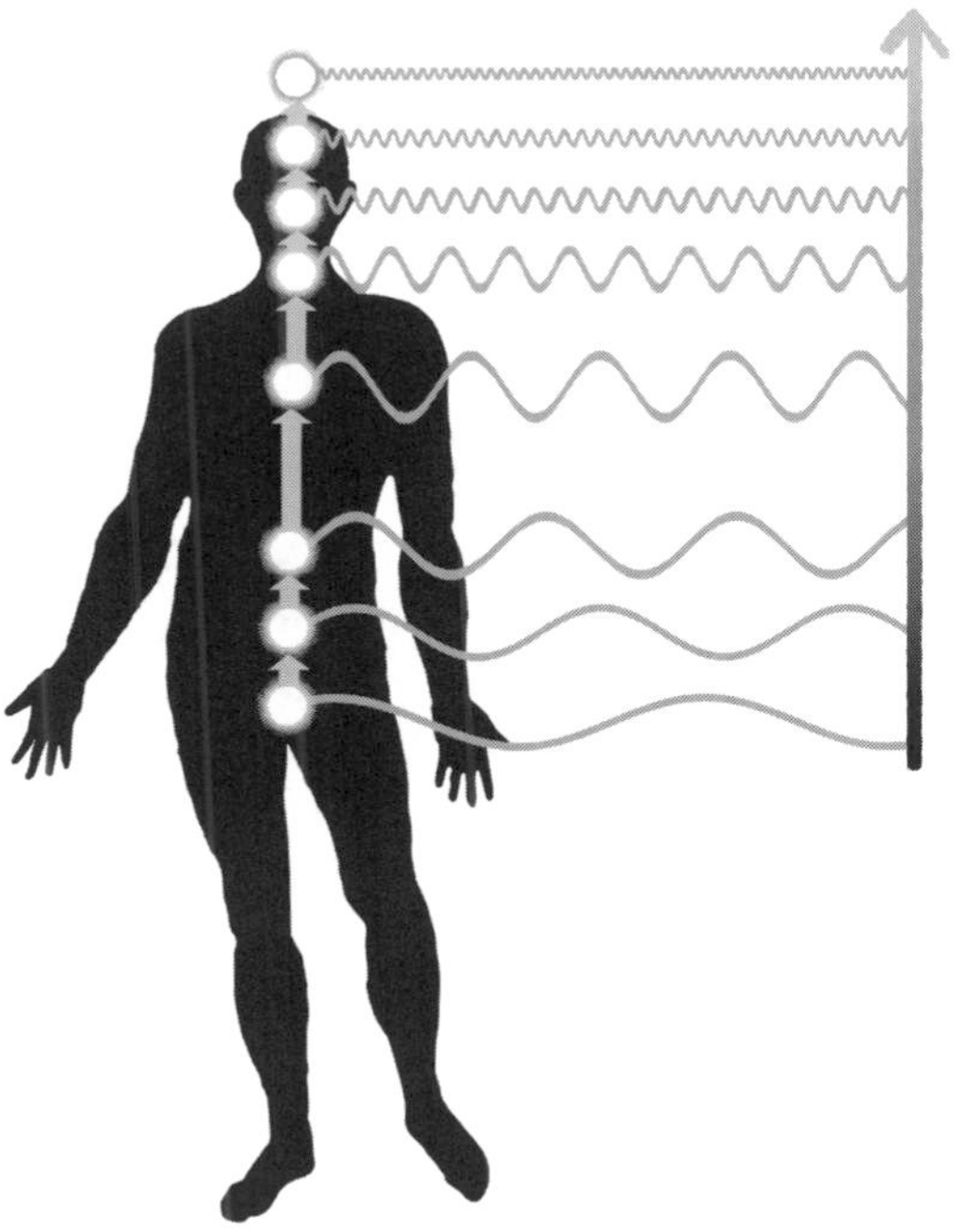

図4.4A

創造エネルギーを進化させていくにつれ、エネルギーは第1センターから一番上の脳、そしてさらに上まで上昇する。各エネルギーセンターには独自の周波数があり、それぞれの意思を発信している。

センター（ここにエネルギーが閉じ込められる）が示してある。

たとえば、ある人が性的虐待を受けている、あるいは幼少期からセックスは罪悪だと刷り込まれている場合、この人のエネルギーはセクシュアリティをつかさどる第1センターに閉じ込められている。その結果として創造活動に支障をきたすだろう。またある人は創造エネルギーを自由に使えるが、それを自由に発信できるほど世界は安全でないと考えている。この人が社会や人間関係で窮屈な思いをしている、あるいは他人に裏切られ深く傷ついた経験を持っている場合、エネルギーは第2センターに幽閉されている。この人は必要以上の罪悪感、恥、苦難、低い自己評価、恐れを抱いているだろう。では第3センターまでのエネルギーフローに問題はないが自我意識に課題がある人はどうだろう。この人は自己中心的で、自己陶酔し、他人を上から目線で扱い、支配欲が強く怒りを湛え、過度に競争心が働き、苦々しい気分を抱えている。この人のエネルギーは第3センターに囚われていて、おそらく他者との力関係で悩み、モチベーションに課題があるだろう。ある人が心を開いて愛を感じることができない、または他人を信じられず愛を、そして自分の本当の心情を他人に伝えるのが怖い、伝え方がわからないという場合、エネルギーは第4、そして第5センターでそれぞれ凍結することになる。

エネルギーはどのセンターにも閉じ込められる可能性があるが、一番多いのは第1から第3までのセンターだ。これが起きてしまうとそこから先の進化ができず、エネルギーの絶え

エネルギーの閉塞

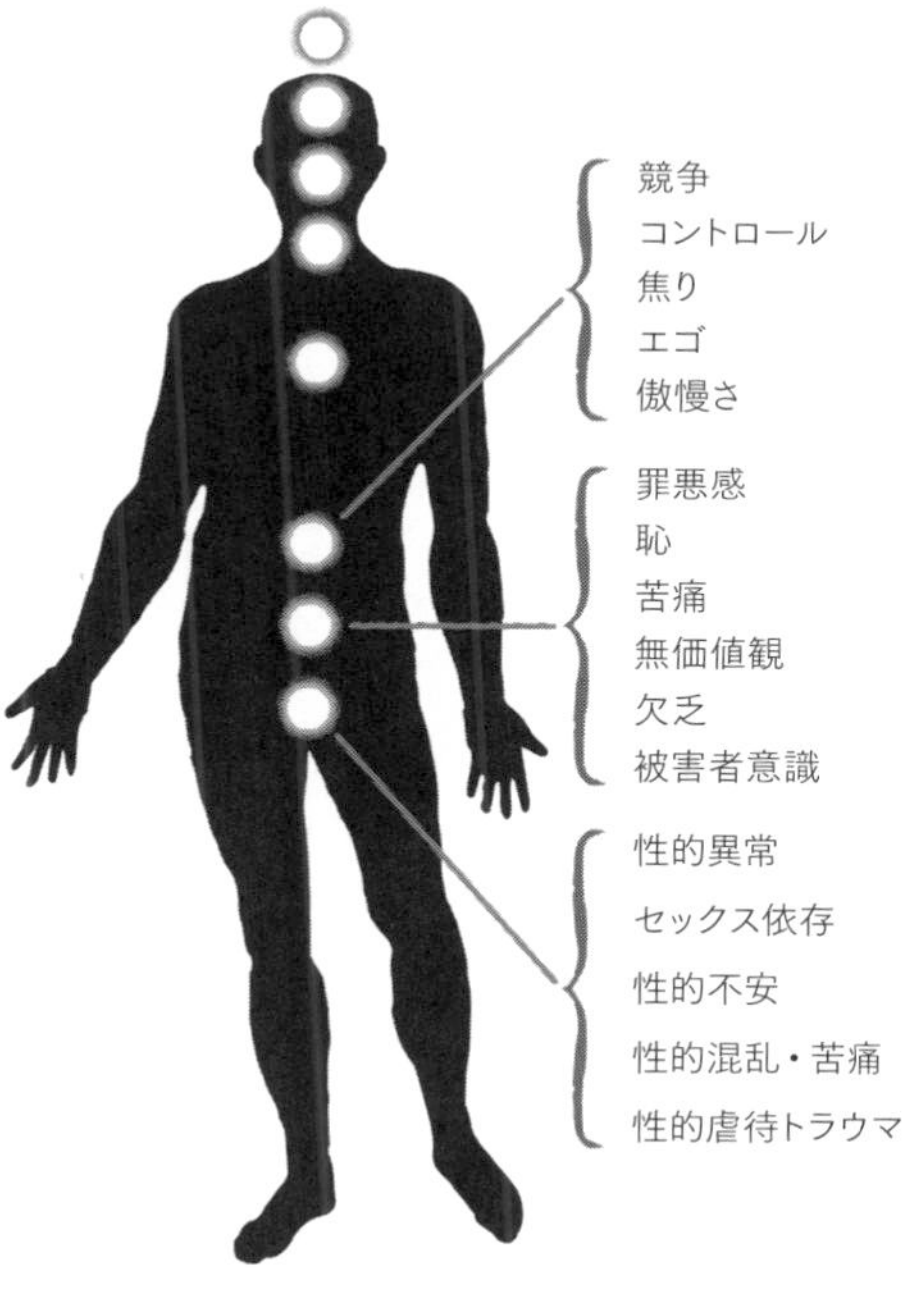

図4.4B

エネルギーが体内で閉じ込められると、上位センターに上昇できない。感情はエネルギーなので、これらの感情は各センターに閉じ込められ、進化できない。

間ないフローが阻害される。上に向かって流れないと生きることを喜び、幸せを感じ、他人に分け与えると言った発動がすべて閉ざされる。「エネルギーセンターを祝福する瞑想」の主たる目的は、このエネルギー回路の流れをつくるという一点に尽きる。それは一つひとつのセンターを祝福し、閉じ込められたエネルギーを再び流れるようにするための瞑想だ。

自分のエネルギーを消費する

すでに書いたとおり、体の周りには目に見えない電磁場があり、そこにはその人の意図や方針といった情報が含まれている。体にある7つのセンターがすべて活性化すると、情報を載せたエネルギーがこれら7つのセンターから発信されることになる。つまり、私たちが意図することにより各センターにある独自のエネルギーが活性化する時、各センターの神経の網状組織が刺激され、そこに小さな意識、マインドが形成される。覚醒したマインドは各自が担当する内分泌腺や組織、ホルモン、化学物質を稼働させる。それぞれユニークな特徴を持った各センターが活動開始すると、それぞれの情報や意思を載せたエネルギーが体から外に向かって放出される。

しかしサバイバルモードで生き、セックス中毒で、消費過剰あるいはストレス過剰の日常を送るなどして第1～第3センターの意識状態に留まっていると、体の周りにあるエネル

サバイバルモードで生きる

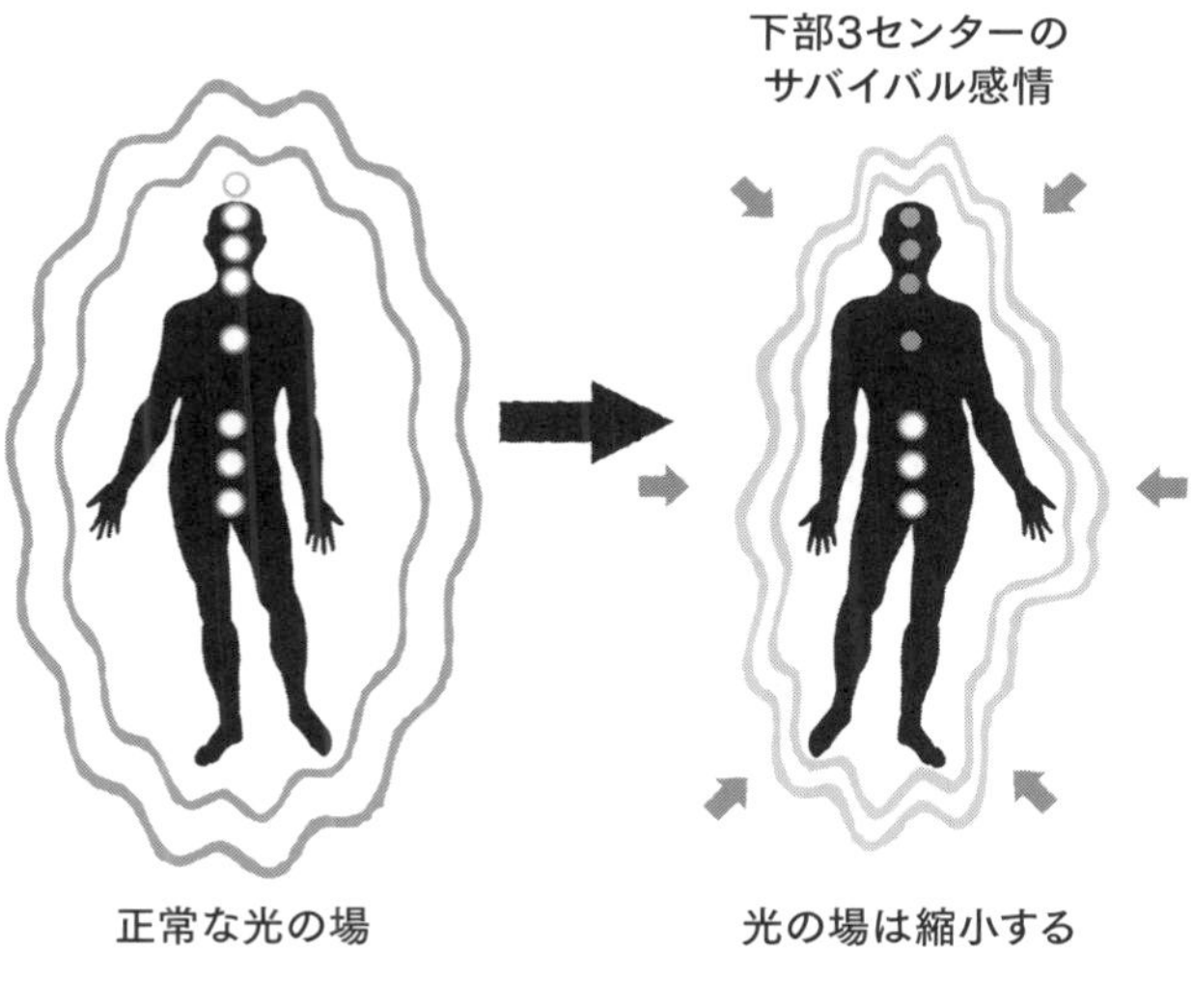

図4.5

第1〜第3センターまではエネルギーを消費する。これらの3センターを使いすぎると、体を取り巻くエネルギー場から常にエネルギーを抽出し、化学物質に変換することになる。その結果、光の場が縮小する。

ギー場からエネルギーを引き込み、それを化学物質に変換し続けることになる。長い間このプロセスが続くと、図4・5のように、体を取り巻いているエネルギー場が小さくなっていく。結果としてこの人が放つ光は減少し、意識や意思を載せて各センター間を移動するエネルギーも減るため各センターにはマインドが形成されない。これはつまり、体を取り巻く自前の電磁場をエネルギー源として自家消費している状態だ。各センターのマインドが弱体化し、エネルギー不足に陥ると、それが管轄する細胞や組織、各系統に送られる信号も制限される。そうなると体の各細胞に送られる生命の重要情報を載せたエネルギーの十分な伝達ができなくなる。だから信号の波動の低下が病気を発症するのだ。エネルギーレベルから見ると、すべての病気は波動の低下とインコヒーレントなメッセージから起こると言える。

ご記憶のように下部3センターのテーマはサバイバルなので、それらが目指すのは他者を差し置いてでもまず自分が生き延びることにある。これらのセンターは、力、攻撃、強引さ、競争力を発揮して、置かれた環境で少しでも長く生き延び、食物を消化して体を維持して生殖に励むために働いている（これは、無私の精神に向かい、利他的な感情をテーマとする上位5センターとは大きく異なる）。下部3センターが担当し、象徴するテーマに人々が関心を持ち続けられるよう、その関連活動は強い快楽を伴うように作られている。性行為をする（第1センター）、食事を摂る（第2センター）は強力な欲求に結びついている。また他者とつながり、対話をすること（第2センター）も喜びを伴う。障害を克服する達成感や、ほしいものを手に入れる満足感、他者と争って打ち負かす勝利感、過酷な環境を生き延びることや体を自在に動かすことなどを含む、個人としての力（第3センター）もうっとりするような充足感を伴う。

こうしてみると、人がなぜ第1～第3センターを過剰に使う傾向があるかが理解できるだろう。そうすることによって、体を取り巻く生命エネルギーをますます消費していく。たとえばセックスに耽溺している人は、体を取り巻いている電磁場から多くのエネルギーを第1センターに取り込んでいる。恥や罪悪感、被害者意識、過去の感情に囚われ、常に苦しみを味わっているような人は第2センターの外にあるエネルギーを取り込み、中に閉じ込めている。過剰な支配欲を持ち、ストレスにさらされている人は第3センターを取り巻くエネルギーを取り込んでいる。人の意識が進化しない時、その人のエネルギーも同様に停滞している。

素粒子レベルで起きていること

これらすべては素粒子レベルから始まる。図4・6を見てみよう。はじめにそれぞれ原子核を持つ原子を2つくっつけて分子を作るとしよう。2つの原子の接合部の重複は、それぞれが共有する光と情報を示している。情報を共有しているため、2つが発するエネルギーの波動は似通っている。2つの原子をひとつの分子に結びつけているのは、目に見えないエネルギー場だ。2つの原子がひとつの分子となって相互に情報交換をすると、それは別々に存在していた時とは異なる、新しい物理的特性（密度、沸点、重さなど）を持つようになる。ここで重要なのは、分子に単独の物質としての構造や性質を持たせているのは、それを取り囲む目に見えないエネルギー場だということだ。複数の原子が情報とエネルギーを共有しなければ、分子として合体できない。

ここにもうひとつ原子を加えてみよう。すると、先ほどとはまた違った分子構造と物理的特性を持った新たな分子が出現する。こうして次々に原子を加えていくと、それは化学物質となる。その周囲を取り巻く目に見えないエネルギー場が原子群を束ね、ひとつの化学物質としての生命を与えている。原子群が持つ力は実際にあり、計測できる。

化学物質を複数束ねると、それは最終的に細胞となる。その周囲には化学物質群を束ね、ひとつの細胞としての命を吹き込むエネルギー場がある。細胞は複数の周波数の光を吸収して生きている。細胞が機能を発揮するよう指示を出しているのは分子ではなく正負電荷でもない。量子情報生物学と呼ばれる生物学の新しい研究分野によると、細胞は、本章の初めでも取り上げたバイオフォトンの光のパターンと周波数を通じて指示を受発信している。細胞が健全なほどコヒーレントになりバイオフォトンは多く放出される。すでにおわかりのようにコヒーレンスとは周波数の規則性の高さを示すものだ。細胞同士、そして細胞を取り巻く

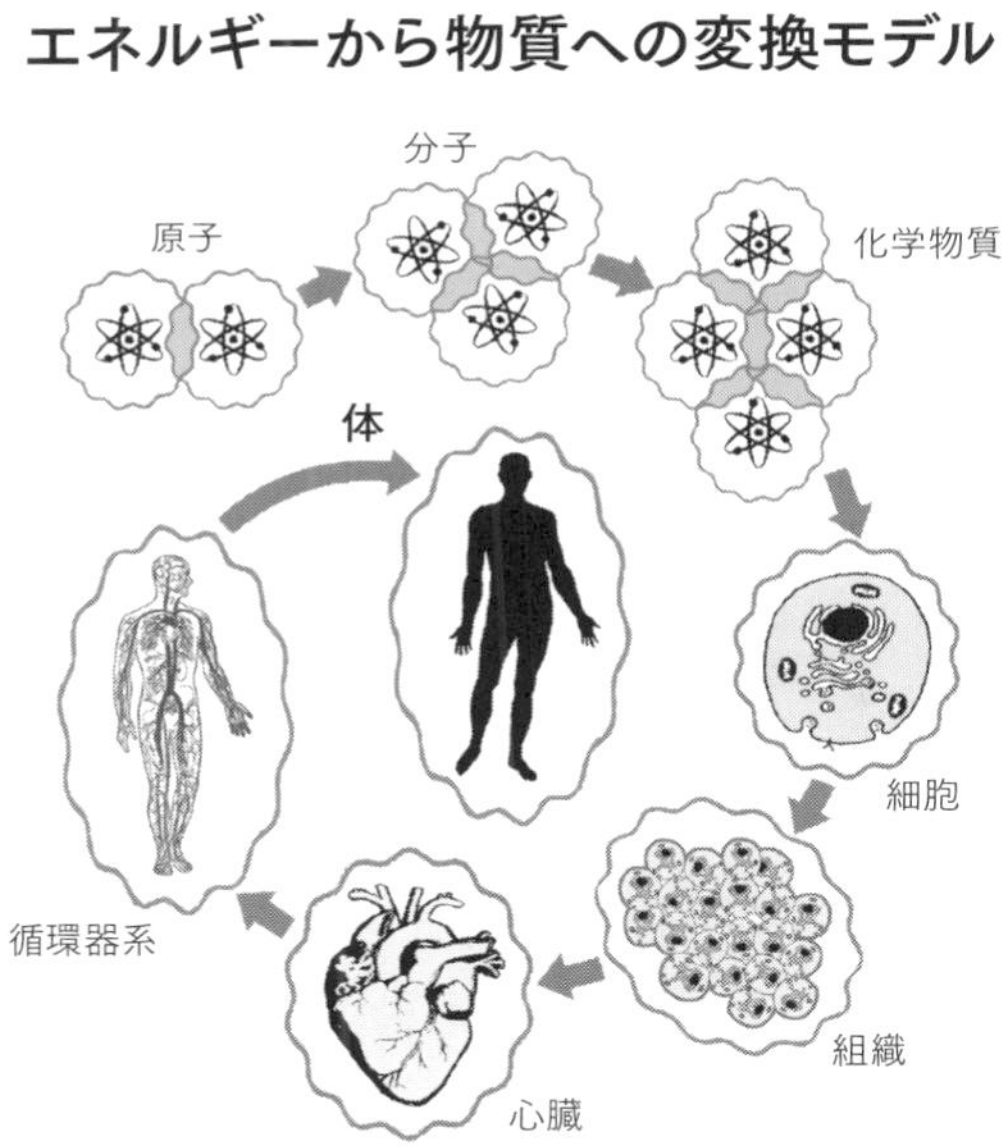

図4.6

複数の原子が結合し、エネルギーと情報を共有すると分子ができる。分子の周りには、エネルギーと情報でできている目に見えない光の場があり、それが原子群を同じ物理特性で結び付けている。そこにさらに多くの分子が加わると、構造はもっと複雑になり、化学物質になる。ここにも同様に分子群を同じ物理特性で結び付けているエネルギーと情報でできた目に見えない光の場が化学物質を取り囲んでいる。

この化学物質にさらに多くの原子が加わると、さらに構造は複雑化し、細胞となる。細胞を取り囲む、独自のエネルギーと情報を内包する場は、細胞が機能するための指示を与えている。細胞が複数集まると、それは組織となる。そこにも細胞群が調和して機能するためのエネルギーと情報を供給する見えない場がある。組織が集まると臓器ができる。そしてその臓器が健全に働くように促すエネルギーと情報の場が取り囲んでいる。

複数の臓器が連携して系統ができる。そこにも系統内の全臓器が一体になって機能するように共通の物理特性を持たせるエネルギーと情報の場が存在する。そして最終的にすべての系統が統合されて人間の体が完成する。体を取り囲むエネルギーと情報からなる光の場は、体内の全部が一つの生命として調和して働くために指示を出している。

エネルギー場との間で交わされる光の電磁周波数による情報交換の速度は光よりも速い。つまりこれが量子レベルで起きていることを示している。[5]

先ほどの続きに戻ろう。細胞を複数束ねると、今度は組織ができる。そこには組織をひとつに束ねている目に見えないコヒーレントな波動の場ができていて、これのお蔭でここの細胞群は相互に情報を交換しながらひとつの共同体として調和して働くことができる。ある機能に特化した組織を集めて拡大していくと臓器ができる。臓器にも固有の目に見えない電磁場がある。この臓器は電磁場を通じて文字通り情報を受信する。実際のところ、臓器の記憶は電磁場に収められている。

臓器の記憶が移植を受けた患者から語られるのは、驚くべきことだ。その最も有名な例が、『記憶する心臓―ある心臓移植患者の手記』の著者クレア・シルヴィアの話だろう。これは彼女が1988年に心臓と肺の移植を受けた際の経験についての話だ。[6] 彼女が知らされたのは、臓器のドナーがバイク事故で亡くなった18歳の男性だということだけだった。47歳のプロダンサー兼振付師の彼女は、移植手術の後、それまで見向きもしなかったチキンナゲット、フレンチフライ、ビール、グリーンペッパー、スニッカーズといった食品が無性に食べたくなったと言う。変わったのは食の嗜好に留まらず、性格もより攻撃的で自信家になった。シルヴィアの未成年の娘は、母の歩き方が男っぽくなったとからかった。シルヴィアはドナーの家族を捜しあて、移植手術後に食べたくなったものは、亡くなった若いドナーの大好物だったことを確認した。生体が持つこのような情報は、臓器の光の場に貯蔵されている。

もっとドラマチックな話がある。10歳で亡くなった少女の心臓の移植手術を受けた8歳の少女は、自分が殺害されるというリアルな悪夢を見るようになった。[7] ドナーは実際に殺されていたが、犯人がまだ逮捕されていなかった。レシピエントと母親は精神分析医の元を訪れ、医者は悪夢が実際に起きた出来事の記憶だと確信した。そこで彼らは警察を訪れ、少女の詳細にわたる供述を元に捜査が始まった。少女は殺害された時間と場所、凶器、犯人の容姿や服装などについて証言した。こうして殺人犯が特定でき、逮捕され、有罪判決が下された。

これらの事例では、ドナーとレシピエントの持つ2つの異なる光と情報が混ざり合った結果、ドナーの臓器を包むエネルギー場に貯蔵されていた情報が、レシピエントの体のエネルギー場の情報を変えたことを表している。レシピエントはその情報をエネルギー場の記憶としてキャッチし、それが意識や体に反映されている。特定の情報を載せたエネルギーが物質に作用するという例だ。

話を戻そう。複数の臓器をグループ分けして集めると、機能の系統ができる。筋骨格系、心臓血管系、消化器系、生殖系、内分泌系、リンパ系、神経系、免疫系などがその例だ。各臓器が周辺にある目に見えないエネルギー場から情報を受発信することにより、これらは系統として連携する。さらに全部の系統をまとめると、人の体となり、体にも目に見えない電磁エネルギーの場が存在する。この光の生体電磁場が私たちの本当の姿だ。

ここでストレスホルモンの話に戻ろう。すでに書いたが、たとえばセックス過剰や過食、ストレス過多のどれか、あるいは全部が原因でサバイバルモードになり、体を取り巻くエネルギー場からエネルギーを取り込んで化学物質に変換していると、体を取り巻くエネルギー場は縮小する。そうなると生体の恒常性維持機能や成長、修復に必要な指示を的確に送るための光やエネルギーが不足する。不足すると体内の各センターはエネルギーを受発信、あるいは処理できなくなり、そこには健全な神経のマインドが形成されず、各センターが管轄する体の各部分に必要な指示を発信できなくなる。意思を持ったエネルギーが神経系を巡ることでマインドが作られるため、マインドはエネルギーセンターで細胞、組織、臓器、そして各系統の調節が十分にできない。エネルギーが体内に行き渡らないからだ。コヒーレントで調和した光と情報のエネルギーがないと、体は物質の塊のように機能する。脳波がインコヒーレントになった時のように、各センターにある小さい脳もインコヒーレントになる。

ストレスホルモンのせいで脳がインコヒーレントになり連携能力が落ちると、インコヒーレントな脳は中央神経系を通って（ちょうどラジオの音声に入る雑音のように）非常にインコヒーレントなメッセージを各センターの、体の情報を受信する神経叢に送るようになる。各センターの小さい脳がインコヒーレントなメッセージを受信すると、小さい脳は管轄の各臓器、組織、細胞にインコヒーレントなメッセージを伝達する。するとそれはホルモン発現と、各部に送られる神経伝達の効率に影響し、その部分で機能不全を起こして不調和や病気が始まる。各センターの小さい脳がインコヒーレントになると、その担当領域もインコヒーレントになる。体の各部がうまく働かないと、その人は全体としてうまく機能できない。

エネルギーを増やす

「エネルギーセンターを祝福する瞑想」で、体内の各センターとその周辺の空間に注意を向ける練習に慣れてきたら、頭の脳波がコヒーレントになるように、各センターの小さい脳もコヒーレントになる。そして注意を会陰部（第1センター）、臍の内側（第2センター）、みぞおち（第3センター）、胸の真ん中（第4センター）といった体の各部分に向けて、そこにある物質（粒子）を意識する時、あなたは意識の錨を各センターに下ろしている。注意を向けるとそこにはエネルギーが集中する。

次に各センターを取り巻く空間に注意を移していく（半眼でピントをぼかしていく）ことにより、各センターの奥にある非物質のエネルギーに同調するようにする。その際に重要なのは、愛や感謝、喜びといった高揚した感情を抱くことだ。前章までで学んだようにこれらの感情は波動の高いエネルギーで、半眼状態でこれらの感情をキープしている時間が長いほど、各センターを取り巻くエネルギーの波動は高くコヒーレントになる。

こうしてエネルギーセンターを包むエネルギー場がコヒーレントになったら、そのセンターには情報が正しく十分に伝わるコヒーレントエネルギーが備わったことになる。原子、分子、化学物質は細胞を形成し、細胞は組織となり、組織は臓器を作り、臓器をまとめる系統が体を構成している。体を構成するこれらすべてが各センターにできた新しい光と情報のエネルギー場から情報を取り込む。エネルギーがコヒーレントであればあるほどそこには強い意思を持ったメッセージが盛り込まれ、新しい情報がエネルギーセンターに送られる。すると体は少しずつ新しい意識に調和していく。すべてを手放し、今という瞬間に滑り込んでいくと（注意を向ける先にエネルギーが集まるという前提において）、そこには前より波動の高い、新しい光と情報の場が形成されていく。このエネルギーが内包する新しい意思は各センターにある小さい脳内に新しいマインド形成を促す。各センターが新しい意思を載せた波動の高いエネルギーを取り込むと、体は調和し、生体恒常性維持機能を取り戻す。存在の質が変わったあなたは今、物質的特性よりエネルギー的特性が強くなり、つまり粒子というより波動となっている。高揚した感情の波動が高いほど、より多くのエネルギーを創出し、結果的に起こる存在の質の変化はより劇的になる。

逆のシナリオとして、もしあなたが不安や恐れ、取り越し苦労、フラストレーション、怒り、不信といったサバイバルモードの感情に囚われていたら、前述のエネルギーが不足し、行き渡るべき情報も体を取り巻く光も欠落している。波動、光、エネルギーが低くなり、各センターを取り巻くエネルギーがインコヒーレントになると、あなたの体はエネルギーというより物質となり、体は病気を作り出す。この瞑想をする意義はそこにある。波動の低い、不調和のエネルギーを変化させ、波動が高くコヒーレントで規則正しい波長を持つエネルギーにすること、そしてその先にコヒーレントなマインドを形成することだ。

覚えておいてほしいのは、それは力ずくで無理やり実現することはできないし、意図するだけでもできない。試行錯誤も願望も意味をなさない。要するに、顕在意識ではどうにもできないからだ。すべてのエネルギーセンターを動かし、機能をコントロールしている自律神経系（ＯＳ）は無意識の領域にあるので、そこに入る必要がある。

ベータ波はあなたの意識を顕在意識にとどめ、無意識を遠ざける。このため心身を事実上コントロールしている無意識、あるいは自律神経を稼働させるには脳波をベータ波域から脱出させるのは必須のプロセスだ。瞑想が深まるにつれ、脳波はベータ波からアルファ波へと変わり、さらにシータ波域（深い瞑想状態は半覚醒、半睡眠状態となる）にまで達する。周波数が遅くなればなるほど、ＯＳにアクセスしやすくなっていく。したがって「エネルギーセンターを祝福する瞑想」での課題は脳波の周波数を遅くすると同時に、各エネルギーセンターが最良の状態になるように意図しながら祝福し、愛と生命を吹き込む（高次の感情を注ぎ込む）ことだ。そして自律神経系が主導権を握るに任せる。自律神経はするべきことを熟知しているし、顕在意識の助けなど必要としないからだ。この時あなたの思考・視覚・分析活動は停止状態にある。あなたがしているのは、初めはとても困難に感じられたこと——情報の種を蒔き、すべてを手放し、体に秩序と調和をもたらすための情報、司令、エネルギーを体が取り込むに任せるという行為だ。

この瞑想をした人がどれほど効率よく各エネルギーセンターにエネルギーを集め、各センター同士のバランスを取れるかについて、私たちは実際に測定を行った。測定には、前の章でも登場したガス放電視覚化装置（GDV）を使い、瞑想の前と後に被験者のエネルギー場を測定した。GDV技術とは、被験者の指先に1000分の1秒以下の時間、微弱な電流（完全無痛）を流しながら、指の画像を特殊カメラで撮影するというものだ。受けた電流に反応し、体からはフォトンでできた電子雲が出る。放電は肉眼では見えないが、GDV装置のカメラがそれを捉え、デジタルコンピュータファイルに変換する。そしてバイオウェルと呼ばれるソフトウェアプログラムがそのデータを処理してカラー図版4にあるような画像を作る。

カラー図版4A〜4Dは、瞑想の前と後で被験者のエネルギーセンターがどれほどバランスが取れているか（いないか）を示している。バイオウェルは、同じGDVデータを用いて各エネルギーセンターの波動を平均と比較する。エネルギーセンターのバランスが取れていれば完璧な整列を示すが、バランスが取れていないエネルギーセンターは正中線から逸れていく。各エネルギーセンターを示す円の大きさによって、それが平均よりどれくらい大きい、同じ、あるいは小さいかを示す。図版４の各被験者データの左側はワークショップを始める前のエネルギーセンターの測定値、右側はその数日後に測定したものだ。

次にカラー図版５Ａ～５Ｄを見てみよう。左側はワークショップ開始前に測定した参加者の全身のエネルギー場で、右側はワークショップ終了後に測定したエネルギー場の様子だ。

私たちはまた、この瞑想（本書で紹介している他の瞑想も）によって体を取り囲んでいるエネルギー場が拡大するかをＧＤＶ装置で検証してみた。この後に登場するように、私は瞑想の導入部で体の各部だけでなく、その周辺の空間に注意を向けるよう繰り返し指示を出している。さらに瞑想の最後には体を取り巻く空間に注意を向けるよう指示している。注意を向けた先にエネルギーが集まるため、あなたが空間に注意を向ければ、当然ながらそこにエネルギーが向かう。その際あなたは注意力や気づきの力、エネルギーを使って体を取り囲む光と情報のエネルギー場を作り、拡大している。こうしてできたエネルギー場は不規則性やエントロピーの代わりに規則性とシントロピーを生み出す。この時あなたは物質というよりはコヒーレントなエネルギー体となっている。そこには整えられた光と情報の場ができていて、そのエネルギーを活用して自在に創造活動ができる。

エネルギーセンターを祝福する瞑想

これは私のワークショップ参加者の間で最も人気の高い瞑想のひとつで、かなりの数に及ぶ超自然的結果を引き出している。前章同様、基本的なやり方を以下に示すので、音声ガイドを使わずに自力でやる場合の参考にしてほしい。

まず注意を第1センターに向ける。それから第1センターの周辺の空間にぼんやりと注意を向ける。第1センターの周りの空間を認識できたら、このセンターが最良の状態になるよう願い、祝福の気持ちを送る。この時同時に高次の感情、たとえば愛、感謝、喜びを心に満たし、このセンターの波動を上げ、かつセンターを包むコヒーレントなエネルギー場を形成していく。

上記と同様のプロセスを体内の全7つのエネルギーセンターについて行う。その後頭上約16インチ（40cm）の位置にある第8センターまで来たら、感謝の気持ちを込めてこのセンターを祝福する。感謝は受け取るという状態の最良の形だからだ。するとこのセンターは量子場から深遠なる情報を受け取るための扉を開放する。

次にあなたの体全体を包んでいる電磁エネルギー場に漠然とした注意（半眼）を向けながら、そこに新しいエネルギー場を形成していく。こうしてできた新しい電磁エネルギー場から体がエネルギーを取り込むにつれ、あなたはだんだん物質というより光とエネルギーの存在へと変わっていき、体の波動が上昇していく。

心にとどめておいてほしいこと——無限のものを創造するには、あなたの感情も無限を感じなくてはならない。麗しく完璧なヒーリングを望むなら、あなたは麗しく完璧な気持ちでいなくてはならない。高次の感情と同化し、瞑想中ずっとそのレベルを維持しなくてはならない。

すべてのエネルギーセンターをひとつずつ祝福できたら、最低15分はそのまま横になっていてほしい。リラックスしてすべてを手放し、自律神経系がしかるべき情報や司令を読み取り、全身を整え、全体としての調和を実現するための時間を取ろう。

第5章
新しい意識に体を馴染ませる

本章では、ご紹介するたくさんの瞑想を行う前段階としての呼吸法について解説していく。あなたが本当の意味で自らのエネルギーを変え、あなたの体を過去から開放するためには、この呼吸法がどのように機能するかを理解することは極めて重要だ。正しい呼吸法を習得することは超自然になるためのキーポイントのひとつと言える。この呼吸法であなたが何をするか、なぜそうするかを把握することは、このテクニックが持つ利点をすべて生かすためには不可欠であるだけでなく、容易に効率よく実践できるようになる助けとなる。この呼吸法の生理的側面を理解すれば、呼吸をする意味を理解したうえで明確な意図を持って正しく実践できるようになる。そして体が握っていた主導権を取り返し、新しい意識に体を馴染ませるために生かせるだろう。

その話をする前に、第2章で扱った思考と感情のループについて復習をしたい。その概念は本章の瞑想の中核をなすからだ。すでに学んだように、思考は脳内に生化学反応を起こし、化学信号を発信する。その信号により体はその思考に見合った感情を醸成する。こうして生まれた感情は、初めにあった思考についてもっと考える態勢を作る。このように思考が感情を生み、感情は思考を促すことでループ状になった回路が脳内の定石パターンを作り、結果として体は過去の時間をなぞるように生きることになる。感情とは過去の経験の記録なので、いつもの感情の外に出られない限りあなたはいつもと同じ思考と感情のループにはまり、過去に錨をおろして過去と同じ毎日を繰り返すことになる。体が意識の司令塔になる、とはこのことで、ループ化した思考と感情があなたを支配し、動かすようになるのも遠くない。

体がループ化された感情をつかさどる意識になると、あなたの体は文字通り過去を生きている。体とは無意識のことなので、今体を満たしている感情が現在進行中の経験なのか、過去の経験を回想しているだけなのかを識別しない。同じ思考と感情のループに取り込まれると、体は一日24時間、週7日間、一年365日ずっと同じ過去の経験を今もしていると信じ込む。体にとって、**感情は文字通り経験のこと**なので、体は過去をずっと経験し続けているものと思い込む。

仮にあなたが過去につらい経験を何度かしたとしよう。それはあなたの心に深い傷を残し、その時に味わった恐れや苦渋の思い、フラストレーション、憤りといった感情を克服できていないとしよう。そのため外界でどこか似たような経験をするたびにそれが引き金となって初めのつらい経験をした時の感情が蘇ってくる。初めの経験が起きたのが30年前だったとしても、同じ感情があなたの顕在意識と無意識にある思考と行動パターンをコントロールしているのなら、今もこれからも当初とまったく同じ反応をする可能性が高い。その感情のカクテルはあなたにとってあまりにも馴染み深く、それはすでにあなたを定義するものとなっている。

あなたが新しい自分になろうとしないままずっと同じ思考、行動、感情を繰り返す日々を過ごしていると、30代半ば辺りからあなたがいつも考えている思考プロセスは自動モード、感情は条件反射、行動は無意識プログラムによる習慣的行動となり、物事の認識や信条は無意識下に沈み、いつも同じ態度を示すルーティーンを反復するシステムが出来上がっていることだろう。実際のところ大多数の成人の人格と呼ばれる部分の95%は反復により習慣化されているため、もはや意識(脳)が司令を出す必要がなくなり、体が自動運転を繰り返すというプログラムが稼働しているありさまだ。[1] この場合、意識が担当しているのはわずか5%で、残りの95%は無意識に体が司令塔となるプログラムの管轄だ。このため、これまでと大きく異なる何かを始めるには、体が担っている司令塔の役割を意識(脳)が取り戻し、自分の定義を変える必要がある。それが本章の最後にご紹介する瞑想の目的だ。

エネルギーが体に蓄積されるメカニズム

思考と感情のループがエネルギーセンター、特に第1~第3までのセンターにどうかかわるかについて考えてみよう。下部の3つのセンターはサバイバルモードをつかさどり、ほとんどの問題はここで起きる。なぜなら、ほとんどの人の思考と感情はこれら3つのエネルギーセンターのスイッチを押すからだ。すでに学んだように各センターには独自のエネルギー、情報、内分泌腺、ホルモン、化学的特性、神経回路があり、独自の小さい脳、マインドがある。これらの小さい脳は自律神経系を通じて無意識下で機能するようプログラムされている。このようにエネルギーセンターには各自特有のエネルギーが存在し、その機能に応じた意識、マインドがあり、そのエネルギー領域に対応した感情がある。

たとえば、あなたが「私の上司は不公平だ」と考えたとしよう。図5・1に、その思考が脳内の神経ネットワークを稼働する様子が描かれている。そして思考はエスカレートしていき「報酬が安すぎる」と考える。すると次の神経ネットワークが稼働する。そしてあなたは「私は働き過ぎている」と考え、さらに次の神経ネットワークが目覚める。意識とは〝行動する脳〟なので、同じような考えを巡らし続けていると、それはある決まった順番、パターン、組み合わせを持つ神経ネットワークが同時に発火する意識プログラムを作る。そしてそれが前頭葉にあなたの内面のイメージとして刻み込まれる。そこが、外界にかかわりなく想像をリアルな体験と捉える場所となる。この場合、あなたはまず自分の中に〝怒っている人〟を認識する。その概念や状態を分析することなく受け入れ、信頼し、抵抗するのをやめる時、神経伝達物質（脳内で発火しているニューロン同士が情報を交換し合うための化学物質のメッセンジャー）が神経ペプチド（大脳辺縁系内で自律神経がつくる化学物質のメッセンジャー）に影響を及ぼしていく。神経ペプチドは感情の分子と考えるといい。これらの神経ペプチドはホルモン中枢に信号を送る。この例では、第3センターの副腎腺のスイッチをオンにする。副腎腺がホルモンを放出すると、あなたはだんだん腹が立ってくる。すると第3センターからは「今私が感じている気持ちを維持するために、もっと感じる根拠を送ってくれ（怒りの理由がもっとほしい）」というメッセージを載せたエネルギーが発信される。第3センターが活性化すると、このセンター特有の周波数（そしてメッセージ）を持つエネルギーが放出される。

脳は体内の化学物質の放出状況を監視している。あなたが怒りを感じた瞬間に、脳はその気持ちに合った思考を探してくる。「上司は最低のクズだ！　もう仕事を辞めよう。何という大馬鹿者だろう！　同僚にアイデアを盗まれた！　どいつもこいつもダメな奴ばかりだ！」。こんなふうに、次から次へと似たような怒りの理由が浮かび、似通った神経回路が

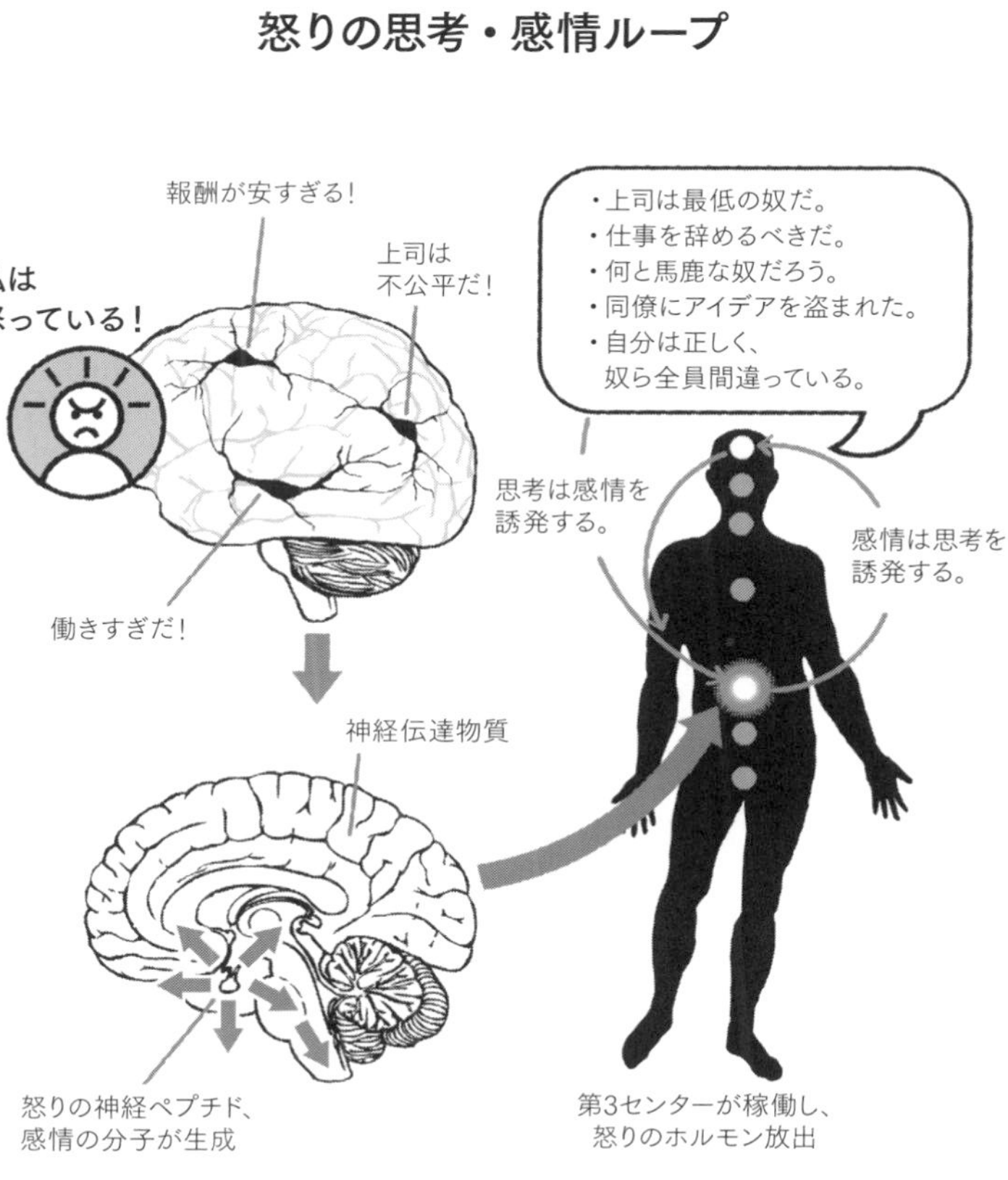

図5.1

この図は、ある特定の思考と感情のループにはまった結果として
第3センターに感情が蓄積されることを示している。

繰り返し結束し、発火していく。それが飽和状態になると、そのセットがひとつの意識となって再生され続ける。これは前頭葉の中にあるあなたのセルフイメージと同じものとして再確認される。辺縁系は相変わらず神経ペプチドを作り続け、第3センターに同じホルモンを放出し続けるよう指令を送る。するとあなたはますます怒り狂い、つのるイライラにより似たような思考が誘発されて浮かんでくる。これは無限に終わらないループ状の思考回路となり、その内容が正当であるか否かにかかわりなく何十年でも続く。あまりに多く繰り返されると、脳内回路は一定のパターンのプログラム（この場合は怒り）を習得し、その結果体を繰り返し過去の同じ感情で満たそうとする。

この時、体は怒りの意識そのものとなり、怒りはすでに脳内の意識が考えているものではなくなっている（脳／意識にのぼるのはあなたの思考全体の5％に過ぎない）。怒りの感情はエネルギーとして、意識の主体となった体に貯蔵される（95％が無意識領域にある）。無意識でやっているため、体内で起きていることに本人は気付かないが、これがことの真相だ。元々は脳内の思考に誘発されたこれらの感情は、太陽神経叢の位置にある第3センターに閉じ込められる形で蓄積されていく。

この貯蔵エネルギーは、それ特有の生体反応を引き起こす。この場合では副腎疲労、消化器系や腎臓のトラブル、あるいは免疫力の低下などの身体的兆候の他、心理面では短気、忍耐力の欠如、フラストレーション、性急さなどが挙げられる。同じ思考を何年も心にとどめていると、それは同じ感情を想起させる習慣を作り、脳内では同じ回路が繰り返し使われて轍となってそこからはみ出さないようになる。同時に体には「怒りの意識となれ」という指令が脳から繰り返し飛んでいる。こうしてあなたの膨大な創造エネルギーが怒り、苦渋、フラストレーション、性急さ、支配欲、憎しみなどの形で第3センターに蓄積されていく。

怒りとは別の例として、罪悪感や被害者意識を想起させる思考に囚われるとどうなるかみてみよう。「人生はつらすぎる！　自分は悪い親だ。相手に悪いことをした。自分は何か間違ったことをしただろうか？」などなど。図5・2を見ると、先の例と同じことが起きているのがわかる。それらの思考がそれに対応する脳内の神経ネットワークを目覚めさせる。これらのネットワークを何度も何度も発火、結束させているうちに、それらのセットはあるひとつの意識となり、脳内ではあなたのセルフイメージのひとつ（この場合では罪悪感を持つ人）として再確認される。あなたが「私にはそのうち天罰が下る。私は誰からも愛されない。私には価値がない」などと考え始めるとしよう。その概念や状態を分析することなく受け入れ、信頼し、抵抗するのをやめる時、神経伝達物質が脳内の神経ネットワークを稼働して、今度は別の種類の神経ペプチドの化合物（罪悪感と結びついた神経ペプチド）に影響を及ぼし、その神経ペプチドは別のホルモン中枢（この場合は第2センター）へ信号を送る。同じ思考、同じ感情のループを何年も繰り返しているうちに、そのエネルギーは第2センターに蓄積されていく。この貯蔵エネルギーは、そのエネルギー特有の生体反応を引き起こす。この場合罪悪感は腸に溜まるので、吐き気やむかつき、あるいは下腹部の痛みといった身体的兆候の他、苦しさ、不幸感、悲壮感といった心理的影響を引き起こす。

罪悪感を長い間感じ続けていると、あなたはもっと罪悪感に浸れるような思考を巡らし、それがニューロンを刺激し、さらに多くの神経ペプチドを放出するよう指令を出す。すると神経ペプチドは第2センターにホルモン生成を促す。こうなった時、あなたは体に罪悪感と苦悩という意識そのものになるよう仕向けている。こうして第2センターにはどんどん感情エネルギーが蓄積されていく。同時にあなたは第2センターから体を取り巻くエネルギー場に向かって、その情報を載せたエネルギーを発信している。

では、次にまったく違う内容の思考を巡らすと仮定しよう。異性の誰かに性的欲求を感じ、妄想を始めるとどうなるだろう？　あなたは脳内のまったく別の場所にある神経ネットワークを稼働し、さっきと異なる意識を形成する。そして先の例同様、何度も同じ回路を発火・結束させ続けていると、それはあなたの人格やセルフイメージを反映するものとして前頭葉に記録される。その思考パターンやイメージが外界にかかわりなくリアルに想像できるようになった時、その思考やイメージは実際に起きている経験となり、経験はそれに見合った感情を生み出す。

その結果、体は欲情する。セックスを管轄する第1センターは、具体的なメッセージや意思を載せたエネルギーを活性化する。そのエネルギーは第1センターの神経網状組織を発火

罪悪感の思考・感情ループ

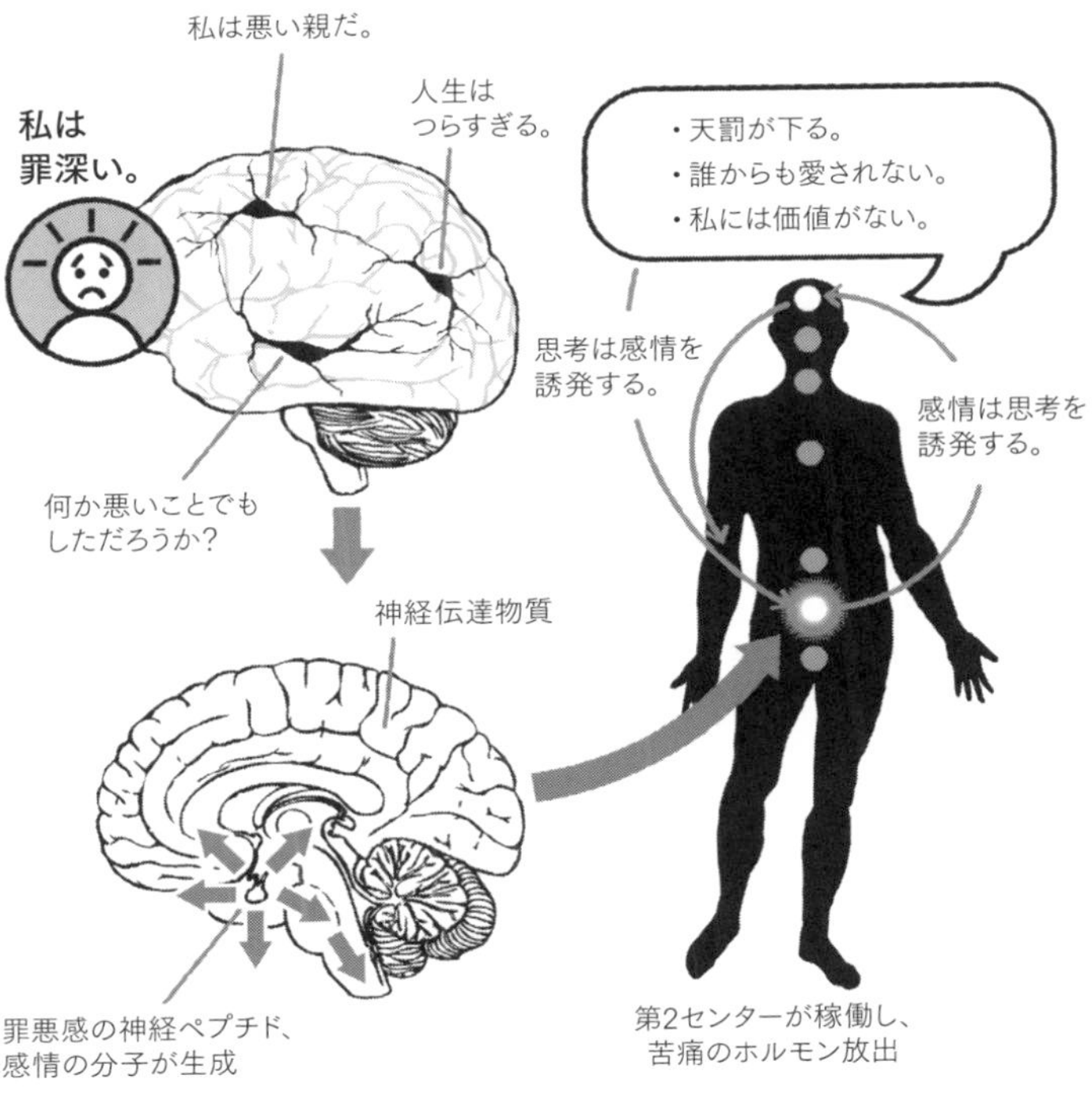

図5.2

この図は、ある特定の思考と感情のループにはまった結果として
第2センターに感情が蓄積されることを示している。

し、このセンター特有のマインドを作る。するとマインドは管轄の内分泌腺の遺伝子に信号を送り、その思考に見合った化学物質とホルモン生成を促す。こうなるとあなたはもはや種馬、あるいは雌狐ばりに発情している。自らのその状態を分析することなく受け入れ、信頼し、抵抗するのをやめる時、神経伝達物質が脳内の神経ネットワークを稼働して、別の種類の神経ペプチドの化合物（性欲と結びついた神経ペプチド）に影響を及ぼし、その神経ペプチドは第1センターのホルモン中枢へ信号を送り、自律神経に稼働を促す。その次に何が起きるかはすでによくご存じのことだろう。

これらの生体反応は特定の感情を引き起こし、その感情は同じラインの思考を連れてくる。そしてエネルギーは第1センターに蓄えられ、第1センターからは具体的なメッセージを載せたエネルギーが、体を取り巻くエネルギー場に発信される。脳はあなたが何を感じているかを監視しているため、感じたことに見合った思考がどんどん呼び起され、連想ループは無限に続く。このようにして体は脳内で始まった思考に反応し、最終的に脳内の意識にとって代わる。

そんな訳で、脳内の思考が感情を生み、体に条件づける結果、体が脳にとってかわること、その感情を管轄するエネルギーセンターにエネルギーが蓄積されることについてよくおわかりいただけたことと思う。あなたが繰り返し経験している感情を管轄しているエネルギーセンターには、最も多くのエネルギーが蓄積されていることになる。

たとえば、あなたが過剰に性欲を募らせていると、あるいは異性の注目を浴びたいという欲求を抱き続けていると、エネルギーの多くが第1センターに蓄積されている。罪悪感、悲しみ、恐れ、絶望、羞恥心、無力感、低い自尊心、苦悩、痛みに囚われている人のエネルギーは第2センターに集中する。怒り、攻撃性、イライラ、支配欲、他者批判、利己主義に囚われている人のエネルギーは第3センターに集まる（この時点で、読者諸氏はすでに「エネルギーセンターを祝福する瞑想」を実践済みで、各エネルギーセンターのエネルギーは順に上位センターへと上昇し、波動を上げる経験をしていることを願っている）。

感情が習慣化されると、早晩体が意識となり、その感情が管轄の下部3つのエネルギーセンターのどこかに溜まっていく（より正確には閉じ込められる）と、体は文字通り過去を生きている。この状態が意味するのは、新しい運命を創出するために使えるエネルギーが失われたということだ。そうなると体はエネルギーというより物質の特性が強くなる。理由はすでに説明したように、下部3センターはサバイバルモードの感情をつかさどるため、体を取り巻くエネルギー場からエネルギーを奪うからだ。

はっきり言っておくが、私は何もセックスをするなとか、食の楽しみを控えろとかいうつもりはなく、欲望にストレスを感じてほしくない。私が言いたいのは、あなたがバランスを崩している時、それはこれら3つの下部センターがバランスを崩しているからだということだ。これらのサバイバルセンターが3つ同時に刺激されたらどうなるだろうか？　あっという間に体が蓄えているエネルギーを消耗し尽くしてしまうだろう。そうなった時、この人には成長、修復、癒やし、創造、それどころか元のバランスを取り戻すためのエネルギーすら不足することになる。

「バランスを崩しているな」と感じる時、多くの人は引きこもりがちになり、食事の量を控えようとする。消化すべき食事の量が減ると、体には調和を取り戻すためのエネルギーが戻ってくる。また、調子が悪い時は体調が回復するまでセックスを自粛しようと考える。こうして引きこもっている間は、家族や子供、友人、同僚、日課、仕事、コンピュータ、家庭、携帯電話といった普段外界から絶え間なく受けている多様な刺激からも遮断される。そうなると、意識、無意識にかかわらず、慣れ親しんだ外界のもろもろの刺激に反応するのが制限され、結果として過去に結びついた思考や感情と遮断できる。

これから教える呼吸法は、下部3センターに閉じ込められたエネルギーを開放し、自由に上部センターへと昇っていく（エネルギーはもともと脳から始まったものなので、発生した起点へと回帰する）ことを可能にする。呼吸によってそれらの感情エネルギーを開放すると、それはより高次の目的のために使用可能となる。たとえば自らを癒やす、それまでとは異なる日常を創出する、もっとリッチになる、あるいは神秘体験をするなど、多様な可能性が開かれる。エネルギーとして下部センターに溜まっていた感情が解放されると、インスピレーション、自由、無償の愛、感謝など、波動の高い感情をメッセージとして内包するエネルギーに変化する。どちらもエネルギーという意味では変わりはない。ただ体内に閉じ込められているかどうか、という違いだけだ。これから紹介する呼吸法は、体が意識の主導権を握っている状態から、元に戻すための手法のひとつだ。やり方は、体を意識の道具として使い、サバイバル感情を高次の創造へ向かう感情へと変化させながら、エネルギーを上位センターへと上げていく。過去につながれていた体を自由にして、囚われていたエネルギーを開放したら、尋常でないことや、超自然的なことを成し遂げるためのエネルギーが手に入るだろう。

体という磁石

図5・3を見て、磁石について考えてみよう。磁石には2つの極がある。どの磁石にもN極とS極があり、片方はプラス、もう片方はマイナスの電荷を持っている。両端の極性により、磁石は2極の間に電磁場を形成する。2極間の極性が強いほど磁石が作る電磁場は大きくなる。電磁場は目に見えないが存在するし、測定もできる。

磁石が作る電磁場は、物質に影響を与える。たとえば金属の削りくずを紙の上に置き、その上にもう一枚紙を置いて磁石を置くと、金属くずは磁石の電磁場に沿って整列を始める。磁石の電磁場の波動は、私たちの五感では認識できないが、物質の現実を変えるほどパワフ

磁石の電磁場

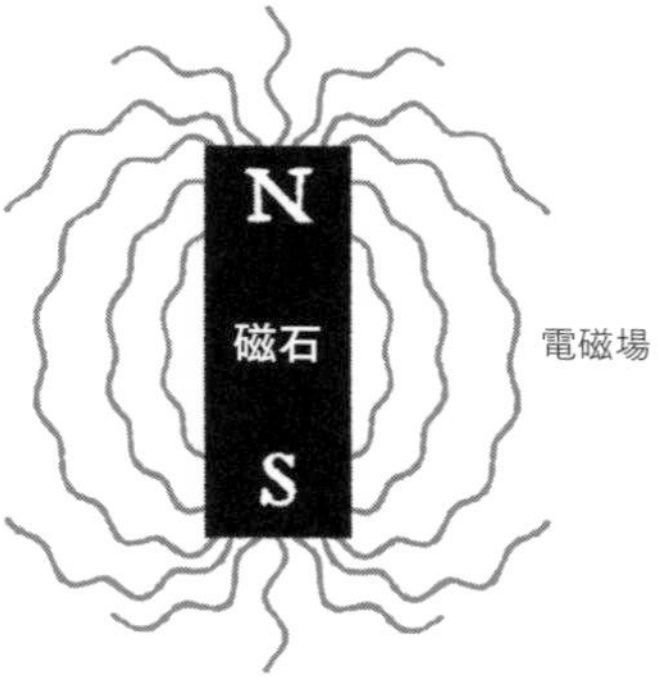

図5.3

磁石の周りには目には見えないが計測可能な電磁場がある。N極とS極の間の極性が強いほど磁石を通る電流が増え、電磁場も大きくなる。

ルだ。図5・4にその様子が描かれている。

地球はそれ自体が磁石だ。他の磁石同様、地球にもN極（北極）とS極（南極）があり、電磁場が地球を包んでいる。その電磁場は私たちの目には見えないが、驚くべき方法でその存在を確認できることはよく知られている。地球の電磁場は太陽のフォトンを屈折させる。このため太陽フレア、あるいはコロナガスの噴出が起きると、地球の電磁場は何兆トンという量のフォトンを地上で屈折させ、オーロラ（北極光）というカラフルな現象となって現れる。

あなたの体もまたひとつの磁石だ。これは古代文明（特に東洋の文明）では数千年前から知られている。あなたのN極

エネルギーが物質に作用する様子

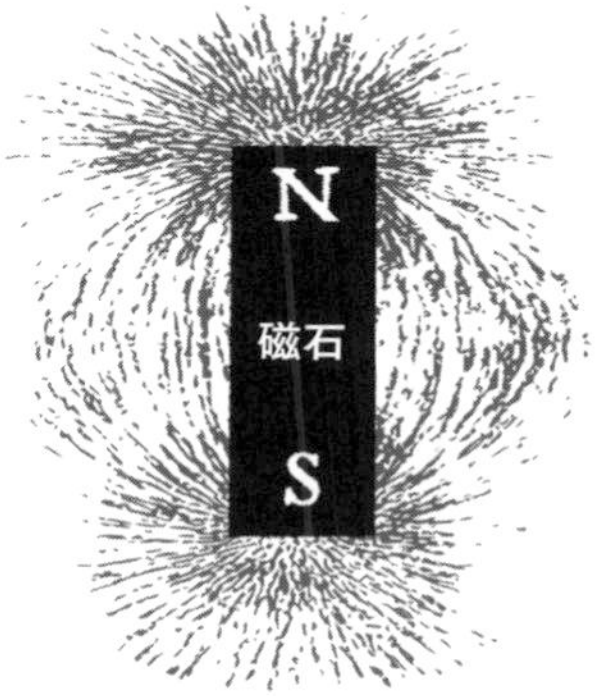

金属の削りくずが電磁場の力によって整列する

図5.4

磁石が作る電磁場は、その下に置かれた金属の削りくずを電磁場に沿って整列させる。

は脳（意識）で、S極は脊柱底部だ。あなたがストレスホルモン（サバイバルモードの感情）で生きていると、あるいはほかの２つの下部センターを過剰に使っていると、あなたは体を取り巻く電磁場からエネルギーを常に引き込んでいることになる。サバイバルモードの体は電磁場から吸い上げたエネルギーを下部３センターに溜め込むため、エネルギーは体を循環しない（これまで論じてきた思考と感情のループが起きている時の状態だ）。

この状態が長い間続くと、体を巡るエネルギーが皆無となるため、普通は体を包んでいる電磁場が作れなくなる。この時体は磁石ではなくなっている。それは電荷を失った磁石、ただの金属片のよう

エネルギーとしての体VS物質としての体

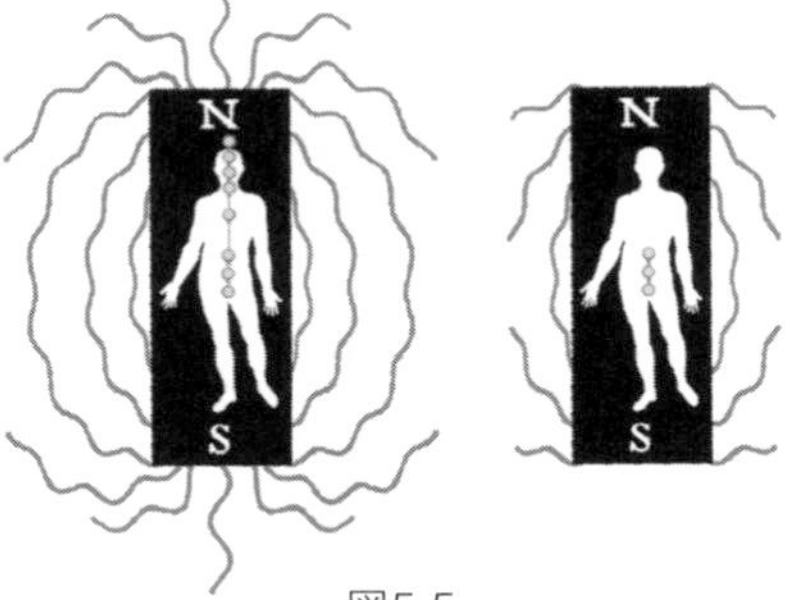

磁石となった体とエネルギーのフロー

生気のない物質となった体にはエネルギーフローがない

図5.5

ちょうど磁石のように、エネルギーが体の内外を循環する時、計測可能な電磁場が体の周りに形成される。サバイバルモードで生きている時、体の周りの目に見えない電磁場からエネルギーを抽出するため、体の周りの電磁場は収縮する。さらに、ネガティブな思考と感情のループにはまり、エネルギーが下部3センターに封じ込められる時、体を巡るエネルギー量が減少するため、電磁場も小さくなる。

なものだ。図5・5を見るとわかるように、体はより物質に近くなり、エネルギーの性質から遠ざかる。別の言い方をすると、より粒子に近く、波動から遠くなる。

もちろん、下部3センターに溜まったエネルギーを再び動かす方法があれば、電流は流れ出し、体の周りに電磁場を再構築できる。呼吸法をする目的はそこにある。呼吸によって、体が握った主導権を取り戻し、下部3センターに閉じ込められたエネルギーを背骨に沿って上昇させ、体を包む電磁場を修復できる。これができると、サバイバル以外の活動のためにエネルギーを使えるようになる。それがどうして可能になるのかを理解するために、物理的な体の構造について図

骨格組織の中の脳と脊髄

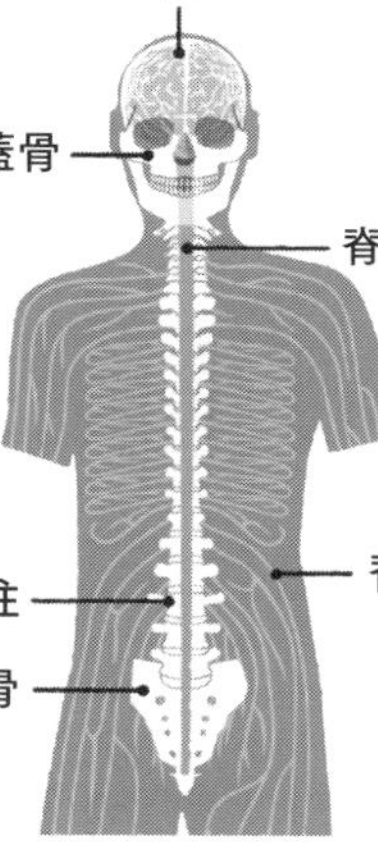

図5.6
仙骨、脊柱、そして頭蓋骨は、中枢神経と呼ばれる人体の最も繊細な神経系（すべての系統をコントロール・調整する機能を持つ）を保護する骨格である。

5・6で解説しよう。

背骨の一番下の部分にある、逆三角形の骨は仙骨と呼ばれる。逆三角形の上辺についている脊柱は真上にある頭蓋骨につながっている。この閉鎖系の内部には、脳と脊髄からなる中枢神経系がある。脊髄は事実上脳の延長だ。頭蓋骨と脊柱は、この最も繊細な神経組織を保護している。

中枢神経系とは、体内のすべての系統を制御し、調整するという意味において、体の最も重要な系統のひとつだ。中枢神経系が稼働しなければ食べたものを消化したり、膀胱を空にしたり、体を動かしたり、心臓を動かしたりできない。この神経系なしには瞬きひとつできない。つまり中枢神経系とは、機械としての体を動かすために張り巡らされた電気配線と捉えられる。

この閉鎖系の中を流れているのが脳脊髄液で、脳内で血液がろ過されたものだ。この液体は脳と脊髄を潤し、中枢神経系の活力源となっている。この液体は脳と脊髄を外的衝撃から守るクッションの役割を担い、体内の随所にある多様な神経系に栄養分や化学物質を運ぶ無数の支流を流れている。その性質上、この液体は神経系内部の電荷の働きを支える立役者となっている。

ここで仙骨に話を戻そう。息を吸う時、仙骨はかすかに後ろに動き、息を吐く時はちょっと前に動く。この動きは非常に微妙なもので、どれほど注意を払っても自覚することはできない。また息を吸う時、頭蓋骨の縫合部（頭蓋骨を構成する骨同士がパズルよろしく複雑にくっつき合っている、その接合部）がほんの少しだけ開く。そして息を吐く時に元通りに閉じる。[2] これも極めて微細な動きなので、知覚することはできない。

ゆっくりと呼吸するたびに仙骨はかすかに前後に動き、頭蓋骨の縫合部は開いたり閉じたりする。これに伴いこの閉鎖系の中で液体は波立つ。それがポンプの働きをして液体は脊柱を上り、中脳水道、あるいは脳室と呼ばれる4つの小部屋を通過する。たとえば脳脊髄液にある分子ひとつにラベルを付けて腰椎から追跡するとしたら、それが脊柱を上り脳に達してから再び仙骨に戻ってくるまでの1周に、12時間かかる。[3] 要するに1日2回、脳で水が循環していることになる。その様子を図解したのが図5・7だ。

脳脊髄液のフロー

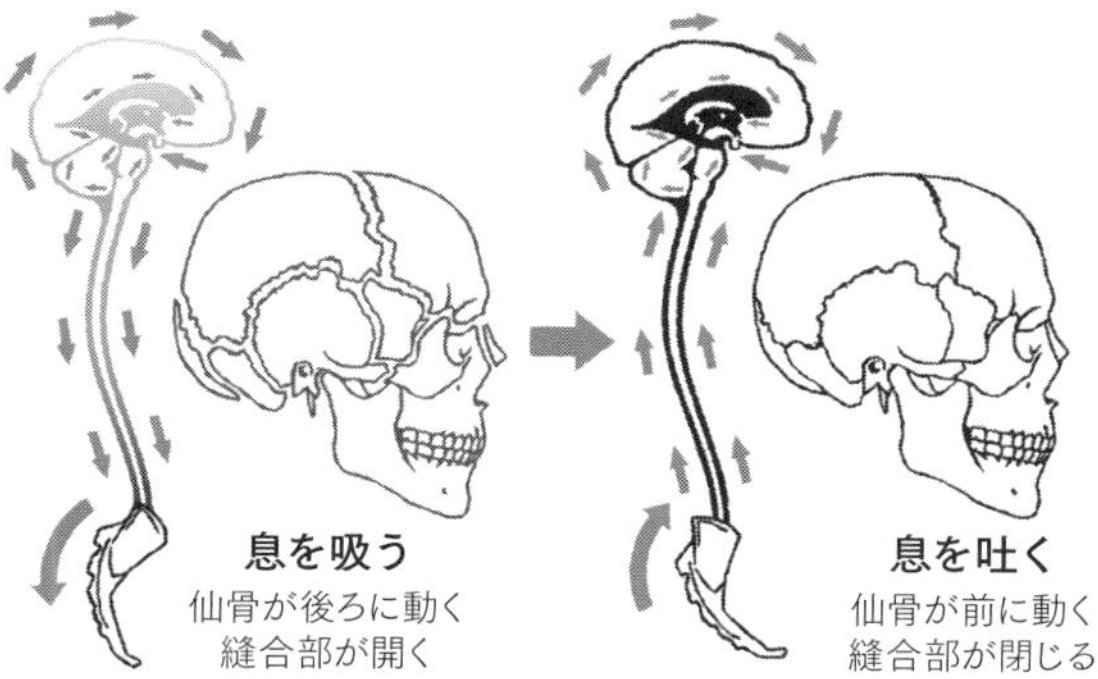

図5.7

息を吸うとき、仙骨はかすかに後ろに動き、頭蓋骨の縫合部は緩む。息を吐くとき、仙骨はかすかに前に動き、縫合部は閉じる。呼吸の自然な動きが脳脊髄液に波を起こし、ゆっくりと脊髄を昇降したり、脳内全体を巡る水流を作っている。

骨盤底筋（会陰部にある、セックスや排せつの際に使われる筋肉のこと）を収縮するとどうなるか想像してほしい。そこが収縮して固まったら今度は下腹部の筋肉を収縮させて固まらせ、その状態で上腹部の筋肉も同様に固まらせると、何が起きるだろう。体幹の深層筋を収縮させることにより下部3センターの領域にある筋肉をギュッと絞り、収縮させ続けていると、中枢神経系を流れる液体は図5・8に描かれているように上昇する。筋肉収縮により、脳脊髄液を背骨に沿って上昇させることができる。下部3センターの周辺の筋肉を収縮させるたびに、液体は上昇せざるを得ない。

ここで意識を頭のてっぺんに向けてみよう。注意を向けた先にエネルギーが集

骨盤底筋を収縮させて脳脊髄液を脳に送る

図5.8
下腹部にある骨盤底筋を収縮させながらゆっくりと鼻呼吸をすると同時に頭頂部に意識を集中させる。これにより脳脊髄液が脊柱を上って脳に送られ、脳内や体内を循環する。

まるので、頭頂部がエネルギーの焦点となる。次にゆっくりと安定した鼻呼吸をしながら会陰部の筋肉を絞り、そのまま固定する。そして下腹部の筋肉、上腹部の筋肉を順に収縮させて固定していく。息を吸いながら骨盤底部から背骨に沿ってそのまま胸、咽喉、脳、そして頭頂部まで意識を向けていく。頭頂部に到達したら息を止め、筋肉はギュッと絞ったままにしておく。こうして脳脊髄液は脳に向かって引き上げられる。

その影響は絶大だ。なぜなら脳脊髄液とはたんぱく質と塩分の溶液で、たんぱく質と塩分が溶液に溶解した瞬間に電荷を持つからだ。この電荷を持つ分子を背骨に沿って上昇させると、そこには〝インダクタンスフィールド〟と呼ばれる電

インダクタンスフィールド
-e
電荷を持つ分子が移
動するとインダクタン
スフィールドができる

図5.9
脳脊髄液は荷電した分子でできている。荷電した分子を脊柱に沿って上昇させると、そこにはインダクタンスフィールドが生まれ、分子の移動方向に向かって流れる。

磁場が生まれる。インダクタンスフィールドとは目に見えない電磁エネルギーの場で、このエネルギーは電荷を持った分子の移動に沿ってらせん状に動く。荷電した分子をたくさん送れば送るほど、インダクタンスフィールドは大きく強くなっていく。インダクタンスフィールドを図解したのが図５・９だ。

脊髄は、体から脳へ、そして脳から体への双方向高速コミュニケーションを可能にする光ファイバーケーブルと捉えるといい。重要な情報（たとえば部屋の中で移動したい、かゆいところを掻きたいなど）は秒刻みで脳から体へと送られる。その同じ瞬間に、体からの情報（たとえば体と周辺の位置関係、お腹がすいているなど）が脊髄を通って脳へ伝達される。

荷電した分子を背骨に沿って一方向に上昇させると、その結果としてできるインダクタンスフィールドはその流れを逆にして、脳から体へと情報を伝達させる。そして第1〜第3センターからエネルギーを抽出して脳へと送る。このメカニズムを示したのが図5・10Aだ。この時体内では、そして中枢神経系には磁石のように電流が流れている。その結果、磁石の周りにできる電磁場と同じような電磁場が体を包んでいる。

こうして体の周辺に作った電磁エネルギーの場は3次元構造を持ち、動きながらねじれたドーナツのような場、環状体の場《トーラスフィールド》を形成する。ちなみにこの電磁場の形は宇宙ではよくみられるパターンで、リンゴの形や遠い宇宙のブラックホールもこの形をしている（図5・11参照）。

この呼吸法を行うと、体内に蓄積されたエネルギーをダイナミックにかき回すことになることが、ここまでの説明でお分かりのことと思う。この呼吸法を正しいやり方で、かつ一定の頻度で行うと、あなたの中に眠っている龍を目覚めさせるだろう。

エネルギーを進化させて脳へ送る

このエネルギーが活性化すると、交感神経系（自律神経の下部組織で、外界の危機に対応して体と脳を臨戦態勢にさせる）のスイッチが入る。すると下部3センターからエネルギー

貯蔵エネルギーを体から脳へと移動させる

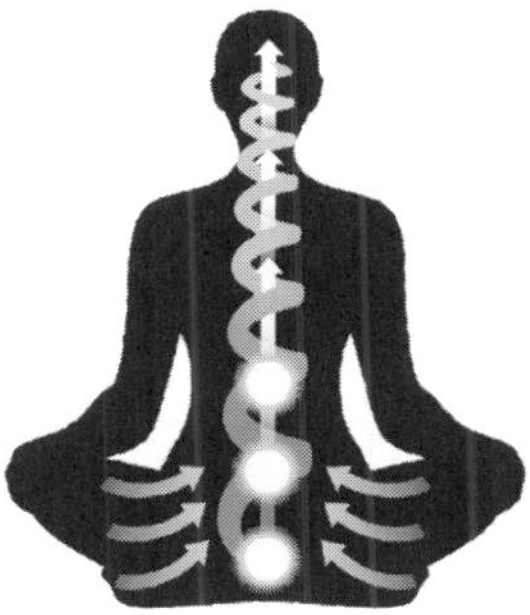

下部3センターの
エネルギーを解放し、
脳に送る

図5.10A

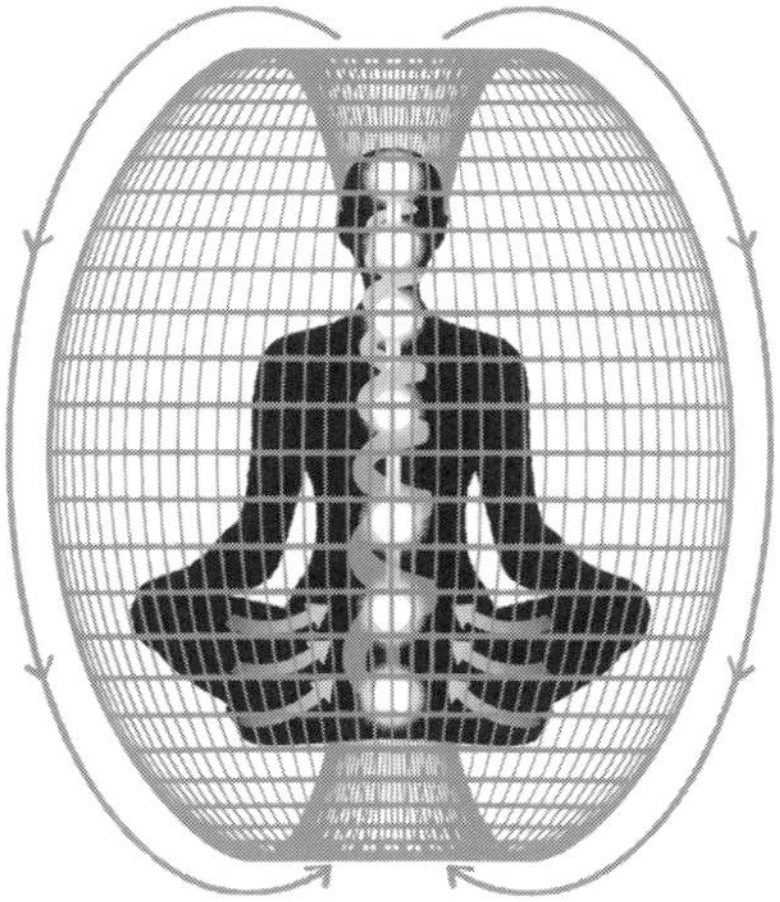

電流を背骨に沿って
上昇させて電磁場を作ると、
体は磁石になる

図5.10B

脳脊髄液を背骨に沿って上昇させてインダクタンスフィールドが形成されると、第1〜第3エネルギーセンターに蓄積されていたエネルギーは抽出され、脳に送られる。腰椎から脳までの距離を上る水流が生まれると、体は磁石のようになり、電磁エネルギーのトーラスフィールドが生まれる。

トーラスフィールド

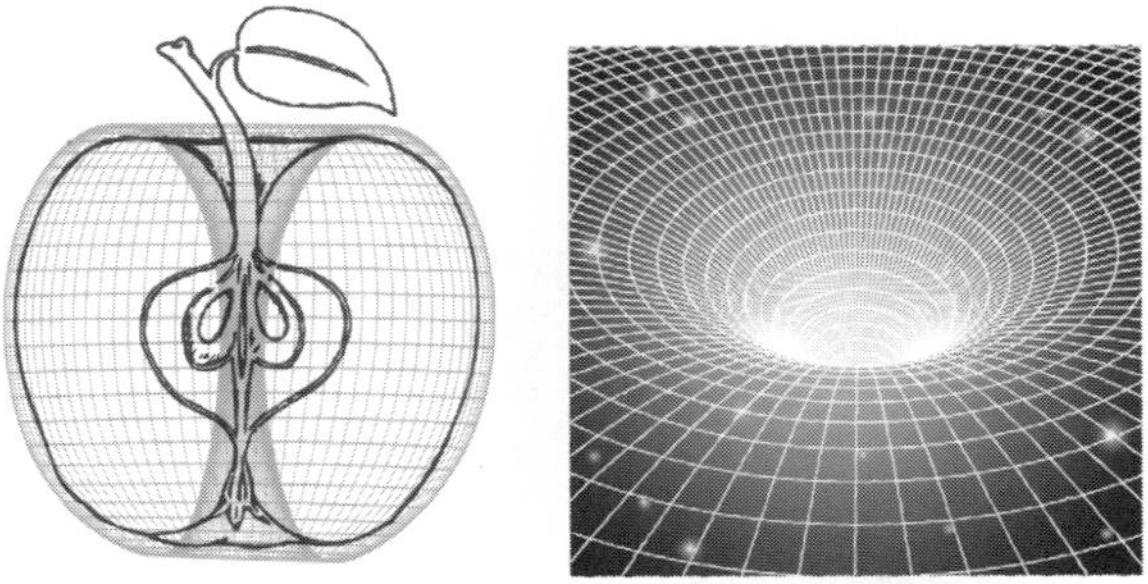

リンゴとブラックホールはトーラス型

図5.11

リンゴからブラックホールに至るまで、自然界にはトーラス型をしたものが随所に見つかる。

が脳へと移動を始める。これは外界の様子に体が反応して起きるのではなく、あくまでも積極的な呼吸法を実践することで交感神経系のスイッチが入るのだ。交感神経が副交感神経（自律神経のもうひとつの下部組織で、満腹時のように脳と体をリラックスさせる）に合流を始めると、下部センターから上がってくるエネルギーが脳内に射精するような形になる。このエネルギーが脳幹に達すると、視床と呼ばれる門が開き、そこからエネルギーが脳内に流れ込む。

もともと体内に蓄積されていたエネルギーが脳に進入すると、脳はガンマー波と呼ばれる脳波を出す（この呼吸法をしている時にたくさんの参加者の脳からガンマー波を検出した）。私が超意識と呼

高域ベータ波とガンマー波の比較

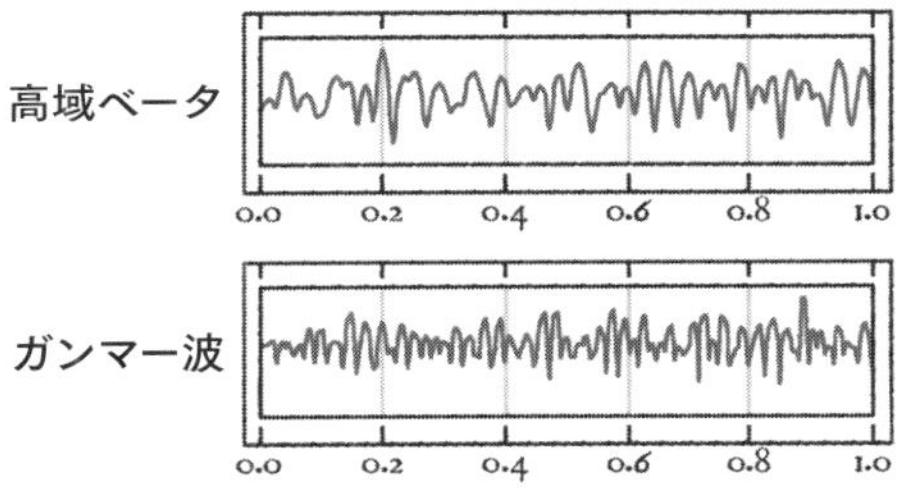

図5.12

下部3センターに閉じ込められていたエネルギーの開放に伴い、脳が活性化してガンマー波を発信する。この時ガンマー域に達する直前に高域ベータ域を経由する。高域ベータ波は通常外界の刺激に脳が反応して起きるもので､外界に全神経を集中させる。ガンマー波は通常脳内の刺激に脳が反応して起きるもので、内面世界で起きていることに全神経を集中させる。上の図は高域ベータ波とガンマー波の波形が似通っていることを示しているが、ガンマー波のほうが早い周波数を持つ。

んでいるガンマー波が重要なのは、脳波の中で最も多くのエネルギーを生み出すだけでなく、それが外界の刺激に反応して放出されるのではなく、体内の貯蔵エネルギーだという点にある。

これとは対照的に、体がストレスホルモンを出す時脳は高域ベータ波を発信し、外界の危機に最大限の注意を払えるように態勢を整える。脳波がベータ域にある時、外界は内面の世界よりも現実味があると捉えられる。ガンマー波により脳はそれと似たような興奮状態になるが、それにより意識や注意力、創造力、そして超自然的・神秘的体験につながるエネルギーが強化される。前者との違いは、ガンマー域では内面世界で起きていることが、外界での体験よりもリアルに感じられることだ。図5・12を見ると、ベータ波とガンマー波が似通っていることがわかるだろう。

この呼吸法を実践した参加者を観察すると、彼らの多くがガンマー域（脳波の中で最も周波数が高い）に達する前に大量の高域ベータ波を発生させている。またガンマー域に到達せずに高域ベータ波状態にとどまっているケースもある。ベータ波域の中で最も周波数の高い状態にある時はガンマー波同様、外界より内的世界に対して感受性が高まることがわかってきた。呼吸法の効果として脳内にエネルギーが増えることに加え、脳波がコヒーレントになることを繰り返し検証している。

カラー図版の6A、6Bを見てほしい。これは2人の参加者が正しい呼吸法を実践した結果を示している。どちらも高周波数のベータ波域を経由して、ガンマー波域に達している。ガンマー域の脳波の量が多いことに注目してほしい。量が多いほど、脳内にエネルギーが満ちていることを示している。被験者は、通常のガンマー波レベルよりそれぞれ160と260高い〝標準偏差〟を示した。たとえば標準偏差が通常より3高いという場合、その数値は通常より高いとみなされるので、これらの数値が突出していることがわかるだろう。カラー図版6A（4）でも、呼吸法をした後脳波のコヒーレンスが高まったことがわかる。脳内の赤い模様は、測定したすべての脳波の状態でコヒーレンスが非常に高いことを示している。

このパワフルな呼吸法を実際にやってみると、あなたの下部3センターに貯蔵されていた

プラーナ管

脊髄を上下するエネルギー移動で起きる光の管

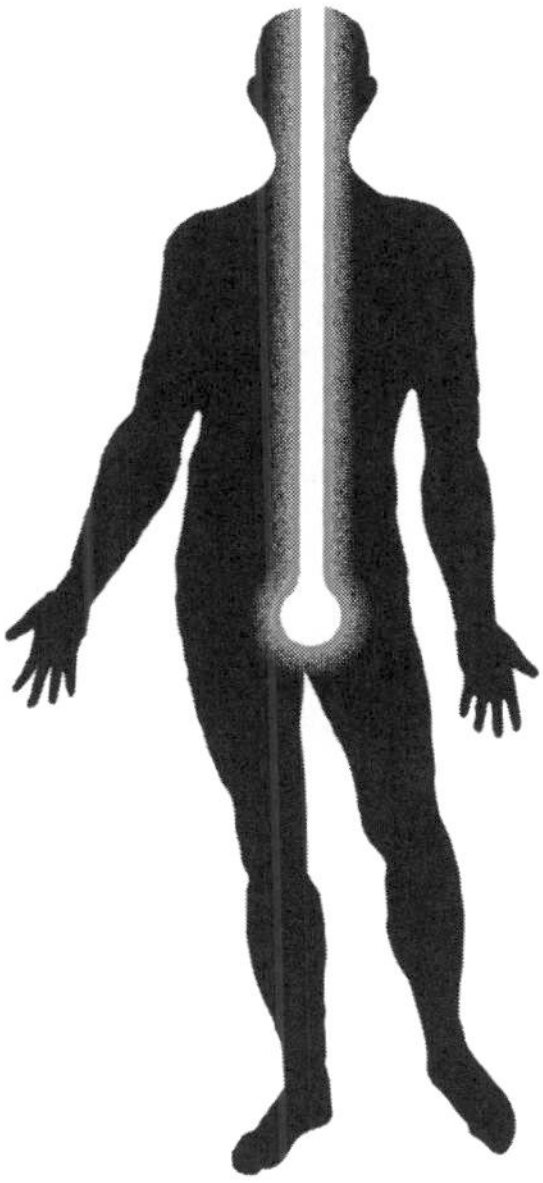

図5.13

プラーナ管とは、脊髄に沿って上がったり下がったりする光／エネルギーの管のこと。背骨に沿って流れるエネルギーが多いほど、プラーナ管のエネルギー領域が強くなる。流れるエネルギーが少ないほどプラーナ管は弱く、体内をめぐる生命力も弱い。

エネルギー（オルガズムを得る、子供を宿す、食物を消化する、外敵から逃げるためなどに使われるエネルギー）が呼び起される。そしてそのエネルギーを化学物質に変換するかわりに、そのまま液体をストローで吸い上げるかのように背骨に沿って上昇させ、脳内に行き渡らせることができる。

実際、プラーナ管と呼ばれるエネルギーや光の管が背骨に沿って存在している（図5・13参照）。プラーナとはサンスクリット語で「生命力」を意味する。プラーナ管は物理的に存在するものではなく、エネルギー体で、数千年の昔からヨガの達人たちの間ではよく知られている。背骨の中をエネルギーが絶えず往き来しているため、この管はエーテル体でできていると考えられている。脊髄の中を流れるエネルギー量が多いほど多くの光エネルギーが創られる。創られる光エネルギーが多いほど、背骨に沿って流れるエネルギー量が増え、それは強い生命力の現れとなる。この瞑想法を教えていると「プラーナ管があるように感じられません」と言い出す人がいる。そこで私はこう答える。「たとえば左耳があるという感覚は、そこに意識を集中させないとわからないだろう？」その原理で、下部センターの筋肉を収縮させて、エネルギーを上の方に送る際、あなたは背骨に沿ってエネルギーを移動させる。その際あなたは脊髄に沿ってパワフルなプラーナ管を創造しているのだ。

この呼吸法は静的呼吸ではなく、非常に動的で情熱的なプロセスだということを付け加えておきたい。何年もの間、場合によっては何十年という長期にわたり閉じ込められてきたエネルギーを揺り起こすには、強く明確な意思を働かせる必要がある。錬金術師が卑金属を金にかえるように、自らを制限するサバイバル感情を変化させるには、怒りや不満、罪悪感、苦しみ、悲しみ、恐れといった感情を愛、感謝、喜びのような波動の高い感情へと質的変化を起こさなくてはならない。波動の高い感情には、このほかインスピレーション、高揚感、熱意、魅了、畏怖、驚嘆、ねぎらい、親切、豊かさ、慈愛、力づけ、高貴さ、名誉、無敵感、妥協なき意思、強靭さ、自由などがある。神聖さは言うに及ばず精霊によって動かされることや、未知なるもの・神秘なるもの・そして自らのヒーリング能力を受容することなども含まれる。

そのようにエネルギーの質を変えるには、相当な集中力を要することを覚悟してほしい。それは自動運転する体の意思よりも、サバイバル感情に直結した化学物質の依存症よりもパワフルでなくてはならない。波動の低いエネルギーを高波動に変換させる道具として体を使い、体が物質の塊ではなくエネルギー体に変化したことを実感できるくらいの衝撃を実感しなくてはならない。それには体の自動運転を許してはならない。あなたがやろうとしているのは、閉じ込められたエネルギーの解放であり、罪悪感や苦悶、怒り、攻撃性といったネガティブな感情を純粋なエネルギーに変えることだ。そしてあなた自身を開放し、生きる喜びと愛に満たされ、生命の神秘に心打たれることだ。

瞑想でこのエネルギーを背骨に沿って上昇させる時、呼吸に合わせてエネルギーを頭頂まで運んでいく。頭頂に着いたら、会陰部と下腹部の筋肉を収縮させたまましばらく息を止めていてほしい。そうすることにより脊髄、脊柱に与える圧力を強めることができる。この圧力のことを髄腔《ずいくう》内圧と呼び、閉鎖系内で起こる。これはたとえば大きく息を吸い込んで重いものを持ち上げる時に生まれる圧力（内臓にかける圧力）と同じものだ。しかしこの呼吸法での圧力は厳密にエネルギーと髄液を背骨に沿って上昇させ、脳へと至らせることだけに向けられている。

圧力に押されたこの液体が脳幹の裏側に到達すると、唐突に脳幹、小脳、辺縁脳といった低次脳組織が開かれて（網様体と呼ばれる核の集合体を通して）このエネルギーを受け取る。エネルギーは視床の入口から中脳（脳内の配電盤の役割を持つ）にある視床（感覚受容体から信号を伝達する役割を持つ）へと昇っていく。蓄積されていたエネルギーが次に向かうのは大脳新皮質（高次脳の中心）だ。この時から脳はガンマー波を発信し始める。エネルギーが視床に届いた時、それは同時に松果体にも伝わり、何かしら驚異的なことが起こる。この腺は強力なエッセンス（分析脳、思考脳を麻痺させる効果を持つ物質）を放出する。

図5・14を見ると、視床、網様体、視床の門、そしてエネルギーが高次脳の中枢に至る様子がわかる。

松果体については後の章でより詳しく語ることにするが、ここでは松果体にエネルギーが入ると脳内でオルガズムが起きるという程度の理解で十分だ。これは「クンダリーニの覚

体内のエネルギーが脳幹の網様体賦活系から
脳内に進入する仕組み

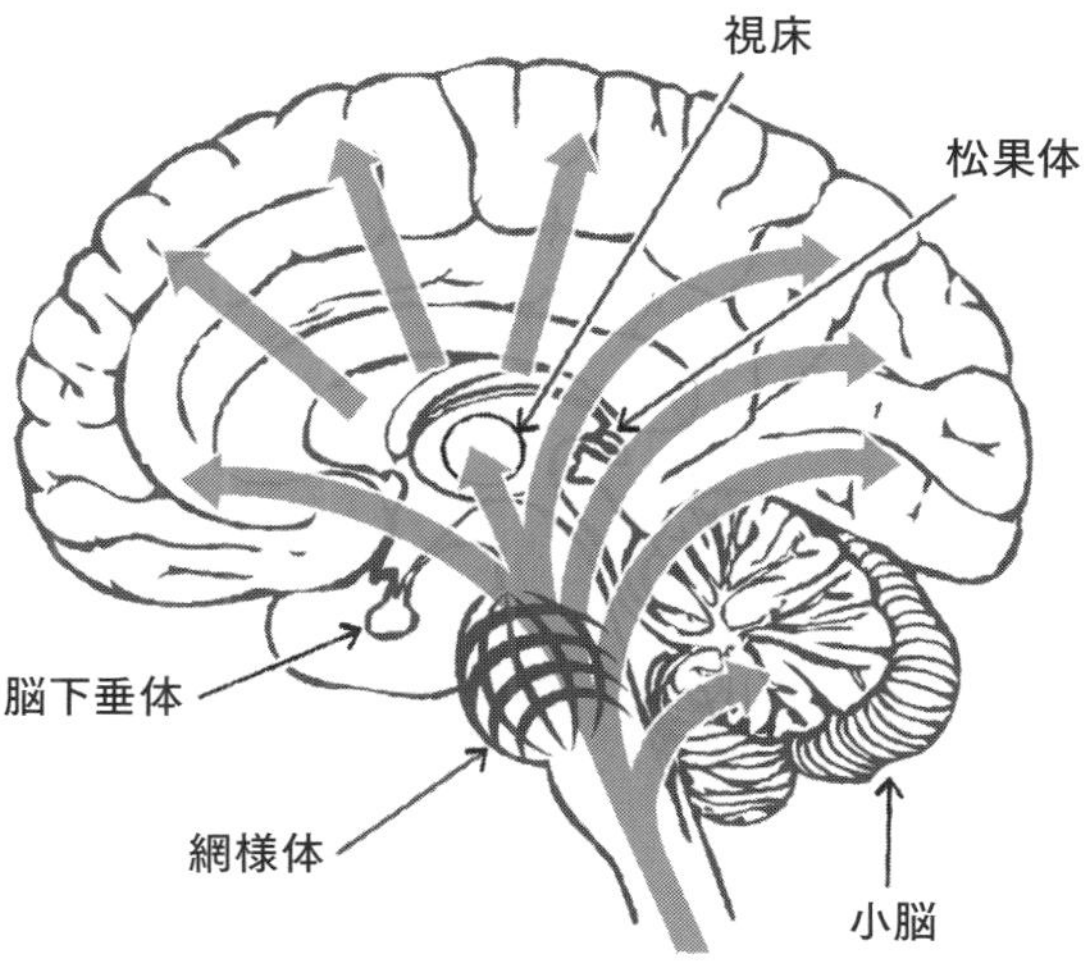

図5.14

視床の門が開くと、体内に蓄積されていたエネルギーが網様体賦活系を通って大量に流入し、視床や松果体に至る。エネルギーが新皮質に流れるとガンマー波を発生させる。

醒」とも言われる非常に強いエネルギーだ。私はクンダリーニという言葉を使うのを好まない。それはこのエネルギーをより限定的に捉える考え方や信条を想起させるため、この呼吸法を実践する意欲を殺いでしまう恐れがあるからだ。ただ、この呼吸法が生み出すのはこのパワフルなエネルギーだということだけはご理解いただきたい。

カラー図版6B（4）を見ると、ガンマー波を発信している被験者の松果体の周辺部が非常に活発になっていることが分かる。青い矢印に注目してほしい。赤い部分は松果体と辺縁部（強い感情と、新しい記憶を記録する部分）のエネルギー活性を示している。カラー図版6B（5）は、同じ被験者の脳を3次元的に示したものだ。ここでも松果体付近が、脳内から吸い上げたエネルギーを大量に蓄えていることがわかる。

高次の感情（高揚感）をキープする

本章で扱う呼吸法がサバイバル感情をつかさどる下部3センターに閉じ込められていたエネルギーを開放し、体の自動運転モードから覚醒させるということは、お分かりいただけたことと思う。それができたら、瞑想の第2段階として体を新しい意識に馴染ませる、再調整のプロセスがあり、それには高次の感情を醸成する必要がある。

高次の感情がなぜそれほどパワフルなのかについて、ここで明確にしておきたい。遺伝子について第2章で学んだように、遺伝子に信号を送るのは環境であり、その逆ではない。ある環境下で経験した結果物が感情であるのなら、遺伝子発現のスイッチを入れたり切ったりしているのは感情ということになる。

この瞑想で高揚感を醸成し、その状態を維持する時、あなたが実際にしているのは**環境に先行して**遺伝子に信号を送るという行為だ。体は、その感情が実際に外界で起きていることに反応して起きたものか、あるいはあなたが高揚感を内面で醸成しているものかの違いを識別できない。このためあなたが高揚した感情を心にとどめ、あなたを過去に縛り付けて自らを制限する感情を制圧した時、あなたの体は未来を生きるべく、体内の化学物質を調整し始める（つまり体は、未来の出来事が現実に起こり始めたと認識する）。言い換えると、あなたがこの瞑想を正しく、相当の頻度で行えば、体はあなたが望むヒーリングや願っている条件がすでに外界に顕現しているものと認識する。

この高揚感の波動は、罪悪感、恐れ、嫉妬、怒りといった否定的な感情と比べると非常に高い（振動数も早い）。どの周波数にも情報が織り込まれているため、周波数が変わるということは、あなたのエネルギーが変わることを意味する。その新しいエネルギーは新しい情報、新しい意識、あるいは新しい一連の意思や思考を内包している。ポジティブな感情が高揚すればするほどその振動は速くなり、あなた自身は物質の塊というよりエネルギー体として感じられるだろう。さらにコヒーレントな電磁場を形成するために使えるエネルギー量が増え、その結果病気から遠ざかり、調和のとれた健康へと向かう（新しい遺伝子へと信号を送る）。逆に、自らを制限する感情に囚われている時、その感情の波動は低く、あなたは自らをエネルギー体というよりは物質の塊と感じ、人生に変化を起こすにはより多くの時間がかかるだろう。

例を挙げよう。たとえば、あなたが過去のある時点で何らかの出来事にひどい衝撃を受け、裏切りなど、我を忘れるほど強烈な苦痛の経験をし、その記憶に直結する苦悩や悲しみ、恐れなどを抱き続けていたとしたら、その経験はあなたの体に生物学的な刻印を無数に残しているだろう。また、その経験によって活性化された遺伝子が稼働し続けることにより、体が癒やされることを阻んでいる可能性もあるだろう。したがって、新しい遺伝子発現をする体へと変化させるためには、あなたが生み出す内面の感情は、過去に起きた外界の刺激が引き起こした前述の感情を上回る強さが求められる。そこであなたが発するポジティブエネルギー、あるいはインスピレーションはあなたの痛みや悲しみを凌駕しなくてはならない。あなたがしているのは体の内的環境を変えることで、それはつまり細胞の外側の環境のことを指し、健康へと向かう遺伝子発現を上方調整し、病気を起こす遺伝子発現を下方調整することだ。あなたが醸成する内的感情が深いほど、あなたはより強く遺伝子の扉を叩くことになり、遺伝子が体の構造や機能を変えるべく信号を送ることになる。これが瞑想の効果の一部始終だ。

２０１７年にタンパで実施された上級ワークショップのひとつで、私たちは30名の参加者をランダムに選別して遺伝子発現を測定し、これを証明した。[4] 測定の結果、４日間のワークショップの間、被験者の内面の感情を変化させたことにより８つの遺伝子発現を著しく変えられたことがわかった。偶然の結果起きるのは20回に１回の確率で、統計学者はこれを閾値《しきいち》として通常この値を超えた時に有意な変化とみなす。これらの遺伝子の機能は多岐にわたる。たとえばニューロン新生（新しい経験に反応し、学習する時新たにニューロンが生まれ、成長する）、細胞を老化させる多様な影響から体を守る機能、細胞修復の調整（幹細胞が必要な細胞へと変化して、壊れた細胞や老化した細胞にとってかわり、新陳代謝する作用を含む）、細胞組織の構築（特に細胞骨格、つまり細胞が形をなすための剛体分子の枠組み）、フリーラジカルの除去、それによって酸化的ストレスの軽減（老化にかかわり、健康状態を左右する主要な要素となる）、癌細胞を発見し、除去する助けとなり、悪性腫瘍の成長を抑制する、など。被験者はほとんどの時間を瞑想しているため、ニューロン新生を促す遺伝子が活性化したことは特に顕著な結果だった。彼らは内面世界での想像活動に意識を集中させていたが、これを脳が実体験と捉えているという証左だからだ。変化した遺伝子の機能について、以下の図５・15を見てほしい。これらがどれほど健康維持にとって重要かがわかるだろう。

ワークショップ中のほんの数日間、参加者たちがポジティブな高揚感を作り出しただけで遺伝子発現を変えられるなら、あなたが数週間にわたりこの瞑想を続けたらどんなことが可能になるかを想像してみてほしい。長年にわたり習慣的に繰り返してきた思考や感情という、蓄積されたエネルギーを開放し、制限のない高揚感を醸成し、気持ちの上で未来を生きるリハーサルを毎日行ったら、その状態があなたの新しい基準値となるだろう。そしてあなたの脳は、それらの高揚感に見合った内容の思考を巡らすようになるだろう。あなたを制限する感情の代わりにあなたを開放する感情を抱くことにより新たな遺伝子に信号を送り、体の構造や機能を変える新しいたんぱく質を作ることを理解したら、あなたは自らの取り組みにより深い意味を見出すだろう。そうするとより強い意志を持って臨めるようになり、さらに大きな成果が得られるだろう。

私たちがDNAの1・5%しか使っていないことは科学的に証明されている。使われていない残りの部分は、がらくた（ジャンク）DNAと呼ばれている。生物学には、自然界は備わっているものを無駄にすることはなく、使わないこともないという天賦の概念がある。つまり、もしジャンクDNAが存在するなら、それには必ず理由があるはずだ。そうでないなら、全知全能の自然が不要のものをいつまでも残しておかないだろう（宇宙の法則では、使わないものは退化してなくなるからだ）。遺伝子は潜在能力の書庫と考えるといいだろう。これらの潜在遺伝子を使えば、遺伝子発現の組み合わせは無限大だ。それらはあなたに使われるのを待っている。遺伝子には無限の才能、長寿、不死、不屈の闘志、ヒーリング能力、

CHAC1	細胞の酸化バランスの調整を行い、酸化ストレスを引き起こすフリーラジカル（加齢の主たる原因）を減らす。神経細胞の生成と健全な成長を促す。
CTGF	傷の修復、骨の形成、軟骨その他の結合組織の再生。この発現の減少は癌や繊維筋痛などの自己免疫疾患につながる。
TUFT1	幹細胞（未分化細胞やブランク細胞など、体の必要に応じてどんな組織にもなれる細胞のこと）調整を含む細胞の修復と疲労回復を助ける。歯のエナメル質の鋼化過程にかかわる。
DIO2	健全な胎盤組織と甲状腺機能（T3甲状腺ホルモンの生成にかかわる）に重要な役割を果たす。インスリン耐性を減少させて新陳代謝の調整を行うことでメタボリック症候群や依存症の改善に資する。また鬱病などの気分の調整も行う。
C5orf66-AS1	癌細胞の発見と除去により腫瘍を制圧する。
KRT24	健全な細胞構造にかかわる。また大腸癌にみられるタイプの癌細胞を制圧する。
ALS2CL	腫瘍、とりわけ皮膚癌の一種である扁平上皮癌の制圧に効果がある。
RND1	分子を構成し、構造化することで細胞を助ける。神経細胞の成長を助け、咽喉癌や乳癌などに見つかるタイプの癌細胞の制圧に貢献する。

図5.15

これらは2017年米国フロリダ州タンパで行われた4日間の上級ワークショップで変化が起きた遺伝子の種類だ。

神秘体験、組織や臓器の若返り、無限のエネルギーと意欲を生み出す若いホルモンの活性化、写真を撮るようにすべてを瞬時に記憶する力、非凡なことを成し遂げる力など、何でもいくらでもある。

それは私たちの想像力や創造力と同じくらい膨大だ。あなたがそれらの遺伝子を、実際に現実に必要となる前に活性化するように動くと、体は新しい遺伝子を発現し、それまでになかったことを現実に起こすために必要なたんぱく質を作り始める。体を新しい意識に馴染ませるために高揚感を持つように、と私が言う時、その一つひとつの高揚感を思い描くたびにあなたは新たな遺伝子の扉をノックしているのだと理解してほしい。だからこのプロセスを信頼し、その経験にすべてをゆだねることをお勧めしたい。

体を新しい意識に馴染ませるための瞑想

正式な瞑想を始める前に、軽く練習セッションをしてみよう。練習セッションは指示に従って段階的に進むように作られているので、一歩ずつ習得しながら着実に進んでいける。それぞれのステップができるようになったら、全部通してできるようになる。それではまず椅子にまっすぐ座り、両足をぴったりと床につけるか、床に蓮華座を組んで座ってみよう(枕をお尻の下にあてがうといい)。両手は組まずに膝の上に置く。目を閉じたければ閉じてもいい。

準備ができたら、骨盤底筋（セックスや排せつに使う筋肉）を引き締めて持ち上げよう。呼吸は止めず、自然に呼吸しながらやってほしい。その筋肉を絞れるだけ絞り、そのまま５秒数えたら緩めてリラックスする。もう一度同じように絞れるだけ絞り、５秒数えたら緩める。さらにもう一度、合計３回同じことをする。後で別の使い方をするので、この筋肉をコントロールする方法を覚えてほしい。

次に、骨盤底筋を絞りながら、下腹部の筋肉を引き締めてみよう。下腹部を持ちあげるようにして、下部２センターを押さえ込む。そのまま５秒置いてから力を抜く。同じ筋肉を持ちあげ、固定して絞る。５秒そのままにしてから脱力する。これをもう一度繰り返す。普通に呼吸をしながら行うことを忘れずに。息は止めないで。

次は骨盤底筋を締め、同時に下腹部も締めながら、今度は上腹部の筋肉も引き締める。下部３センターを同時に締めて、体幹を絞っている状態だ。その筋肉を全部緊張させた状態で５秒数えてから力を抜く。続いて今度はさっきより強く絞り５秒数えて脱力。３回目も同様に絞り、さらに強く引き締め、絞ってみる。５秒キープしてから脱力する。

何回か経験するうちに脳内の神経細胞がネットワークが作られるので、第１のエクササイズの上に第２、第３と積み上げていくうちに、このワークをするための脳内神経インフラが整っていく。これらの筋肉はこれまでにも何年、何十年と使われてきたが、今私は違った使い方を提案している。このやり方をすれば、下部3センターに長い間閉じ込められてきたエネルギーを搾り取ることができる。

ここでちょっと違うことをしよう。指を頭頂部に持って行き、頭頂の中心を見つけたらそこに指の爪を頭皮に食い込ませ、指を離してもその位置が認識できるようにする。注意を向けた先にエネルギーが集まるので、頭頂部のそのポイントがエネルギーを集めるターゲットになる。手を膝の上に戻し、まだ筋肉を収縮させない状態で静かで深い鼻呼吸をゆっくりとひとつする。呼吸に合わせて意識を骨盤底部から下腹部、上腹部、胸の中心、咽喉、そして脳を通ってさっきの頭頂のポイントまで辿っていく。頭頂部に着いたら注意をその一点に集中させて息を止め、エネルギーが集まるに任せる。そのまま10秒間キープしたら脱力する。

指を再び頭頂部のポイントに置いて場所を確認し、指を離してもそこに意識を向けられるようにする。手を膝に戻し、筋肉をリラックスさせて深い呼吸をひとつする。この呼吸では息を鼻から吸いながら、さっき辿った道筋にできた細い管を通って、ちょうどストローで液体を吸い上げるように、下から頭までエネルギーを引き上げる様子をイメージする。エネルギーが頭頂部に達したらそこで約10秒息を止める。あなたの注意を向けている場所にエネルギーが集まってくるのを感じてから脱力する。

さて、ここまでやってきたパーツを統合する時がきた。次の呼吸では息を吸いながら下部3センター付近の筋肉を引き上げると同時に引き締める。骨盤底筋を固定したら、下腹部と上腹部の筋肉も同時に引き締めて固定する。下部3センターを取り巻く筋肉を絞りながら、そこに貯まっているエネルギーを搾り取って脳に送り届けるという意図を持って、呼吸に合わせて第1センターから第2、第3と注意を向ける先を上昇させていく。下部3センターの筋肉を絞り込んだまま呼吸に合わせて胸（第4センター）、咽喉（第5センター）、そして脳（第6センター）にまでエネルギーを引き上げていく。頭頂部まで引っぱり上げたら、注意をその一点に集中させて、体幹の筋肉を絞り続け、10秒キープしたら息を吐きながら脱力する。

この呼吸のプロセスを少なくとも合計3回繰り返す。下部3センター付近の筋肉を収縮させながら息を吸い、エネルギーを頭頂部に届くまで引き上げていく。そこで息を止めて少し置いて、息を吐きながら体を緩める。

これをする際、留意してほしいのはあなたの意思で体を道具として使っているという感覚で、体の自動運転モードから意識の主体を脳に取り戻すということだ。この呼吸であなたは下部3センターに閉じ込められていたエネルギーを開放し、上部センターへと送り、その結果エネルギーはサバイバルではなく、体のヒーリングや新しい何かの創造に使われることになる。

このプロセスに熟達するまで何度でも練習すると、本書の後半で登場するほかの瞑想にも役立つことだろう。辛抱強く続けてほしい。新しいことを習得するには、それが何であれ何度も繰り返しやってみる必要がある。体と意識（意思）を同調させなくてはならないため、最初のうちはなかなかうまくいかないかもしれない。しかし何度もやるうちには慣れてきて、一つひとつのステップをひとつの流れとして統合できるようになるだろう。

呼吸法にはこれ以外にもいろんなやり方がある。あなたはこれまでにほかの呼吸法を試し、良い結果を得ているかもしれないが、この呼吸法を試す価値はある。新しい呼吸法の習得は、新しい経験につながるからだ。同じことを繰り返していると、同じ経験ばかり創造することになる。何もしなければ、何も手に入らない。この呼吸テクニックは確かに簡単には習得できない。しかしやり方を身に着けることができれば、それまでの努力は、少なく見積もっても優に報われることがわかるだろう。

ここまで読んだあなたは、完全版の呼吸法を始める準備ができている。「新しい意識に体を馴染ませる」というタイトルの私のＣＤまたはオーディオダウンロードをdrjoedispenza.comで購入すると、その録音にはエネルギーレベルを上げるために私が特別に選んだ曲も含まれている。それを聴く時は、音楽をエネルギーの流動と解釈してほしい。この録音を使わず、自力で呼吸瞑想を行う場合は、４～７分程度の長さのインスピレーションを活性化する音楽を用意して、それを流しながらやってほしい。目を半眼にして、意識を体の各部に向け、その後でその近くの空間に意識を向ける。そして純粋な意識体となって統一場に滑り込んでいく。大いなる今という瞬間にとどまり、体も自意識もかかわりのあるものたちも居場所も、いる時間もすべてなくしていく。

それができたら今度は高次の感情をひとつずつ取り上げ、その感情を維持するリハーサルをしていく。その感情がパワフルであるほど、あなたは自らの遺伝子を上方調整していることを覚えておいてほしい。自らの体、命、魂、未来、過去はもちろん、あなたの人生の障害物すらも祝福し、あなたに生命をもたらしている内在神、叡智に対しても祝福する。仕上げには、まだ現実になっていない新しい人生に感謝をささげて終了する。

第6章　ケーススタディ
真実の生き証人

長年の経験から、私は経験談に大きな価値を見出してきた。それは実際にやってみた時に役立つ情報がたくさんあるだからだ。他人の経験を読むことで、それがぐっとリアルに感じられる。誰かがゼロからチャレンジし、意識がだんだん変化して成功を収めるまでの過程をたどると、自分にも同じことができそうな気になってくる。経験談には、難解で哲学的な教義も実践してみると親しみが増し、敷居が低くなるという利点もある。

これからご紹介する経験談は、あなたがこれまで読んできたことを実践した人々の話だ。彼らはまず概念を知識として頭で理解し、次に体を使って実際に体験してみた。そして最後にその経験を叡智として魂に刻みつけた。そのような超自然的変化を成し遂げるために、彼らは自らの限界や未熟さを乗り越える必要があった。彼らにできたのだから、あなたにもできないはずがない。

腰と足の慢性痛を癒やしたジニー

２０１３年12月9日、ジニーがロサンゼルスの高速道路を走っている時、後続車に追突された。とっさにブレーキを踏んだものの、衝突の勢いでジニーの車は前方の車に追突し、二重の衝撃に見舞われた。その瞬間、ジニーは腰に焼けつくような痛みを感じ、右足にも強い痛みが走った。救急車が来た時、ジニーは「少し痛い」と話したが数日経つうちに悪化し、耐えがたい疼痛が続くようになった。痛みのもとは二つの椎間板ヘルニア（Ｌ４とＬ５）による腰椎の損傷だった。同時に右足のつま先まで、痛みが貫通しているように感じた。

ジニーは週3回カイロプラクティックの治療に通ったが、症状は悪化するばかりだった。そこで痛み専門のクリニックに行くと、医師は筋弛緩薬、ニューロンチン（神経痛の処方薬）、モービック（非ステロイド系の抗炎症薬）を処方した。9か月経っても痛みが収まらず、ジニーは腰への注射による治療を受けた。それでも痛みは取れなかった。

とうとうジニーは歩行困難になり、運転もできなくなった。睡眠も取れなくなり、ひと晩に4、5時間足らずというありさまだった。座っている時、何かを持ち上げようとする時、そして長時間立っている時、腰の慢性痛は極限に達する。20分以上続けて座っていられない日もあった。そんなこんなでベッドで過ごし、右を向いて膝を曲げた態勢を取り、しばしの安らぎを得るという日が増えていった。

ジニーには3歳と5歳の子供がいたが世話ができず、以前と同じようなペースでの仕事ができなくなった。運転もできなくなったため、どこに行くにも夫に連れて行ってもらわなくてはならなかった。こんな状態が続き、家族全体に経済的負担と精神的ストレスが降りかかった。ジニーは絶望し、自らの人生に怒りを覚えた。事故に遭う前、ジニーは私のワークショップに参加し、瞑想を実践していたが、事故後にはやめてしまった。座ることも集中することもできなくなったからだ。

事故から2年経った頃、主治医は椎間板ヘルニアの手術を勧めた。主治医はジニーに、その手術でも治らなければ、脊椎固定術などの追加手術を検討するよう促した。ジニーは最初の手術をすることにした。

そんな中、夫はジニーに私の上級セミナーに参加するよう勧めていた。手術予定日のちょうど1週間前に、シアトルで開催予定があったのだ。シアトル行きの飛行機で、座席に座ることは苦痛だったがジニーは何とか耐えた。ジニーが会場に行くと、1度目のセミナーで知り合った友人と再会し、新たな友人をつくれた喜びを味わう一方で、彼らと同じように熱心にワークができないことが悲しく、苛立ちを覚えた。ジニーはただ痛み止めを飲んでベッドで休みたかった。セミナー初日の夜の集まりが終わった時、友人のジルが慈愛と希望に満ちた声でこう断言した。「ジニー、あなたは明日治るわよ。この場所で！」

翌日のセミナーは朝6時に始まった。瞑想に集中し、その時間を楽しむために、ジニーはその朝強い薬を飲むのをやめた。最初の瞑想の時は痛みが出てなかなか集中できず、やはりセミナーに参加したのは間違いだったかもしれないと思った。

朝食の後行われた2回目の瞑想では状況が一変した。ジニーはすべてを手放し、考えるのをやめることにした。瞑想はいつものように意識を体から取り戻す呼吸法から始まり、私は参加者に2、3の否定的感情、あるいは自分を制限してきた行動パターンに意識を集中させるように指示した。私は彼らに、下部3センターに溜まっているエネルギーを絞り出し、腰椎から背骨に沿って上昇させ、そのまま脳天から放出させるよう導いた。

ジニーは最初、怒りに意識を集中させた。彼女の体をこっぴどく痛めつけてきた元凶は怒りだと思ったからだ。瞑想をするうち、彼女はエネルギーが背骨に沿って上昇し、後頭部から非常に強いエネルギーが出ていくのを感じた。ジニーは次に痛みに意識を集中させた。呼吸をしながら痛みにかかわるエネルギーをできるだけたくさん抽出し、体から脳へと上昇させようとしていると、怒りのワークと同じエネルギーを感じたが、今回はずっと明るく、紫がかったエネルギーだった。すると急にエネルギーの動きが遅くなり、弱まったのを感じた。

ここで音楽が変わり、瞑想の核心部分が始まった。ジニーは完全にリラックスしていた。痛みのエネルギーが体の外に放出されたのだ。

私はいつも通り、参加者に体の各部分、そして体を取り巻く空間に注意を向けるよう指示した。そして広大無辺の暗闇、量子場へと誘導した。体のことを忘れ、自分のこと、物質界、場所、時間を忘れ、純粋な意識体となり、終わりのない膨大な空間を意識するよう導いた。そのガイダンスを聞きながら、ジニーは自分が宙に浮いているように感じた。圧倒的な平和と無条件の愛が彼女を捉え、彼女は時間と空間の感覚から切り離された。彼女は体がなくなったように感じ、痛みもまったくなかった。彼女は完全に今という時間にとどまり、私の誘導に従っていた。

後日ジニーは私にこう言った。「あんな感覚は初めてでした。あまりに深い経験で、言葉では言い表せません。意識が拡大して、どの人も、モノも、場所も、時間もすべて自分と一体になったような感じでした。私は全体の一部で、全体は私の一部。私と全体はひとつでした」。

ジニーは体も環境も時間も超越した。彼女の意識は統一場の意識（彼女が話した、分離がなく、全体とひとつになった場所）とつながった。ジニーは大いなる今という時間のスイートスポットを見つけ、そこに自律神経系が起動して体を治したのだ。

上級ワークショップでは瞑想を終えるたびに無になって静かに横たわり、自律神経系が体を整え、再プログラミングをするための時間をとる。この瞑想過程を終えると、私は参加者に新しい体に戻ってくるよう指示する。ジニーは瞑想から覚醒し、床から起き上がった時、まったく痛みを感じることなく立ち上がることができたことにびっくり仰天した。普段なら誰かに助けてもらわないと立ち上がれないからだ。彼女は足を引きずることなく、背筋をピンと伸ばして歩くことができた。

昼食の休憩に入ったが、ジニーは食欲がなく、誰かと話をする気にもなれなかった。彼女はまだ圧倒的な瞑想体験に酔いしれていた。2年間途絶えることがなかった慢性疼痛が消えて、痛みから解放される喜びと戸惑いに、彼女は思わず泣き出した。このうれしいニュースを分かち合おうと、二人の友人（昨晩ジニーは治る、と断言してくれたジルを含む）を探した。友人たちがジニーに勧めたが、痛くてできなかった一連の運動も、何の痛みもなくすべてできるようになった。ワークショップは進行し、その間痛みが戻ることはなく、ジニーは統一場とのつながりをずっと感じていた。

その夜、ジニーは夫に電話した。夫はどういうわけか、ワークショップに行けば痛みが取れるだろうという予感がしていたと言った。それからジニーは友人たちと最高の夕食をとり、寝る前に痛み止めや筋弛緩薬を服用しなかった。何年振りかで朝までぐっすり眠り、翌朝にはすっかり充電して目覚めた。その日私は歩行瞑想を指導した（これについては後の章でご紹介する）。ジニーは歩行困難も痛みもなく、まっすぐに堂々と歩くことができた。言うまでもなく、ジニーは手術の予約をキャンセルした。今に至るも痛みの再発はない。

電磁波過敏症と取り組んだダニエル

約5年前、ダニエルは〝クレイジーでへとへとのイスラエルの起業家〟だったと回想している。当時の彼は20代半ばで、仕事をうまく立ち上げるために毎日パワー全開。週60時間労働は当たり前という日々を送っていた。ある日彼は携帯電話でクライアントに対し、大声で怒鳴り、怒りをぶちまけていた。その瞬間、頭の右側で何かがパチンと弾け、意識を失った。目覚めた時、いったい何が起きたのか、どれくらい眠っていたのかわからなかったが、人生最悪の頭痛に襲われた。休んでいれば治るだろうと期待したが、そうはいかなかった。

不思議なことに、彼が携帯電話、ラップトップコンピュータ、ビデオディスプレイ、マイク、カメラ、W-iF-iネットワーク、携帯電話基地局といった、電磁波を発するものに接近すると、頭痛が急にひどくなることに気が付いた。彼の近くで誰かが携帯電話で話していると、すぐにそれがわかった。ダニエルはそれまでそんなことを感じたことはなかった。実際彼は以前コンピュータ関連企業で働いていて、電気製品に囲まれていても何の不都合も感じなかった。

ダニエルはいくつもの医療機関や専門家を訪ねて診断を仰いだが、誰も問題を特定できなかった。彼は血液検査や脳スキャンなど、ありとあらゆる検査を受けたにもかかわらず、原因はわからずじまいだった。検査結果が正常なのでダニエルの訴えを疑う医師もあり、まるで彼が症状をでっちあげているかのように呆れ顔で見下した態度をとる医師までいた。抗うつ剤の処方もされたが、ダニエルは拒絶した。医師たちは異口同音に、ダニエルの頭痛は心因性で、頭の中だけのことだと言った（確かにそうだが、彼らが考えるようなことではない）。

仕方なくダニエルはホリスティック医療の機関を訪ねた。そこで初めて、電磁波過敏症という珍しい病気を発症したのではないか、という診断を得た。この病気は医学界では懐疑的にとらえられているが、世界保健機構では存在を認めている。[1] 電磁波過敏症の仕組みについてはわかっていないが、脳の78％は水分で、鉱物（体内にも多く含まれるカルシウムやマグネシウムなど）を含んだ水が電気を通すことを考慮すれば、電磁波の発信源が近づいてくることをきっかけにして電磁波に過敏な人々の脳内の水分の電荷が増大することは想像できる。

大方の電磁波過敏症患者同様、ダニエルも頭痛に加え慢性倦怠感や痛みに苛まれた。睡眠を12時間とってもまだ疲れが残っていた。ホリスティック医療専門家が、電磁波の影響を軽減するために栄養補給サプリメントを1日40錠とるよう勧めたが、解決には至らなかった。こうして彼は慢性的な苦痛とともに暮らしていた。彼はまもなく事業をたたまざるを得なくなり、それまでの膨大な努力が水の泡となっただけでなく、負債を抱えることになった。とうとう彼は破産を宣告し、実家に戻った。

「端的に言って人生からの撤退でした」と彼は言った。「私は考えることも、集中することも、何ひとつできないゾンビのような状態でした」。「何をやっても奏功せず、実社会で何かしようとするたびにひどい頭痛がしました」。電磁波を発するものに近づくと、彼の頭痛は千倍に跳ね上がり、神経衰弱に陥る程だったとダニエルは話してくれた。こうしてダニエルは母の家の小さな部屋のベッドに丸くなり、痛みに耐えながら大半の時間を過ごした。「友人が次々に結婚し、子供をもうけ、昇進し、家を購入し、どんどん進化していく様子を眺めて私は人生を無駄に過ごしていました」とダニエルは言った。やがて彼は自殺を口にするようになり、家族や友人たちが見かねて、何か助けになりそうなものを探すよう促した。

慢性的な疲労感、絶望感、強い痛みのためダニエルは1日に30分しか活動できなかった。このため彼はその時間を使って現状を少しでも打開するための情報収集に充てた。発症してから3年経った頃、彼は私の著書『あなたはプラシーボ』を読んだ。

「すぐにピンときました」と彼は私に言った。「これで解決できる！」と。こうして彼は、その本に書かれている〝信条と認識を変える瞑想〞を実践し始めた。月日が経つうちに、非常に緩やかにではあるが、痛みが軽減されていったので、ダニエルは根気よく瞑想を続けた。その後、彼は私の〝エネルギーセンターを祝福する瞑想〞を見つけ、やり始めた。

「あれが何だったのかは説明できませんが、最初の瞑想で何かが起きました」と彼は言った。「第6センターのワークをしていたら、頭の中で〝光のショー〟が起きたのです」。ダニエルは脳内のあちこちで閉ざされていた部分に光が満たされ、互いにコミュニケーションを始めたように感じたという。次に彼が〝愛の光線〟と呼ぶ強い光が脳天から突き抜けた。その時の内的体験は、彼に痛みを引き起こした外的体験の記憶よりもリアルだった。

それを契機にダニエルの症状は激変した。瞑想の直後の約10分はまったく痛みがなかった。それから痛みがない時間がだんだん長くなっていき、数か月したら痛みはすっかり消えていた。そこで彼は、それまで彼に不調を引き起こしてきた電磁波にさらされても耐えられるよう体内の状態を変えるのにこの瞑想を使おうと考えた。そして彼は目の前に携帯電話やラップトップコンピュータを置いて瞑想をした。最初のうちは苦痛を伴ったが、以前と同じように瞑想直後には痛みがなく、その時間は徐々に長くなっていった。

ダニエルは最終段階を迎えていた。彼はＷｉＦｉ電波が飛び交い、コンピュータがそこら中にあり、電子レンジも使われている共用のレンタルオフィスを借りた。そしてデスクの前に座り、あらゆる周波数の電磁波が錯綜する環境で瞑想をした。初めの数週間は困難に感じたが、週を追うごとに楽になっていった。その後、彼はその環境の中で1日5時間の瞑想をするようになり、その間まったく痛みは起きなかった。最終的に彼は頭痛も慢性的な倦怠感も克服した。

今日ダニエルは100％克服できたと思っている。彼は仕事に復帰し、負債を完済した。驚いたことに、ダニエルは1日に1時間から1時間半しか仕事をしていないにもかかわらず、成功したくて馬車馬のように働いて疲れ切っていた頃よりもずっと大きな報酬を得ている。彼は今、人生を心から楽しんでいる。

ジェニファー　病める時も健やかなる時も

ジェニファーには持病がいくつかあったが、5年前彼女の主治医は新たに複数の病気を見つけた。診断された病名は、いくつかの自己免疫疾患（紅斑性狼瘡《エリテマトーデス》、乾燥症複合型のシェーグレン症候群）、胃腸障害（セリアック病、サリチル酸塩不耐症、乳糖不耐症）、慢性喘息、腎臓障害、関節炎、そして非常に激しく、吐き気を伴う眩暈といった具合だ。

毎日が戦いの連続だった。腕を持ち上げる力がないため朝の歯磨きでさえ不自由だった。髪のブラッシングはパートナーのジムがやってくれた。しかし彼はしょっちゅう仕事で不在で、ジェニファーは仕事から帰宅後しばらく横にならないと夕食を作れなかった。

「一番つらかったのは、息子たちに何もしてやれず、ひどい母親だと感じたことです」とジェニファーは振り返った。「週末のほとんどの時間を寝て過ごさないと、週明けに起きて会社に行けませんでした。フェイスブックにアップした楽しそうな家族写真は、週末のわずか1時間程度の触れ合いタイムに撮ったものです」。

その時点でジェニファーの体重は108ポンド（約49kg）しかなく、関節炎で膝と足首がひどく腫れていたため、歩行困難に陥っていた。関節炎の痛みのため、ジェニファーは瓶の蓋を開けることも野菜を切ることもできなくなった。ベッドに寝ていても痛みがひどく、腕をナイトテーブルに打ち付けて苦痛を和らげようとしたこともあった。彼女の体はあちこちで重度の炎症を起こし、診察した担当医たちはもう手の施しようがないと言い、できるだけこの状態に慣れるしか道はないと言った。誰にも打ち明けなかったものの、ジェニファーはあと数年しか持たないだろうと覚悟した。彼女は力尽き、諦めかけていたが、パートナーのジムは違った。

ジムはジェニファーを繰り返し励ましながら、夜な夜な本を読み漁り、何か別の方法はないかと調べまくった。そしてある日、ジムは私の著書『あなたはプラシーボ』を見つけ、ジェニファーと似たような症状の女性が全快した話を読んだ。ジェニファーはワークショップに行くべきだということになった。

それから2か月後の2014年6月、ジェニファーはオーストラリアのシドニーで開かれた週末ワークショップに参加した。少しの改善がみられ、ジェニファーはメキシコで開かれた上級ワークショップに登録した。ところがいざ出発という頃に、直径8・5ミリの腎臓結石が見つかった。このため飛行機での旅行を医師に禁じられ、不参加となった。ジェニファーは毎朝4時半に起きて根気よく瞑想を続けた。その翌年、オーストラリアで上級ワークショップをした際、2人はそろって参加した。

「ワークショップ初日の夜、部屋に戻る時私は階段を上がるのがやっとという普段通りの状態でした。でもワークショップの終わり頃、私は喘息の薬も飲んでいないのに健常者のように自由に歩き回っていました」とジェニファーは回想した。「家に帰る前の晩、ジムは私がとても元気そうだからと、普通の食事を勧めたのです。恐る恐る食べてみたところ、まったく症状が出なかったんです！　喘息も腹痛も頭痛も、何も起きませんでした！　あの晩食べたピザのおいしさと言ったら、もう最高でした」。

ジェニファーが瞑想をする時、全身全霊で集中する。繰り返し何度も潜在的な健康に意識を向け、1日中元気でいられるだけのエネルギーが体内に漲っているのを実感していた。瞑想中、私が参加者に「新しいあなたになりきって生きる様子を想像しなさい」と指示を出すと、ジェニファーは勢いよく地面を蹴り、息を弾ませて走り回る自分自身をリアルにイメージした。瞑想が終わると、ジェニファーは喜びに涙を流していた。最終的にジェニファーは、自らのエネルギーの波動を上げ、体を新しい意識と調和させ、新しい遺伝子に体を修復するよう信号を送ることにより、病人である感覚、見た目、病人が出す音、病人としてものを食べた時の味覚などを体が忘れるようにした。

「私は今、普通の食生活ができるようになりました。喘息の薬は2015年6月以来飲んでいません。一日10マイル歩けるし、45ポンドのウェイトも持ち上げられます。私は今直近の目標であるハーフマラソンを完走するためのトレーニングをしています」。

重度の湿疹を克服したフェリシア

フェリシアは生後3か月の頃からたびたび湿疹や皮膚感染症に苦しんできた。厳格な食事制限と薬（塗り薬、ステロイド薬、抗ヒスタミン薬、抗真菌薬、抗生剤など）により一時的に症状が収まっても、すぐにぶり返すということの繰り返しだった。

２０１６年、イギリスで医師となった34歳のフェリシアは、医療の限界に直面し、不満をつのらせていた。医師となって10年、７万人を超える患者を診てきたが、患者の側でも自分と似たようなフラストレーションを感じていることに気が付いた。フェリシアはより良い効果を上げられる科学的手段を追求する傍らで、私の仕事に出合った。その可能性に惹かれ、証拠に裏付けられた代替医療による解決法が知りたくて、フェリシアはある週末ワークショップに参加した。

「あのワークショップで人生が変わりました」とフェリシアは語る。「ワークショップで私は自分についての認識がいかに狭かったかに気づき、再評価するためのツールを手に入れました。同時に私たちの体にどれほどの潜在能力があるかにも気づかされました」。フェリシアは特に呼吸法に興味を持っていた。「正直に言うと私はちょっと懐疑的でしたから、瞑想には完全に没頭できませんでした」。

その後の数か月、フェリシアは毎日瞑想をした。彼女の皮膚トラブルは改善し、新しい恋人も見つかった。それにインスピレーションを感じたフェリシアは、自身の医療行為にホリスティックなアプローチを取り入れ、方針転換する新たな道を探り始めた。しかし、イギリスのすべての医療保障機関が従来の医療以外の診療には保険適用しないと決めた時、フェリシアは落胆した。こうして手詰まりとなった2016年12月、皮膚疾患が再発した。

それでもフェリシアは瞑想を続け、上級ワークショップに参加し、未来を見据えた〝マインドムービー〟（後の章で扱う、望むものを具現化するための有効なツール）も作った。彼女が持っていた明確な未来のビジョンとは「恐れることなく真実を分かち合い、人々にインスピレーションを与えます」というアファメーションのもと、マイクを持ってステージに立つ自らの姿。その肌は健康で美しいものだった。

上級ワークショップの初日には松果体を活性化する呼吸法を覚えた。フェリシアは以前の懐疑的な姿勢を心から追い出し、全身全霊で打ち込んだ。「私の呼吸はだんだん早くなっていきました。そしてものすごい量のエネルギーが喉のあたりに集中したのです。それはどんどん増えていき、喉が詰まる直前になってようやく収まりました。怖くなって、体をリラックスさせて元の自分に戻り、残りの瞑想を終えました」。

翌日の最後の瞑想の時、フェリシアは脳波測定の機械を装着していた。新次元の情報に触れる経験ができるなんて、何と貴重な機会だろう、とフェリシアは思った。人がどれほど無限の能力を持っているか——このことを〝人の体には限界がある〟とする現代医療の従事者である自分が証明できたら、信じる人々はもちろん、懐疑的な人々にとってどんなインパクトがあるだろう？　と考えた。そのような意思の元、どんな結果になろうとも、フェリシアは呼吸法を通じて純粋な自由と解放という高次の感情で自らを満たし、統一場とつながろうとした。

瞑想が始まると、フェリシアはあらゆる可能性を受け入れ、未知の領域に踏み込んだ。すぐに呼吸が変化したのを感じ、圧倒されるようなエネルギーが喉のあたりに向かって集まってくるのを感じた。前日のように気圧《けお》される代わりに、フェリシアは静かにそのプロセスを傍観した。彼女は体を今という瞬間に戻し、他のことに気を取られる誘惑を無視し、すべてのエネルギーと注意力を統一場、真実、そして愛に振り向けた。体はしぶとく抵抗したが、内面の葛藤に辛抱強く取り組んだ結果、しまいに体は意思に従った。

「変性意識で経験したのは、脳内で小気味よく爆発するエネルギーと、直後に起きた一体感。私の内面も外の世界もともに愛の意識と瞬時につながり、ひとつになりました。感じたことを形容するなら完全無欠の叡智、そして純粋な愛の存在。そして今まで経験したことがないほど圧倒的な喜びに満たされたのです」とフェリシアは語る。「それは故郷の家に帰ったという感覚。ワンネスの深い充足感がありました。瞑想の間中、五感は普通に働いていました。私の後ろで科学者が『発作だ』と言ったのも聞こえました」。その日、神経科学者のうち数名は初参加で、彼らは脳内であんな風にエネルギーが出る様子をかつて見たことがなかった。医師であるフェリシアは、普通なら発作という言葉に懸念を示しても不思議はない。しかし、彼女は生まれて初めて絶対的真実と自由を経験しているのだということを理解していた。瞑想後の数時間、ふわふわとした感覚が残っていたが、体は以前より軽くなっていた。

カラー図版7A－7Cの脳スキャンを見ると、フェリシアの脳は脳内に大量のエネルギーが発生した時の典型的な変化を示している。初めは普通のベータ波で、次第に高域ベータ波に変化していき、最終的に高エネルギーガンマー状態に至る。ガンマー波状態のエネルギーの標準偏差は通常レベルより190高い。松果体付近と、強い感情を扱う部分が強く活性化している。

それから数日の間、フェリシアはまったく恐れがないという感覚と、遊んでいるような楽しい気分が湧き上がるのを経験した。また彼女が舞台の上でマイクを持って講演しているというマインドムービーのワンシーンの実現を含む、一連のシンクロニシティも経験した。実際のところ、私は彼女のマインドムービーの内容についてまったく知らないまま、彼女をステージに上げ、経験談をするよう依頼したのだ。家に帰って、湿疹はもう彼女を悩ませていないことに気が付いた。

現在に至るもフェリシアは薬を服用していないし、肌は健康そのものだ。彼女は新しく、心躍るような驚きが続く人生を送るようになり、それは今も継続している。

「私たちは誰もが無限の可能性を持っていると気づかせてもらったことに心から感謝しています」と彼女は私に言った。「極度に分析思考で、疑り深い医師にだってできたんだから、絶対誰にでもできると断言できます。覚えておいてね」。

第7章
ハートのインテリジェンス

私たち人類の遠い祖先が洞窟の壁や石板にその歴史を描き始めた頃から、さながら時間という針に糸を通すように、心臓は健康、叡智、直感、導き、そして高次の知恵を象徴するものとして語られてきた。心臓を〝イェブ〟と呼んでいた古代エジプト人は、脳ではなく心臓を生命の中心、人間の叡智の源泉だと信じていた。メソポタミア人とギリシャ人は、どちらも心臓を魂の中心だと考えた。ただし、ギリシャ人は体内の熱が心臓から発していると考えていた一方で、メソポタミア人は太陽の熱のかけらが心臓に宿ると捉えていた。彼らはまだ動いている心臓を体内からえぐり出し、いけにえとして太陽神にささげる儀式まで行っていた。ローマ人は、心臓は人に命を吹き込む、きわめて重要な臓器だと理解していた。

17世紀、科学の黎明期にフランスの哲学者、ルネ・デカルトは心と体はそれぞれ独立して機能するという『心身二元論』を唱えた。宇宙を機械論的に唱えたこの学説に従い、人々は心臓を極めて卓越した機械だと考えるようになった。心臓が物理的にポンプの働きをするというメカニズムゆえに、人の内面の叡智とのつながりを持つという側面は軽視された。科学研究が進むにつれて、心臓が私たちの感情や高次の自己とのつながりをつかさどるという認識は薄れていった。心臓を中心として電磁場が形成されること、そして統一場とつながる要であるという、心臓の真価が知られ、理解され、以前のように捉えられるようになったのはほんの数十年前からのことだ。

血液を循環させて生命を維持するというよく知られた機能のほか、心臓は人の感情に影響を及ぼす臓器だということを私たちは知っている。心臓は私たちの決断力と自己認識、自分の置かれた環境認識を促す感覚器官だ。それは時間、場所、文化を超越する象徴だ。心臓という賢者につながれば、愛と崇高な導きという叡智がいつでも引き出せることは、すでに広く知られている認識と言っていいだろう。

体内には脾臓、肝臓、腎臓などたくさんの臓器があるのに、どうして心臓だけがインテリジェンス（知性）を持ち合わせているのかと疑問に思う人もあるだろう。２０１３年から心臓の役割のなかで最も重要な要素、コヒーレンスと変容について理解するため、私たちはかなり長い時間を傾けて測定と数値化に取り組んできた。感情が高揚し、胸（心臓）がいっぱいになる時、愛、慈悲、感謝、喜び、連帯感、受容、無私の精神といった高次の意識とつながれることをほとんど誰もが知っている。これらの感情は私たちを充足感で満たし、完全無欠であること、孤独ではないことを思い出させてくれるものだ。それは私たちの社会を分断し、生命エネルギーを奪っていくストレス感情の真逆と言っていい。問題は、このような高次の感情で心臓が満たされる現象は、往々にして外界での出来事によって偶発的にしか起きないということだ。これを〝オンデマンド〟で自由に起こせないものだろうか。

ストレスだらけのせわしない毎日、常に結果を求められ、〝さっさと終わりにしろ〟的な空気漂う環境を生きる私たちにとって、精神や感情面で均衡を保つのは至難の業だ。均衡が崩れると、それは健康に深刻な影響を及ぼす。たとえば20世紀初頭には、心臓病で死ぬ人はほとんどいなかった。ところが今日では、心臓病は男女を問わず死因の筆頭格だ。毎年、心臓病治療にかかる医療費（投薬を含む）、そして失われた生産性はアメリカだけで2兆70億ドルに上る。[1] 心臓病を引き起こす最大の原因はストレスで、ストレスはもはや伝染病のように蔓延している。しかし幸運なことに、解毒剤がある。心臓のコヒーレンスについて多面的に研究を重ねた結果わかったのは、外的環境がどうあれ私たちの内的環境はコントロール可能だということだ。ただし新しいスキルを習得する際とまったく同様に、心臓のコヒーレンス状態を自発的に起こすには知識と応用力、そして訓練が必要だ。

心臓をより深く理解するために不可欠な存在として、画期的な研究を続ける心臓研究のパイオニア、ハートマス研究所（ＨＭＩ）と私たちはパートナーシップを組んできた。ＨＭＩは心臓と脳のコヒーレンスについての理解を深めるための研究・教育を行うアメリカの非営利団体だ。ＨＭＩは1991年より人の脳と心臓とのつながり、そして人々の心臓同士の連携を深めるための科学的ツールの研究開発を行っている。ＨＭＩの使命は、心臓の直感的叡智を通じて人の精神、肉体、情動的システムのバランスを整えられるようにすることにある。

ＨＭＩと私たちのパートナーシップは、過去の延長でない未来を築くには、明確な意思（コヒーレントな脳）と、高次の感情（コヒーレントな心臓）の両方が不可欠だという前提の上に築かれている。意思や思考（これらが電磁波だということはすでに学んだ）と感情（これも電磁波だとご記憶のことと思う）が合体すると、人の生体エネルギーが変化すること、そしてエネルギーが変化すれば人生が変化するということは、ＨＭＩの研究によって立証されている。これら2つが合体する時、測定可能な物理的変化を起こし、慣れ親しんだ過去を生きるのではなく、まったく新しい未来を生きるように生体変化が起きる。世界中で実施しているワークショップで、私たちは参加者が置かれた状況の被害者となって感情の浮き沈みを繰り返して生きるのをやめ、自らの現実を創造する主体的な人生を生き始められるよう、脳と心臓を高次の波動に保ち続ける方法を指導している。それが、新しい生命の状態、つまり新しい個人的現実を創造する新しい人格を生み出すプロセスなのである。

私たちとHMIのパートナーシップで、ここ数年の目的のひとつは、イベント参加者にコヒーレントな心臓の指導をすることだった。正確なドラムビートのように、コヒーレントな心臓とは規則正しく一貫したリズムを刻むように仕向ける生理的機能のことを指す（その逆のインコヒーレントな心臓は不規則なリズムを刻む）。心臓がコヒーレントな時、心臓《ハート》の知性《インテリジェンス》にアクセスできる。HMIでは、心臓の知性を以下のように定義している。

思考と感情のバランスが取れ、自発的なプロセスを通じてコヒーレントになっている時に私たちが経験する意識のフローのこと。本人や他者にとって有益な内容で、直接、思考や感情の中に直感的洞察という形で降りてくる。[2]

本章で縷々解説していくが、心臓がコヒーレントであることのメリットは計り知れない。ざっと例を挙げると血圧低下、神経系やホルモンバランスの改善、脳機能の向上などだ。あなたが外界の環境と関わりなく高次の感情をずっと保つことができれば、あなたや周囲の人々に対する理解を深め、日頃陥りやすいストレスのパターンを回避し、思考を明晰にし、より良い判断力を持つのに役立つ高次の叡智にアクセスできるようになる。[3] HMIの研究結果に加え、私たちが収集したデータでは心臓を起点とする感情をキープすると、より健全な遺伝子発現が起こることが強く示唆されている。[4]

高次の感情（感謝、インスピレーション、自由、親切、無私の精神、慈悲、愛、喜びなど）を醸成し、それを再生する練習を行い、その状態をキープすることにより、安定して調和のとれた鼓動が実現する。コヒーレントな心臓は、そこから始まる。心臓の鼓動がコヒーレントであることの恩恵は体内のすべての系統に感じられるだろう。意識的であろうとなかろうと、私たちは日常的に不幸感、怒り、怖れの感情を何度となく呼び起こす練習をしている。ならば代わりに喜びや愛、無私の精神などを創造し、維持する練習をしようではないか？　そちらのほうが内面の秩序を生み、結果としてやがて健康と幸福が手に入るのではなかろうか。

心臓という架け橋

「エネルギーセンターを祝福する」の章で読んだように、胸骨のすぐ裏にある心臓は第4のエネルギーセンターとなっている。ここは高次の意識とエネルギーを私たちにつなぐ架け橋であり、私たちの神性はここから始まる。心臓は下部3センター（地球を生きる体をつかさどる）と、上部3センター（高次の自己をつかさどる）との接点、インターフェイスの役割を持つ。統一場とつながり、二元性や極性を統合する心臓は、ワンネスの象徴だ。ここは分離、分割、二極化されたエネルギーがひとつになり、陰と陽、善と悪、正と負、男と女、過去と未来といった極性が統合される場所だ。

心臓がコヒーレントになると、神経系が反応して脳内のエネルギー、創造力、直感力を増加させる。これは体内の文字通りすべての臓器に好影響を及ぼす。この時脳と心臓は協働関係にあり、あなたは自分を完全無欠で、宇宙とつながっていると感じ、自分自身と世界に充足感を感じる。意識の中心が心臓にある時、必要なものはすべて持っているという感覚が起こるため、欲求や欠乏感が消えていく。この全能感、ワンネスの創造的境地にある時、魔法が起こり始める。なぜならこの時のあなたは二元性や分離された価値観に基づくことなく創造し、心の内面の欠乏感や空虚さや分離感を外界によって満たそうとしていないからだ。この時、あなたは新しい、より理想に近いあなたになっていて、新しいあなたは新しい経験を生み出すからだ。あなたがある一定期間、毎日心臓のエネルギーセンターを活性化し続けていると、やがて理想の未来がすでに始まっていると感じるようになるだろう。すでに満ち足りているのに、その上何を欲しがり、何が足りないと思えるだろう?

下部3センターが動物的特性を反映し、二極性、対立、競争、欲求、不足感に基づいているとすれば、第4のセンターは神なる存在へと向かう旅の入り口と言える。私たちが意識とエネルギーをサバイバルの自己中心モードから個を超越したモードへと変革する時、それはこの心臓のセンターの中で起きる。こうして変革が起きた後は、外界の二元性や分離感の影響を受けなくなり、全体にとって望ましい選択をするようになる。

私たちは誰もが人生のどこかで、意識を第4センター（心臓）で感じた経験を持つ。このエネルギーは充足感、自分や置かれた環境を心地よく感じる気持ちと直結している。心臓由来の感情（与え、育て、奉仕し、慈しみ、協力し、許し、愛し、信じるといった感情）を抱く時、私たちは必然的に満たされた、完全無欠な自分を感じずにはいられなくなる。それが私たちに内在する最も自然な姿だと私は考えている。

恒常性《ホメオスタシス》、コヒーレンス、復元力《レジリエンス》

神経系の不随意部門である自律神経系には交感神経系と副交感神経系という2つの下部構造がある。周知のとおり、交感神経のスイッチが入ると呼吸や心臓の鼓動が早くなる、発汗する、瞳孔が拡張するといった調節が無意識に作動する。交感神経の主な機能は、外界に差し迫った（と思われる）危機に対応するため闘争・逃走本能を刺激することにある。つまり交感神経は私たちが外界から身を守るための機能を持つ。副交感神経系は、交感神経系と相互補完関係にあり、まったく逆の仕事をする。その役割はエネルギーを保存し、体をリラックスさせ、交感神経で高ぶった機能を鎮めることなどだ。副交感神経系は私たちの体内環境を守るために働く。自律神経系を車にたとえると、副交感神経系はブレーキで、交感神経系はアクセルだ。どちらの系統もコンスタントに心臓と脳の間のコミュニケーションの伝達を行っている。実際のところ、心臓と脳の間を結ぶ神経の数は、体内のどこよりも多い。[5]交感神経系と副交感神経系は、常に体内の恒常性（すべての器官の間の相対的均衡）を維持するために働いている。

体の恒常性が維持できている時、一般に人は今いる環境を安全だと感じ、リラックスしている。体のすべての器官や系統が調和して機能し、エネルギーの無駄が最低限に抑えられているという恒常性が存在する状態の時、私たちは意図的に神経系をコヒーレントにすることができる。コヒーレンスをつくる感情を醸成するためには、心臓と脳を結ぶ神経系の均衡・連携態勢がベストの状態で機能していなくてはならない。心臓が規則正しくコヒーレントな鼓動を刻んでいると、自律神経系もコヒーレントになる。そうなると脳機能が向上し、よりクリエイティブで集中力が増し、注意深く、理性的で、学習能力がアップする。

コヒーレンスの逆は、当然ながらインコヒーレンスだ。心拍がインコヒーレントな時、私たちは不調和、崖っぷちの緊張感やイライラを感じ、集中力が落ちる。体がサバイバルモードで動いているため動物的で原始的な姿勢となり、心臓を起点としたより高次の、人類全体を視野に入れた神々しい気持ちとは遠ざかっている。インコヒーレンスはストレスによって起こり、ストレスとは外界で生じた混乱や異常事態に対する心身の反応だ。副交感神経系は身の安全を感じている時に最もよく働く一方で、交感神経系は安全が脅かされている時に最もよく働く。安全が脅かされている時に感じるストレスの元は、危機的状況そのものというよりは状況に対する誤った感情的反応にある。

恒常性が保たれている時、体はよく整備された繊細な機械のように働くが、怒りや恨み、嫉妬、苛立ち、焦りといった感情が居座ると体内の均衡が崩れ、不調和をきたす。最近ストレスを感じた時のことを思い出してみると、おそらく規則正しいリズムが崩壊していたことだろう（実際に調べてみると、この時心拍のリズムが崩壊している）。慢性的なストレス状態にある時、体は必死になって恒常性を維持しようとし、私たちは無数のストレス反応を経験する。慢性的なストレスは体を取り巻く目に見えないエネルギー場からエネルギーを取り込み、生命力を枯渇させるため、修復や回復に使うべきエネルギーが奪われる。

体がストレスホルモンに占拠されると、そこからストレスホルモン中毒の悪循環が始まる。この時、インコヒーレンスとカオスが正常値として感じられるようになる。その状態を維持するのに、どれほどの代償が払われているだろう？

ストレスが長期化すると、その結果は目を覆いたくなるほどだ。アメリカ、ミネソタ州の総合病院メイヨークリニックで実施した心臓病患者の研究によると、心臓死、心不全、心臓麻痺を含む心臓疾患を引き起こす最大の要因は心理的ストレスだという。[6] 慢性的なストレスの中で生活していると、心臓発作で倒れるまでストレスを抱えていることにすら気付かずにいる人が少なくない。心拍が長い間バランスを崩し、インコヒーレントなリズムを続けていると、遅かれ早かれ機能不全に陥るのもうなずける。

ストレス対応力のカギとなるのは復元力《レジリエンス》と呼ばれるもので、ＨＭＩでは「ストレス、苦境、トラウマ、あるいは困難に対して準備し、ダメージから回復し、状況に適応する力」と定義している。[7] 復元力と感情のコントロールはどちらもエネルギー調整、ストレス反応から体が回復するまでにかかる時間、そして健康と恒常性を維持する能力を左右する多くの重要な生理的プロセスに不可欠な要素となる。

心拍変動――心臓と脳のコミュニケーション

生物としての人間を統括しているのは脳だと、私たちは長い間信じ込まされてきた。それは部分的には正しいが、心臓は〝自動律動〟する臓器だ。つまり心拍は心臓内部で自発的に起きていて、脳からの指示で動いているものではない。たとえば、よく知られていることだがどの生物の心臓も、体内から取り出してリンゲル溶液と呼ばれる塩水の中に置くと、それは脳とのいかなる神経的連携も持たないが、かなりの時間拍動を続ける。胎児の心臓は、脳ができるより前に拍動を始める（受胎後約3週間）。脳が電気的活動を始めるのは受胎後5～6週間後のことだ。[8] これで明らかになるのは、心臓が中枢神経系との連携を始動する能力を持っているということだ。

心臓の特殊性を示すもうひとつの要素は、心臓には自律神経系の両方の神経があることだ。

つまりそれは交感神経系と副交感神経系で起きるどんな変化も、心臓の拍動の一つひとつに影響するということを示す。これは重要なことで、私たちの自覚のあるなしにかかわらず、心によぎったすべての感情は心拍リズムに影響を及ぼし、それは直接中枢神経系に伝達される。このように心臓、脳の辺縁系、そして自律神経系は緊密な関係にあり、どのひとつの調和や不調和も残りの2つに影響する（ちなみに、自律神経系の本部である辺縁系の別名は感情脳で、あなたの感情が変化すれば、自律神経系の機能も変化する）。今日では、心拍変動解析により心拍活動を見るだけで、75％の確率でその人の感情を言い当てられるところまで科学は進歩している。[9]

心拍変動とは生理学的な現象で、環境的心理的困難を反映して心拍間隔が変動することを指す［訳注：循環機能の自律調節活動を表す指標。交感神経優位では拍動の間隔が短くなり、副交感神経優位では長くなる］。心拍変動はいくつかの尺度となるが、心臓と神経系の柔軟性や、思考と感情をうまくコントロールできているかなどが読み取れる。[10] 心拍を調べることで科学者たちが変動パターンを解析し、人が感情をどのように処理するか、そして感情が人にどのような影響を与えるかについてよりよく理解できるようになる。このように今後の心拍変動研究は心臓、脳、そして感情の相関関係に独自の解明手段を提供していく。[11]

心拍変動のレベルが中程度の場合、人生の苦境に陥ってもうまく対処できるということが多数の研究データからわかっている。[12] しかし低レベルの場合、それは死に直結する多様な疾患に将来罹患するという、精度の高い予測因子となる。[13] 低レベルの心拍変動は、数えきれないほどの医学的状態とも関連がある。若い頃は変動の幅が大きく、加齢とともに幅が少なくなっていく。心拍変動のパターンは一貫しているため、科学者が解析を行うと、大体において対象者の年齢を＋－《プラスマイナス》２歳という正確さで的中させる。

長い間、堅調な心拍リズムは健康の証だと思われてきたが、今日では睡眠中でも心拍リズムは一拍ごとに変動することが分かっている。ハートマス研究所（ＨＭＩ）の研究者たちは何年にも及ぶ研究の結果、心拍波形のピーク値ではなく拍動の間隔の解析により情報が得られることを発見した。それはモールス信号にやや似ていて、ひとつの信号から次の信号までの間隔でコミュニケーションを読み取るというものだ。[14] 人の心臓の拍動間隔は複雑な信号であり、脳と体の間のコミュニケーションに使われている。

１９９０年代、ＨＭＩの研究者たちは、被験者が心臓に意識を集中させて感謝、喜び、慈愛といった高次の感情を想起すると、それらの感情はコヒーレントな心臓の拍動パターンとして観察できることを発見した。逆にストレス感情を想起すると、心臓のリズムはインコヒーレントで不規則でギザギザな波形を作る。この発見により、感情の状態と心拍変動パターンの相関関係が分かった（図７・１参照）。[15] また、心拍数（１分間の）と心臓のリズムはそれぞれに独立した生物学的反応だということもわかった。たとえば心拍数が多くてもコヒーレントなリズムを刻むことが可能だ。したがって、心臓のリズムは体内の状態をコ

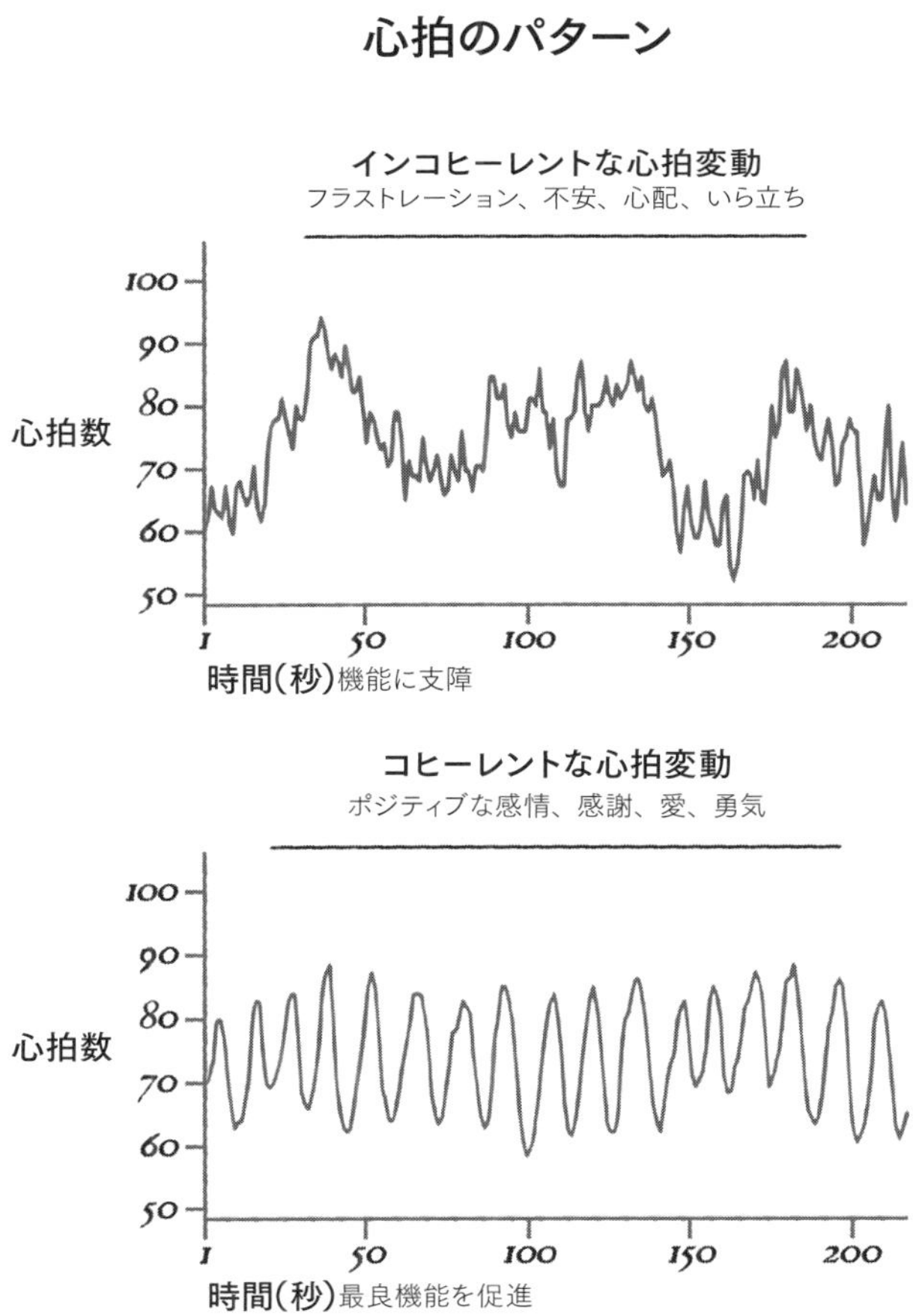

図7.1

資料提供はHMI。上のグラフは屈辱、いら立ち、フラストレーションといった感情を抱いた結果作られるインコヒーレントな心拍リズムを示す。下のグラフは感謝、ねぎらい、新設といった感情を抱いた結果作られるコヒーレントな心拍リズムを示す。

ヒーレントにすることが分かった。

心拍変動がコヒーレントなパターンで起きる時、交感神経系と副交感神経系、そして高次脳機能の同調力《シンクロニシティ》や調和が増す。西洋医学では一貫して心拍や血圧といった自律神経系の活動はコントロール不能だと言われてきた。その理由として随意神経系と不随意神経系という分類のほか、それらの機能は顕在意識に属していないことが挙げられていた。しかし今日では、ヨガ修行や神秘体験に頼らなくても、そういったスキルを習得できることが知られている。必要なのは自然を超越することだけで、それは習得可能だ。プレッシャーのかかる状況でも明晰な頭脳や決断力を発揮し、冷静さを保つことができるよう、ＨＭＩは個人だけでなく米国軍隊や法曹機関、学校、アスリート、そのほかの多様な高度専門職に対して指導をしている。

コヒーレントな心臓のメリット

私たちが高次の感情を醸成・経験することを選択し、それに見合ったコヒーレントな信号が脳に達すると、さらにその信号に十分な強度があれば、高次の感情が引き出す化学物質が体内に放出される。これが、いわゆる〝感情を経験している〟状態だ。高次のポジティブな感情を経験している時、私たちは身も心も軽く自由になったように感じる。別の言い方をすると、私たちを取り巻くエネルギーの波動が高くなっている。その感情を安心できる環境で経験する時、その感情は少なくとも1400通りの、体の成長と修復を促す生化学的変化を起こす。[16] 体を取り囲むエネルギー場からエネルギーを取り込み、化学物質を生成する代わりに、この時あなたは自分を取り巻くエネルギー場にエネルギーを注ぎ、場を拡大する。その結果起きるのが、エネルギーの変化を促す新たな化学物質の発現だ。どうすればいいかって？　あなたが心身のバランスを崩している時、下部3センターはエネルギーを消費するが、心臓はエネルギーを増幅する器官だ。もしあなたが意識を心臓にとどめ、高次の感情を醸成し、維持すれば、そのコヒーレントなエネルギーはあなたの心臓がドラムを叩くように働く。コヒーレントでリズミカルな拍動が心臓の周りに磁場を形成し、その後体全体の電磁場を作るのだ。ドラムビートが測定可能な音波を生み出すように、心臓の鼓動のコヒーレントなリズムが強いほど、体を取り巻く電磁場も大きく広がっていく。

その反対に、もしあなたの気持ちが傷心、怒り、ストレス、嫉妬、競争心、フラストレーションなどに囚われていたら、心臓から脳に送られる信号はインコヒーレントになり、それが作り出すマイナス効果の化学物質の体内放出は、実に約1200種類に及ぶ。[17] 化学物質の体内放出は90秒から2分間継続する。短期的にみると、これらのストレス感情は害を持たない。実際その状態が改善すれば、ストレス対応力が強化される。しかし、ストレス感情が解決しないまま長期化すると、体全体がインコヒーレントになり、ストレス性の健康被害に侵されやすくなる。このストレス感情が体を取り巻く電磁場からエネルギーを取り込むと、あなたは他と切り離されたように感じ、より即物的な考えになっていく。なぜならこの時、あなたは意識のほとんどを物質、自身の体、環境、時間、そして問題の原因に向けているからだ。

ＨＭＩの数々の研究成果のうちでもハイライトと言えるのは、分刻み、秒刻みで刻々と変わる感情によって心臓が影響を受けること、そして感情は心臓の知性を開放するためのカギだということを発見したことだ。感情はパワフルな磁場を形成するエネルギーなので、心臓に留まる感情が強いほど、その波動が高いほど心臓を取り巻く磁場はパワフルになる。実際のところ、体の中で心臓が最も強い磁場を持っている。その強さを脳と比較すると、脳を取り巻く磁場の実に５０００倍だ。[18]

手首に指を当てて脈を感じてみよう。その脈は〝血圧波〟と呼ばれるエネルギーの波で、あなたの体内をくまなく巡り、脳機能を含むすべての活動に影響を与えている。心臓の磁気波は体内のすべての細胞に響き渡るだけでなく、磁気探知機と呼ばれる繊細な探知機を使って計測すると、体から8〜10フィート（2・5〜３ｍ）離れた地点まで届くほど大きな磁場を体の周りに形成する。[19] 高次の感情によって心臓を活性化すると、そのエネルギーは体内のすべての細胞に届くだけでなく、体の外の空間に向かってその高次の波動を放射することになる。それが、生物学や物理学の範疇に収まらない心臓の特徴と言える。

上級ワークショップでのエネルギー変化

GDV Scientific Laboratory測定

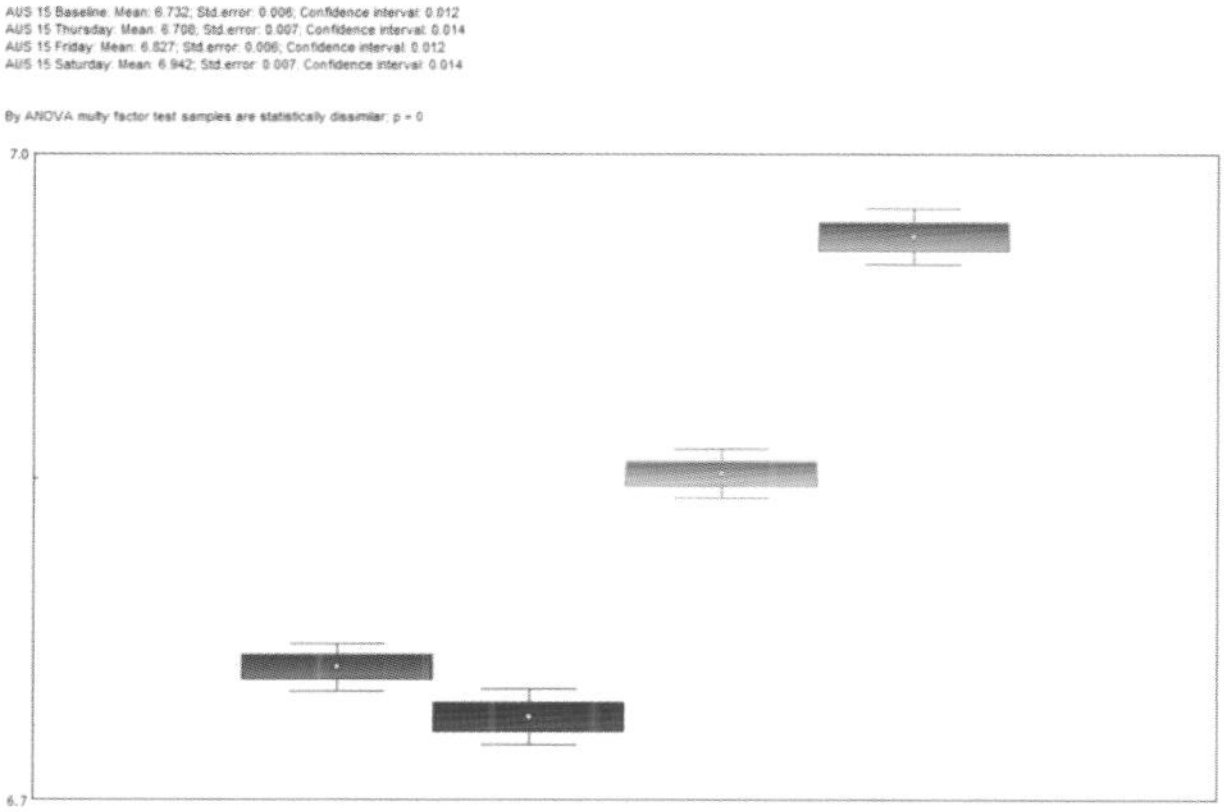

赤：オーストラリア2015
水曜日（初期値）

青：オーストラリア2015
木曜日

緑：オーストラリア2015
金曜日

茶：オーストラリア2015
土曜日

Kirlionics Technologies
International

図1A

GDVScientific Laboratory測定

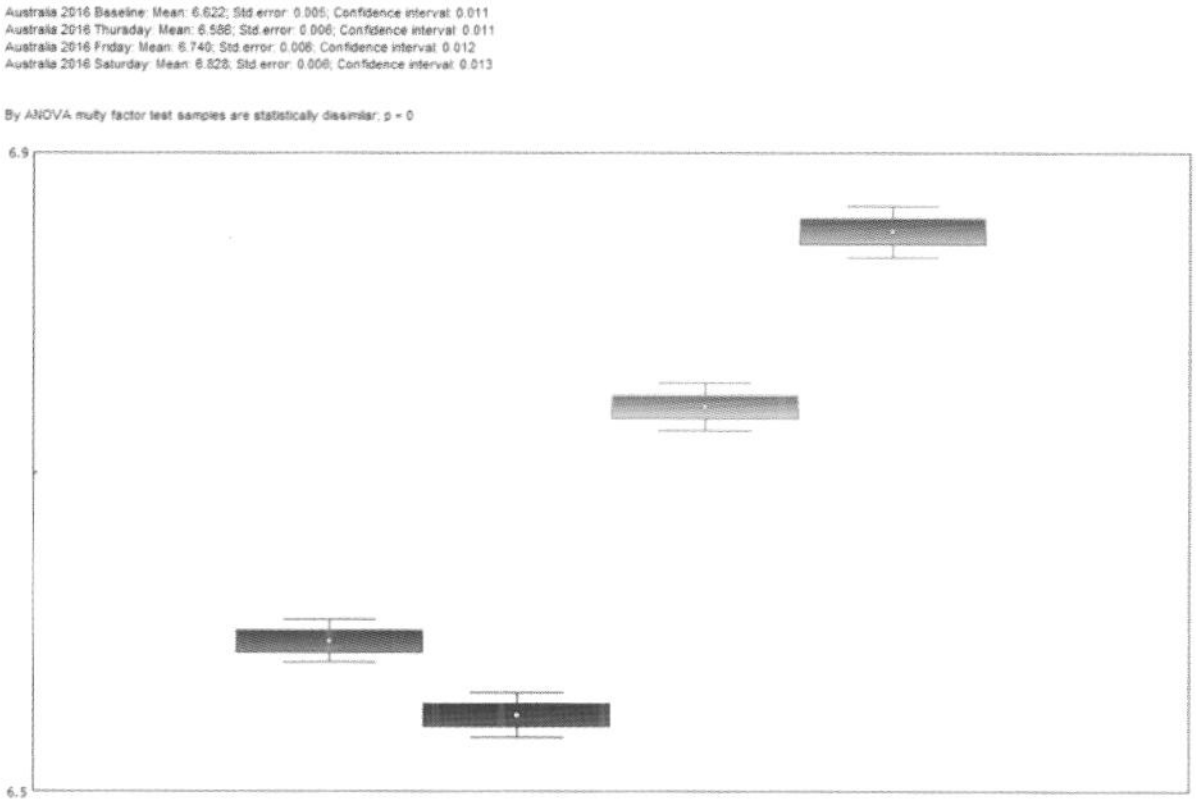

赤：オーストラリア2016
水曜日（初期値）

青：オーストラリア2016
木曜日

緑：オーストラリア2016
金曜日

茶：オーストラリア2016
土曜日

Kirlionics Technologies
International

図1B

上級ワークショップ参加者が周囲の人々やモノ、過去から現在までの現実などとのつながりを断つとき、周囲からエネルギーを取り込んで自らを取り巻く電磁波を形成する。これが起きると、室内のエネルギー量は低下する。2015年、2016年に実施されたオーストラリアでの2つの上級ワークショップで測定された数値がその様子を示している。赤い線は、ワークショップ開催前日である水曜日、誰もいない会場で測定された初期値を示す。青い線はワークショップ初日（全日）の木曜日の数値。室内のエネルギーレベルがかすかに減っていることがわかる。緑の線は2日目、金曜日の数値だ。この日、参加者たちが古い現実とのつながりを断ち切り、室内の総エネルギー量が増加している。この時点で彼らは室内のエネルギーを消費する代わりに、室内にエネルギーを放出している。

コヒーレンスVSインコヒーレンス

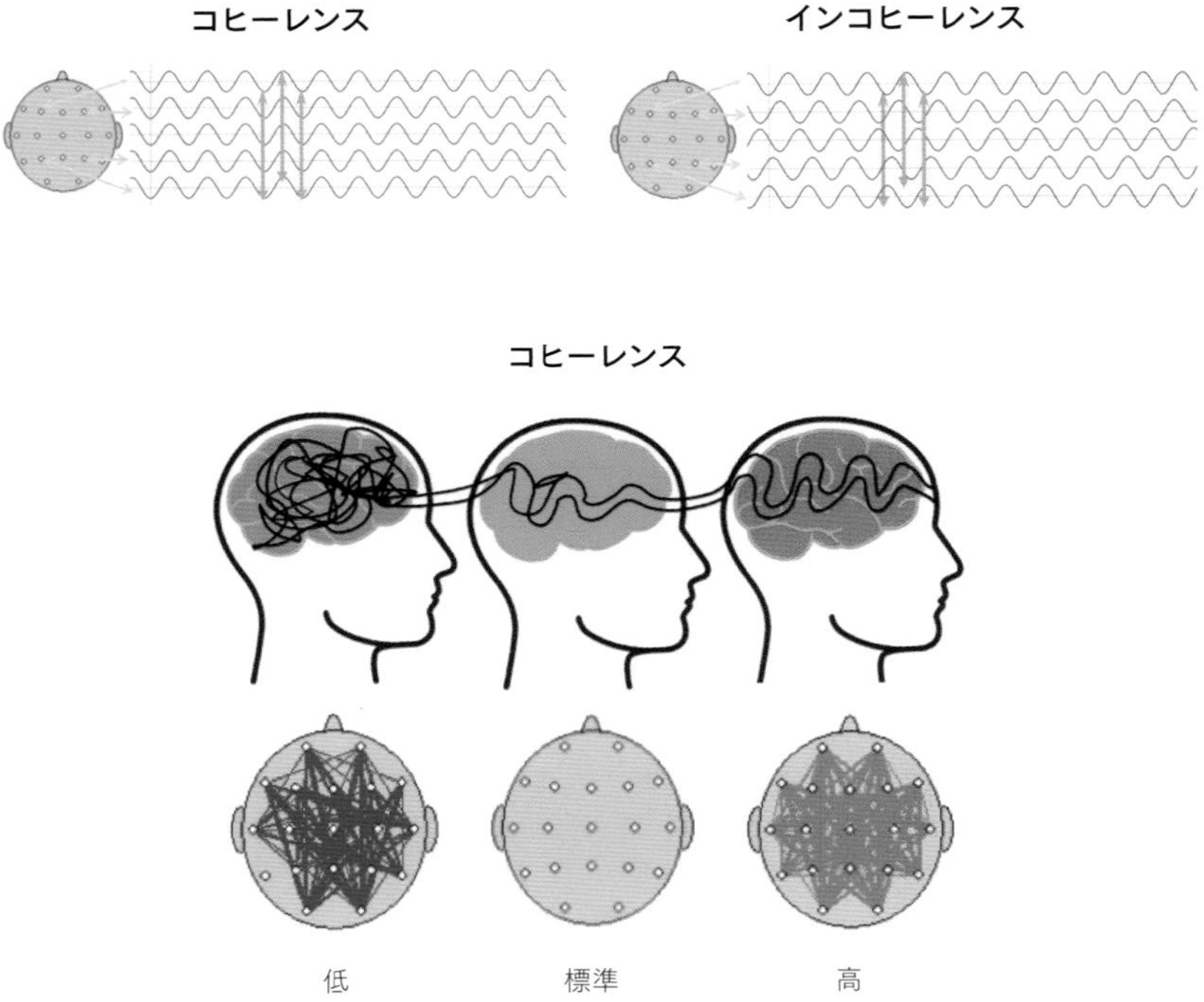

図2

上の図の2つの丸は、どちらも脳波測定帽をかぶった人の頭部を真上から見たところ。鼻は丸の上部に、耳は両脇についている。中に描かれた小さな白い丸は、脳波を測定する脳内の各部分を示している。左の矢印は規則的で、位相が完璧に一致していることがわかる。これがコヒーレンスの状態だ。右の脳波の波形は位相が不一致で、矢印は山と谷がバラバラになっている。これがインコヒーレンスだ。

この先のページで多様な脳画像診断をお見せするが、コヒーレンスとインコヒーレンスをどのように測定するかについて理解しておこう。下のイラストを見てほしい。脳内に青い部分が多いと、それはコヒーレンスのレベルが低いことを指し、脳内の各部分は相互に連携していない。脳内に赤い部分が多いと、それはコヒーレンスのレベルが高いということで、脳内の各部は互いによく連携している。脳内に青も赤もない場合、コヒーレンスレベルは標準、あるいは平均値を示す。

通常のベータ脳波

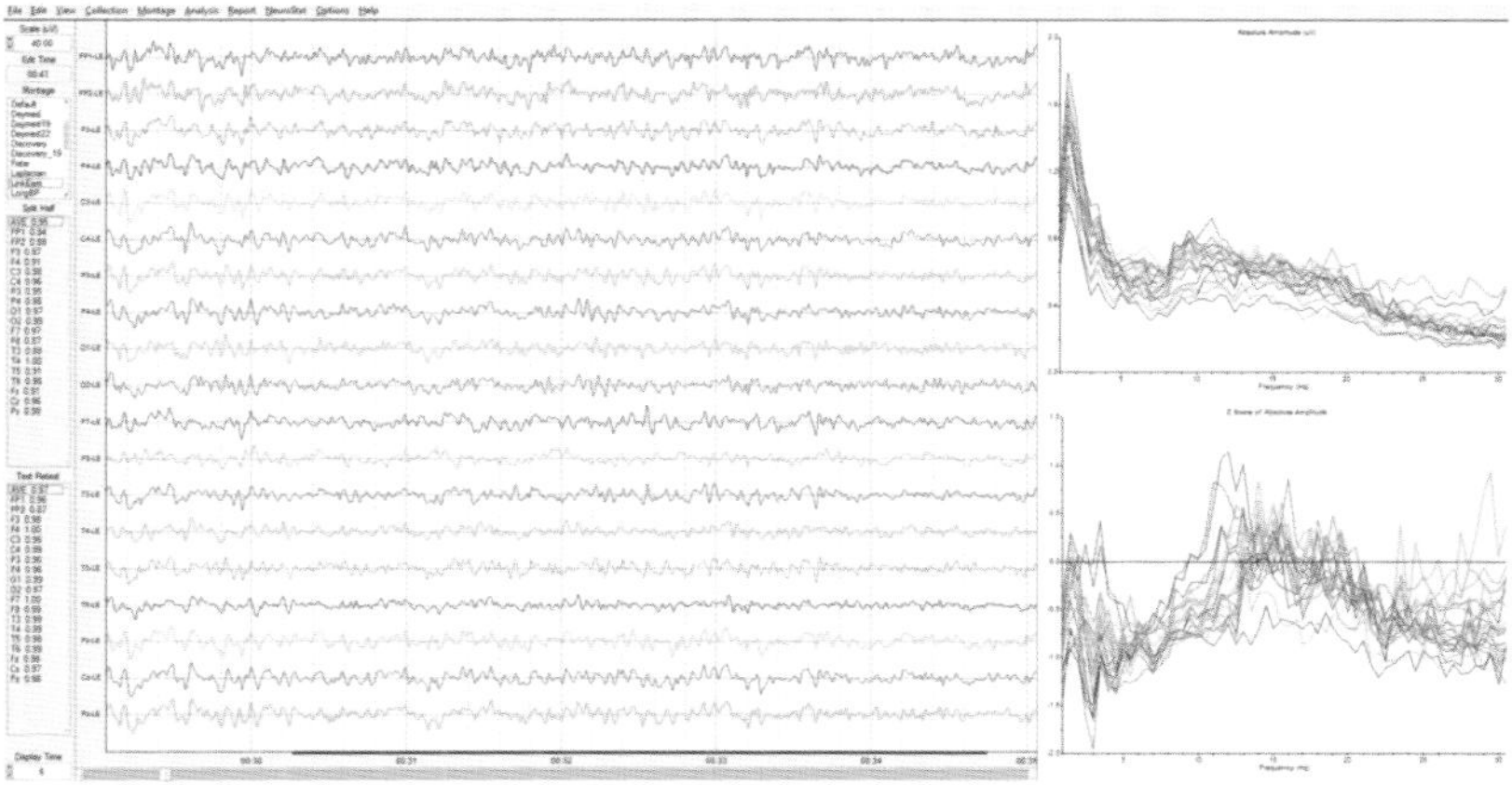

図3A

シンクロしたコヒーレントなアルファ脳波

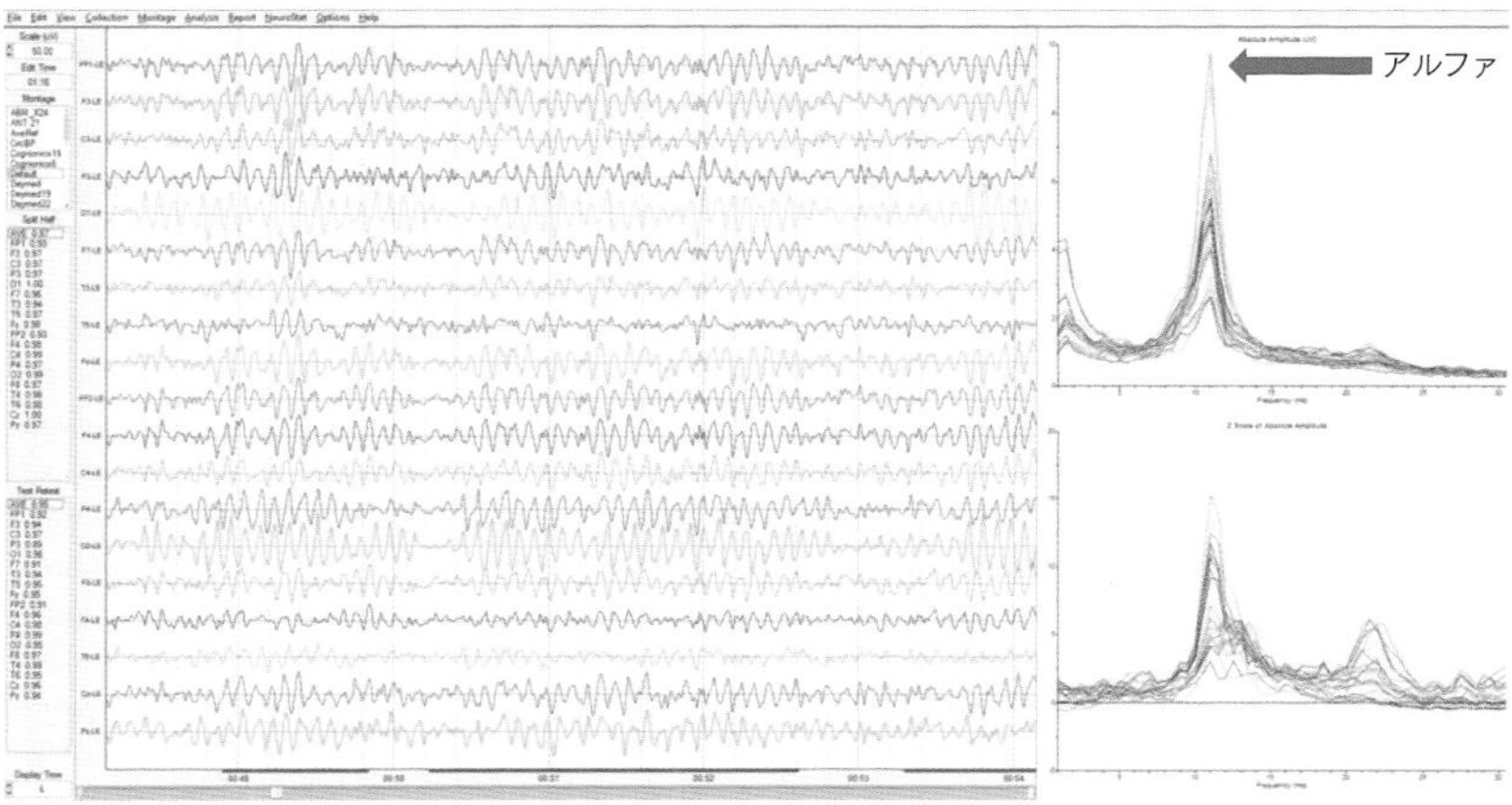

図3B

シンクロしたコヒーレントなシータ脳波

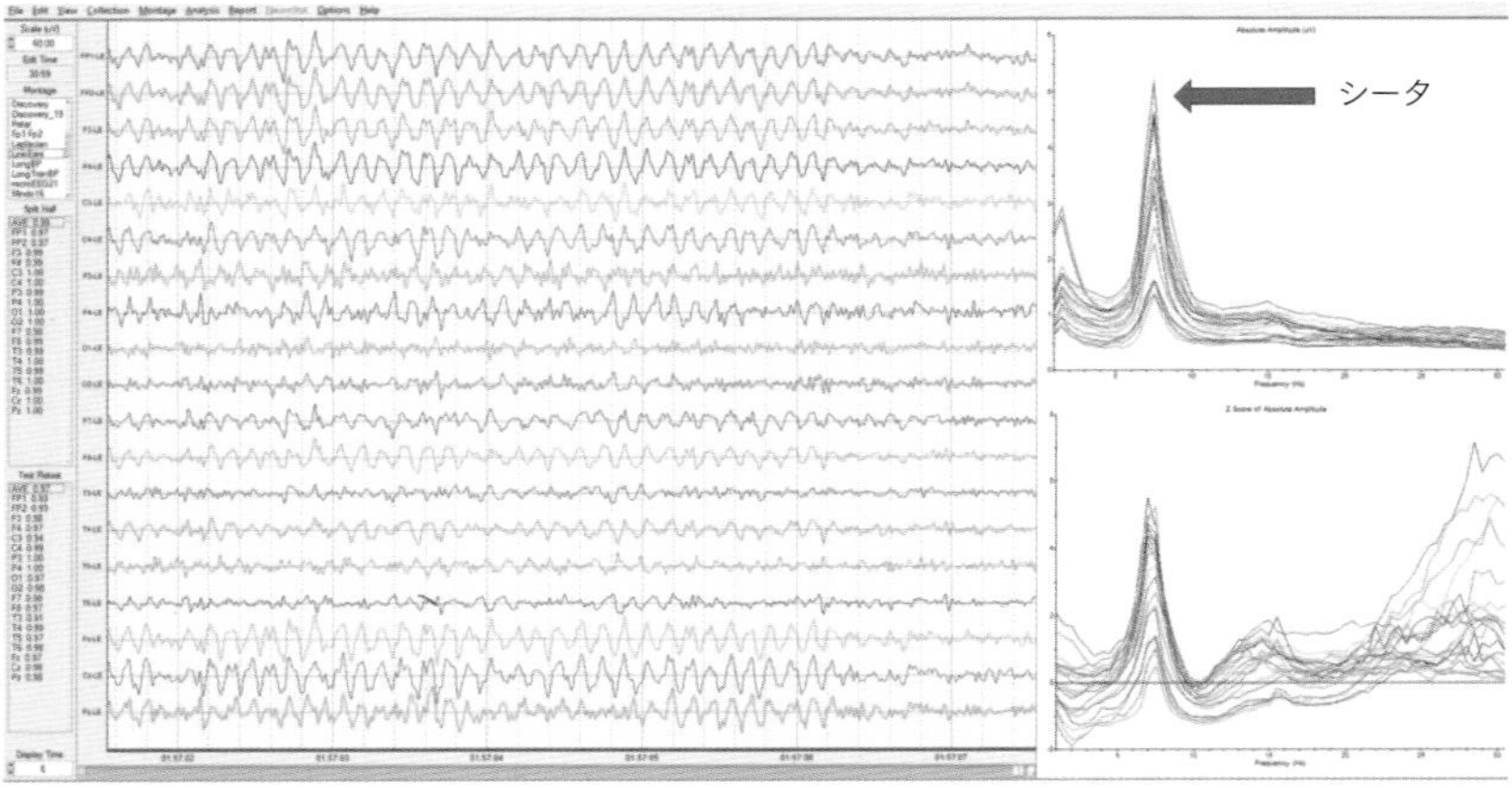

図3C

図3A,B,Cの帯状記録紙に描かれた薄い青の縦線を見つけ、そのまま下までたどってみてほしい。これらの青線は1秒ごとの区切りを示している。水平に流れる19本の波状の線は、それぞれが脳の前面、両脇、頭頂、後頭部の各部分の脳波を表している。2本の薄い青線で仕切られた範囲内の周期の数（波形の山から次の山までが一単位）を数えると、各測定部分の脳の周波数が算定できる。そのようにして私たちは脳波がベータ、アルファ、シータ、そしてガンマー域にあることを判断する。これらの脳波の周波数域をおさらいしたい場合は図2.7を参照してほしい。

関心の対象を狭い領域から広い領域に拡大させ、物理的なモノ、場所、空間から意識が離れていくにつれ、脳波はベータからアルファへ、そしてシータへと移行していく。図3Aでは、盛んに思考を巡らしているときの通常のベータ域の脳波を示す。図3Bは、コヒーレントなアルファ域に達した人の脳波。関心の領域を拡大し、“半眼”状態になった人の脳は、各部分が美しく調和していることに注目してほしい。右のグラフの頂点を指す青い矢印は、脳全体が毎秒12周期のアルファ波に同期していることを示す。図3Cは、コヒーレントなシータ域に達した人の脳波。図3B同様に、頂点を指す青い矢印は、脳全体が毎秒約7周期のシータ波に同期していることを示している。

エネルギーセンターを祝福する瞑想によるエネルギーの変化

前　後

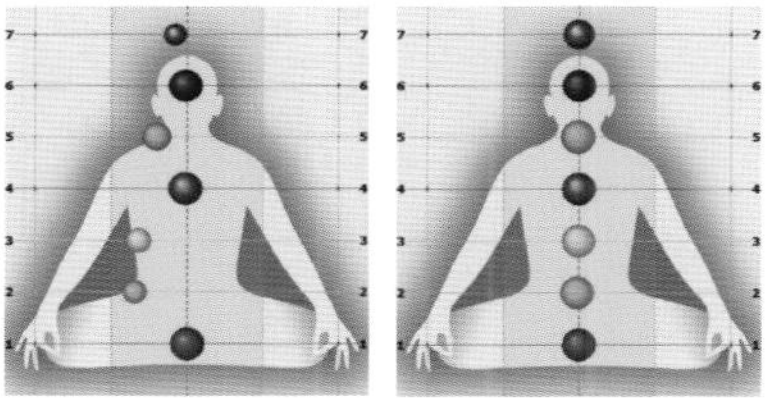

図4A

前　後

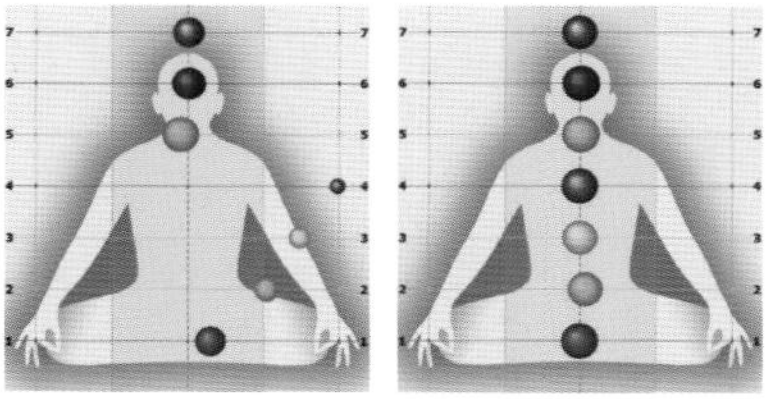

図4B

前　後

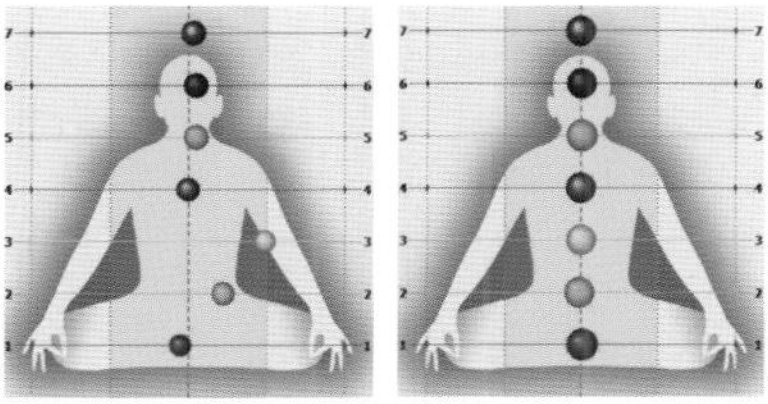

図4C

前　後

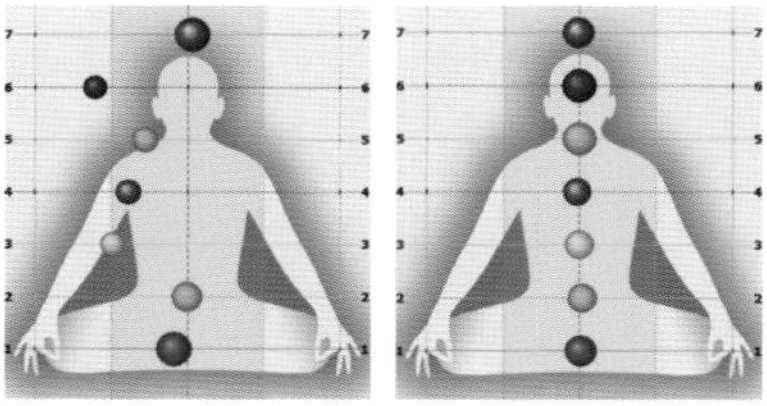

図4D

左の画像は、上級ワークショップでワークを始める前の参加者のGDV（気体放電視覚化）測定結果。右の画像は、その数日後にエネルギーセンターを祝福する瞑想をした際に起きた変化を示している。各エネルギーセンターの直径は拡大し、軸に沿って整列するように変化していることに注目してほしい。

上級ワークショップ参加前と後の
包括的エネルギー量の変化

前　後

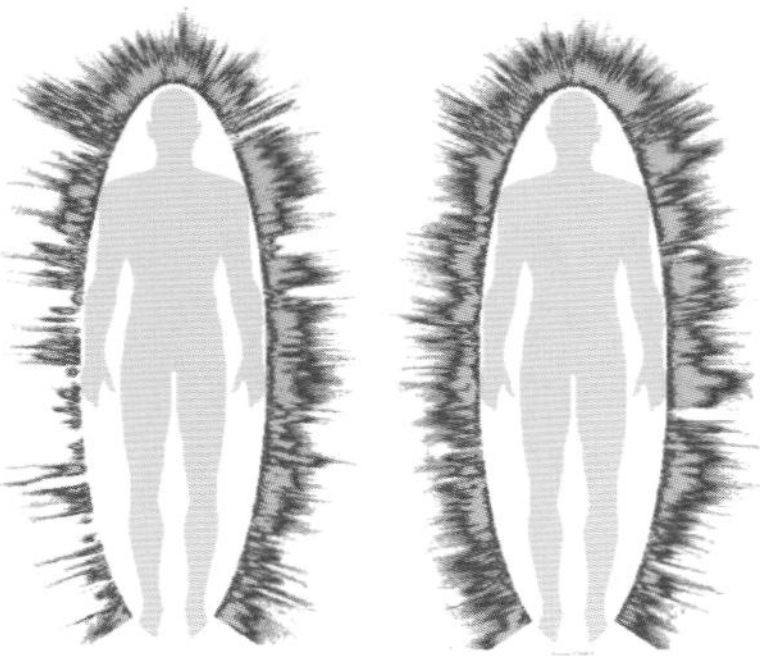

図5A

前　後

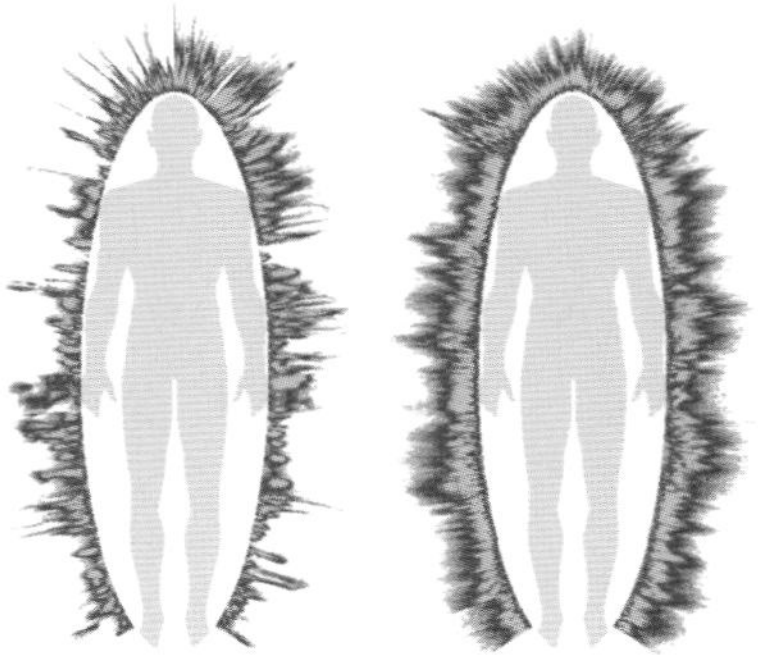

図5B

前　後

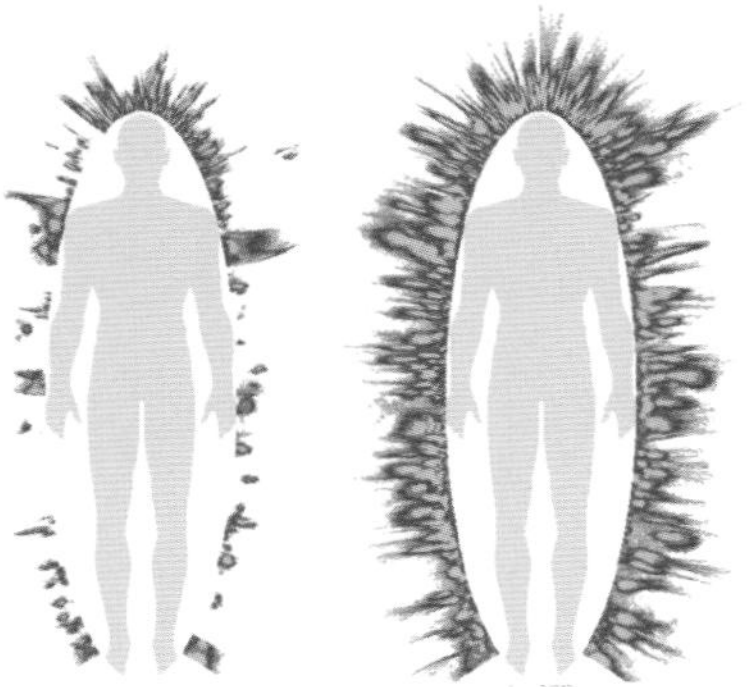

図5C

前　後

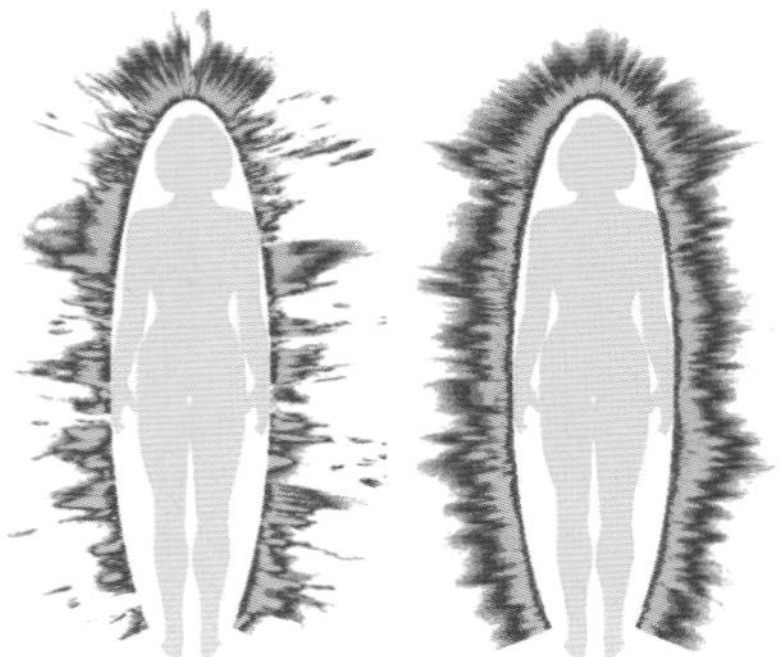

図5D

左の画像は、上級ワークショップ開始前の参加者のエネルギーのGDV測定結果。右の画像は、ワークショップ開始後数日たってから測定した参加者のエネルギー量。ワークショップに数日参加した結果、参加者の生命エネルギーが変化したことを示している。

呼吸法により参加者Aの脳波がガンマー域に入る

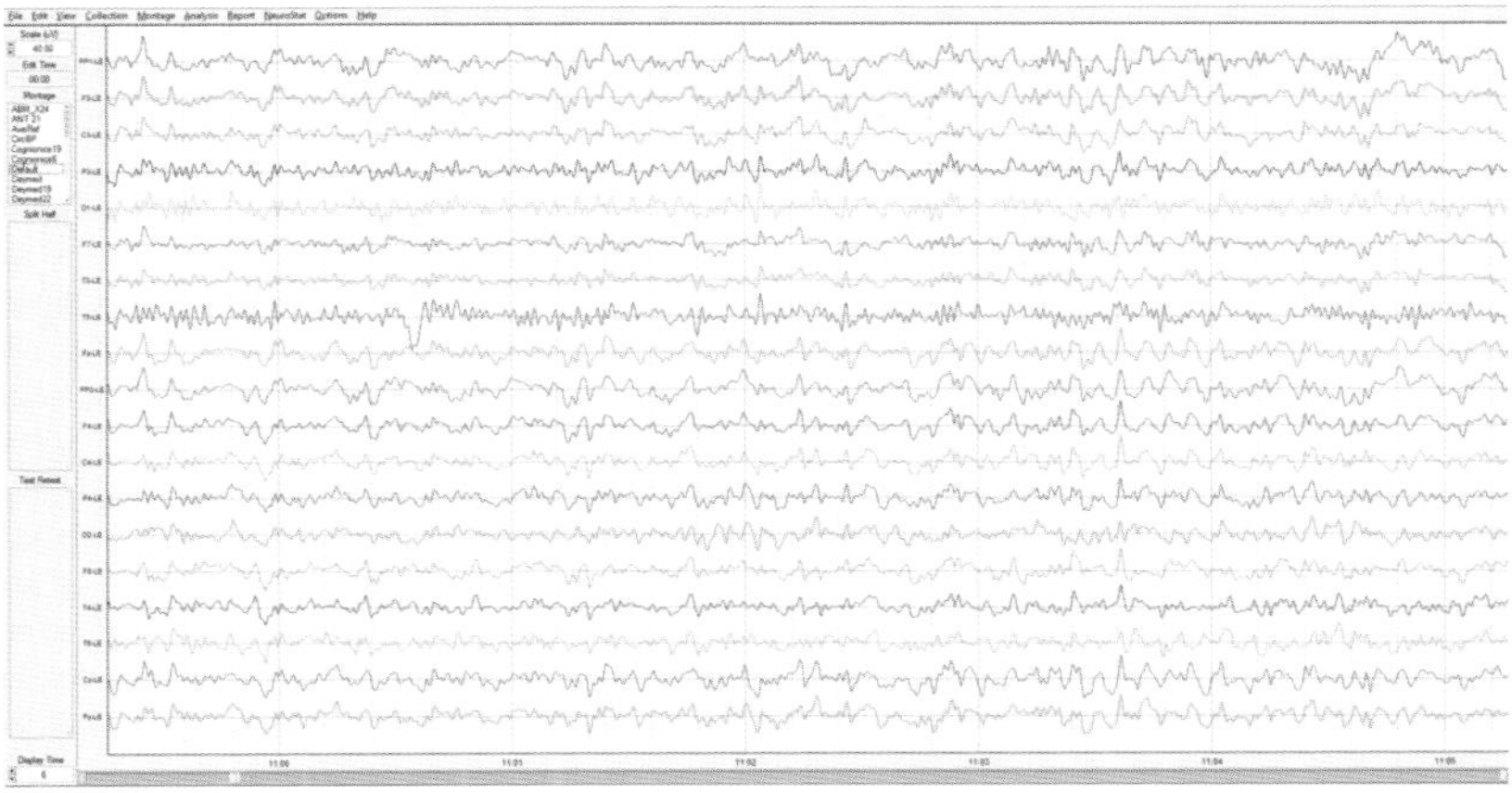

図6A(1)

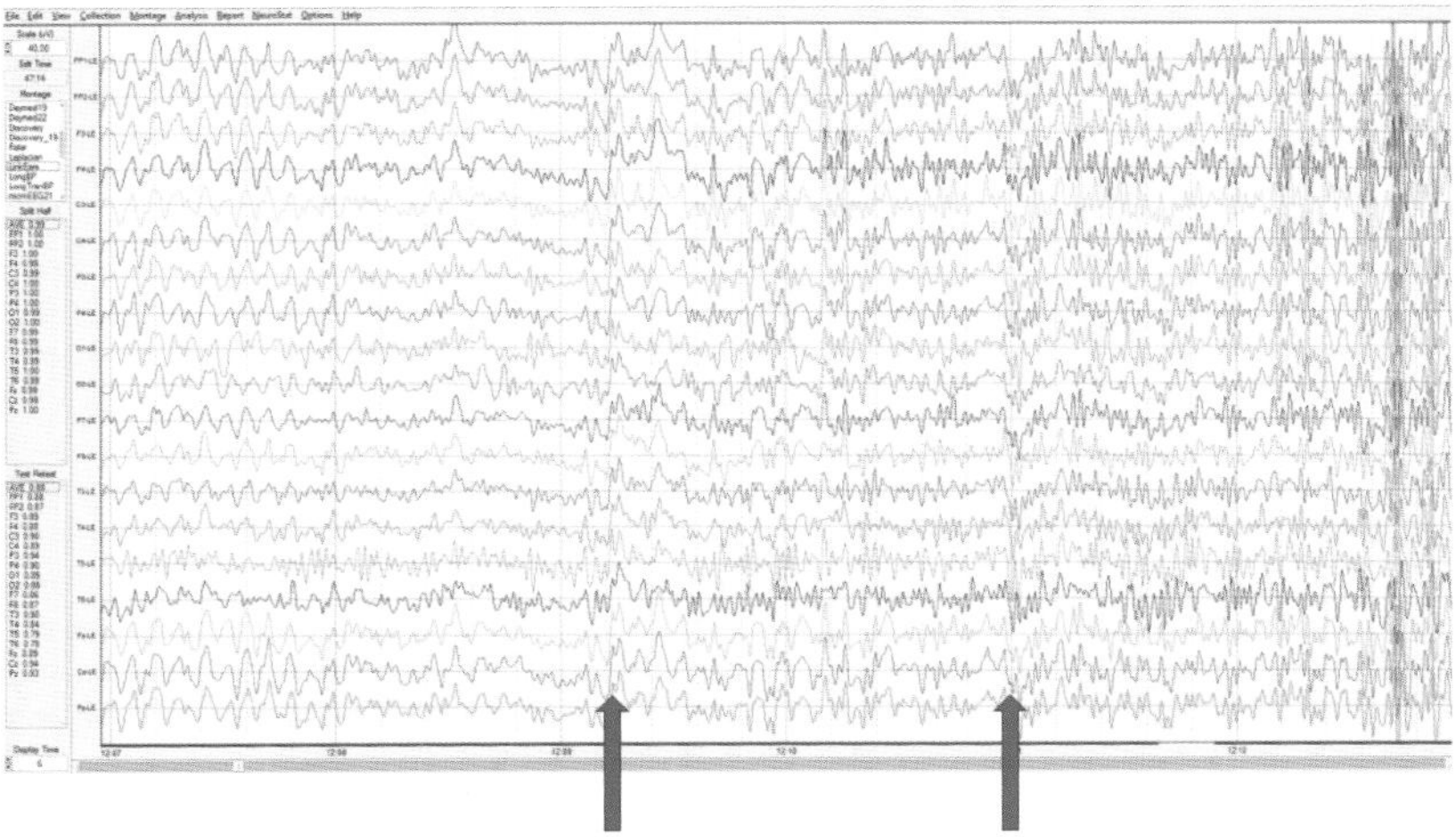

図6A(2)

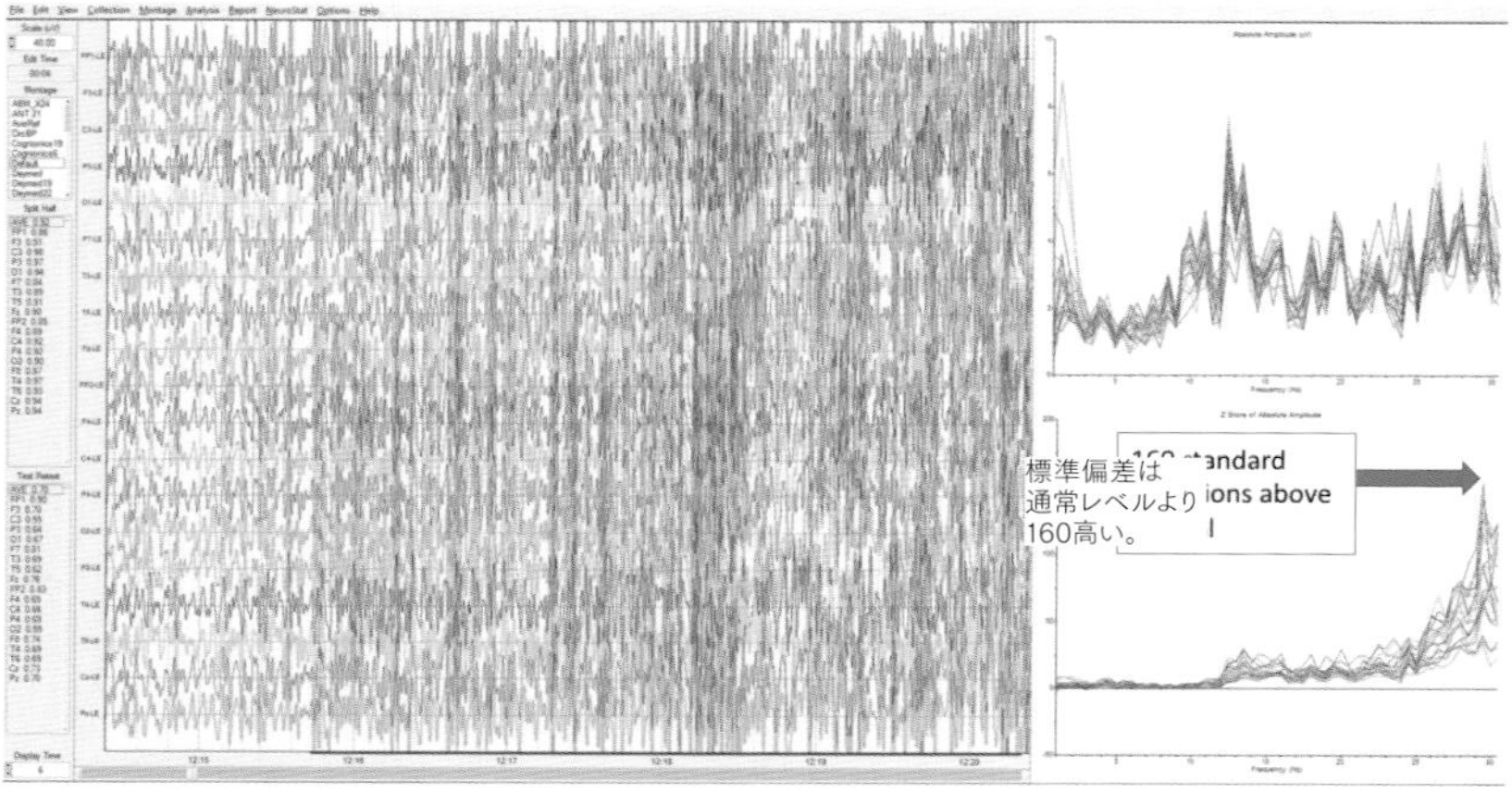

図6A(3)

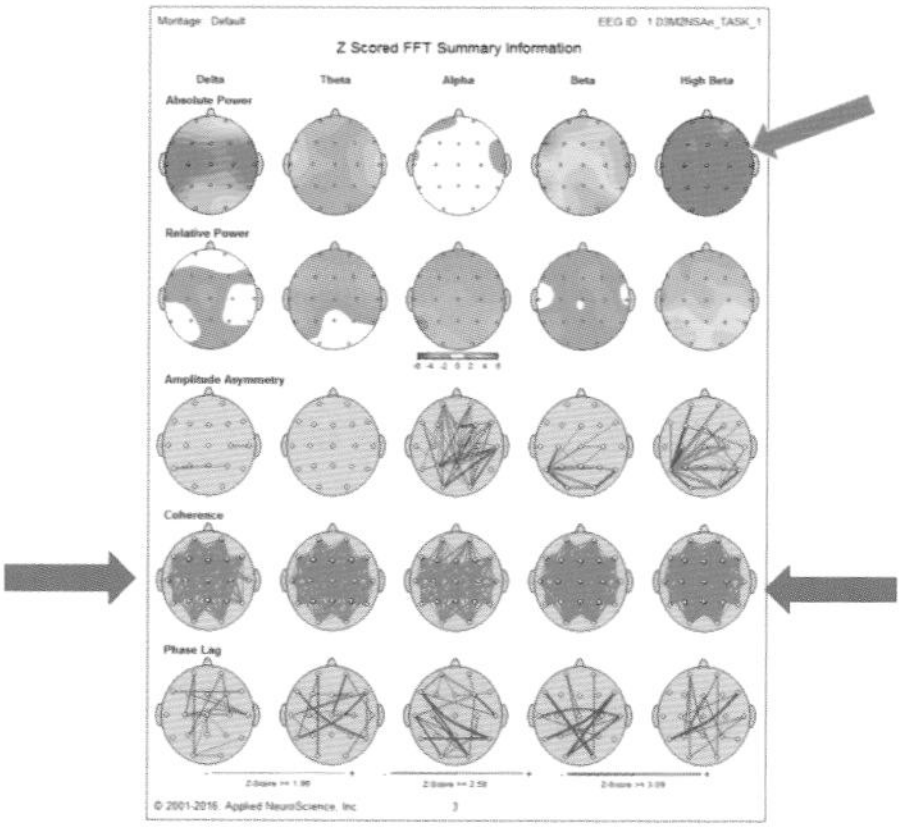

図6A(4)

図6A(1)(2)(3)は、参加者Aの脳波が呼吸法により高域ベータ波を経由してガンマー波に変わる様子を示している。彼の脳内にはエネルギーが充満し、高揚している。これが起きると脳波の周波数が明らかに変化することがよくわかる（青の矢印）。この人の脳内エネルギー量の標準偏差は通常より160高い。次に図6A(4)を見てみよう。脳内の赤い部分が多いと、それだけエネルギー量が多いことを示す。青い部分があるとき、脳内エネルギーが非常に少ないことを示す。したがって、赤い矢印が指している、脳内が真っ赤になっている状態は、ガンマー域に入る際に非常に大きな高域ベータ波のエネルギーが充満していることを示している。測定に使用したソフトウェアではガンマー波を検出できないが、上記の図を見る限り、真っ赤になっている状態の脳内エネルギー量は高域ベータ波、そしてガンマー波の状態であることが明らかだ。青い矢印が指す、下から2番目の列（コヒーレンス）の脳は、すべての測定地点が相互に連携し、エネルギー量が多いことを示している。

呼吸法により参加者Bの脳波がガンマー域に入る

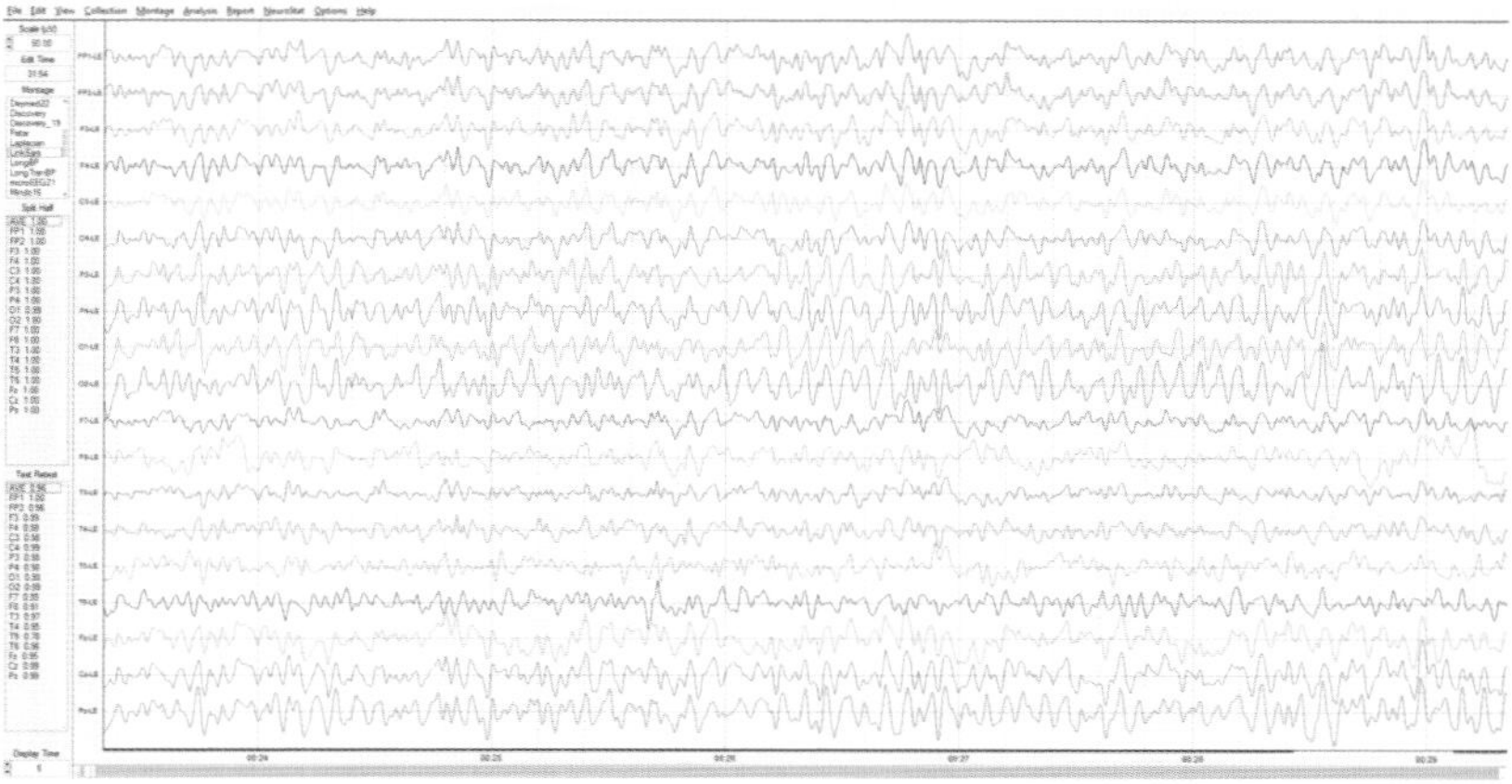

図6B(1)

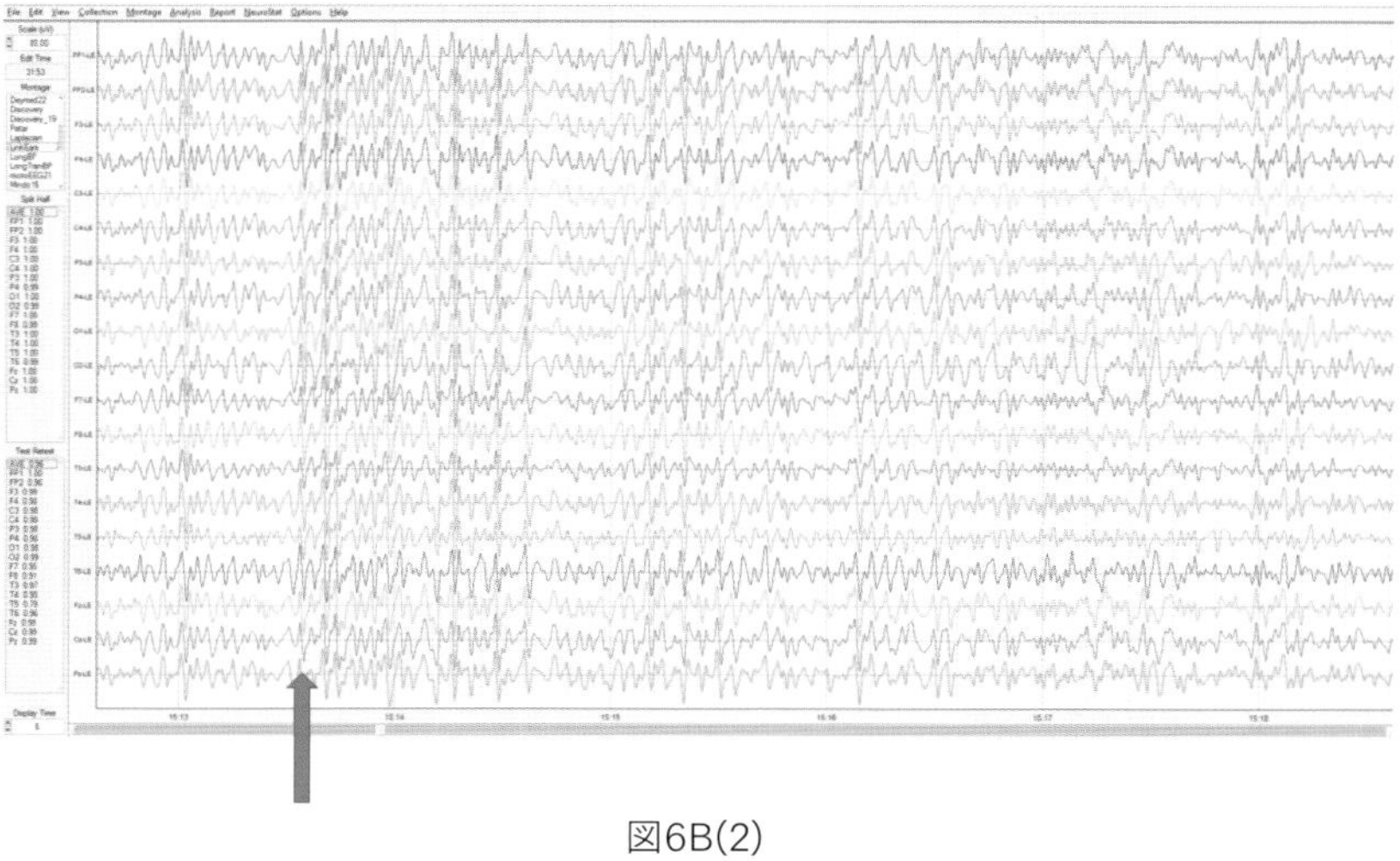

図6B(2)

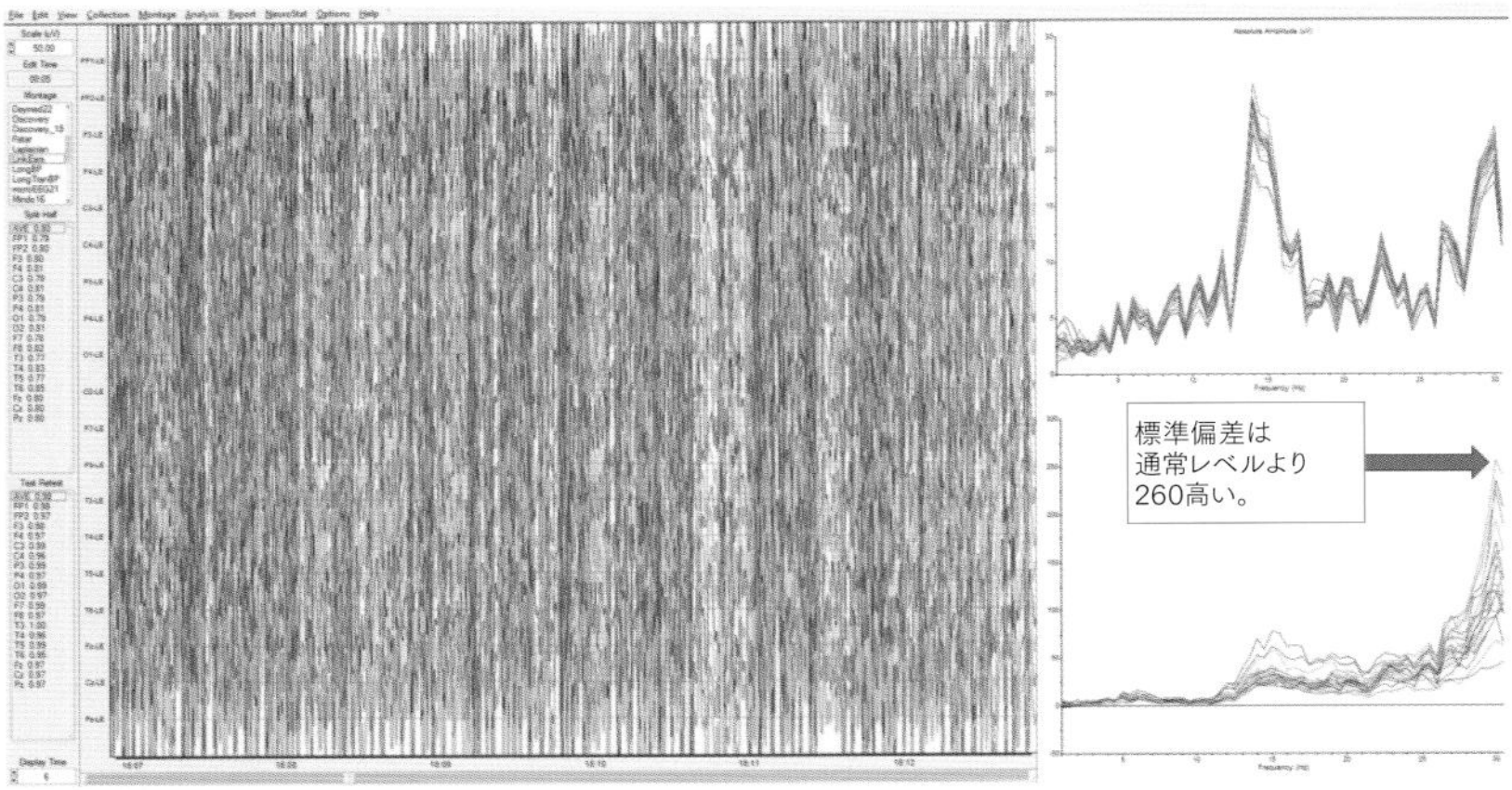

図6B(3)

図6Bでも、図6Aと似たような変化が見られる。図6B(2)の帯状記録紙下部の青い矢印の示す位置は、脳波が高域ベータ波からガンマー波に移行した瞬間を示している。図6B(3)の脳内エネルギーの標準偏差は通常レベルより260高い。言い換えると、測定総数のうち99.7%が標準偏差±3以内に収まることから、±3を超えるものは超自然の域とみなすことができる。

活性化した松果体周辺の脳スキャン画像

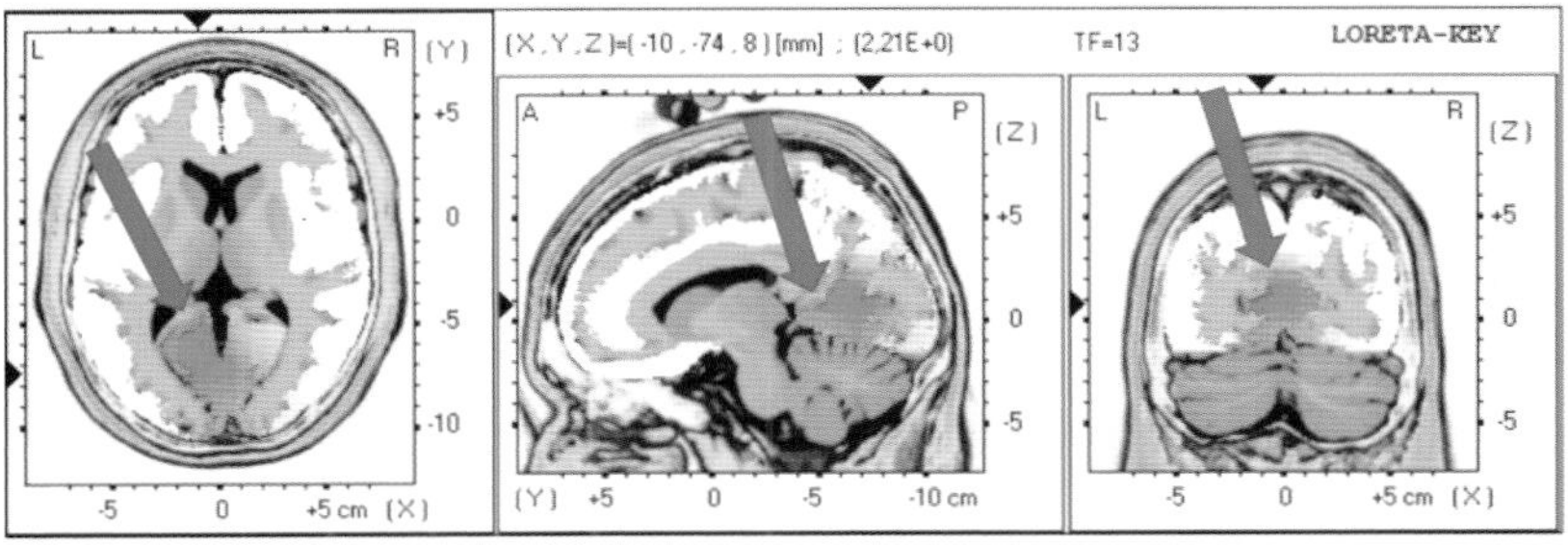

図6B(4)

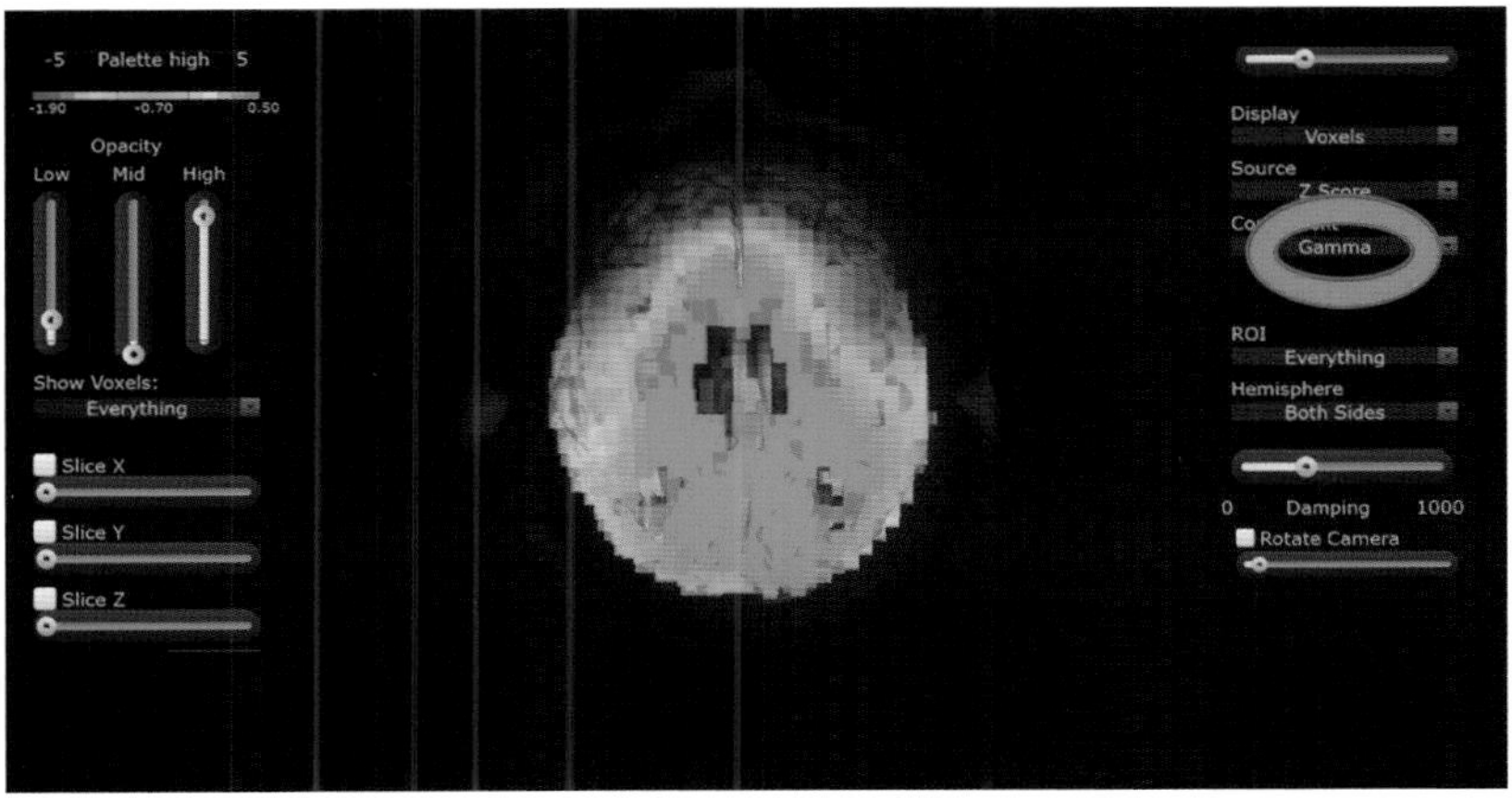

図6B(5)

図6B(4)の青い矢印が指している脳内の赤い部分は、松果体を取り巻く領域、ブロードマン領野と呼ばれる脳内区分の30番、強い感情と新しい記憶形成にかかわる領域だ。私たちの研究チームでは、参加者の脳がガンマー波を放出するとき、この領域が活性化するパターンを頻繁に観察している。図6B(5)は、同じ被験者の脳を下から見た3D画像だ。辺縁系内部から膨大なエネルギー放出が起きている様子がわかる。

フェリシアの脳スキャン

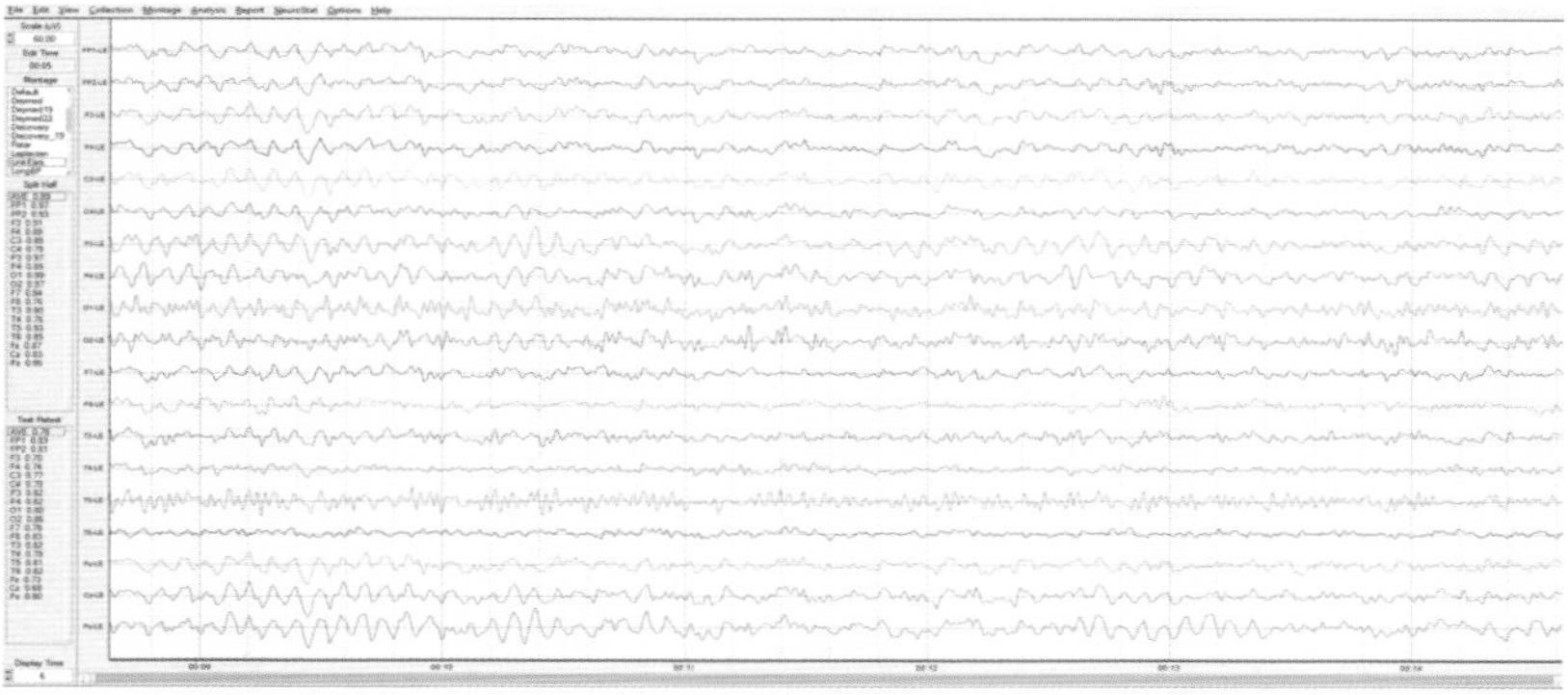

図7A(1)

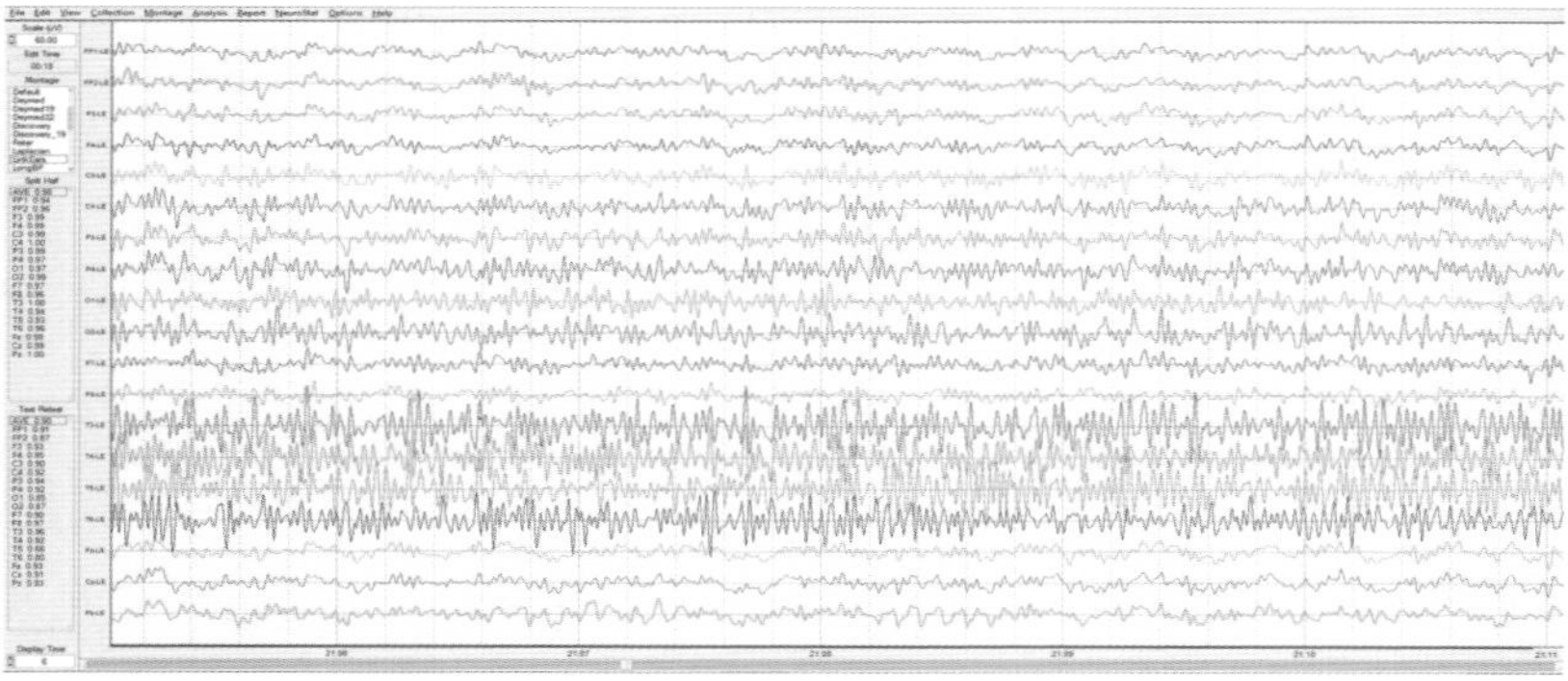

図7A(2)

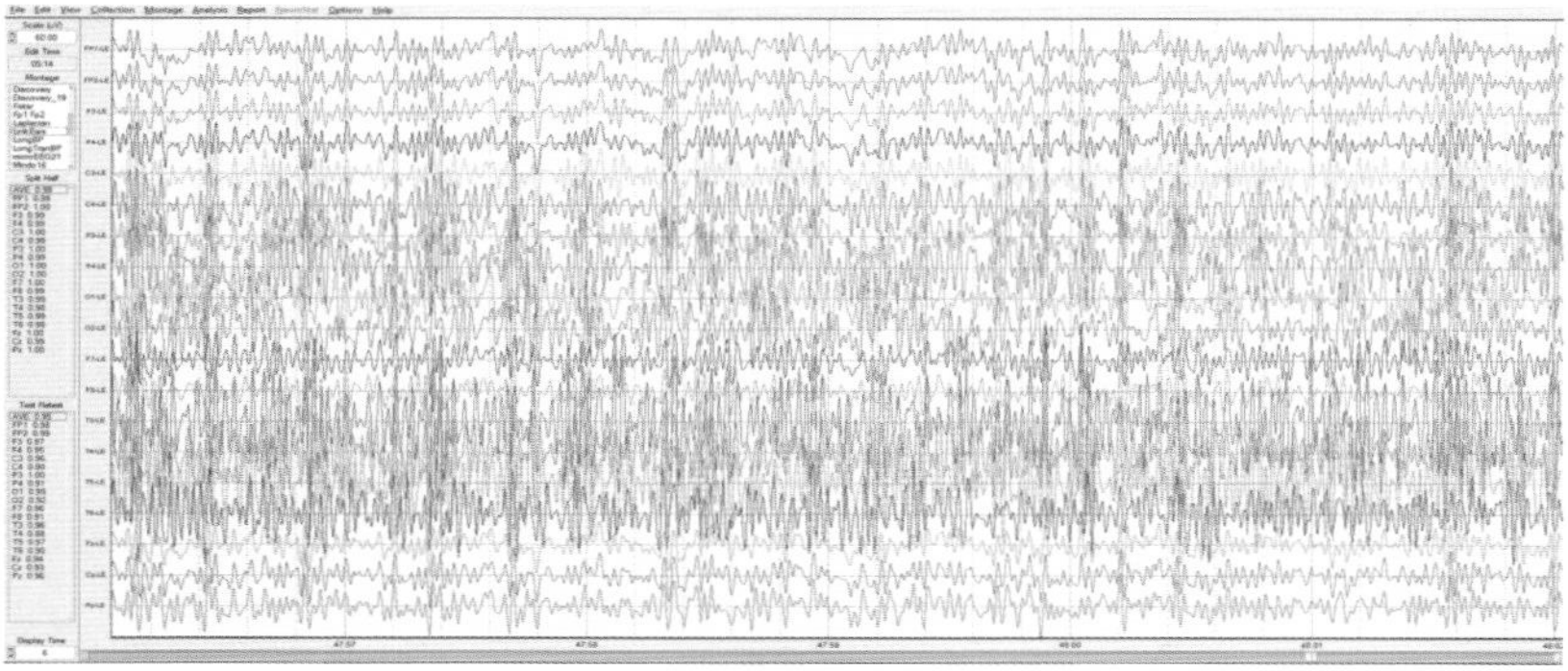

図7A(3)

フェリシアの脳スキャン

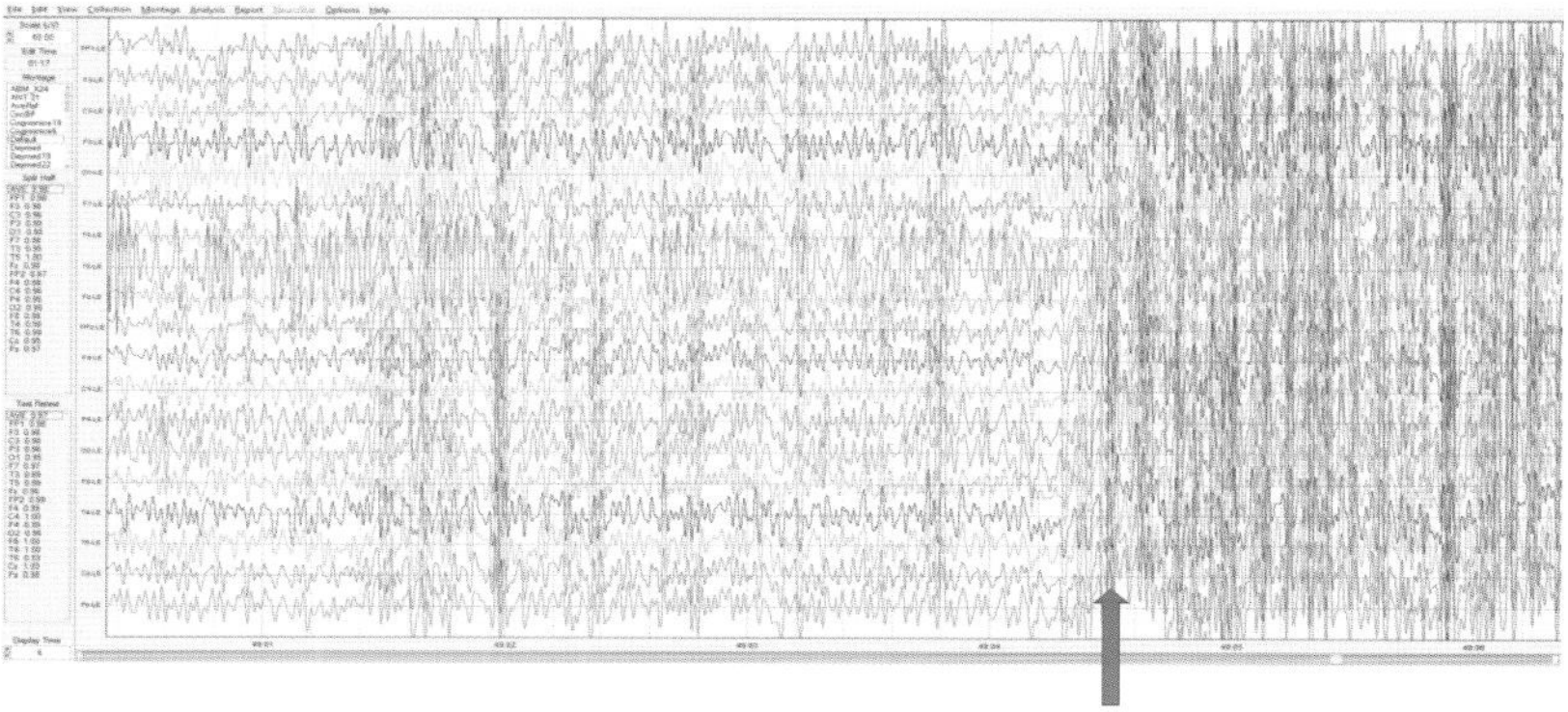

図7A(4)

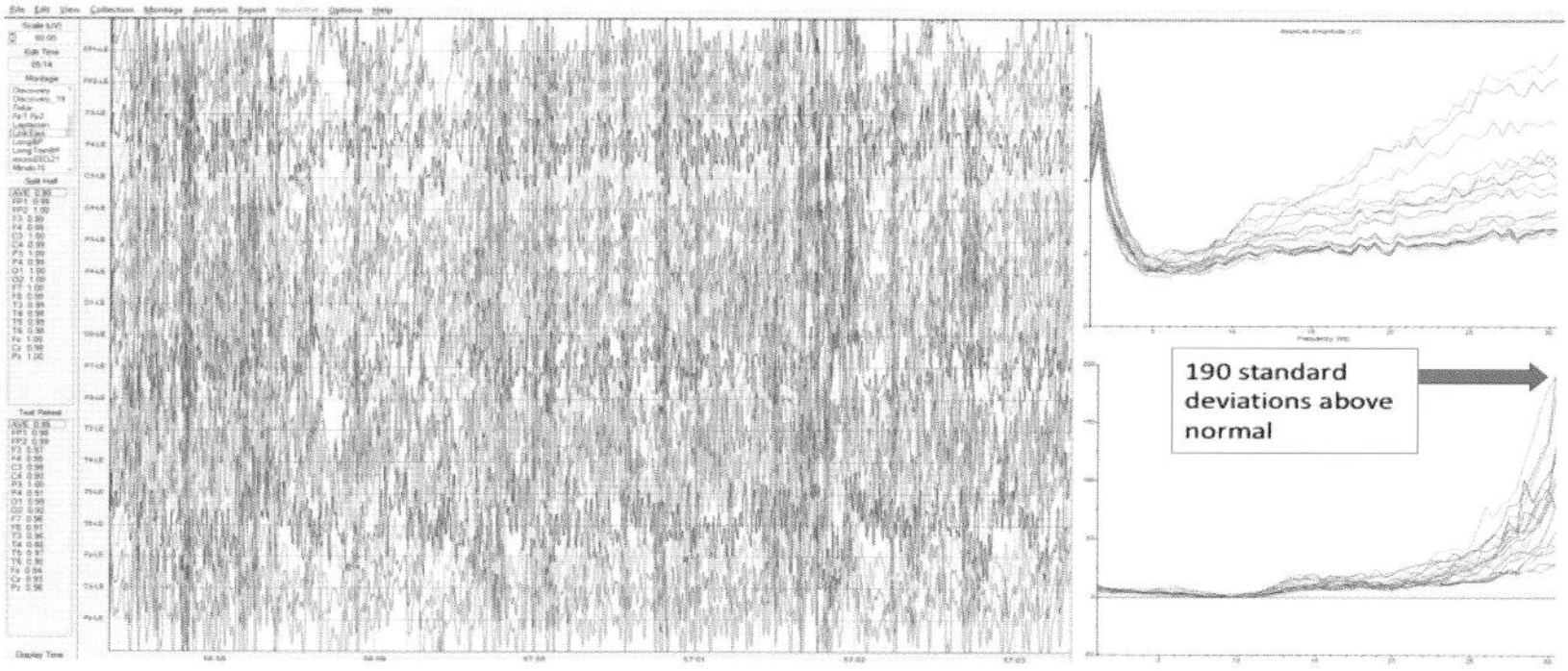

図7A(5)

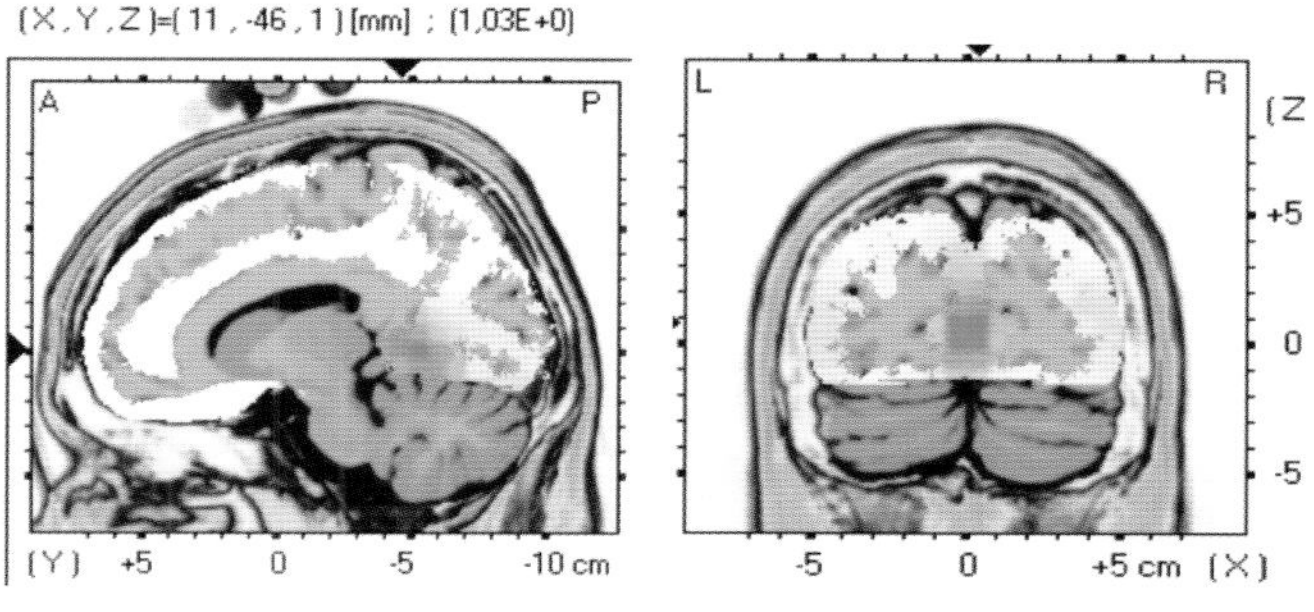

図7B

フェリシアの脳スキャン

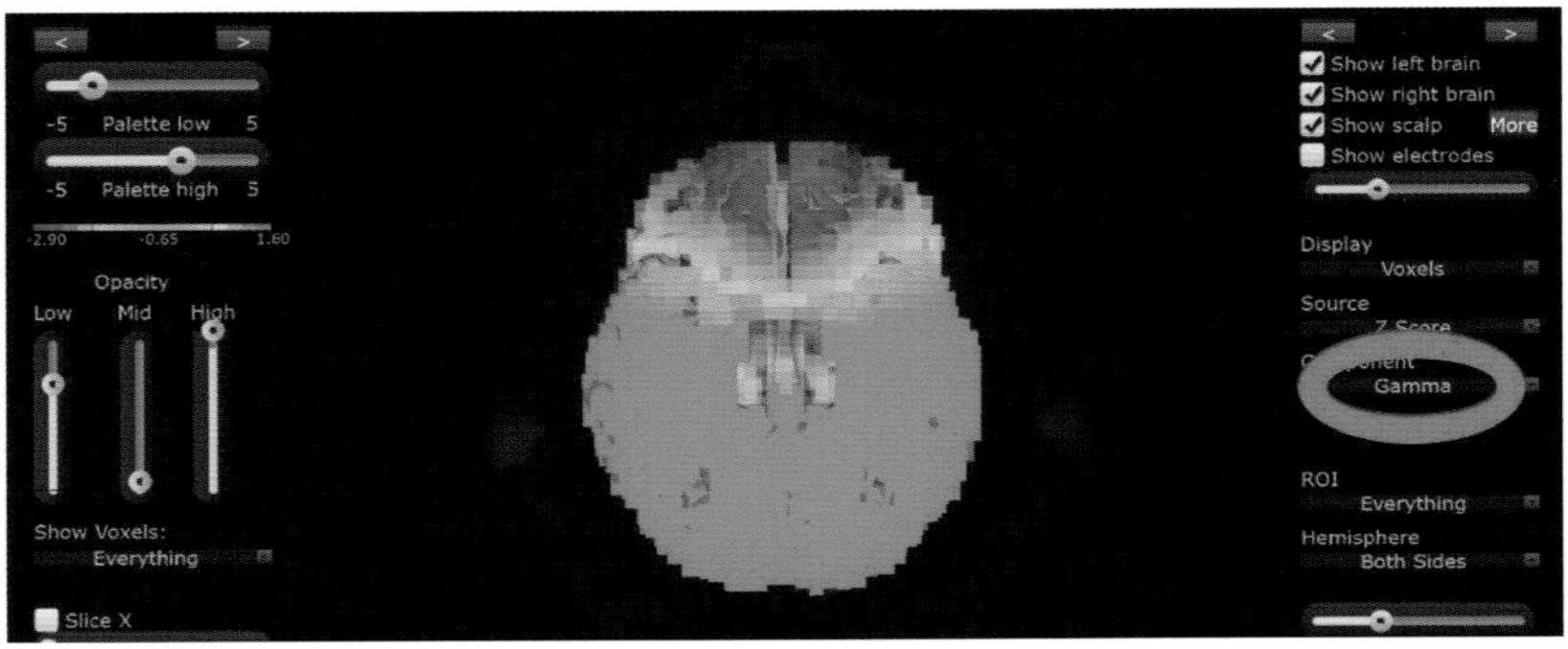

図7C

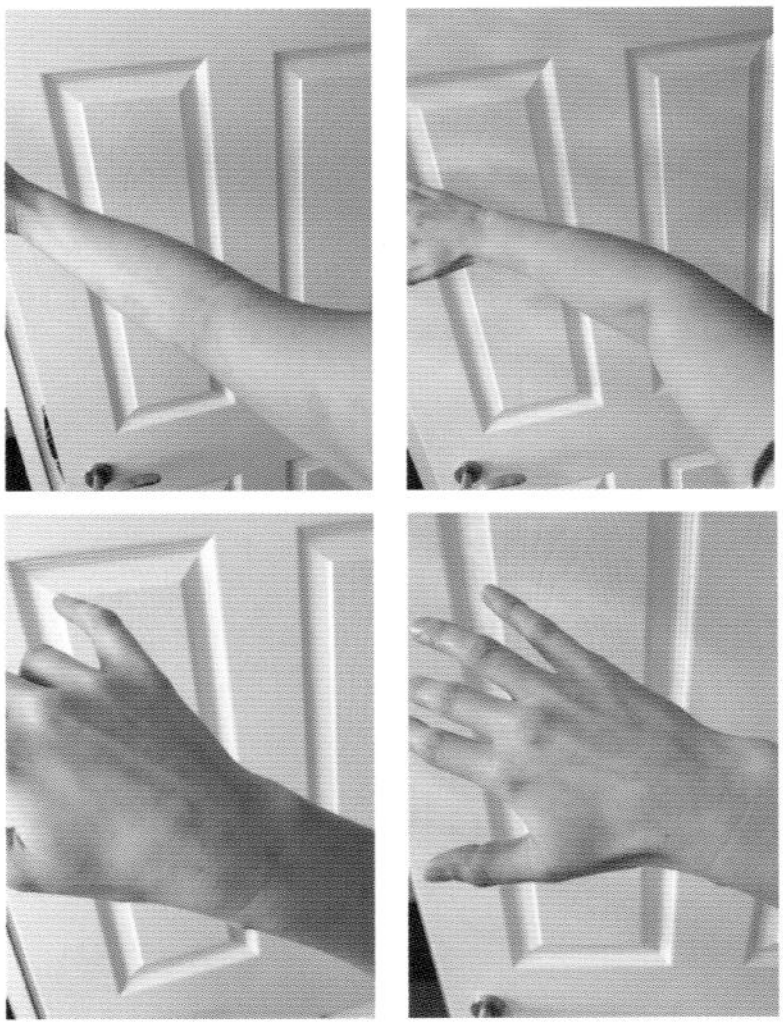

図7D

図7A(1)～(5)までの画像は、フェリシアの脳が通常のベータ波から高域ベータ波を経由して、高エネルギーのガンマー波に至るまでの過程を示している。（青い矢印は変わった瞬間）フェリシアが統一場にアクセスしたとき、脳内のガンマー波の標準偏差は通常レベルより190高くなっている。7Bを見ると、松果体周辺と強い感情を処理する脳の部分が高度に活性化していることがわかる。7Cは、脳の底部の画像。赤い領域はガンマー波のエネルギーが、辺縁系内部から発していることを示している。7Dの写真は、フェリシアが統一場にアクセスし、生体のアップグレードを受ける前と後の皮膚の状態を映している。

心臓と脳のコヒーレンス

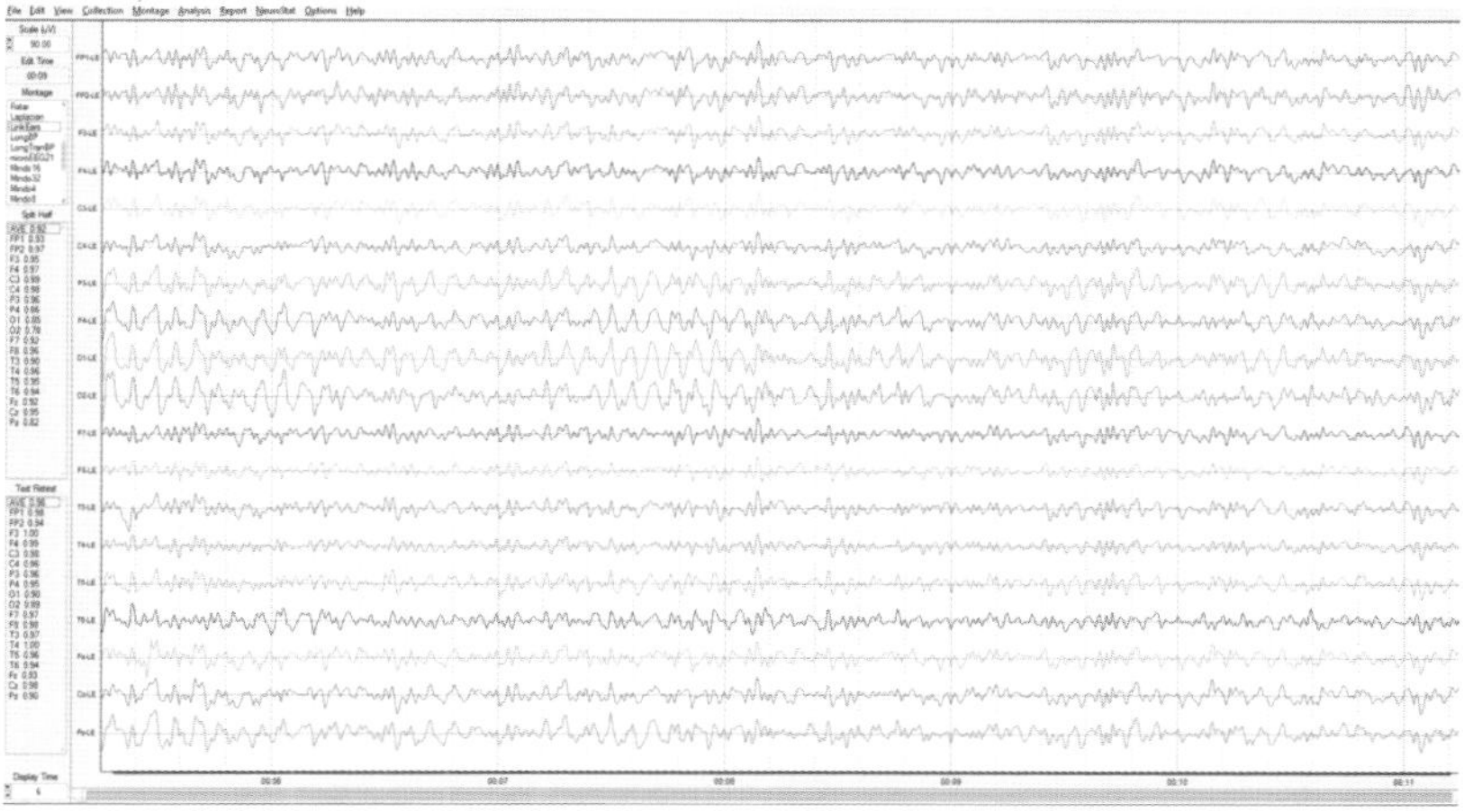

図8A

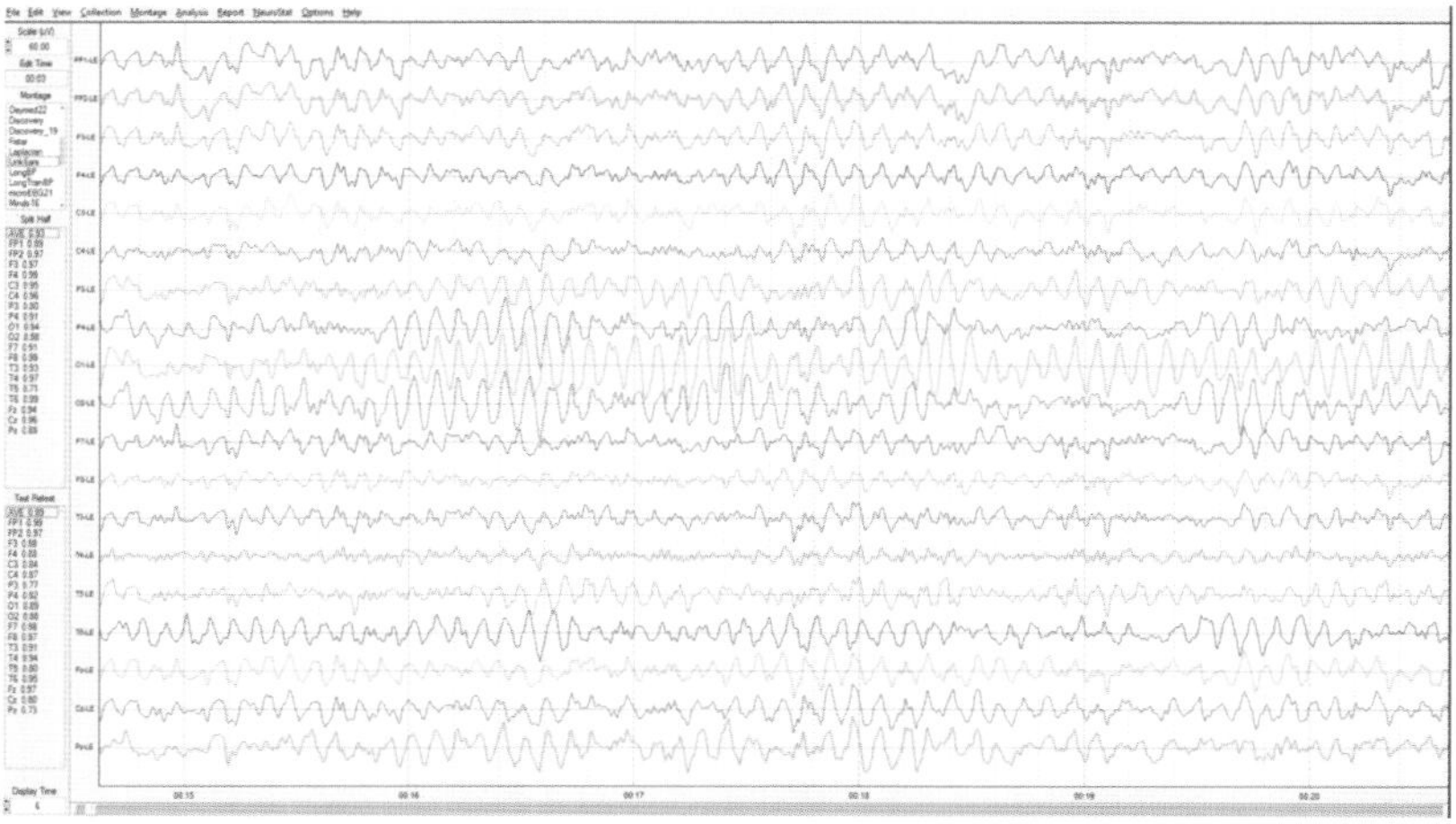

図8B

上の帯状記録紙の画像は、被験者が心臓のエネルギーセンターを活性化する前の脳波の状態を示している。脳の大半はシンクロしていないベータ波域にあり、せわしなくあちこちに思考の関心が向いている状態だ。下の画像は、その約10分後、同じ被験者の心臓がコヒーレントになったときの脳波。脳全体がコヒーレントなアルファ波の状態にある。

万華鏡映像を見た後、
コヒーレントなアルファ波&シータ波になった脳波

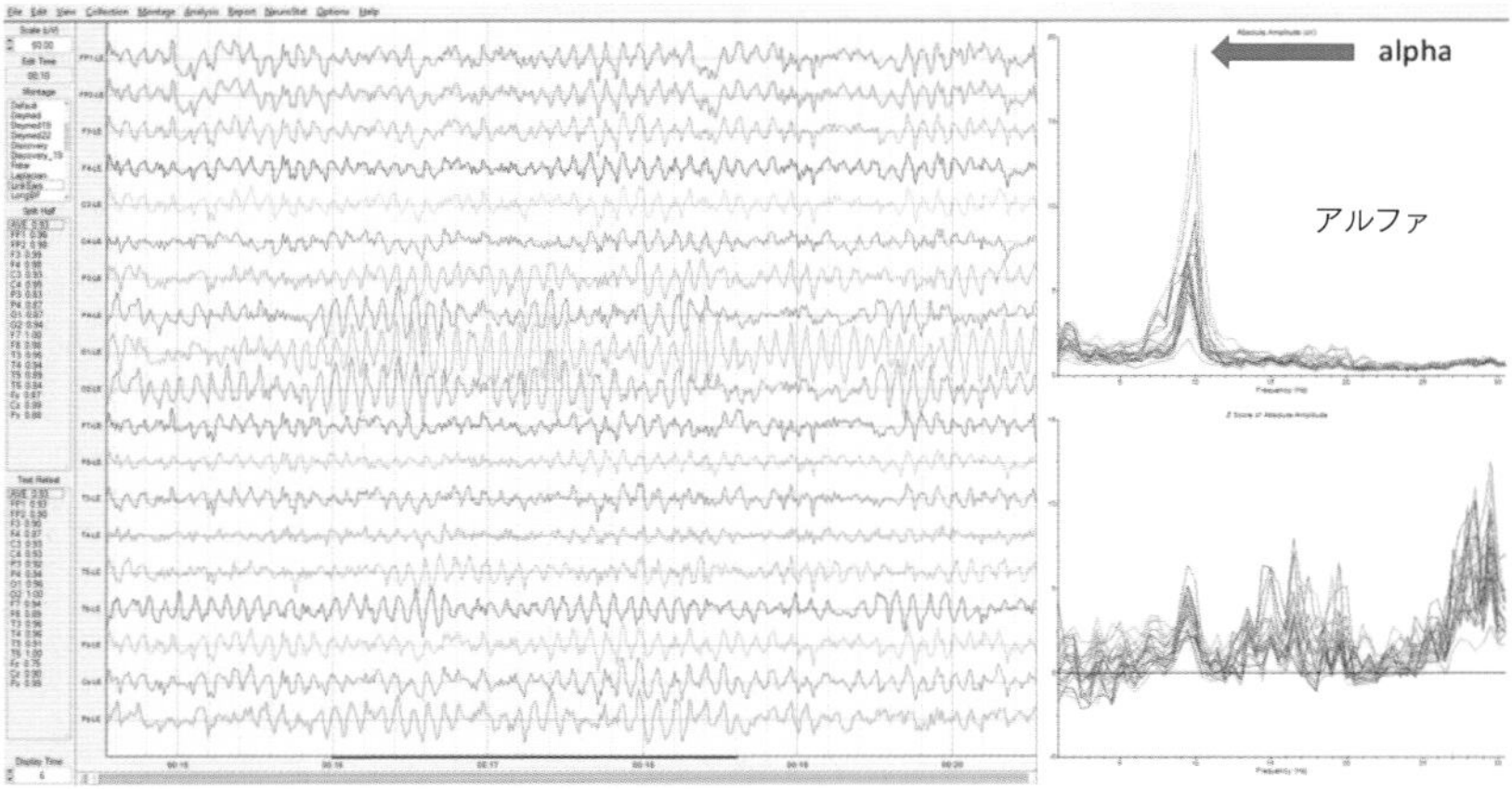

図9A(1)

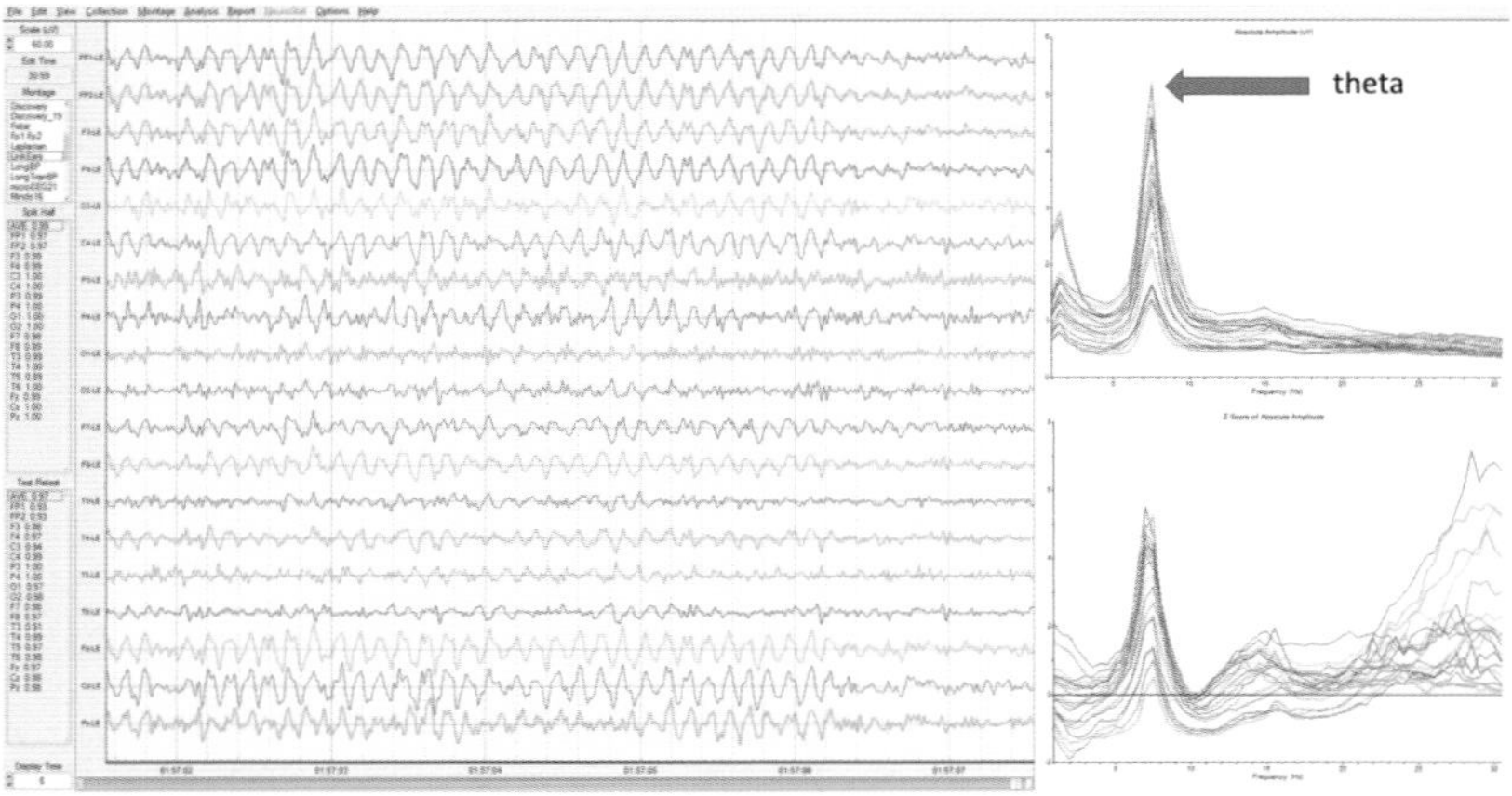

図9A(2)

万華鏡映像を見た後、
コヒーレントなアルファ波&シータ波になった脳波

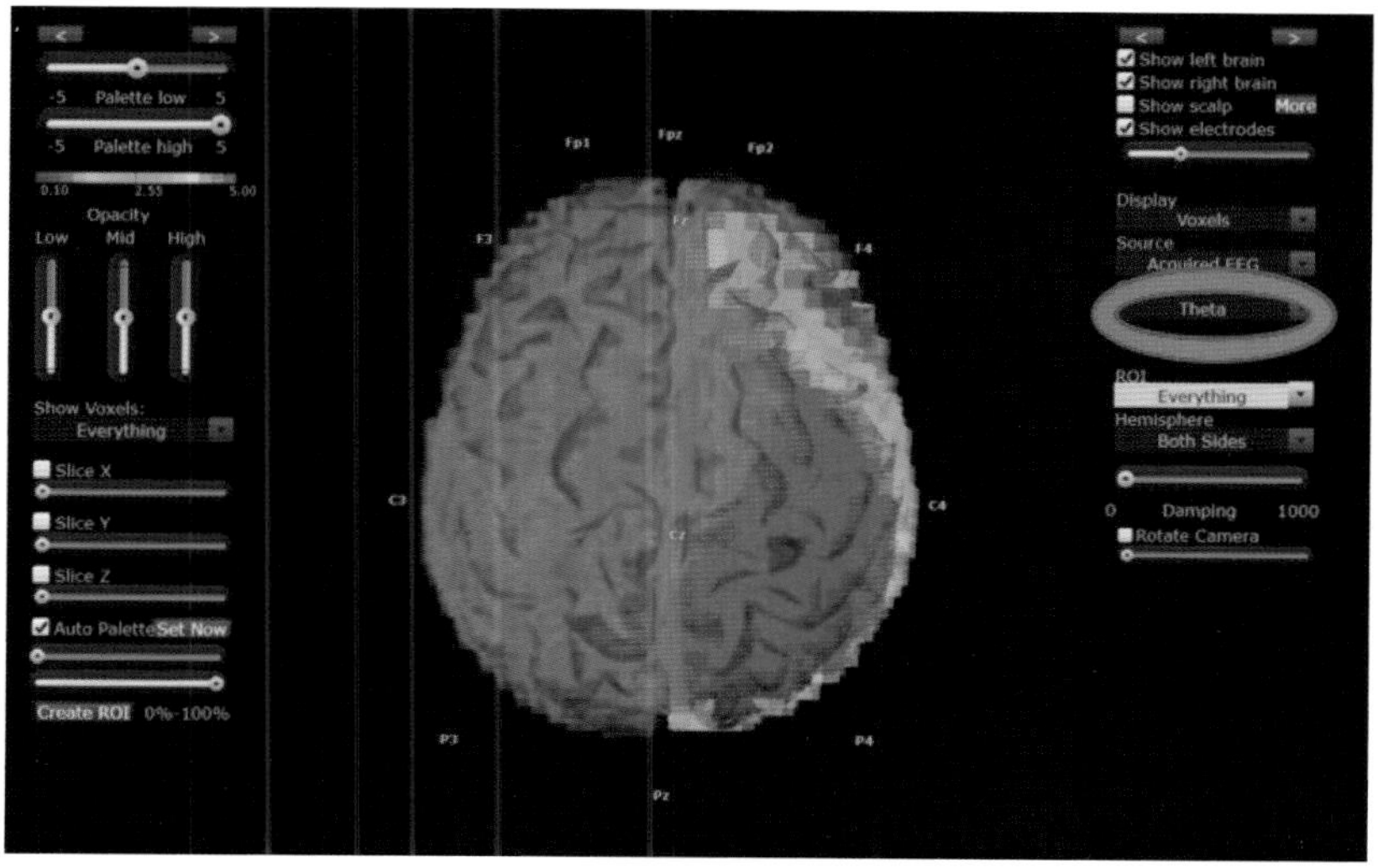

図9A(3)

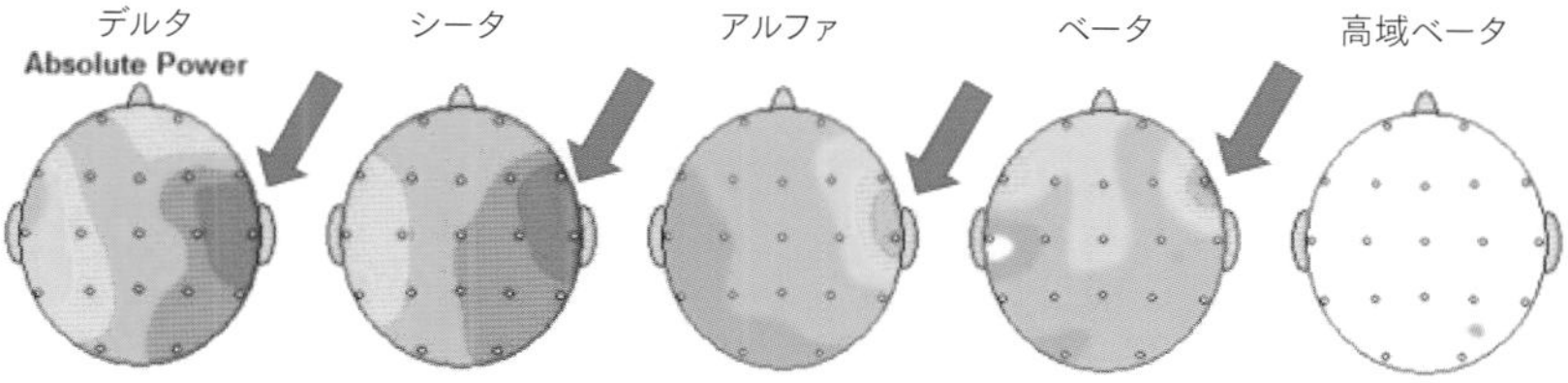

図9A(4)

図9A(1)は、万華鏡映像を見ている参加者の脳がコヒーレントなアルファ波になった時の脳スキャン。図9A(2)は、万華鏡映像を見てトランス状態に入った別の参加者の脳がコヒーレントなシータ波になった様子を示している。図9A(3)は、別の参加者の脳の3D画像(ほとんど真っ赤)で、ほぼ脳全体がシータ波状態になっている。右の赤い楕円で囲んでいるのは、脳内のシータ波を測定していることを示す。図9A(4)は、万華鏡を見ている参加者の脳内の様々な脳波を計測したところだ。それぞれの脳の右上の青い矢印が指すのは、デルタ、シータ、アルファ、ベータの状態の、脳内で高度に活性化している部分。

マインドムービーを見て脳内にエネルギーが充満する

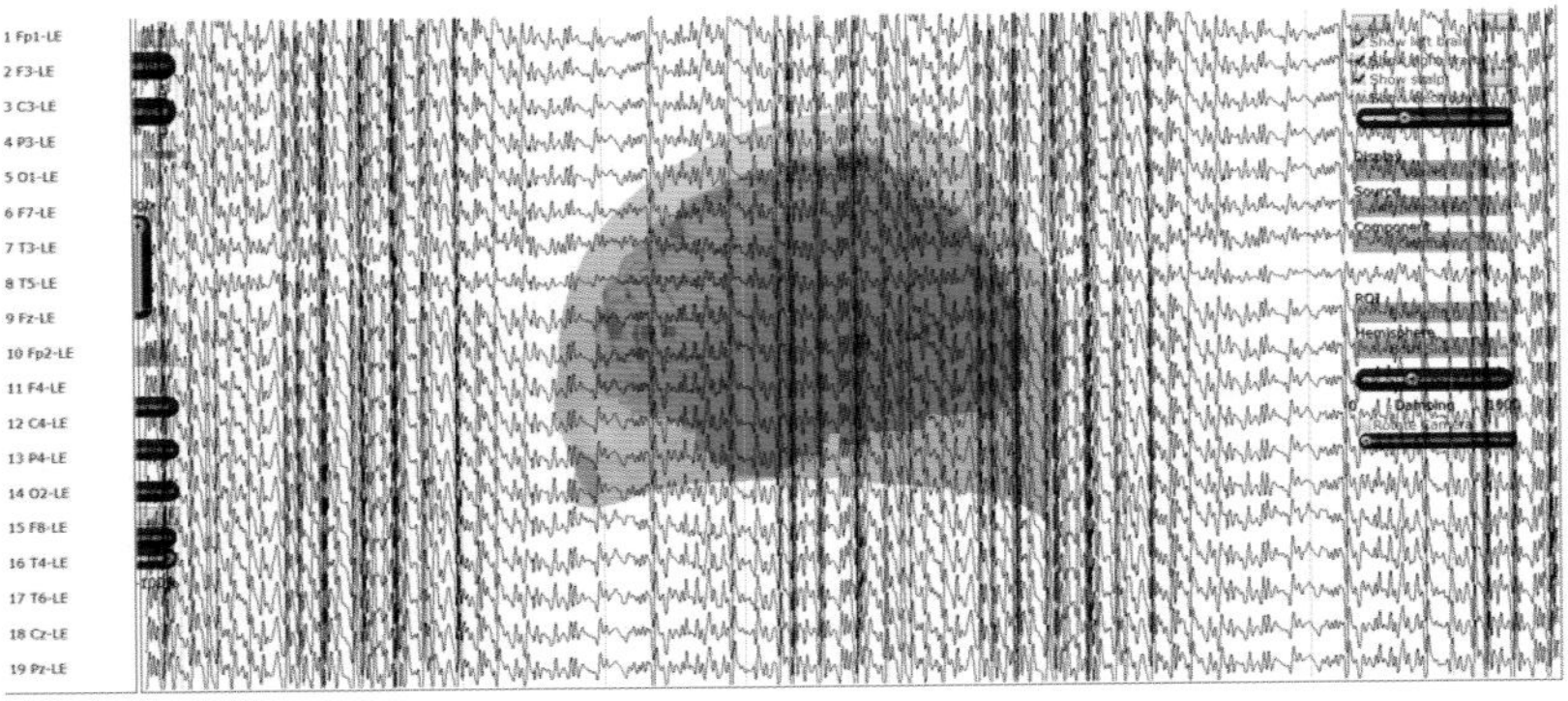

図10

これはマインドムービー体験に没頭している参加者の脳の様子。かなりの部分をコヒーレントな高域ベータ波とガンマー波が占めていて、脳全体を活性化している。

マインドムービーのワンシーンを見ているときの脳の活動

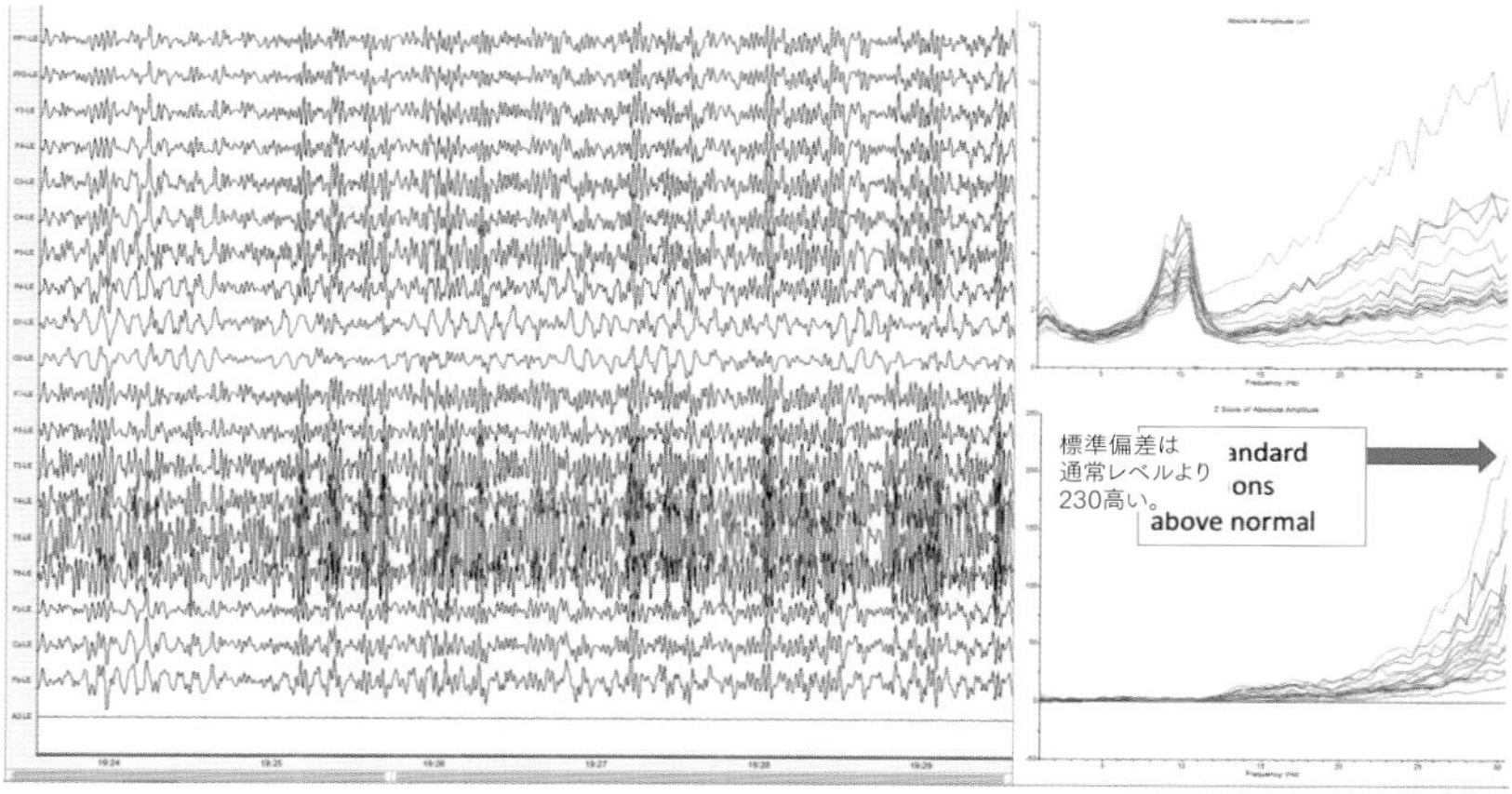

図11A

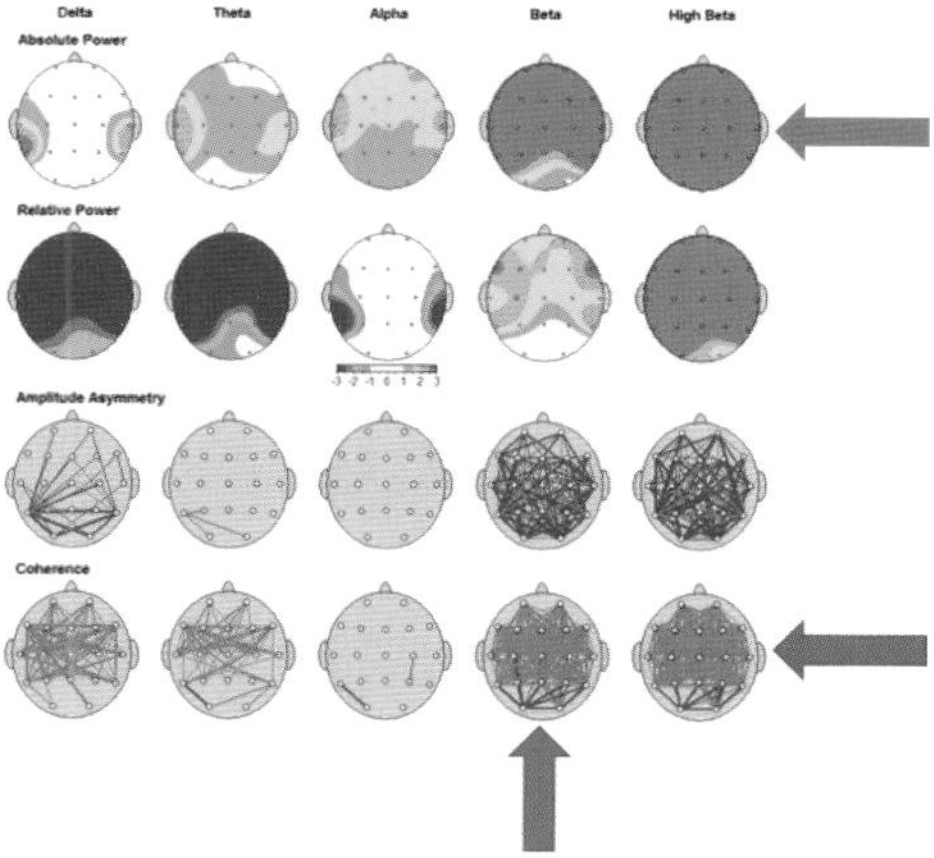

図11B

瞑想中にマインドムービーのワンシーンを体感したこの参加者は、極限までの臨場感を、体の五感を使うことなく経験したと報告した。図11Aではこの参加者の脳がコヒーレントな高域ベータとガンマー波の状態にあることを示している。脳内のエネルギーの標準偏差は通常より230高い数値を示している。図11Bの赤い矢印が指している脳は、高域ベータの高エネルギー状態で、ガンマー波へと移行しつつある。青い矢印が指す脳は、かなりの範囲でコヒーレントな状態になっている。ここで重要なポイントは、参加者の意志によって脳内の状態を変化させることはできないこと。これは参加者が経験したことの結果として起きている。

歩行瞑想による脳内変化

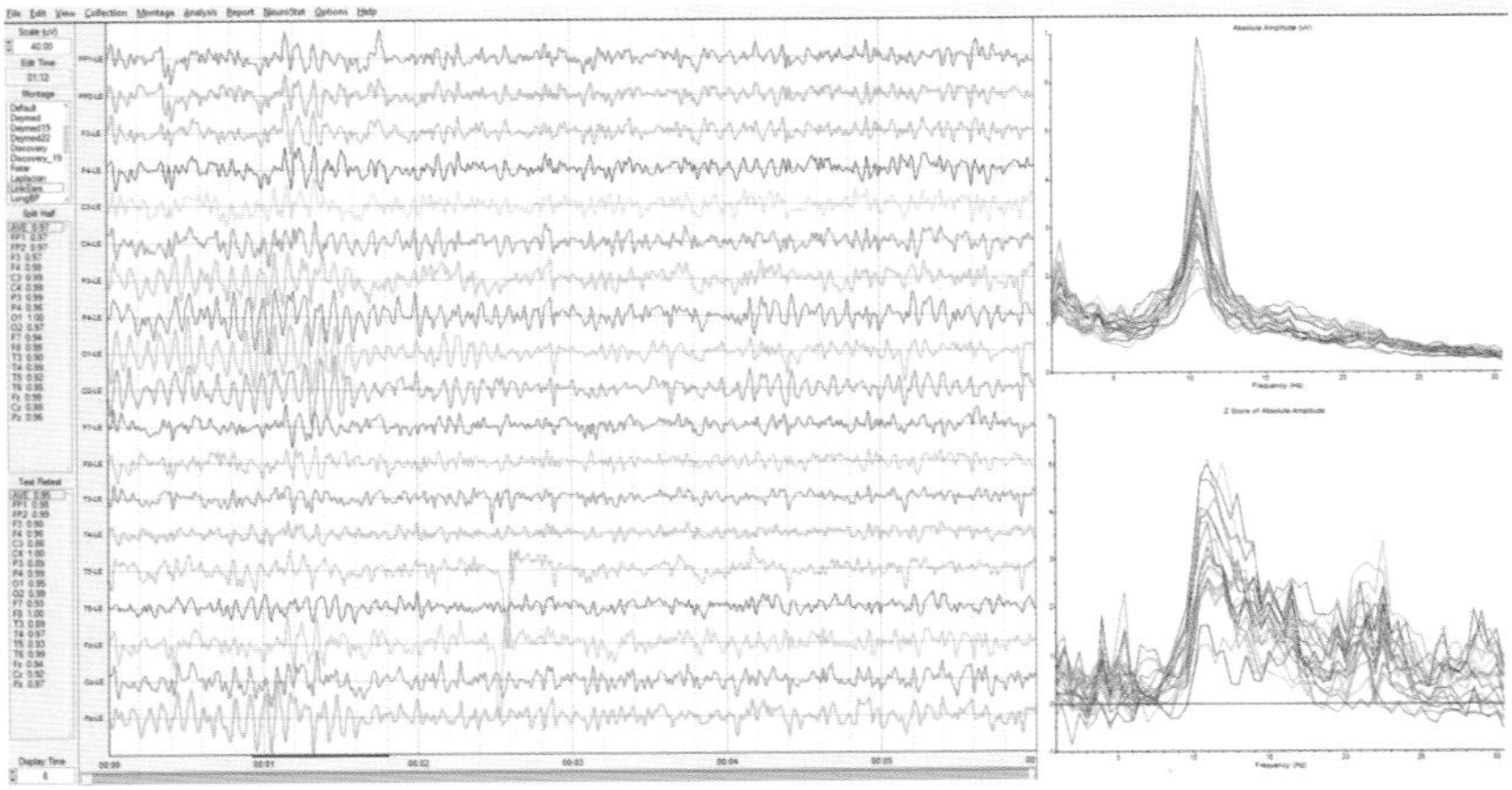

図12A

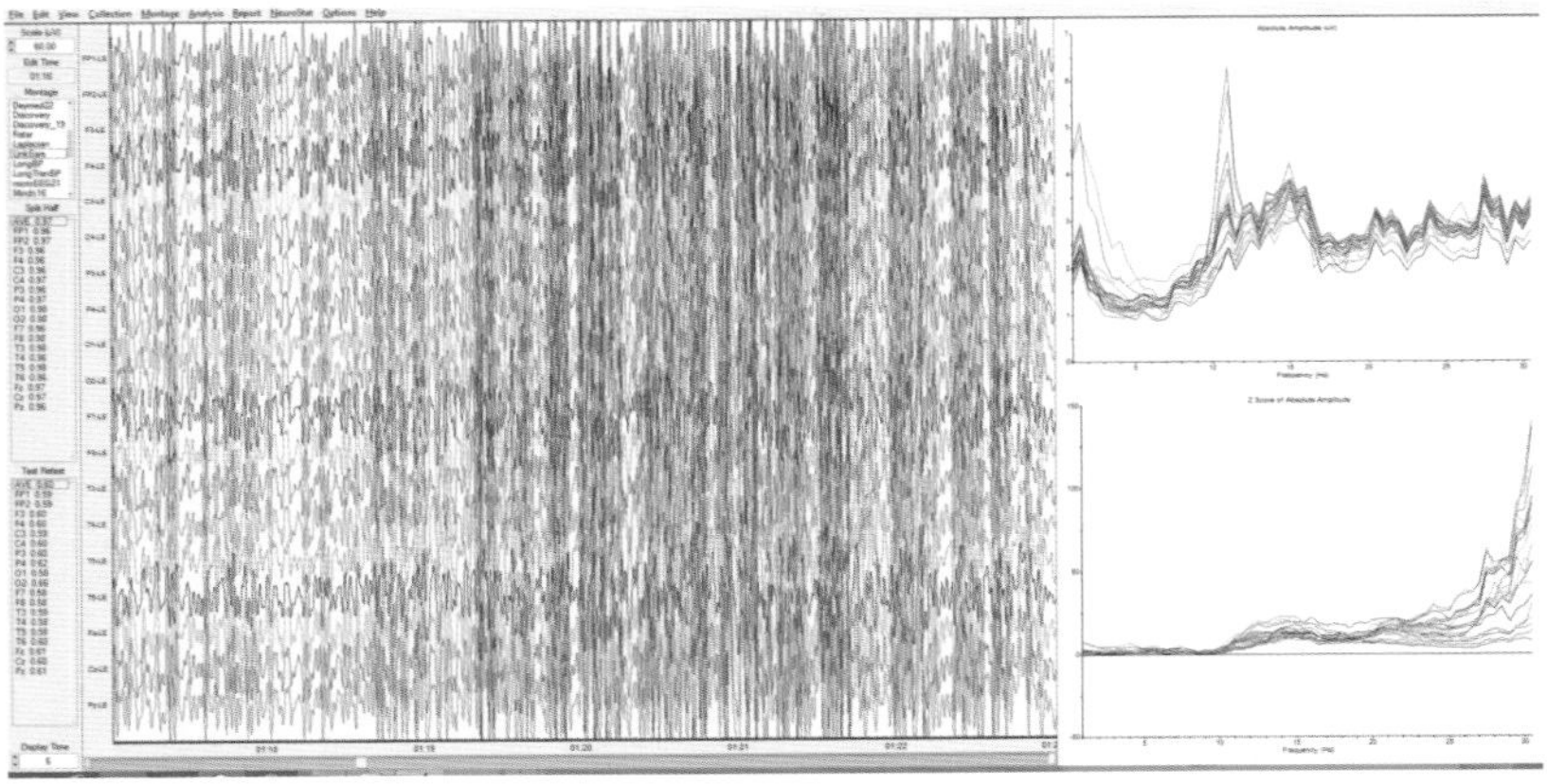

図12B

図12Aは、ある参加者が歩行瞑想を始める前の脳の初期値で、通常のベータ波とアルファ波の状態にある。図12Bは、その1時間20分後の脳の状態。歩行瞑想により彼の脳内は高エネルギーのガンマー波に変化した。

情報の定常波

図13A

複雑な幾何学模様をなすフラクタルパターンは、脳によってスクランブル解除されて非常にパワフルな映像/画像となる、周波数と情報の定常波だ。上の画像は2次元だが、映像/画像が脳内に現れる様子をうかがわせる。

太陽活動と人類の出来事の相関関係

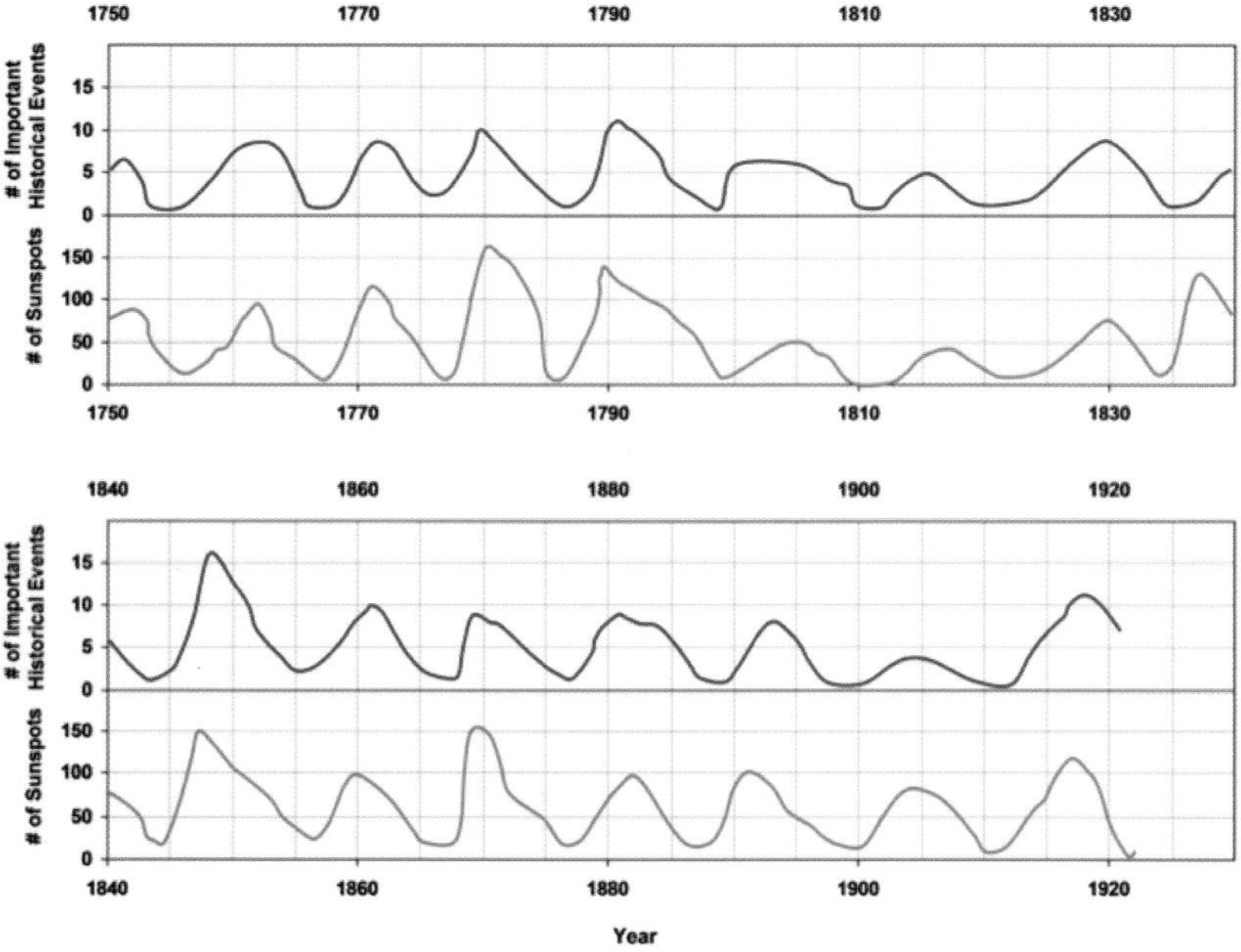

図14

アレクサンダー・チゼフスキーは、1749〜1926年にかけて起きた政治・社会面の出来事と太陽活動の増加の関連性を調査した。上の図で青の線は太陽フレアの発生件数、赤の線は人々の興奮の度合いを示している。太陽活動が増加する時は必ず歴史上の出来事の数も増加していることがよくわかる。

出典：アレクサンダー・チゼフスキーの論文"Physical Factors of the Historical Process"をもとに作成。

2016年ワシントン州タコマ会場
水、木、金、土（終日）のエネルギー量の比較

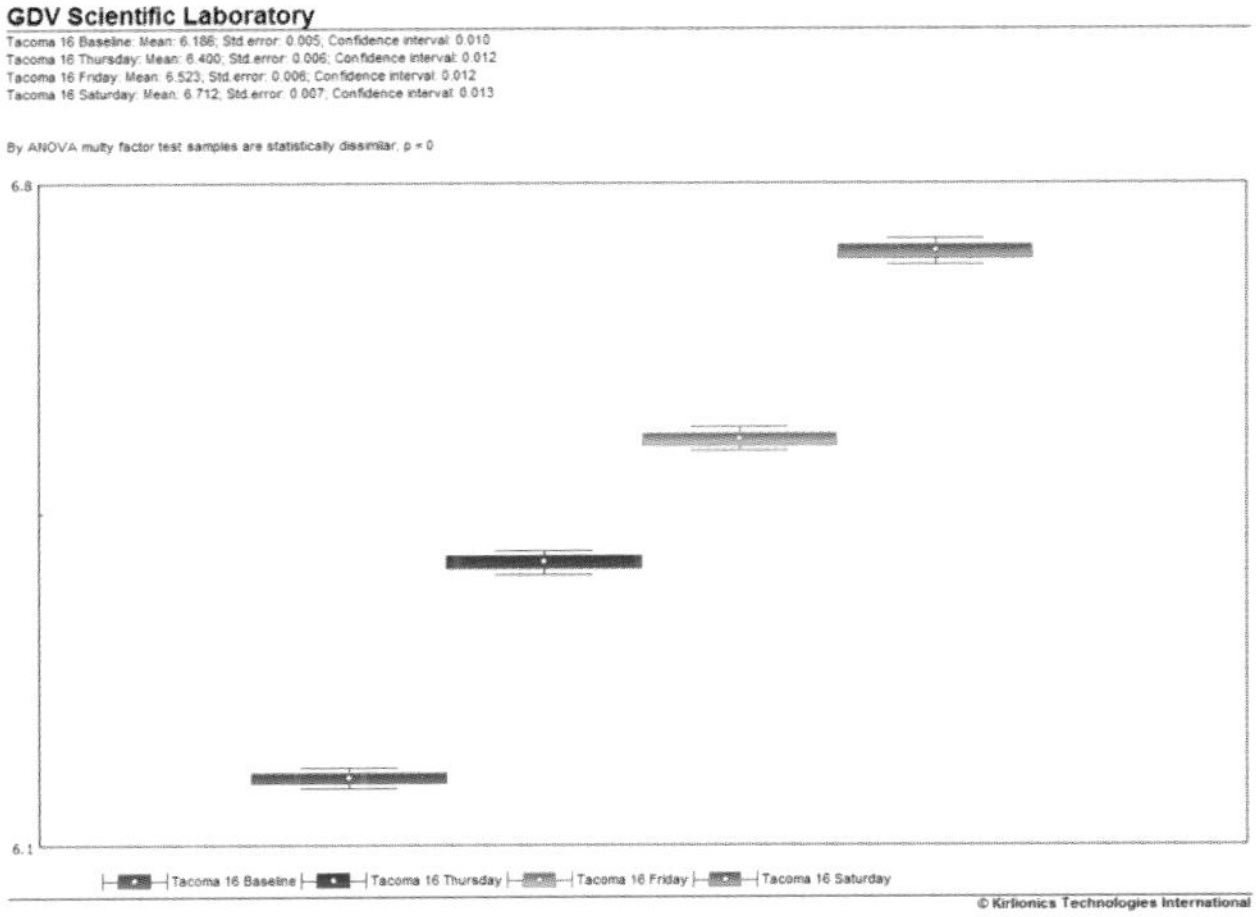

図15A

2015年アリゾナ州ケアフリー会場
水、木、金、土（終日）のエネルギー量の比較

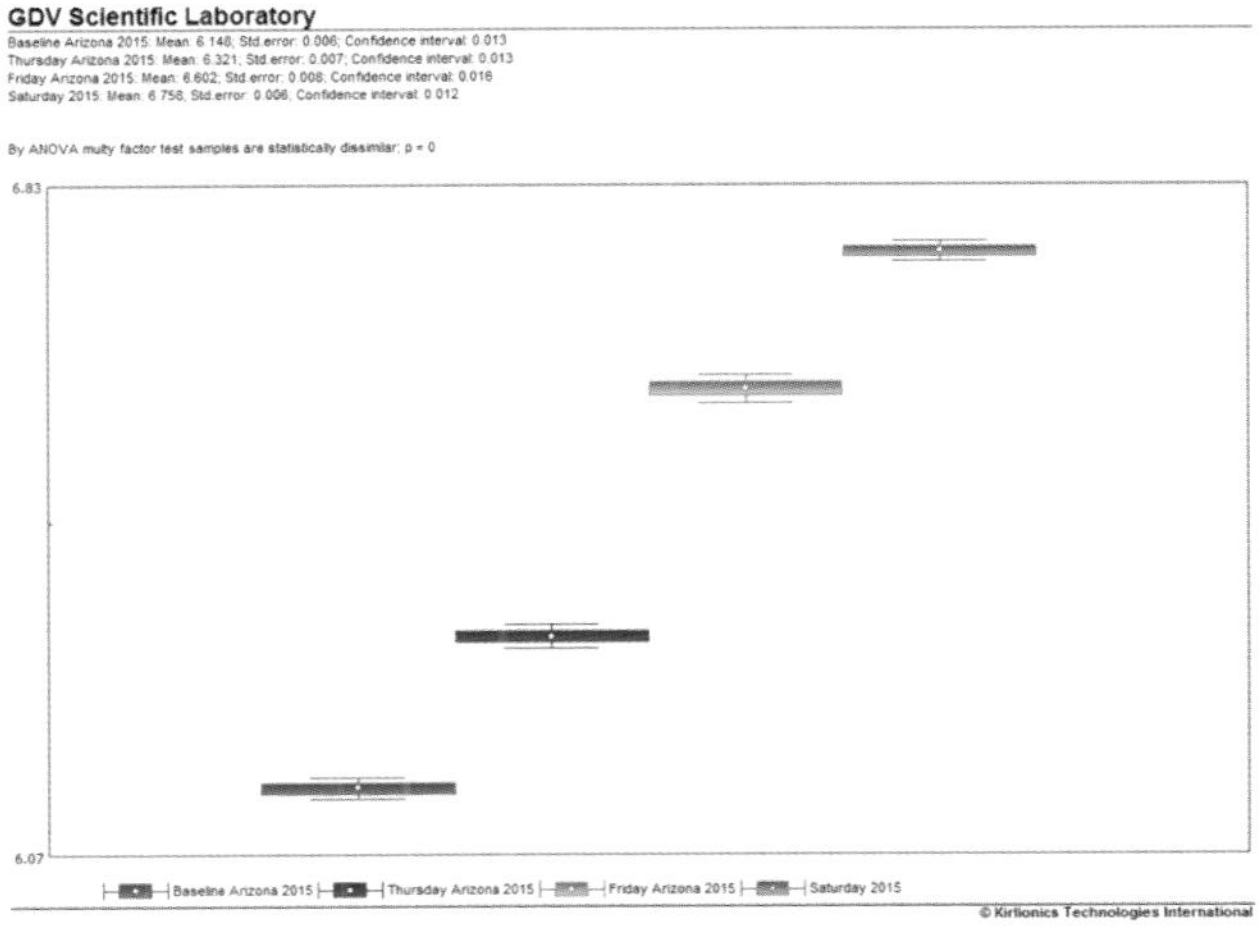

図15B

図15Aと図15Bはそれぞれの都市で開催された上級ワークショップ期間中の集合エネルギーの増加を示すグラフ。赤で示されているのはワークショップ開催前日の水曜日の会場内のエネルギー量。赤、青、緑、そして茶の線（それぞれ別の日を表す）を順次見ていくと、日を追うごとに着実にエネルギー量が増加していることがわかる。

2014年メキシコ、カンクン会場
水、木、金、土の朝の瞑想時のエネルギー量の比較

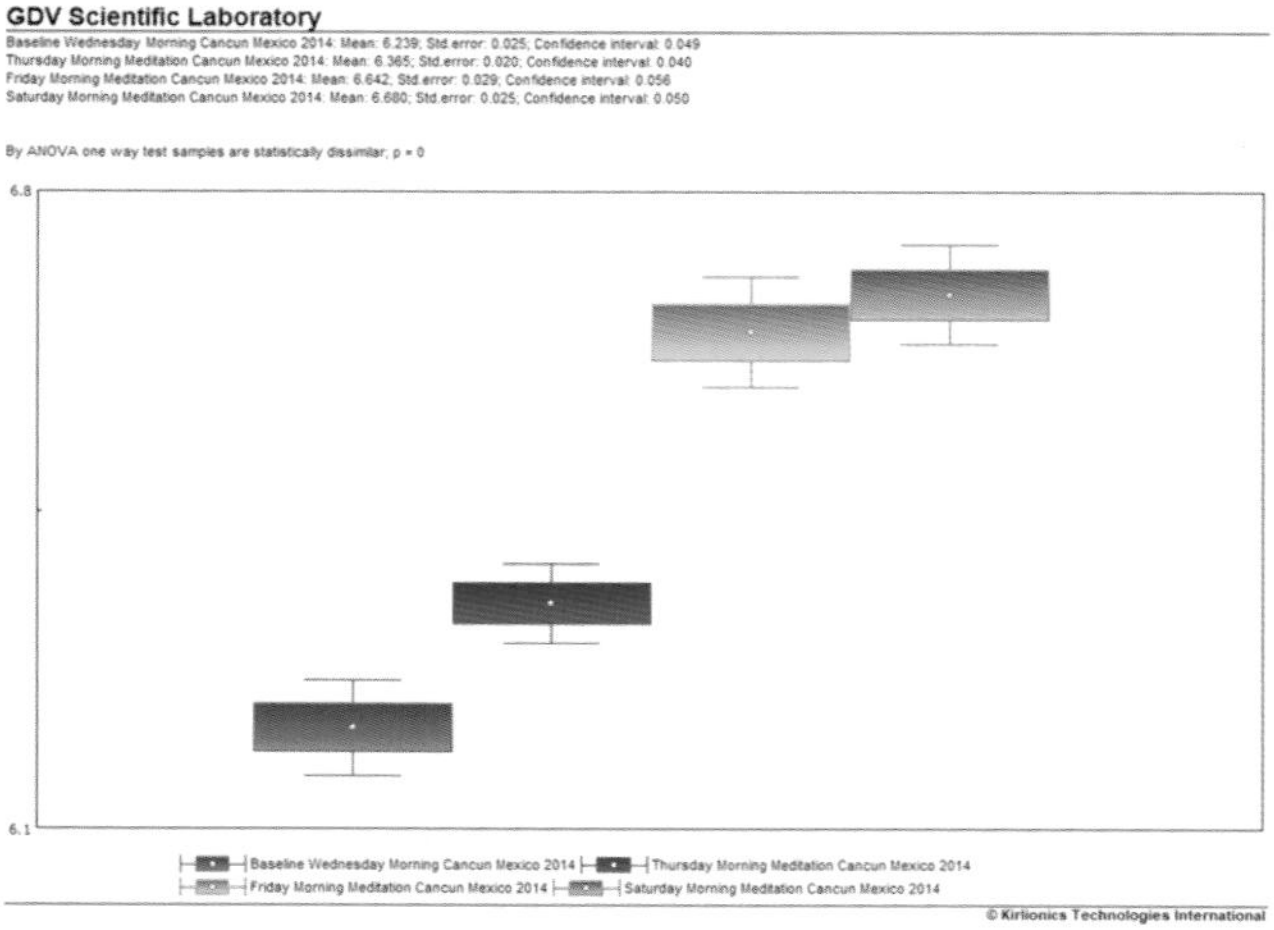

図15C

2015年ドイツ、ミュンヘン会場
水、木、金、土の朝の瞑想時のエネルギー量の比較

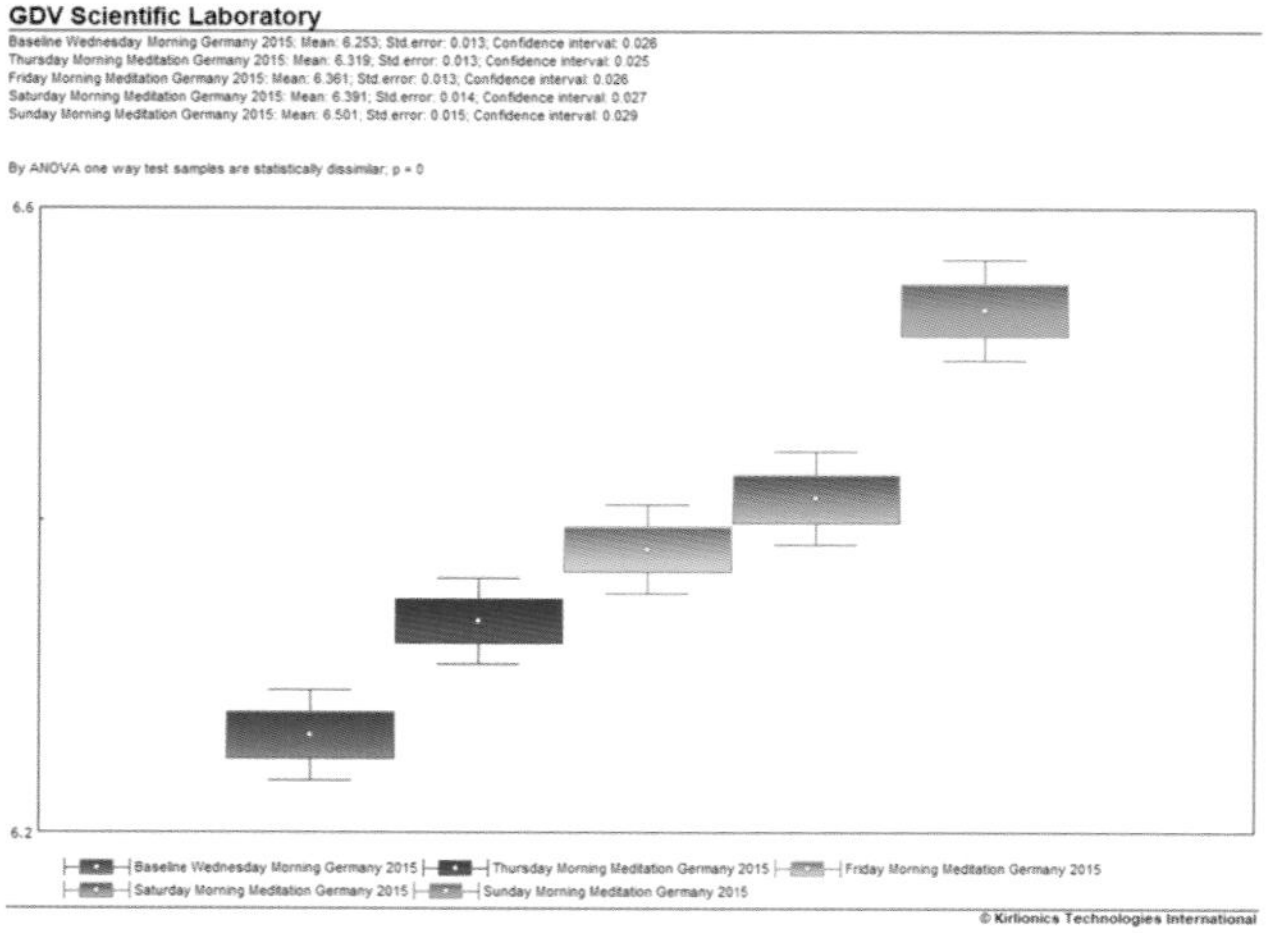

図15D

図15Cと図15Dも同様の4日間の比較だが、測定したのは各日の朝の瞑想時のエネルギー量だ。図15Dにはさらに5つ目の濃い緑の線が描かれているが、これは日曜日の朝4時に実施した松果体瞑想の際のエネルギー量だ。この朝のエネルギー量は格段に高かったことがよくわかる。

ＨＭＩの科学者たちは脳波図を使った研究で、心臓がコヒーレントになると、脳波が周波数０・10Hzの心臓リズムに同調し、心臓と脳の同調レベルが増加することを発見した。０・10Hzというコヒーレントな周波数は、深い洞察や内面から降りてくるガイダンスにアクセスできる最良の状態だということがわかっている。分析脳の介入を排除すると、その人は意識の階層をあたかも階段を下りるようにベータ波からアルファ波、そしてシータ波からデルタ波へと脳波を変化させ、体の修復機能のスイッチが入る。偶然にも私たちの参加者のデータでも、心臓が最もコヒーレントな状態である０・09〜０・10Hz（０・09Hzとは、理想のコヒーレンスレベルより毎秒百分の一周期だけ少ないという数値）で非常に深遠な、あるいは神秘的な内的体験が多数寄せられている。しかし心臓によって生み出されたエネルギーは脳内のエネルギーレベルを通常の50倍から３００倍以上にまで引き上げる。

心臓と脳の間のコヒーレンスを示すデータは、アリゾナ大学のゲイリー・シュワルツ博士とそのチームが行った実験でも立証されている。彼らは実験の中で、心臓と脳を結ぶ既存の神経その他のいかなるチャンネルも介在しない、説明不能なコミュニケーションの存在を確認した。この発見から導き出されたのは、心臓と脳との間には電磁場を通じてエネルギー的な連携があるという事実だ。[20]　どちらの例も、心臓で感情を感じることに意識を集中させる時、心拍がそれを増幅するという同じひとつの事実を示している。それが心臓と脳の共振を高め、物理的な臓器だけでなく体を取り巻く電磁場のコヒーレンスも向上させている。

また特記すべきは、胸骨のすぐ裏には胸腺という分泌腺があり、心臓のエネルギーセンターと深く結び付いていることだ。胸腺は免疫系の主要な組織のひとつであり、バクテリアやウイルスといった病原菌から体を守るT細胞の発動に中心的役割を果たす。胸腺の機能は思春期の初期に向かってピークを迎え、年を取るにつれて成長ホルモンの生成が自然に減ることに比例して小さくなっていく。

他の主要な器官と同じく、胸腺もまた長期にわたるストレスには悪影響を受ける。私たちが長い間危機的状況にあり、体を取り巻く電磁場が縮小していくと、手持ちのエネルギーのすべてが外界の脅威への対応に使われるため、内面の脅威に対応するエネルギーはほとんど残っていない。最終的に起きるのは免疫機能の障害だ。成長と修復の副交感神経系が稼働して心臓のエネルギーセンターが活性化すると、胸腺にもエネルギーが満ちてきて、活性化するのもうなずける話だ。したがって、体内のコヒーレンスを維持する練習の恩恵を、胸腺もまた受けることになるだろう。体内のコヒーレンスは、免疫系の活力と長期的健康に直結している。

本書の前半でも書いたが、私の独自研究により、高次の感情を1日合計15~20分キープし、4日間続けると、その感情エネルギーが免疫細胞遺伝子に免疫グロブリンAと呼ばれるたんぱく質を作るよう信号を送ることがわかっている。免疫グロブリンAの急増は、心臓のコヒーレンスが起こす数々の恩恵の典型的な例と言える。

これらすべてから導かれるのは、心拍リズムの質は、私たちの包括的健康に大きな影響力を持つということだ。心臓が調和の取れたリズムで拍動していると、心臓以外の器官のストレスを軽減させ、体内のエネルギーを最適化し、精神的・感情的・物理的にパワフルな状態を作り出す。心拍が不調和だと、真逆のことが現実となる。心臓がインコヒーレントだと、私たちの体の修復、健康維持、長期的育成計画などに使うエネルギーが不足し、体内環境に不安定な状況を作り、心臓やその他の器官にさらなるストレスの負荷をかける。[21] たとえば心臓麻痺などの心疾患は、体が長期にわたりストレス状態にある時に起きる。しかし私たちがいつも高次の感情で心臓を満たすという意思を持ち、不調和に関心を向けることなく感謝して過ごしていれば、体にはプラスの変化が起こり、よりよい健康がもたらされることになる。

この次あなたが望ましい未来に意識の照準を合わせるために高次の感情を駆使し、未来が現実になる前に感謝の気持ちで自らを満たす時、起こり得る最悪の展開はあなたの体が癒やされることくらいだと覚えておいてほしい。

慢性ストレスの顛末

慢性的にストレス下にある時、心臓のエネルギーセンターはインコヒーレントになり、創造する力が阻害される。心拍が乱れ、混とんとしていると、インコヒーレントになった脳はばらばらに働くようになり、自律神経系の両輪もまたインコヒーレントに働く。副交感神経系が車のブレーキで、交感神経系がアクセルだとすれば、2つの神経系が真逆に働くため体はアクセルとブレーキを同時に踏んでいる状態になる。2つの力が真逆に働くことの悪影響は、車の運転経験がなくても想像に難くないが、ブレーキは摩耗し、動力伝達装置にストレスがかかる一方、レジスタンスはエネルギーを浪費し、燃費効率を落とす。結果、習慣化したストレスは体を大いに消耗させ、健康回復と維持の力が大きく損なわれ、生命力や復元力が枯渇する。

復元力が効率よいエネルギー管理に基づくとするなら、慢性的なストレス状態にあるときのあなたは完全に疲弊し、意気消沈し、病気を発症しているかもしれない。このストレス状態の中毒になればなるほど、私たちは心を閉ざし、内面に開かれることもなく、意識的にコヒーレンスを作れなくなる。

ワシントン州郊外の自宅で私が経験したことは、分かりやすい例となるだろう。11月のある夜、仕事から帰った私はいつものように車を車庫に入れ、40ヤード（約37ｍ）ほどの距離を歩いて家に向かった。辺りはすでに真っ暗だった。玄関から30ヤード（約27ｍ）くらいのところで、私は右の方にある大きな岩の陰で不気味な唸り声を聞いた。私はすぐさま意識の焦点を絞り、物質に照準を合わせた。「暗闇にいったい何が潜んでいるんだろう？」と私は考えた。私は私の未来を予測するべく脳内で情報を探し始め、過去の記憶の貯蔵庫に収められている既知の環境を探った。「うちの犬たちの誰かだろうか？」と私は考えた。そして私は犬たちの名前を呼んでみたが、反応はなかった。数歩家に近づくと、唸り声はさらに大きくなった。

体内のエネルギーを動員しようと意図するまでもなく、私の後頭部の毛が逆立ち、心拍が速くなり、呼吸も浅く速くなった。五感は研ぎ澄まされ、闘争か逃走に備えた。私は携帯電話を取り出し、懐中電灯を点けた。私は起こり得る危機の元凶に焦点を絞ってみたが、依然として唸り声の主は不明のままだった。暗闇に唸り声は響き続けた。私はゆっくりと後ずさり、ようやく納屋に逃げ込んだ。そこは私の農場の作業員が夜の間馬を入れておくところだ。作業員たちとともに私は銃と懐中電灯を持ち、唸り声のする方に戻った。するとクーガーとその子供たちが茂みに逃げていくところだった。

このエピソードを読んだあなたはおそらく、そのような危機的状況で心を開くとか、未知の領域を信じるとかいうのは場違いだと思うことだろう。外界の物質から関心を逸らすべき時ではなく、脳を研ぎ澄まして新たな可能性に意識を集中させる時だと。これは逃げる、隠れる、あるいは戦うべき時だ。しかし、あなたの家の周りの茂みにクーガーがいないにもかかわらず、あなたが恒常的に闘争・逃走モードにあったとしたら、あなたは常に外界に感じる脅威に注意を払い続けるため、目を閉じて内面に意識を向けようとはしないだろう。あなたの神経系にはあなたが感じている感情や経験していること以外の新しい情報が入る余地がなく、あなたは新しい運命を招き入れるために体に新しいプログラミングをすることができない。したがって、あなたが日常的にストレスホルモン中毒になっていればいるほど、あなたは何かを創造したり、瞑想したり、あるいは心を開いて弱さを見せたりすることはなくなっていく。

心臓脳

1991年、J・アンドリュー・アーマー医学博士の先駆的研究により、心臓には文字通り、独自の〝脳〟があることが判明した。心臓には4万ものニューロンがあり、脳とは独立して機能する神経系がある。この神経系につけられた名前は心臓内在性神経系、一般に心臓脳と呼ばれる。[22] この発見があまりに画期的だったため、それ以降神経心臓学という新しい科学分野が生まれた。

心臓と脳は遠心性（下降する）と求心性（上昇する）という2つの回路でつながっている。ただしこの連結を担う神経線維の90％が心臓から脳へと上昇するためのものだ。[23] アーマー博士によると、ダイレクトに上昇するこれらの神経回路は信号や情報を絶えず送っていて、脳内の高次認知・感情機能中枢の活動と交信し、修正を行っている。[24] 心臓から脳へ

コヒーレントな心臓はコヒーレントな脳を作る

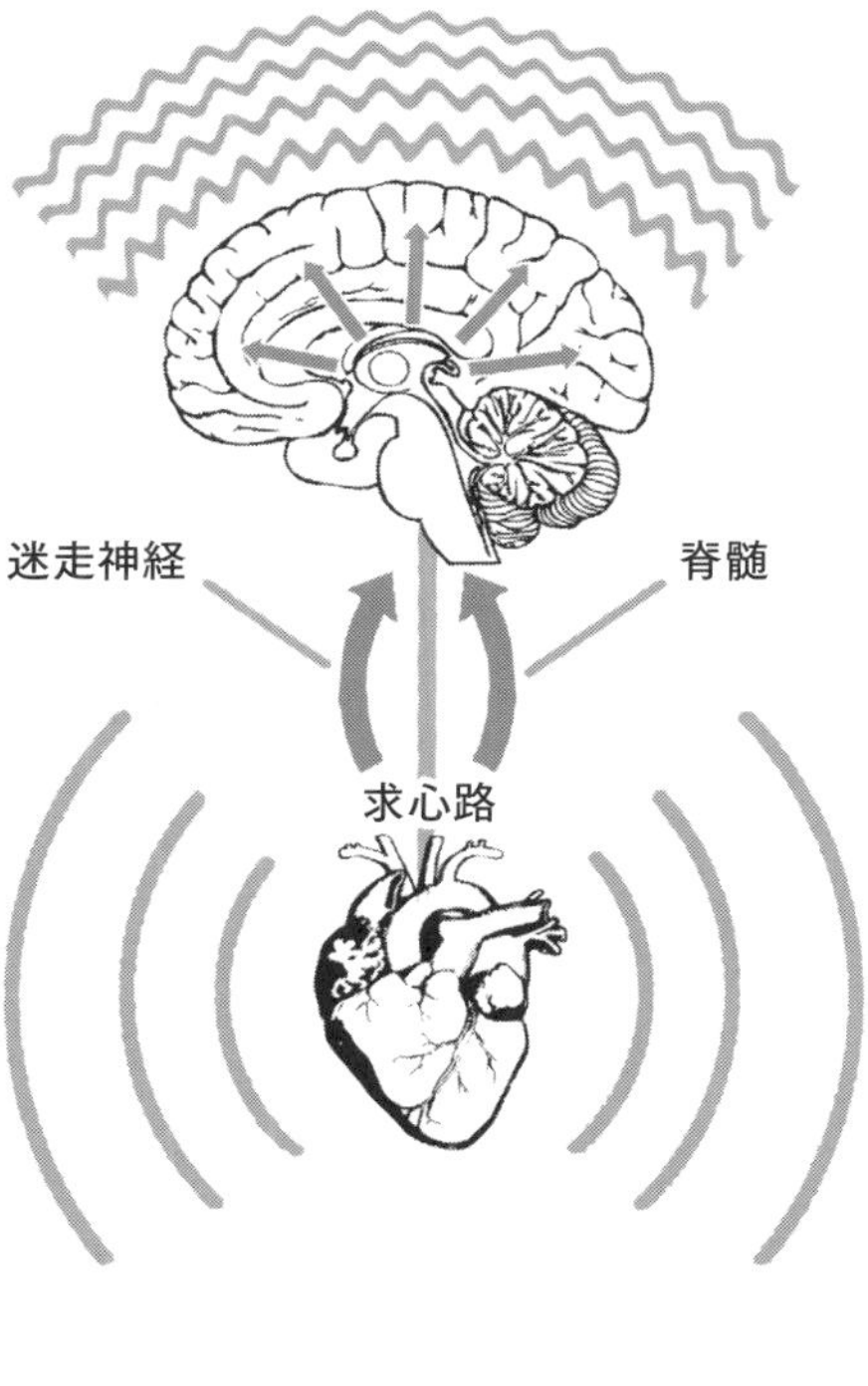

図7.2

心臓がコヒーレントになると、心臓は増幅器となり、求心路をたどって直接視床にコヒーレンスの情報を送る。視床は新皮質と脳のサバイバルセンターとシンクロする。

と送られるこれらの信号は迷走神経を通じてストレートに視床（思考、認知、言語理解などをつかさどる皮質での活動とシンクロする）に届き、さらに前頭葉（運動機能や問題解決能力）、脳のサバイバルセンターである扁桃体（感情の記憶を送信するところ）へと至る。扁桃体の中核にある細胞は心拍とシンクロしている。[25]（図7・2参照）これが意味するのは、あなたの心臓のエネルギーセンターが開いている時、心臓は脳のサバイバルセンターを抑制しているということだ。そうであるなら、あなたが脳の思考でなく心臓の感情を起点として日々生活しているほど、日常にあるストレス源に反応しにくくなるということが言えるだろう。その逆も言える。心臓のエネルギーセンターにエネルギーが不足するほど、サバイバルモードで生きる傾向が強くなる。

これでわかるのは、心に浮かぶ感情と心拍リズムは感情の記憶と反応の起こり方に影響するということだ。したがってストレスや不安を感じる時、それは脳波のパターンを過去の不安のパターンに合わせるトリガーとなる。反対に、ちょうど同一パターンを見つけるコンピュータのように、心臓で起きる高次の感情はコヒーレントな脳波のパターンを探し当てる。あなたが高次の感情を醸成して未来の心境を作る時、あなたの脳は神経ネットワークを未来の感情、そして新しい運命に添わせるように動き始める。アーマー博士が見つけた心臓から脳へと向かう求心性回路は、脳から一切の情報を受け取ることなく心臓が単独で感情を処理し、環境に直接反応し、心拍を調節していることを証明した。なぜなら、心臓と自律神経系はいつでも協働体制にあるからだ。もうひとつ特記に値するのは、このコミュニケーションを推進する神経は、他の神経系とのかかわりなしに単独で心臓が感じ、記憶し、自己調節し、心臓のコントロールに関する決断をすることだ。[26]

簡単な言葉で言うと、心臓由来の感情は私たちが世界や自分の地域について考え、情報を処理し、感じ、理解する際に重要な役割を果たす。[27] 心臓のエネルギーセンターが活性化すると、それは脳を活性化し、その活動の質を向上させ、体全体に調和と秩序とコヒーレンスをもたらすということだ。

ハートで生きる

すでに書いたが、心に浮かぶすべての考えはそれに対応する化学物質を作り出し、それに直結した感情が引き出される。したがって、あなたが今感じていることに直結した思考しか浮かばないということだ。イベントの参加者たちが心臓に意識を集中させ、完全性やワンネスを感じている時、彼らは彼らの夢とほぼ一体になっているということが分かる。彼らが感謝、豊かさ、自由、愛などを感じている時、それらの感情はそれらに直結した思考を連れてくる。心臓を起点としたこれらの感情は無意識の扉を開けるので、理想の未来に属する思考にふさわしいプログラムを自律神経系に教え込むことができる。恐れや欠乏感の中で生きているにもかかわらず、極力自分が豊かであると思いこもうと努力している時、ネガティブな影響は現れない。何故なら体が帯びている感情と思考が一致していない時、変化は起きないからだ。これ以上ないくらいポジティブなことを考えたとしても、その思考に見合った感情がなければ、ポジティブなメッセージは体には伝わらない。

このため「私は何も恐くない」という言葉を精根尽き果てるまで唱えたところで、あなたが実際に恐れを感じていたら「私は何も恐れていない」という思考は脳幹を超えることができない。つまり、その状態では体と自律神経系に新しい未来の運命の信号を送っていないということだ。あなたの自律神経系に刺激を与えて新しい運命へと書き換えるエネルギーを生み出すのは、感情（エネルギー）だ。感情がないと脳と体（健康思考と健康感情）は分断されたままで、新しい状態は作れない。

より手応えのある結果を生み出すには、あなたのエネルギーを変えることに尽きる。日常的に高次の感情を心にとどめておくことができるなら、あなたの体とそこに内在する知性は、やがてあなたが感じているものに沿うような遺伝的変化を起こすだろう。体はあなたが感じているものは外界での経験から来ていると勘違いするからだ。したがってあなたが心臓のエネルギーセンターを開放し、素晴らしい出来事が起きる前にそれを感じる練習を続け、明確な意思を持ち続けていると、体はすでに未来の経験が起きているものとみなして反応するようになる。この心臓と脳のコヒーレンスが体の化学反応を促進し、エネルギーの波状的変化を促す。

心臓と脳のコヒーレンスが心臓を起点として実現し、双方がシンクロした結果、最良のパフォーマンスと健康が創出されたなら、毎日定期的に時間を取って心臓のエネルギーセンターを活性化させるよう意識を集中させてほしい。外界でいいことが起きるのを待つ代わりに、心臓で高次の感情を意図的に醸成すると、あなたが本来あるべき姿――パワーアップした心臓の持ち主――を顕現させることになるだろう。ハートで生きるようになると、ごく自然に愛を選択し、あなた自身と同胞たちと地球に対する慈愛と仲間意識が生まれるだろう。HMIとのパートナーシップを通じて、練習次第で外界と何らかかかわりなく高次の感情を作り出し、調節し、維持できることを私たちは参加者たちとともに実証した。

世界中で実施している私のワークショップでは、心臓の拍動リズムをコントロールして高次の感情を維持する練習を通じて心臓と脳のコヒーレンスを作る方法を参加者に指導している。その上で心拍変動測定機を使って能力測定をする。誘導瞑想では参加者に感謝、喜び、愛といった感情に浸るよう導き、ワークショップ中以外でも自発的にこの瞑想をするよう勧めている。コヒーレントな状態でいる練習をひとたび選択すると、それは習慣となるからだ。十分に練習を積んだ暁には、参加者たちの無価値観、恐れ、不安といった古い思考習慣から、高次の状態に留まり、自らを深い愛情で包む思考習慣と入れ替えられることを願っている。私たちはこれまでの長い経験で、ただ単に思考と感情のパラダイムを変えるだけで多くの人々がポジティブな、測定可能な成果を引き出している様子を目の当たりにして来た。熱心な参加者たちはイベント後にそれぞれの家に帰り、彼らの日常の中で引き続きポジティブな成果を生み続けるので、その影響がさざ波のように彼らの家族、居住地域へと広がる。彼らから発した調和とコヒーレンスの波動はこうして地球全体に波及していく。

高次の感情の状態を維持する練習を繰り返していると、その常態化した感情はやがてあなたの感情の新たな基本設定となる。これを元にして、それらの感情に見合った思考が次々に生まれるようになる。すると、これらの新しい思考の集合体として新しい意識が形成される。新しい意識の元でますますポジティブな思考にふさわしい感情が生まれ、基本設定はさらに強化されていく。このような感情（体）と意識（脳）の相乗効果のループができると、あなたという存在は一新され、無限の意識体、そして深い愛と感謝からなるエネルギー体へと変化していくだろう。この過程を繰り返すことこそ、新しく生まれた意識に合わせて体を再構築すること、脳の回路を再設定すること、生物的組成を再編することを意味する。ここまでくればあなたは自然に、自動的かつ恒常的に新しいあなたのエネルギーを電磁場に発信するようになる。それがあなた自身であり、あなたが獲得した新しいあなた自身の姿だ。

人類の歴史上の著作物について考えてみると、膨大な数の本がインコヒーレントな感情という視点から著されていると言える。シェイクスピアの悲劇もしかり、民族大虐殺、世界戦争の話など、恥や憎しみ、怒り、競争心、復讐心といったネガティブなサバイバル感情は不必要な、終わりなき痛み、苦しみ、重圧、そして死を助長してきた。その結果、人類は平和と調和の代わりに、長い間対立と紛争とともに生きることを強いられてきた。今私たちは、その悪循環を断ち切れるところまでやってきた。古代人の叡智と最新の科学の融合がもたらした科学技術の理解が進んだお蔭で、私たちは自らの感情を効率よく制御するだけでなく、健康や人間関係、エネルギーの管理、個人的・集合的進化の仕方に至るまでの知識を得たという、人類の歴史上記念すべき分岐点に立っている。この変化を起こすのに大きな山を動かす必要などない。一人ひとりが自分の内面を変えるだけでいい。内面が変化すれば、他者と接する態度が変化し、ストレスの多い状態でもプラスのエネルギーを創出でき、生命力を増幅させ、自らを完全無欠で、全体と一体化した存在として捉えることができるようになる。脳は延々と思考を巡らすが、心臓を知覚の道具として使えば、そこには答えがすでにある。

ワークショップの参考例

コヒーレントな心臓がコヒーレントな脳を作る例として、カラー図版8A、8Bを見てほしい。ひとつ目の画像は、被験者の心臓がコヒーレントになる前の比較的低めの標準ベータ波のパターンを示している。2つ目の画像は、ほんの数秒後、被験者の心臓がコヒーレントになって劇的に変化した様子を示している。これが起きるのは、心臓が増幅器となって脳に作用し、非常にコヒーレントでシンクロしたアルファ波を発生させることによる。

図7・3A、と7・3Bは、上級ワークショップ参加者の心拍変動解析の結果を示す。彼女はその日、かなりすごい経験をした。図7・3Aでは朝と、昼食休憩に入る直前に行った2つの瞑想の解析を見ることができる。ます目はそれぞれ5分という時間の経過を表している。グレーで描かれた右下を指す最初の矢印は、被験者の心臓がコヒーレントになった瞬間を示している。私たちが朝7時に実施した瞑想で彼女は50分以上もこの状態を維持し、左下を指す矢印のところまで継続した。この図の下方で再び右下を指す矢印のところから心臓がコヒーレントになり、昼食の時間となり瞑想を終えたため左下を指す矢印のところまで38分続いた。被験者がコヒーレントな心臓を作るスキルを磨いている様子がわかるだろう。

次に図7・3Bを見てほしい。同じ日の午後に実施された瞑想で、図の上部の2つの矢印を見ると、被験者が再びコヒーレントな心臓を作り45分間キープした様子が見て取れる。しかしこの解析図のもっと素晴らしいところは、その夜8時頃に起きている（図の下の2本の矢印）。この時間帯に瞑想はなかったため後で本人に何が起きたのか聞いてみた。ごく普通に覚醒しているにもかかわらず、彼女の心臓は1時間にわたり、スーパーコヒーレントな状態にあった。

彼女はベッドに入る準備をしていたが、唐突に圧倒的な愛情が押し寄せるのを感じたの

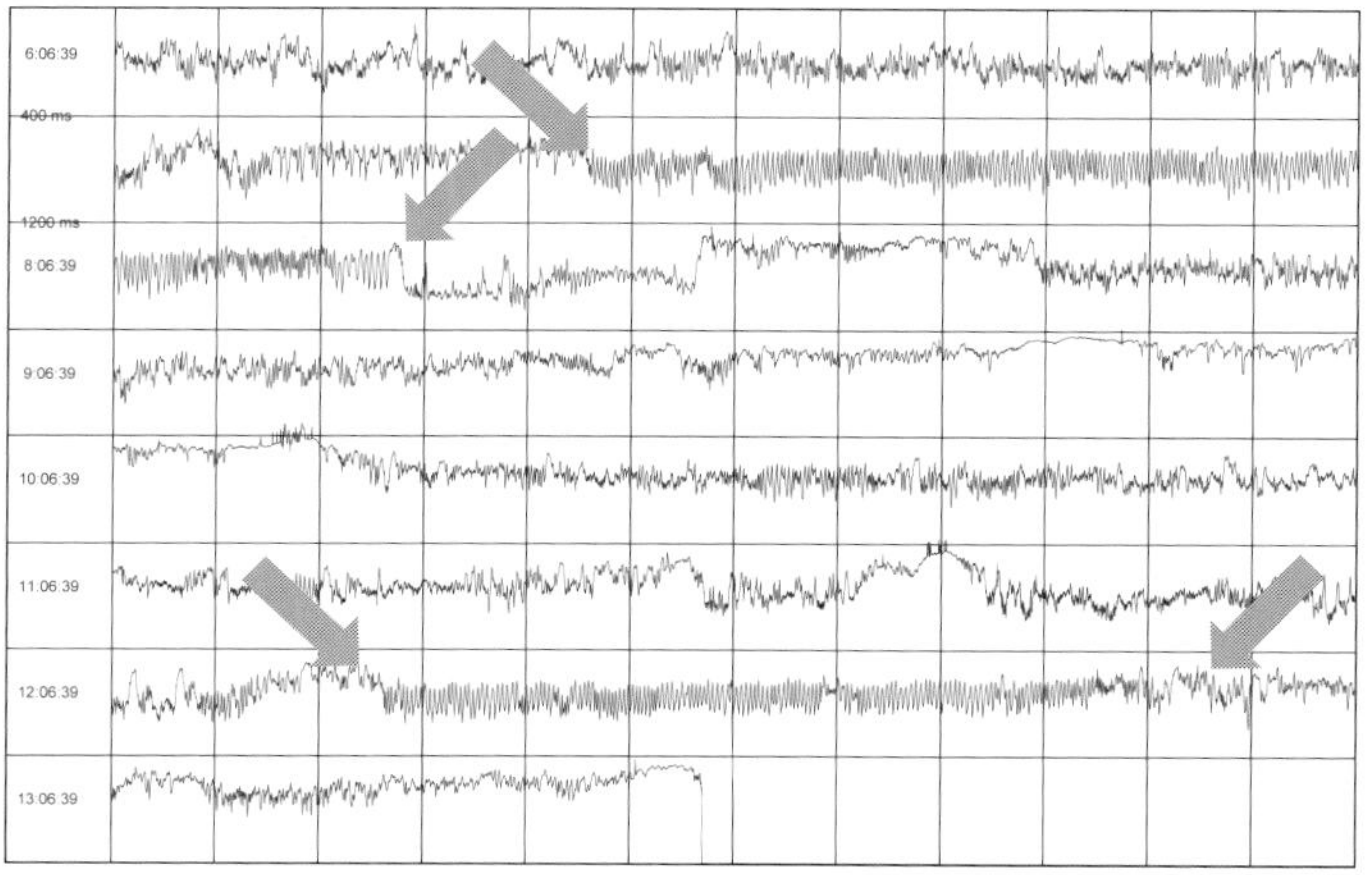

図7.3A

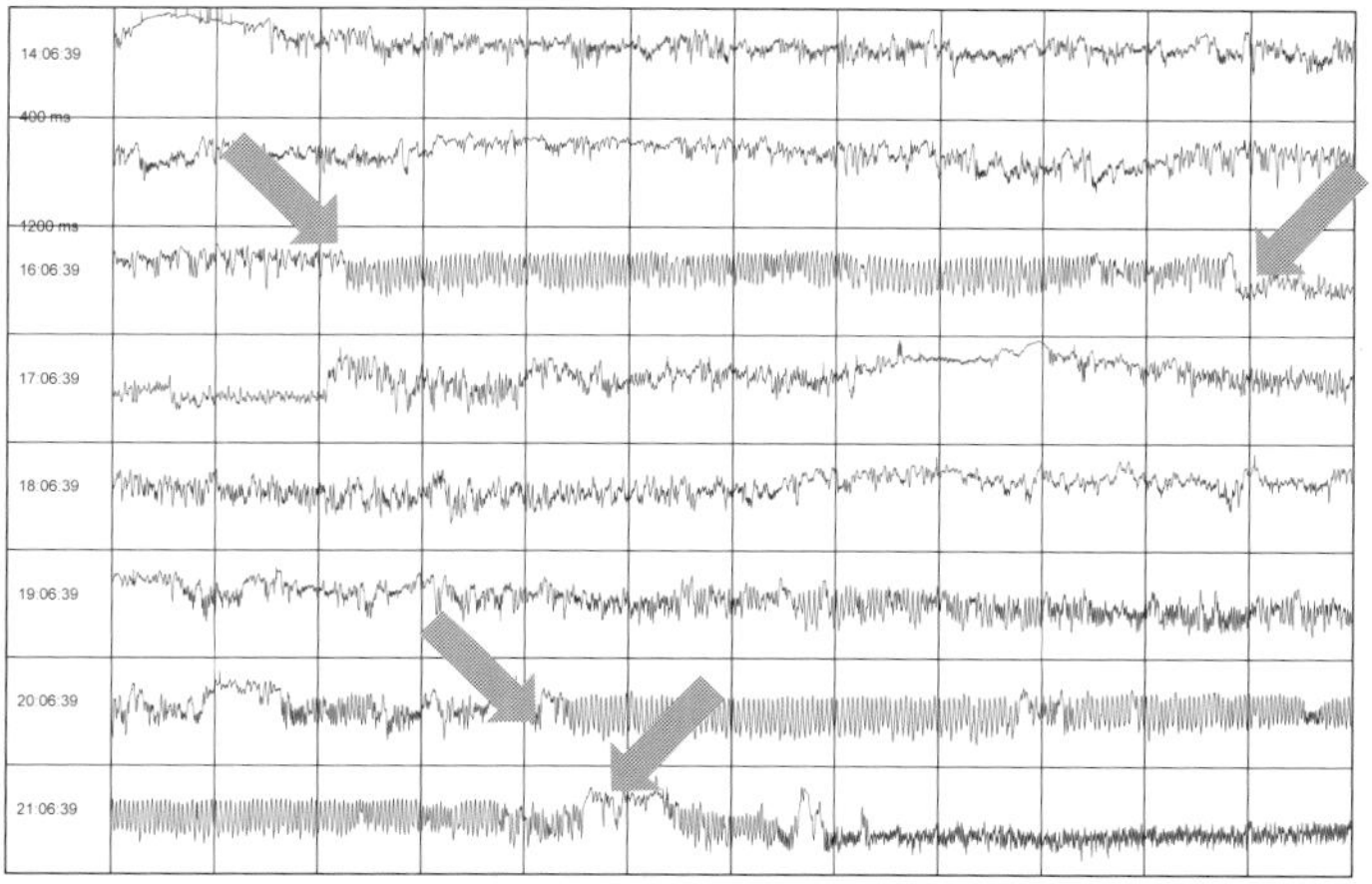

図7.3B

上下2つの図で、グレーの矢印1対で囲まれた部分は、被験者が高次の感情をとどめて心臓をコヒーレントにしている時間帯を示している。ます目はそれぞれ5分という時間の経過を表している。2つの図から、被験者が内面の状態を調節するスキルを磨いている様子が見て取れる。

図7.3Bの最下部、2つの矢で囲まれた部分は、被験者が自発的に1時間以上にわたり心臓をコヒーレントにしている時間帯を指す。被験者の体は新しい意識に対応している。

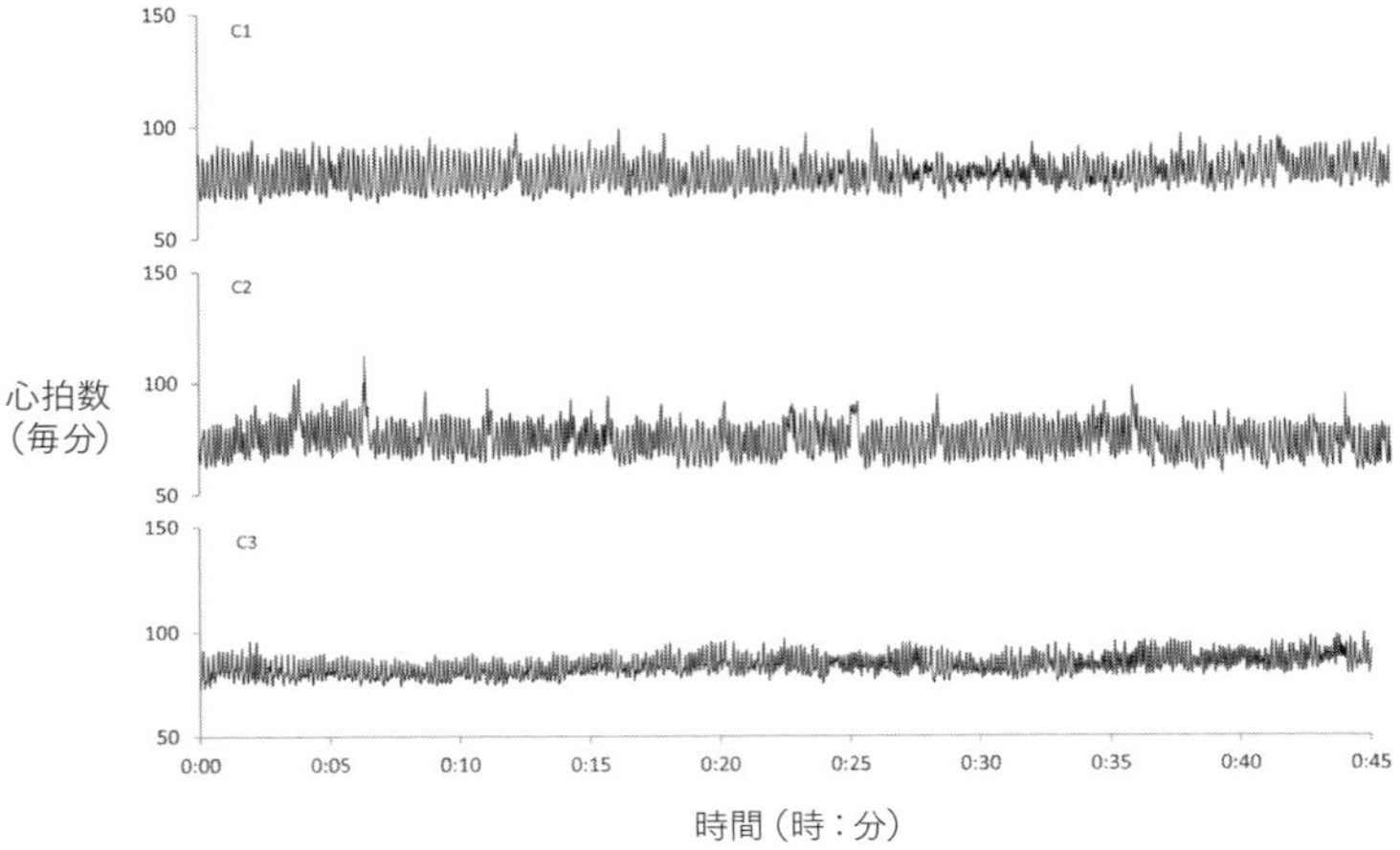

図7.4

45分間にわたり心臓ベースの感情をとどめた被験者3名の例。

だという。あまりに強い感覚だったため、彼女はベッドに横になるしかなかった。心臓は自発的にコヒーレントになり、そのままベッドに横たわったまま1時間10分の間、彼女は自らの人生について深い愛情を感じていた。彼女は自律神経系に起きた変化をそのまま維持していたのだ。この図の一番下にある矢印が示すのは、その後彼女が寝返りを打って眠りに落ちた時だ。一日の終え方としては、なかなか悪くないと思えないだろうか？

というわけで、ちょっと考えてみよう。未来に起こり得る、好ましくない出来事について恐れや不安を抱くのはあまりにも簡単だ。そして心の中で、まだ起こってもいない不都合な出来事を何度も何度も思い浮かべてはネガティブな感情を抱

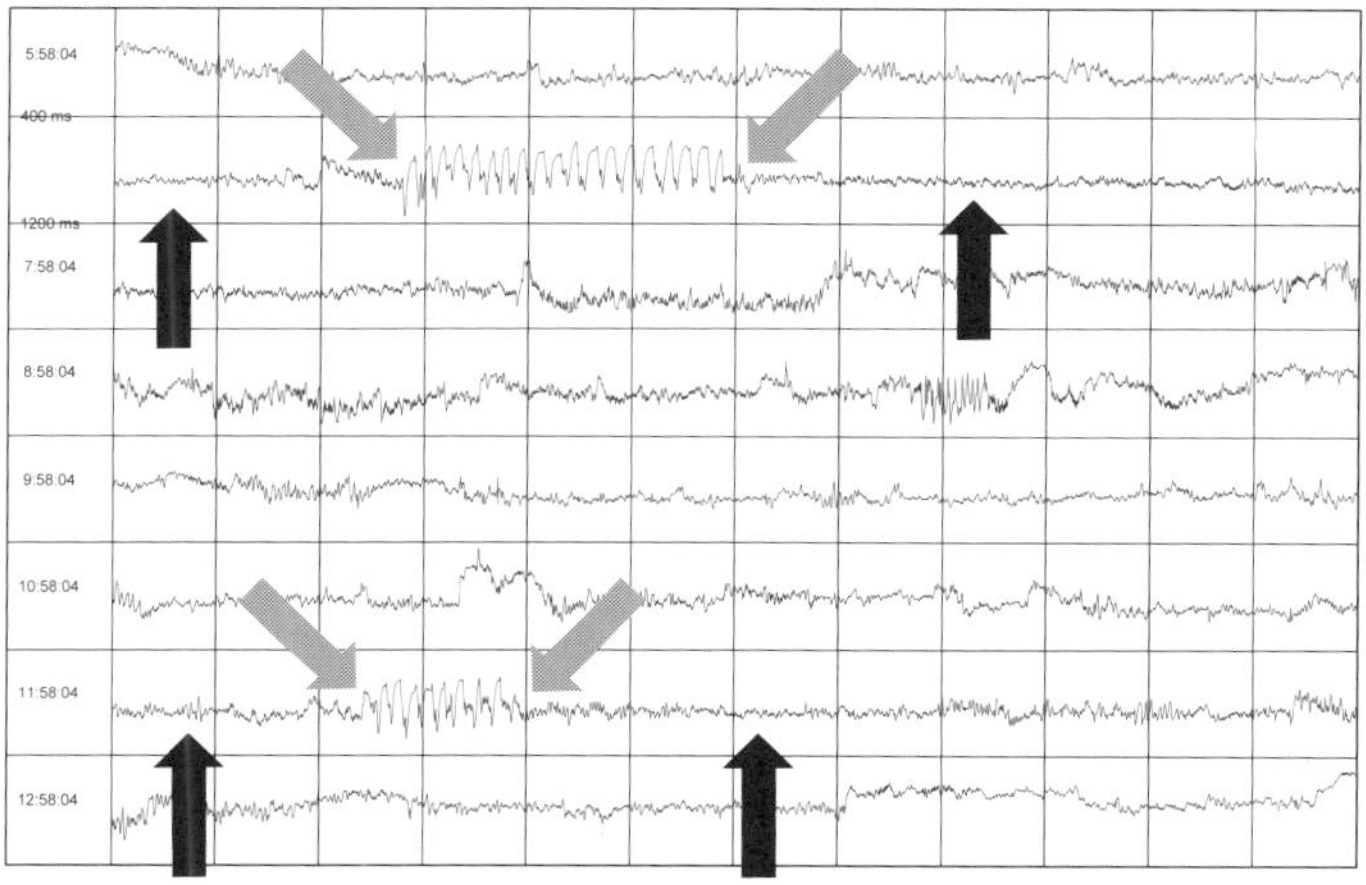

図7.5A

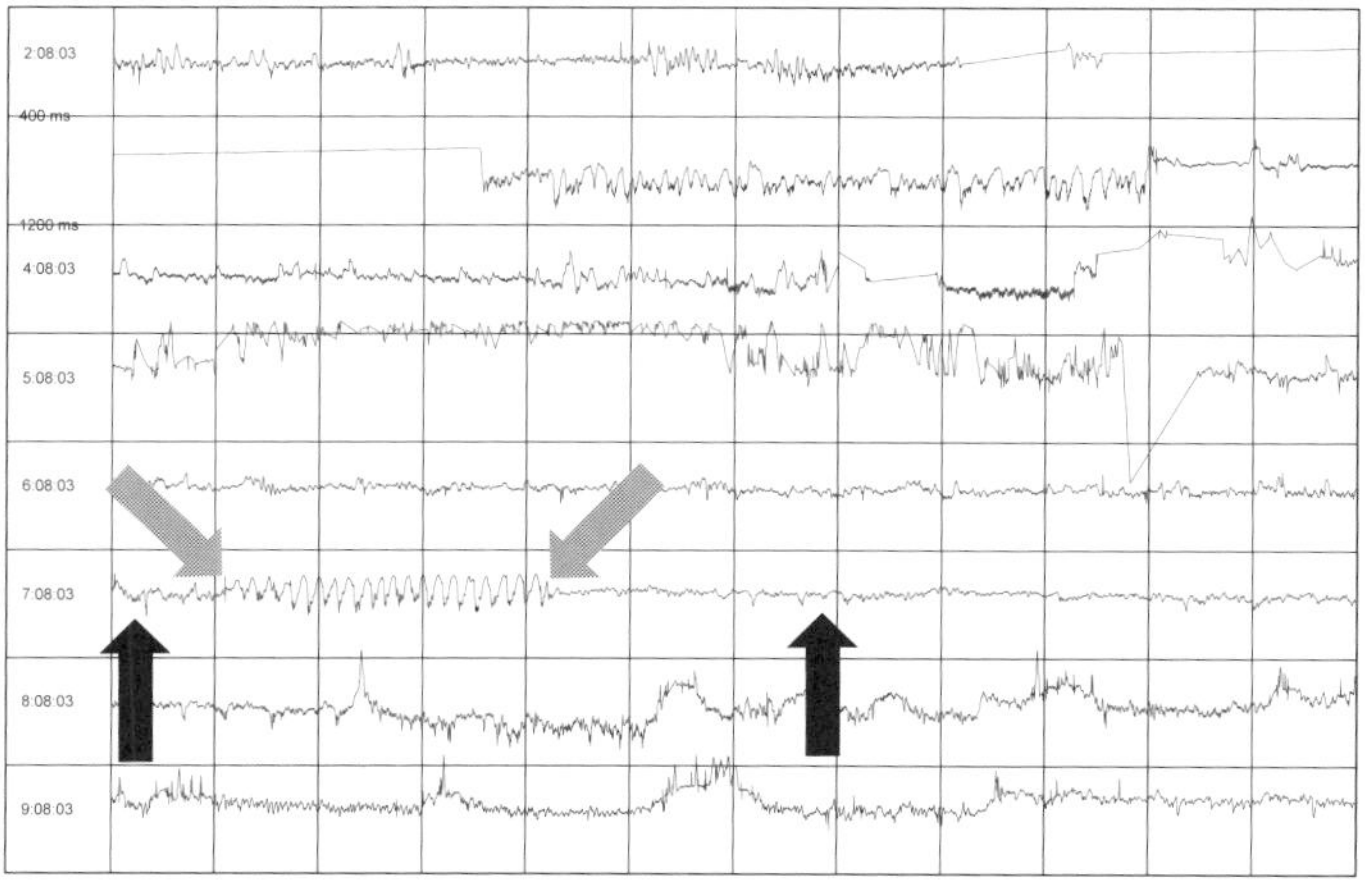

図7.5B

両方の図で、上向きの黒い矢は2人の被験者の非常に低い心拍変動を示している。しかしグレーの2つの矢で囲まれた部分を見ると、ハートセンターが開き、劇的変化が起きている。わずか8〜15分ではあるが、ここで被験者たちは生理的変化を経験している。

く癖を持つ人は多い。ある考えにエネルギーをつぎ込むほどそれは強くなり、反芻するたび他の可能性より現実味が増していき、ついにはその最悪のシナリオは現実になるということを、あなたはすでにご存じではないだろうか？　あなたをその思考へと追い込むのは、あなた自身の感情だ。体を恐れと不安の思考モードでいるようにプログラムしているのはあなた自身だ。この状態が長く続くと、体はやがてパニック障害（顕在意識で制御不能な自律的自発的身体機能）を起こすかもしれない。

しかし、体を恐れと不安の意識にプログラミングする代わりに、愛とコヒーレンスの意識にリプログラミングしたらどうなるだろう？　恐れと不安におののき、パニック障害が襲ってくるのをおびえながら待つ代わりに、制御不能なほど圧倒的な愛の波動に襲われるのを嬉々として待つのはどうだろうか？

図7・4では、長い時間心臓のコヒーレンスを実現した被験者の例をさらに3つ示している。詳しく見ると、どのケースも高次の感情により45分もの間コヒーレンスを維持していることがわかる。つまり彼らの体は新しい意識に対応しているということだ。これはかなり超人的な現象だと私には思える。

図7・5Aと7・5Bは、普通に覚醒している2人の被験者の、非常に低い心拍変動を示したグラフだ（黒い上向きの2本の矢印参照）。心臓のコヒーレンスの練習をしている時の、グレーの矢印に挟まれた部分の変化を見てほしい。それぞれ8分と15分だったが、彼らはこ

の短い間に生物的変化を起こしている。

コヒーレントな心臓の瞑想

この瞑想は、HMIが開発した〝ハートロックインテクニック〟と呼ばれるものをベースにしている。目を閉じて体を緩め、意識を心臓に向ける。心臓の中心から息を吸ったり吐いたりし、さらに深くゆっくりとした呼吸をする。集中力が切れて他のことを考え始めたら、胸の真ん中、心臓、自分の呼吸に意識を戻すようにする。

次に、第4のエネルギーセンターに意識を留めたまま、心臓から呼吸をしながら、高次の感情を想起する。胸の辺りでそれらの感情を感じられるようになったら、明確な意思を載せてそのエネルギーを体の外に向かって発信する。そのエネルギーを体から全方位に向かって放出し続ける。初めは10分間を目安に行い、毎日少しずつ時間を長くしていく。

高次の感情を体に感じるのがどういうことかがわかるようになると、1日中覚醒したままでこの練習を続けられるようになる（これについては第9章、歩行瞑想のところでより詳しい説明がある）。携帯電話に1日4回アラームをセットして、それが鳴るたびに1～2分の間高次の感情に浸るようにしてもいいだろう。

第8章
マインドムービーと万華鏡

ある土曜日の夜、フロリダ州オーランドーで開かれたイベントの基調講演を終えた私は翌日の午後の飛行機で家路に着く予定だった。私はホテルの一室で荷物をまとめながら、テレビをつけてアメリカ国内の政治ニュースを見ていた。ちょうど2016年の大統領選の真っ最中で、それまでの約3週間、私は海外の講演旅行に出ていた。そのため留守中に起きたニュースに強い関心があった。私はチャンネルをあちこち探してニュース番組を見つけてはリモコンを置き、パッキングの続きをした。そんな中たまたまテレビで流れたCM映像に、私は釘づけになった。そしてなぜテレビの番組をプログラムと呼ぶのか、という疑問が氷解した。

そのCMは、ある老夫婦の家を空から見下ろす、夜の映像から始まった。カメラがその家に寄っていき「夜14番、帯状疱疹」という文字が画面に現れた。カメラが家の中に入ると、穏やかながらどこか不吉なBGMが流れ、老人がベッドの下で苦しげな呻き声をあげている。そこへ妻が心配そうに寝室に入ってきて、様子を訊ねる。老人は「痛むんだ」と答える。この時画面の右下に、背景とほとんど同じ色の小さな文字で「俳優による演技」という注釈が出た。

妻は絶望した表情で歩み寄り、ゆっくりと夫のシャツをめくると、背中の半分以上を占める、赤くただれた痛々しい皮膚が現れた。その映像は衝撃的でグロテスクな、第3度のやけども優に超えるほどのおぞましい病巣を捉えていた。31年に及ぶ私の診療経験の中で、何百例という帯状疱疹の患者を診てきたが、このCMに出てきた作りものの症状ほどひどいものは見たことがなかった。つまりこれは視聴者に強烈な感情を喚起するために誇張してつくられた映像だと、私はすぐに理解した。実際、私には強い感情が湧き起った。

老人の背中のひどい発疹を見せるだけで、このCMは視聴者の注意を引くという目的を達成している。あまりに悲惨な症状を見せられた視聴者は、数秒前までのんきにテレビを見ていた気分が一変してしまっている。グロテスクな映像によって視聴者の感情の状態を変えた瞬間に、視聴者の関心はより強くその原因を作った〝外的環境〟に向けられる。喚起された感情（外界の刺激）が強いほど、人はより身を乗り出して注意を向ける（反応）。この刺激と反応のセット、あるいは〝条件付け〟は、連想ベースの長期記憶が作られる構造を示している。

条件付けのプロセスは、ある象徴や映像と、それを見た結果感情が激しく変化するというセットから始まる。それは顕在意識と無意識の間の扉を開けるコンビネーションと言える。先のCMの例で言えば、視聴者の強い関心を集めた（プログラミングの開始）ところで、視聴者は全員CMが次に何を言うのかに興味を引かれずにはいられない。CMでは重々しい男性の声でナレーションが始まる。「過去に水疱瘡を経験している人は、帯状疱疹の保菌者です。加齢とともに免疫機能が低下し、帯状疱疹ウイルスを抑制する力がなくなっていきます」。釘付けになった感情をとっかかりにして、CMはここで初めて〝加齢とともに免疫機能が低下する〟という論理的事実を視聴者に投げかける。次に、あの老人がバスルームの鏡で自分の姿を映しているシーンが出てくる。彼は不安に潰れそうで、打ちひしがれている。

場面は変わり、キッチンでは妻が電話で話をしている。「あんな様子の彼を見るのは辛いわ」。

次のシーンでは夫がベッドで丸くなり、額に手を置いて痛みに顔をしかめている。そこでナレーターがストレートな提案をし、同じ文言が画面に登場してダメ押しをする。「一生のうちで3人に1人が帯状疱疹を発症します」。ナレーターはさらに「帯状疱疹の発疹は長い場合は30日間続きます」と続け、同じ文言が画面に現れる。

次のシーン。妻がカメラを覗き込んで直接訴えかけるように訊ねる。「彼を何とか助ける方法はないかしら？」

そして視聴者は再び苦悶する老人を見せられ、画面にはこんな文言が出て、ナレーターが読み上げる。「帯状疱疹になった人の5人に1人は、長期的な神経痛を発症します」。同じ文言が画面に残ったまま、ナレーターはこう言う。「帯状疱疹になった人の中には数カ月、そして数年にわたり神経痛に悩まされる人がいます。あなたの愛する人が帯状疱疹を発症するまで待つのはやめましょう。かかりつけ医や薬剤師にリスクについてお訊ねください」。

このCMの仕掛けについて、詳しく見てみよう。まず冒頭でショッキングな映像により見た人の感情の状態を変えた。視聴者の関心を掴んだ瞬間から、視聴者はこれから提案される情報に対してよりオープンになっている。この状態で視聴者は見せられる情報をおおむね受容し信頼し、抵抗しない（分析せず鵜呑みにする）。人は恐れを感じる、犠牲になったと感じる、弱っている、不安になる、衝撃を受ける、弱気になる、疲れている、痛みを感じる、といった状態にある時、それらの感情に見合った情報をより強く受け入れる傾向にある。視聴者はそのひどい症状が自分にも起きるかもしれないと考え始める。

CM中の随所に、事実を書いた文言が何度も画面に登場し、視聴者はそれを読むことになる。この過程はプログラミングを補強している。また、思考する脳が画面の文言を読むことに集中している時、ナレーションの音声は顕在意識から無意識へと忍び込んでいく。脳は録音機器のようにすべての言葉を記録する。こうして脳内プログラムが作られる。

次に、文字通りの直接的な提案として、ナレーターは視聴者1人ひとりに語りかけ、あなたはすでに帯状疱疹ウイルスの保菌者だという恐怖を植え付ける。そして万人に起こる加齢により免疫機能が落ち、帯状疱疹ウイルスを制圧できなくなると言って怖がらせる。ここで視聴者の感情脳（自律神経系の本拠地）が覚醒し、プログラムが成立する。CMの提案が自律神経系に到達すると、それは疑問をさしはさむことなく指示を受け取り、提案に見合った化学変化を体内で起こし始める。言い換えると、視聴者の体は無意識かつ自動的に〝免疫機能を弱めるというプログラム〟を始動する。そして、自分は危機に瀕していて、発症するまで待つべきでないという結論に至る。CM効果はさらに続く。水疱瘡を患ったことがある人、そしてCMを見た結果、そういえば年のせいかこの頃免疫機能が落ちている〝と感じた〟人は、帯状疱疹予防の必要性が特に高いという判断を下す。こうしてこの人たちはCMの勧める薬を購入する強い動機を持つことになる。

もしあなたが帯状疱疹の経験者でたまたまこのCMを見たとしたら、そしてあなたが患った帯状疱疹がこの俳優の発疹ほど重篤でなかったら、こんなふうに考えることだろう。「手遅れになる前に、すぐにこの薬を買って服用しよう。この老人のようにはなりたくない」。帯状疱疹になったことがない人は、CMを見た後で静かにこう考えるかもしれない。「自分は一生発症しないという安全な３分の２に含まれているだろうか？　それとも３分の１のグループだろうか？」もしあなたが「自分はその３分の１でないといいな」と考えたとしたら、あなたももしかしたら保菌者でいつか発症するリスクを持っていると信じることになり、無意識下ではすでに帯状疱疹の潜在的患者の１人になっている。

　このＣＭで、私が一番ばかげていると感じたのはどの点だと思われるかな？　ＣＭには売り物である薬が一度も登場しない。ということは副作用についても説明する必要がない。このＣＭに大いに興味をそそられた私は、パッキングそっちのけでこの製薬会社が出稿しているＣＭについてインターネット検索を始めた。私が知りたかったのは、あの俳優の背中の大袈裟な作りものの帯状疱疹ほど重篤な症状を和らげると提案されているのは、いったいどんな薬だろうかという点だった。私はすぐに同じテーマ、同じ文言の似たようなＣＭをいくつか見つけたが、その切り口はどれも微妙に異なっていた。しかしどのＣＭにも共通していたのは、視聴者の関心をそそるように設計されているという点だった。

　私が次に見たＣＭは、ある女性がゴーグルをつけてプールで泳いでいるというモノクロの映像から始まった。先ほどのＣＭに少しひねりを加え、ナレーター（威厳のあるイギリス訛りの女性の声）は帯状疱疹ウイルス役で、その声は登場した女性の頭の中で響いている。

「なかなかやるわね、リンダ。年の割に若々しいじゃない。でも年齢を重ねると誰でも免疫機能が低下して、私のリスク、帯状疱疹のリスクが高まるのよ。私はあなたが水疱瘡になって以来、ずっとあなたの中に潜んでいるの。だから、いつだって水を含んだ痛々しい発疹として姿を現せるわ」。ここでシーンはがらりと変わり、画面はモノクロからカラーになる。男性がシャツをめくると、見るも哀れな帯状疱疹の病巣が現れる。ここでもグロテスクなぶつぶつの皮膚は視聴者の目を釘づけにする。そしてすぐさまモノクロの女性スイマーの映像に戻る。

CMはさっきのものと似たような要領で展開する。最初に衝撃的な言葉やショッキングな映像で視聴者の心を捉える。気分が一変したところで視聴者は情報を従順に受け入れる聞き手となる。そして最後に、自己暗示を利用して自分も帯状疱疹の保菌者ではないかと思わせる。この広告は健康で、運動の習慣があり、健康に気を使っている人ですらウイルスの危険があることを仄めかし、さらにこのリスクと無縁な人はいないとたたみかける。このCMでも同じ文言が刷り込みをする。「一生のうちで3人に1人が私を発症するの。リンダ、あなたはどうかしら?」これを見たあなたが画面の女性と共通する何かを見つけたら、この声はあなたに直接語りかけるだろう。

ここでCMのトーンが変わり、新しい男性ナレーターが登場する。声のトーンは自信に満ち、軽快で不安感のかけらもない。この声の主にも軽いイギリス訛りがある。「だからリンダは僕、X薬を手に入れたんだ」。シーンはモノクロのままだがリンダの水着、スイムキャップ、薬の名前だけがカラー映像で、薬の名称は洗練された書体ででかでかと登場する。

ここで薬の名前が視聴者の脳に刷り込まれたが、まだ別次元のままだ。ここでも広告は健康や安全と、視聴者を守る薬との結びつきを作っている。最後の決め台詞が画面に現れ、それを男性ナレーターが読み上げる。「この薬はあなたの免疫系を強化し、帯状疱疹と戦います。君たち帯状疱疹から彼女を守ります」。

ＣＭの最後にナレーターがこう言う。「Ｘ薬は50歳以上の成人を帯状疱疹リスクから守るために使われます。これは帯状疱疹の治療薬ではありません。本薬はすべての人に効果があるわけではありません」。そして極めつけはこれだ。「免疫系が弱っている人に、この薬は使えません」

おっと、何だって？　プレイバックしてみよう。おかしいのはここだ。ＣＭではたった今、加齢とともに免疫系が衰え、帯状疱疹のリスクが高まると言ったばかりだ。この薬は免疫系を強化する働きがあるが、免疫系が弱っている人には使えない。ここに矛盾がある。それでもこの薬を使うことを選択するなら、その人は弱っているかもしれない自分の免疫系より、この薬のほうをより強く信じていることになる。プログラミングは奏功した。

このＣＭに倫理的問題がないと仮定して、この巧妙な広告主が考えたのは、視聴者の意識を混乱させ、方向感覚を失わせる紛らわしいメッセージだ。しかし同時に彼らは、至って健康な視聴者の無意識に働きかけ、健康であっても〝自分の免疫系は弱っている、おそらく帯状疱疹ウイルスも持っている、自分は帯状疱疹を発症するハイリスクグループだ〟と信じ込ませるというプログラミングを行っている。さらに、帯状疱疹の症状は簡単になくならないかもしれないし、免疫系が弱っていれば効かないかもしれないが、それでもこの薬を使わないと、あなたは苦しい目に遭うかもしれない、と暗に告げている。

最後に副作用（これは副次的ではなく直接的な作用だ）の話だ。「帯状疱疹のような発疹、赤み、痛み、かゆみ、腫れ、固いしこり、温感、痣、注射後の腫れ、そして頭痛などの副作用がある場合があります。もし服用後に新生児、妊婦、免疫系の弱っている人と面会する予定がある場合は医師にご相談ください。本ワクチンは、弱められた水疱瘡ウイルスを含んでいるため、彼らにうつす危険性があります」。

うひゃあ！　はてさて私はどんな惑星に住んでいたんだっけと疑問に思った。この手のプログラミングを見ると、いったい私たちは自由意思に基づいて決断を下しているのかと疑いたくなる。ビールであれシャンプー、コンディショナー、最新のスマホであれ、あなたが持っているかどうかもわからない帯状疱疹ウイルスを撃退するかどうかもわからない薬であれ、私たちはことごとく条件付けにより信じ込まされた情報に従うよう洗脳されているのではないかと思えてくる。ほとんどの広告は視聴者の欠乏感や分離感を突いてくる。広告はあなたが持っていないものをほしがるように、社会にもっと溶け込む必要性を感じるように、空虚感や孤独感を埋めるようにと迫ってくる。そしてもちろん、このＣＭの場合は、もしあなたが病んでいるか、病んでいるかもしれないと感じたら、広告主はその悩みを解決する薬を提案する。

このインターネット検索を終えようという時、同じテーマの別バージョンのCMに遭遇した。俳優は大袈裟に17日間帯状疱疹に苦しんでいて、その巨大な病巣のグロテスクな映像が現れ、画面に同じ文言が浮かび、視聴者は演技の映像と文言の両方から刷り込みをされる。他のCM同様、このCMでは「この薬は帯状疱疹の治療薬ではない」と明言しているが、最後にハンサムなさっきの俳優が笑顔で視聴者にこう語りかける。「僕は試してみようと思っているんだ」。CMが終わり、私はすでに17日も苦しんできた彼が、帯状疱疹の治療薬でもないこの薬をどうして試してみる必要があるのか、という疑問とともに取り残された。私はすっかり混乱してしまった。

何年も前のことだが私がまだ訓練を受けている時、催眠状態の定義とは「顕在意識による抑制過程を遮断し、分析思考を飛び越えてさまざまな提案や情報を直接無意識領域に取り込んでいく状態を指す」と学んだことがある。顕在意識がいつもせわしなく物事を理解しようとしている間に、無意識はノーチェックで何でも取り込んでいく。もし誰かを情報によって（今の言葉で言うディスインフォメーションにより）、あるいはショックを与え、混乱させて、何が正しいのかわからなくさせることができたら、それはその人の無意識をこじ開けてプログラミングができる態勢を作ったことを指す。

本章であなたがこれから学ぶのはその真逆のプロセスで、これまでのほとんどの人生で刷り込まれてきたネガティブなプログラムを解体し、ポジティブなプログラムに差し替えるという作業だ。

脳内の3つの意識　顕在意識、無意識、そして分析意識

脳波がベータ波からアルファ波へと変化すると、大脳新皮質（分析・思考する脳）の動きが鈍くなることはもうお分かりのことと思う。脳波が遅くなると、あなたの意識は顕在意識から無意識の領域へと移行する。つまり、もしあなたが顕在意識の領域にあるが、特に何も考えているわけではないという時、あなたの意識は思考脳である大脳新皮質を出て、中脳（別名は無意識）、自律神経系と小脳のある場所へと移っていると考えていいだろう。

たとえば、テレビの番組に没頭している人に話しかけてもまったく耳に入らない、という状態の人がいたら、その人はアルファ波の状態（情報を無意識に取り込みやすい状態）にあると考えられる。被暗示性（暗示にかかりやすい状態）というのは、それがどんな情報であれ、分析することなく受け入れ、信頼し、言いなりになる性質を指す。その状態の時、テレビを見ている人は画面に夢中になり、そこで起きていることに集中しているため、変性意識《トランス》状態で動きも止まっている。その時、彼が注目している対象以外には何も存在していない。目の前に提示された情報を分析しない時、そこには分析というフィルターが介在しないいた

変性意識、被暗示性、脳波、分析思考のつながり

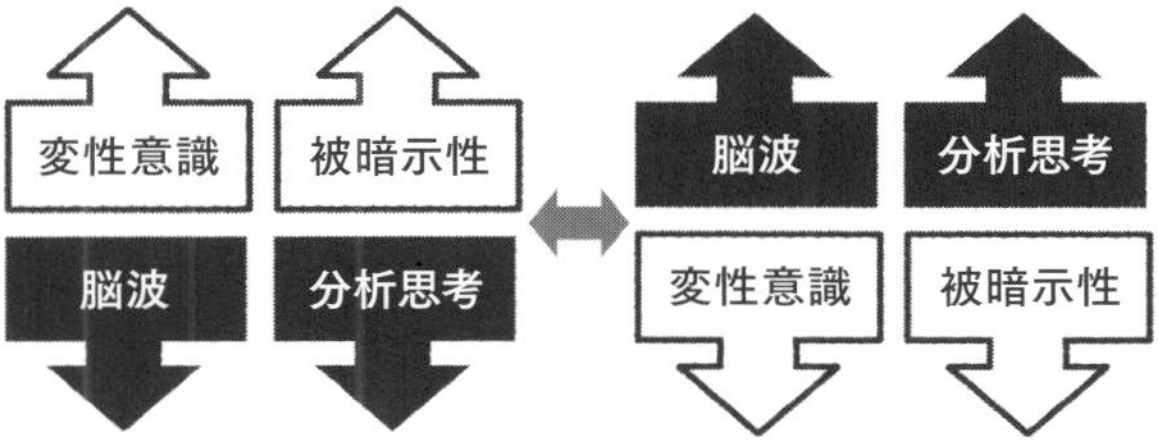

図8.1

脳波が遅くなり分析思考を超えると、脳は変性意識状態となり、入ってくる情報を受け入れやすくなる。その逆も同様だ。脳波が早くなるにつれ分析的になり、脳が変性意識状態から脱すると、情報を簡単には受け入れなくなる。被暗示性とは、情報を分析することなく受け入れ、信頼し、言いなりになる性質を指す。

め、人はその情報を受け入れ、信頼し、言いなりになる傾向がある。つまり暗示にかかりやすい人ほど、分析しない人だというのは理に適っている。その逆も言える。分析的であればある程、情報を鵜呑みにしない傾向がある。この人の脳波はアルファ波である確率は低く、ぼうっとしたトランス状態でもない。暗示にかかりやすいこと、分析的意識、トランス、そして脳波の関係をよりよく理解するために、図8・1を見てほしい。

　さっきご紹介したＣＭの作り手は、視聴者を自分の思い通りの行動にプログラミングする最良の方法は、提示する情報が視聴者によって分析されないように、脳波をアルファ波の状態にしておくという手法を知り尽くしている。ＣＭが繰り

返し放送され、あるいは同じメッセージの類似映像を何度も何度も見せられるうちに、そのプログラムは遅かれ早かれ視聴者の無意識に侵入する。ある刺激に何度もさらされる（この場合はＣＭ）ほど、そのプログラムに対する反応は自動的になる。しまいに無意識がその刺激を暗記してしまい、自動的な反応をするようになると、顕在意識はもう入ってくるその情報を吟味したり、分析したりする必要がなくなる。一方で無意識は録音機のようにその情報を記録し、情報は保存され脳内に居場所を作る。脳内住所《マップ》が作られると、そのＣＭを見せられるたびに同じ神経回路が発火し続けて同じプログラム、考え、信じ込まされたことを強調していく。そこまでくれば、その情報はあなたの健康を左右するだけでなく、ＣＭが作り出した問題の解決法まで提示するようになる。

　暗示にかかりやすくするその他のツールとしては、衝撃、トラウマ、あるいは強い情動的反応が挙げられる。たとえば人は唖然としたり、感情が高ぶる状況に遭遇すると、脳が変性意識に入ることがよくある。たとえば交通事故に遭った時など、感覚が受け止めきれないほどの刺激を受けると脳は休止し、暗示にかかりやすくなる。ひどい時には被ったショックに完全に飲まれてフリーズしてしまうと感覚も麻痺し、思考能力が失われる。したがって人は誰かのグロテスクな発疹を見せられ、その惨状に吐き気を感じる（しかもこれに不吉感満載の不安を掻き立てる効果音とナレーションが加わる）と、無意識の扉が開き、プログラミングされやすい態勢ができ上がる。

無意識は顕在意識の真下にあることをご記憶だろうか。辺縁系は無意識と自律神経系の本拠地で分刻み、秒刻みで自律的生体機能をつかさどる。ご主人様の命令に従う従者のように、ある思考がプログラミングされると、自律神経系はその思考のリクエストに従って実行する。「加齢とともに免疫系は衰える」とか「水疱瘡になった人の３人に１人は帯状疱疹になる」とか、何度も繰り返し聞かされ、そのたびに心が反応する結果、それらのメッセージは早晩顕在意識を飛び越え、分析意識をスルーして無意識へと入っていく。こうして侵入した情報に従い、自律神経系は命令を遂行するべく免疫系の弱体化を始める。

ＣＭ広告主の支払った制作・出稿コストに見合った効果を最大限に生かすためには、私たちがプログラミングの暗示に最もかかりやすくなっている夜間に、同じ広告を連打するに限る。何故かって？　日が暮れて暗くなるとメラトニンの分泌量が増える。メラトニンは睡眠と夢想のための態勢を作るため、私たちの脳波を遅くする働きがあるからだ。夜になると脳波はベータ波からアルファ波へと移行し、ベッドに入ればシータ波、デルタ波へと変わる。夜になると私たちは分析意識が弱まり、無意識の窓が開かれる。朝の太陽の光は人を目覚めさせ、脳はセロトニンを分泌し始め、夜と反対のことが起きる。つまり脳波はデルタ波からシータ波、アルファ波（ここでもプログラミングしやすい状態が起きる）となり、最終的にベータ波へと変わる。

もし、あなたが広告で売り込みたい商品やサービスがあり、一般の人々は無意識のプログラミングのからくりに気づいていないと思うなら、刷り込みたいメッセージを盛り込んだCMを作り、恐怖や不安を視聴者に掻き立てる要素を添えて、深夜枠に連打するといい。あなたの意のままに視聴者の自律神経系のプログラミングが完了し、深夜の電話注文の受注担当は忙しく働くことになるだろう。

経験則としての忠告をひとつ。あなたが明確に望むもの以外は、テレビやインターネット、あらゆるエンタテインメントの類を寝る前の時間帯はもちろん、どの時間でも決してみないことをお勧めしたい。

万華鏡の目　トランスに陶酔する

私は長い間、人がどうして自己抑制的な思考を執拗にプログラミングされ続けるのかについて考えを巡らせてきた。私たちは絶えず、〝自分の内面を満たすために、不足している何かを外界から調達しなくてはならない〟と信じ込まされている。つまるところ、これが広告というものの真骨頂だ――いっとき幸せな気分になり、今より良くなるために外界の何かを消費し、永遠にそれに依存し続けること。私たちが全体から切り離された存在だと信じ込ませるような考えが、メディア、テレビ番組、CM、ニュース、ビデオゲーム、ウェブサイト、そして時には音楽を通じて繰り返し流され、刷り込まれている。実に簡単な戦略だ。人々が欠乏感、恐れ、怒り、対立、偏見、苦痛、悲しみ、そして不安と言った思いに囚われ続けるようコントロールできれば、人々はそれらの感情から逃れるために外界のモノや人に依存し続ける。もしあなたが終わることのない忙しさに囚われ、いつでもサバイバルモードで生きているとしたら、あなたには自分を信じる機会すらないことになる。

もし、これらのネガティブなプログラミングをすべて消去し、あなた自身とあなたの人生には無限の可能性があるというプログラミングに置き換えられるとしたらどうだろう？まさしくそれは、私たちが上級ワークショップでここ数年やってきたことだ。それには２つの簡単なツールを使っているが、そのうちのひとつは昔から子供がおもちゃに使ってきた万華鏡だ。ただ違うのは、私たちは万華鏡でトランス状態を作るという高度なテクノロジーを使うことだ。

これまでのところ、トランス状態やアルファ波、シータ波の状態を作るのに、私たちは目を閉じて行う瞑想を用いてきた。しかし、目を開けたままで、私たちの夢やゴールに見合った情報を意図的に見ながらアルファ波やシータ波の状態を作れるとしたら、夜寝ている時以外でも無意識状態を作り、超自然化に向けた再プログラミングが可能なのではないか？　でもどうして万華鏡なんだ？

かなり長い間にわたり、私の情熱は神秘体験に注がれてきた。深い洞察に満ちた超明晰夢を経験するたびに、それは私の中で何かを決定的に変え、自分自身や、私と神秘体験のつながりについての深い理解をもたらしてきた。あなたがもし超常体験をして、一度でも神秘のヴェールの向こう側を見たら、もうそれ以前のあなたには戻れない。そしてその後神秘体験をするごとに、あなたと創造主、ワンネスの感覚、そして目に見えない統一場との距離は縮んでいくだろう。うれしいことに、神秘体験はもうアヴィラの聖テレサやアッシジの聖フランチェスコ、あるいは40年間瞑想をし続けた仏教僧だけの特権ではなくなっている。どんな人でも神秘の世界にアクセスし、経験し、堪能することが可能だ。

私が神秘体験をしている時、それは私がこれまでに経験したどの物理的現実よりもリアリティがあり、時間も空間もどこかに吹っ飛んでしまう。その世界に入る直前にしばしば経験するのは、光とエネルギーでできた円や幾何学模様の映像だ。それらは曼荼羅のようにも見えるが、違いはじっとしていないことだ。それらはフラクタルの模様のように干渉し合う周波数の定常波だ。その特徴を言葉で言い表すとすれば、生きていて、動いていて変化し続けるということだ。そしてそれは模様の中で無限に変化し、どんどん複雑化していく。

その様子はちょうど万華鏡を覗いた時のようだが、違いは2次元ではなく3次元だということだ。万華鏡の中で展開する神々しいほどに美しい幾何学模様は変化していく。私の脳内でこれが起きた時は、その直後にはディープな超自然体験が始まるのだ。このため私とチームメンバーたちはイベント参加者にこの手の神秘体験をしてほしいという願望の元、万華鏡映像を作ろうと考えた。しかし万華鏡で撮った本物の映像はひとつも見つからなかった。当時インターネット上に存在したフラクタル幾何学のメディアファイルはすべてコンピュータグラフィックスによるもので、私はもっとアナログな物を作りたかった。その後徹底的に探した結果、私たちは3代にわたり万華鏡を作り続けているある一家を見つけた。私は彼らが作った最高の万華鏡のひとつを入手した。

次に私たちはハリウッド映画でよく使われているプロ仕様のデジタルシネマカメラの主要な製造企業、REDでカメラをレンタルした。私たちは光ファイバーフィラメントを万華鏡の中に差し込み、その端をレンズにつけ、カメラに固定した。カメラが万華鏡内部に装着されると、モーターを万華鏡の先につけ、内部の結晶やオイルがスムーズに均等な動きで回転するようにした。ワシントン州シアトルのスタジオで、黒い暗幕の前で私たちは何時間にもわたり美しい色や形を撮影し続けた。黒い色が象徴するのは物理的なものの不在だ（つまり体も名前も物質も場所も時間もない空間を指す）。これは第3章に出てきた、無限の漆黒の空間、あるいは虚空だ。

数日間にわたる撮影で、回転を加えるたびに重力で結晶とオイルが下に落ち、動きが加速するため、技術者は根気よく1秒ごと、フレームごとに操作しながらスムーズな形の変化を編集しなくてはならなかった。形の変化が流れるように滑らかでないと、見る人の集中力やトランス状態が途切れる心配があるからだ。こうして私たちが上級ワークショップで使っている1時間のビデオ映像に仕上げるのに数か月かかった。最後に有能な作曲家フランク・ピショッティが映像に合わせてサウンドトラックを作ってくれた。美しいシンメトリーの幾何学模様が変化する様子に、ワークショップ参加者たちがうっとりと見とれ、我を忘れてほしいという一心だった。

マインドムービー　あなたの未来の映画

私が主催する上級ワークショップでは、参加者全員がマインドムービーと呼ばれる、参加者自身とその人生の未来の姿を捉えた映画を作るための、楽しくて使いやすいソフトウェアが支給される。これは万華鏡映像と並行して使われる。参加者が未来に何を創造したいかにより、参加者が作る未来の映像には、それを支援するための情報や提案が、(あの帯状疱疹のCMで文言がナレーションを後押ししていたように)画面に登場する。未来の姿とは、病気の快癒から免疫系の強化、新たな職業の創出、新たな機会の顕現、世界一周旅行、豊かさの引き寄せ、人生のパートナーとの出会い、神秘体験などなど多岐にわたる。これを作る目的は、参加者が自らの夢の実現、規格外の夢を創造すること、そして自らが超自然になることなどが可能だとわかることだ。この個人的なメディアプレゼンテーションの目標は以下のようなものだ。

1．参加者が未来に何を創造したいかを具体的に視覚化するのを助ける。
2．参加者の顕在意識と無意識に、望ましい未来の顕現をプログラミングする。
3．望ましい未来がすでに現実になっているかのように、参加者の脳と体を生体変化させる。
4．その映像や静止画を音楽と一緒に繰り返し反復して見ることにより、脳内に新しい神経ネットワークを創出し、体が抱く感情の状態を新しい意識に適応させる。脳と体に自らの未来をきちんとインプットするためのツール。

マインドムービーの技術は、オーストラリアのビジネス・パートナー、ナタリー&グレン・レッドウェルによって開発された。彼らは創始者であるだけでなく、その可能性を象徴するイメージキャラクターも務めている。彼らの探究の発端は2007年、彼らの友人が自分の人生を映画にまとめて上映して見せたことだった。その後その友人の提案により、マインドムービーというソフトウェアとして後に結実するビジネスプロジェクトが始まった。世界中の人々に自分の映画の作り方を指導するために彼らが作ったソフトを販売し、ビジネスを軌道に乗せるにはまず、販促用のウェブサイトを作る必要があった。しかし彼らは4つの事業を抱えていて、インターネットやEコマースの知識をほとんど持っていなかった。グレンはパソコンをかろうじて立ち上げることしかできず、ナタリーに至ってはYoutubeの名前すら聞いたことがなかった。それでも彼らはマインドムービーには人々の人生に形ある結果を生み出すパワフルなツールとなる潜在的可能性があることがわかっていた。

その信念の元、彼らはマインドムービーが持つ力についてのビデオをYoutubeにアップすることにした。このビデオの最後には、視聴者が自分自身の映画を作る方法がわかるウェブサイトにアクセスするよう促した。

2008年初頭、マインドムービーでどれほど大きく人生が変わったかについて書かれたEメールを数えきれないほど受け取ったことをきっかけに、2人は全面的に活動開始した。2人はアメリカに飛び、インターネットマーケティングセミナーや、マーケティング計画立案集団に参加し、マインドムービーを全世界に向けて発信する準備を進めた。しかしアメリカに渡った時点で彼らの貯金はほとんど底をついていたため、発売準備に必要な資金は残っていなかった。つまり、売り出すために必要な情報収集、スキルの熟達、そして実践といったすべてのプロセスを自力でやるしかなかった。何か月もの間、彼らは事務所兼ベッドルームで毎日12時間働いた。その過程で自分たちの許容範囲をあまりに大きく踏み越えたため、元々の生活がどんなだったか忘れてしまったほどだった。彼らは日常的に技術・ビジネス・人間関係の課題に直面したため、克服するにあたり彼らの商品であるマインドムービーを秘密兵器として活用した。

ナタリーとグレンは、自分のマインドムービーを作りどんな顧客を何人ほしいかを明確にした。同業他社からの称賛を集め、ビジネスが成功した暁にはどんなレストランで食事を楽しむか、どんなところで休暇を過ごすかを描いた。そして最後に、ほしい利益は百万ドルとぶち上げた（でっかく夢見たっていいじゃないか、と彼らは考えた。マーケティングセミナーの仲間だって5000ドルの商品で、100万ドルの売上目標を掲げているんだから）。彼らの現実はすべてにおいて困難だったにもかかわらず、毎日何度もこのムービーを見てはストレスを癒やし、目標を見失わないようにした。彼らは世界に向けて商品を発表する日のために努力し、リスクを取り、夢見続けた。ゴールはもう目の前に迫ってきたという時に、あり得ないことが起こった。

発売日のスケジュールは2008年9月だったが、同時期に金融危機がぼっ発したのだ。世界中の金融機関は天地がひっくり返るほどの大打撃を受け、個人レベルでは貯金や資産が泡と消え、多くの人が職を失い、その経済的ダメージは大恐慌以来となった。一方でナタリーとグレンも経済危機を迎えていた。世界デビューのために使ったクレジットカードの借金が12万ドルに膨れ上がった。これがこければ彼らはすべてを失うことになる。家も車も失くし、これまでの投資も水泡と化し、とても返済できそうにない負債に飲み込まれることになる。

発売日当日の朝、彼らは知る由もなかったことだがEメール送信のシステムが定期点検のためダウンしていた。このため購入者は誰ひとり受注確認メールを受け取ることができなかった。正午までにはカスタマーサポートに苦情メールが数千通届き、決済銀行は異常な取引数に達したため彼らの口座を凍結していた。そしてその日の夜に、彼らは生涯忘れられない時間を過ごすことになった。

初日開始後数時間で売り上げは10万ドルを記録し、初日が終わる頃には２８８，０００ドルになっていた。最終的に彼らは単価が97ドルの商品ひとつで総額70万ドルを売り上げた。しかし話はそこで終わらない。

達成したことを喜んだのは言うまでもないが、彼らは最後の大きなチャレンジに直面していた。当時の不安定な金融状況の結果として取引銀行が彼らの口座を凍結したため、自分の口座の金を引き出せなかった。このため彼らが借り入れた12万ドルの返済、協力者への報酬、関連企業へのコミッションなどの支払いが滞った。すべては彼らの口座の資金が解放されるかどうかにかかっていた。彼ら自身のビジョンを信じ、マインドムービーを見続けて6か月経った頃、倒産寸前で凍結が解除され、負債を返済することができた。しかしそれだけではなかった。

世界経済が不安定な中、オーストラリアドルに対するアメリカドルの価値は依然としてかなりの落差があった。このためオーストラリアに送金した際の為替差益は25万ドルにもなった。これに加えて彼らが関連企業を宣伝したコミッションが入り、２人は１００万ドルという売り上げ目標を達成した。

世界中のほとんどの人の予想に反して成し遂げた大成功の手柄の大半は彼らにあったが、それも彼らが自らのマインドムービーを毎日欠かさず見続けた結果に他ならなかった。

これはマインドムービーの可能性を示す好例であり、あなたが作るマインドムービーの選択肢は無限大だが、作るプロセスはどれも大して変わらない。まず自分のテーマ曲（何度聞いても聞き飽きないもの）を決める。次に自分自身あるいは出来事の画像や動画を選び、未来がどんなものになるかがわかるように並べる。最後にそれらの画像の上に重ね合わせる言葉やフレーズ、アファメーションを考える。テレビCMが視聴者の欲求や欠乏感をあおるプログラミングをするのとまったく同じ手法で、マインドムービーは作り手の人生が作れる無限の人生にプログラミングをすることが可能だ。

私たちの上級ワークショップで、参加者は自分の作ったマインドムービーを見る前に万華鏡の映像を見ることになっている。万華鏡映像によりアルファ波やシータ波の変性意識状態が作られ、目を開けたままで顕在意識と無意識を隔てる扉を開けることができるからだ。アルファ波やシータ波の状態で瞑想をしている間は、自作の再プログラミングを受け入れやすくなっている。マインドムービーを見ている間に暗示にかかりやすい状態であればある程、分析思考は起こりにくく、「これはどうすれば実現するだろう？」とか「こんなことが起きるはずがない！」とか「こんな贅沢をするための金をどうやって調達するんだろう？」とか「以前も失敗したのだから今度もダメに決まっている」といった発想が浮かびにくくなる。

万華鏡映像は参加者をトランスへと誘い、無意識にプログラミングしやすい状態を作るが、マインドムービーはその新しいプログラムだ。マインドムービーはテレビＣＭが私たちをプログラミングするのと同じ要領で参加者の無意識に働きかけるが、その効果はポジティブで無限で、建設的だ。脳が思考停止状態になっている時、脳は入ってくる情報を分析しない。このためこの状態で入ってきた情報はそれが何であれ丸ごと無意識にインプットされる。後で自動再生するために録画されるかのように、新しいプログラムは無意識に刷り込まれる。

長年にわたる膨大な研究結果が示すのは、大脳新皮質の右半球と左半球は相互にどんなふうにつながっているかということ。右半球が空間、非線形の、抽象的な、創造的思考を担当し、左半球が論理的理性的、線形の、方法論的、数学的思考を担当していることがわかっている。しかし最新の研究によると右半球は新しいものごとの認知機能、左半球はルーティーンの認知機能を担当する。[1] 言い換えれば、新しいことを経験する時は右半球が活性化し、それがルーティーン化するとそれは左半球に記録されるということだ。

大半の人々はすでに記憶された自動プログラムや習慣が習得回路となっているため、脳の左半球を使って生きている。言語もルーティーン化しているので、左半球の管轄となる。右半球を未知の領域担当、左半球を既知の領域担当と捉えるといいだろう。右半球が恋愛、創造、非線形の活動、そして左半球は理路整然とした論理的で構造的な活動を担当するのは理に適っている。参加者の脳をリアルタイムでスキャンした際、私たちはこれら両方が同時に活動する様子を確認している。

万華鏡映像の幾何学的フラクタルパターンが流れるように変化する様子は具体的なモノや場所、時間を想起させないため、その絵柄のパターンは脳内の認知ネットワークや知っている人や場所、時間に関連する中枢を飛び越えるよう設計されている。時代を超越した幾何学模様は、自然の至る所に存在し、繰り返されるフラクタル柄を現しているため脳の下部中枢を活性化する。したがって万華鏡をのぞいた直後にメアリーおばさんや小学6年の時に持っていた自転車や、幼少期に住んでいた家などを見てはいけない。そう言った記憶はあなたの脳の左半球に貯蔵されていて、万華鏡が活性化するのはその部分ではないからだ。思考や分析を止め、アルファ波やシータ波に移行する時、脳の右半球の動きがより活発になる。左半球が既知の領域を担当するなら、右半球の担当は未知の領域。右半球の活動が盛んになればなるほど、未知の新しい何かを創造することに対してオープンになっている。

カラー図版9A（1）と9A（2）は2人の参加者のコヒーレントなアルファ波とシータ波状態の脳スキャンデータを示している。カラー図版9A（3）は、万華鏡映像を見ている参加者の脳波が完全にシータ波になっている様子を示している。9A（4）も万華鏡映像を見ている参加者の脳スキャン。トランス状態で新しい経験をしている最中に脳の右半分が活性化している。

上級ワークショップで万華鏡映像を見せる時、メラトニン分泌量が増して脳波の変化を促すように部屋を暗くして上映する。私は参加者にリラックスしてゆっくりとした呼吸をするようにと指導している。呼吸が遅くなると脳波も遅くなり、ベータからアルファへと移行する。次に、引き続き体をリラックスさせながら体を意識するよう促す。彼らに求めるのは半分覚醒していて半分眠っている状態を作ること。この時、人は最も暗示にかかりやすく、マインドムービーのプログラミングを脳が受け入れやすい状態になっている。

深夜に放映されるインフォマーシャルが視聴者に影響を与えるのは、深夜には睡眠と修復に備えるべくメラトニンの分泌量が増し、視聴者の防御のガードが落ちているからだ。これと同じ要領で私は参加者たちがメラトニン分泌量を増し、脳波をアルファやシータに変え、マインドムービーで見せる情報や可能性に対して全開になってほしいと考えている。

未来の人生のサウンドトラック

ある音楽を聴くと、それを聴いていた頃の人生の記憶が自ずと蘇ってくる。エンターテイナー、ディック・クラークが「音楽は人生のサウンドトラックだ」と言ったのもその所以だ。魔法のようにノスタルジアを掻き立てる音楽が流れ始めた瞬間から、私たちの脳内ではある特定の時期と場所にまつわる出来事や人々の映像が次々と思い出される。神経学的に言うと、音楽は外界からのスイッチで、これがオンになると脳内の特定の神経ネットワークが発火し始める。連想によって、凍結されていた情報が時空を超えて解凍され、画像が意識にのぼる。これを〝連想記憶〟と呼ぶ。

その音楽がもたらす記憶をさらに掘り下げ、当時の感情を蘇らせて当時の自分に戻ってみると、ついでに音楽に合わせて歌い、踊ってみると、当時の感情エネルギーが体中を駆け巡るのがわかるだろう。その音楽が想起させるのが、あなたの初恋、大学生活最後の春休み、青春時代最高の試合に臨む直前の武者震いなど、何であれその記憶には特定の感情が強く埋め込まれている。その感情がリアルに蘇るほど、あなたは過去のエネルギーと深くつながる。そして記憶が呼び覚ます感情のリアクションが強いほど、その記憶の印象は強いということだ。ある記憶に結びついた感情が蘇り、当時の記憶が戻った瞬間に、あなたは意識の中で時空を飛び越えて過去の自分に舞い戻っている。過去のあなたを丸ごと再生するかのように、あなたの体はその当時の感情を体内に満たし、それが記憶された時代の意識がそのまま帰ってくる。その瞬間、あなたの心身は完全に過去にいる。

ある出来事に結びついた感情が強いほど、長期記憶は強く刻まれている。その記憶が好ましいものか、そうでないかは脳が記憶を処理するプロセスに影響しない。たとえばトラウマ、裏切り、衝撃を受けた出来事の記憶も、喜びの記憶と同じように強い感情が鮮やかに蘇る。その記憶を思い出し、当時の辛い経験に結びついた痛みや恐れ、怒り、悲しみ、そのインパクトの強さを再現すると、体はすぐさま化学物質の組成を当時のものへと変化させる。その結果、外界でその感情を生む元凶となった人や状況に対する警戒心が強化される。

それでは、もしあなたが夢に描く未来の映画を作り、あなたにインスピレーションを与え、やる気にさせる音楽を載せ、その音楽があなたの心身の状態を変化させて未来の記憶を生き始めるような効果を発揮したらどうだろうか？　音楽があなたの人生のサウンドトラックなら、あなたを過去に引き戻す類の音楽が存在する。同じ手法であなたを未来へと誘う音楽があってもいいのではないか？

そこで登場するのがマインドムービーだ。明確な意思のもと、あなたの未来のパワフルで感動的な映像を作り、言葉やフレーズをそれに載せて映像を補強し、インスピレーションを高め、高次の感情を引き出す音楽を合体させると、それはあなたの体を過去から未来へと化学変化させて長期記憶を形成するツールとなるだろう。つまりその映像は、あなたが未来に起きてほしい経験と一致する感情を呼び起こすということだ。映像は、あなたが将来どんな家に住みたいか、どんなバケーションに行きたいか、どんな仕事をしていたいか、何をどう表現したいか、どんな神秘体験をしてみたいか、あるいは体や人間関係をどんなふうに修復したいかなど、何でもありだ。それらはあなたの未来のタイムラインに存在する無限の可能性のほんの一部に過ぎない。あなたが自身のマインドムービーを見て、未来に起きる感情を今に再現し、その感情が高まるほど、そしてその映像に心を奪われるほど、それらの感情は全身を満たすエネルギーとなる。次の作業はあなたの未来の長期記憶の形成だ。そしてあなたは未来の人生に生命を吹き込んでいく。その未来を魔法のように次元を超えて呼び出せるのは音楽の力だ。音楽はその未来が現実になったらどんな気持ちになるかを教えてくれるもので、聞くと体内のエネルギーが瞬時に変わるからだ。その意味で、マインドムービーに使う音楽はインスピレーションあふれ、やる気にさせてくれ、向上心を刺激するようなものでなくてはならない。

映像、音楽の次は、あなたの真の姿や未来のあなたを想起させるような言葉やフレーズ、情報を決めていく。お望みならスケジュールも入れて構わない。以下に例を挙げてみた。

- 次元の扉はいくつも開かれ、神秘体験ができる。
- 私の体は日を追うごとに癒やされていく。
- 私の言葉には自然法則ほどの重みがある。
- 私は毎日、深く愛されていると感じる。
- 豊かさが私に向かって流れ込んでくる。
- 必要なものは全部すぐに満たされる。
- 私の体は毎日若返っていく。
- 毎日の日常のどこにでも神の御業《みわざ》が現れる。
- 私の人生のパートナーは対等な存在で、私を行動で導いてくれる。

・シンクロニシティがしょっちゅう起きる。
・私は日々完全無欠に近づいていく。
・私の免疫力は日を追うごとに強くなる。
・私は勇敢に未来を切り拓く。
・私の才能は無限。私は天才だ。
・私はいつでも自らに内なるパワー、周囲に漲るパワーを感じる。
・私は自分を信頼している。
・未知なる領域を愛とともに受け入れる。
・高次の存在は呼べばいつでも答えてくれる。

あなたのお気に入りのミュージックビデオ、あるいはミュージカルのワンシーンを思い浮かべる時、恐らくあなたは歌詞やメロディを暗唱し、その音符やリズムの一つひとつに合わせた映像を頭の中で細部に至るまで描けることだろう。それらのコンビネーションの力により、恐らくある特定の時間や場所、その記憶に属する人々、感情、経験がつられて想起されることだろう。マインドムービーを使ってすることはこれとまったく同じで、唯一の違いは、それが過去ではなく未来の記憶を作っているということだ。もしあなたが選んだ曲を聴き、それに合わせた映像を繰り返し見続けていたら、その音楽だけをどこかで聞いた時、自動的にあなたの未来の映像が浮かんできはしないだろうか？　練習を積むうちに、未来の記憶はそれに見合った感情を想起させるだけでなく、体内の化学物質もまた未来のあなたに調和するように変化していくだろう。

そのからくりはすでにご存じのことと思う。あなたの体は無意識で、体はあなたが実際に外界で経験した結果ある感情が生まれたのか、あるいは思考のみで感情を醸成しているのかを識別できない。したがってあなたの体は現在という時間にありながら未来の現実を生き始める。環境は遺伝子に信号を送り、感情は外界での経験の結果物であるなら、実際に経験する前にその感情を先取りすると、あなたは現在にありながらあなたの体の生物学的組成を未来と調和させることができる。遺伝子はたんぱく質を作り、たんぱく質は体の構造や機能に作用するので、あなたは生物学的組成を変化させて未来がすでに現実になったかのような状態を作る。

全部まとめて実践する

たとえば数人の人々を4、5日のリトリートに招待し、彼らのアイデンティティを常に思い出させることだらけの環境から切り離したら、どうなるだろうか？　彼らがよく知っている人々やよく行く場所、毎日決まった時間にやっていることなど、彼らが何者かをコンスタントに思い出させることをすっかり忘れるくらい長い期間切り離すと、彼らは限界を持たない人々になる。リトリートの初日か2日目までに心臓と脳のコヒーレンスについて教え、それから毎日コヒーレントな状態を作る練習を行えば、遅かれ早かれ彼らのハートは開かれ、脳は機能的に働くようになるだろう。実際彼らは未来のビジョンに対する集中力を増し、気が散らなくなっていく。同時にごく自然に新しく設定した未来の感情を持ちやすくなっていく。脳と心臓がコヒーレントになるにつれ、彼らは自分のエネルギー場をコヒーレントに変えていき、その結果その人が発信する固有の電磁波の情報はより明確にパワフルになっていく。

彼らが引き続き自分自身、自分の体、環境、時間を超越し、脳波を遅く変化させ、3次元の環境から統一場に滑り込むという練習を積むうちに、それら一連のプロセスは容易になっていき、心臓のエネルギーセンターを開放して創造活動を行いやすくなるだろう。マインドムービーを作り、反復して見る練習を始めるまでに、あなたが体、感情、習慣、苦痛、病気、アイデンティティ、自己抑制的信条、分析思考、そして無意識に組み込まれた古いプログラムを超越する訓練を習得できていればあなたはそれまでよりずっと大きな、新しいあなたにふさわしい規模の情報源にアクセスして吸収する準備が完了していると言える。その情報を活用し、あなたはますます未来の自分と同化していくだろう。私たちのワークショップではこんなふうにマインドムービーを活用している。

マインドムービーは、たとえるなら21世紀バージョンのビジョンボード（人生の目標を明確にし、フォーカスし、維持するためのツール）と考えるといいだろう。ただ２次元で動かないビジョンボードと違い、マインドムービーはダイナミックな３次元的表現だ。万華鏡映像と併用し、反復して未来を経験するマインドムービー・テクノロジーは未来に命を吹き込む絶好のツールとなる。また自分の人生に何を求めるかを明確にし、それを毎日忘れないように見て確認するための素晴らしい手法と言える。

マインドムービー・テクノロジーは汎用性が高いため、いろんな応用が利き、多様な場面で使うことができる。このテクノロジーを使って新たな人間関係、富、健康、キャリア、多様な物質次元のモノを生み出せるだけでなく、子供や未成年には自分の未来のビジョンを作り、未来は自分でコントロールできるという感覚を育てるのにも役立つ。今日ではあまりにも多くの若い世代の人々が現代社会やソーシャルメディアのめまぐるしく変化するペースや重圧、要求に圧倒されて戸惑っている。アメリカの若い世代の最大の死因は自殺で、マインドムービーの創業者はこのテクノロジーを学校で活用し、ティーンエイジャーが実現可能な明るい未来を具体的に描くよう支援している。

マインドムービーはまた、企業の中でもチーム育成やビジョン共有に活用されている。起業家たちはこのソフトウェアを使って事業の開発、企業理念の創出、事業計画の戦略策定などを行っている。意欲を持った人々の集団が共通する使命を確認し、その論理を極めるだけでなく、その計画がダイナミックに結実する様子を（それが現実になる前に）視覚化したらどんなことが起きるだろうか？

このテクノロジーはまた、包括的治療の分野でも生かされる。患者が全快した健康な自分自身を視覚化することで治療のプロセスを支援し、その後の健康を維持するための毎日の暮らし方をインプットするためのツールとして、ホームドクターが活用している。この中には多様な依存症の治療を専門とする施設も含まれ、段階的な改善を患者が自らの未来図として明確に認識するために使われている。マインドムービーは、各世代の失業者が新たな職を見つけ、計画性を持って充実した人生を送るためのサポートもしている。これは失業者当人だけでなく、その家族のためにも役立っている。

お分かりのように、このテクノロジーの応用範囲に限界はない。使い方がどうあれ、マインドムービーが持つパワーは当人が日常的にどんな選択をし、どんな姿勢で暮らし、どんな気分でいるべきかを思い出すことにより、新しい現実を生み出せる点にある。取るべき姿勢や感情を無意識にプログラミングすれば、古い習慣やライフスタイル、無意識の条件反射への依存癖を断ち切ることができる。マインドムービーの映像を編集する際、どこまで大胆な未来を創造するか——決めるのは本人次第だ。

マインドムービーはいつ見てもいいが、私がお勧めしているのは1日の中でも暗示にかかりやすい起床直後と、就寝直前だ。朝起きてすぐ見ると、その日をポジティブな気分で始められ、その日に（そして長期的未来に）達成したいことに意識を集中させることができる。夜寝る前に見ると、あなたが寝ている間に無意識がそれについて考え、体と意識が同じ未来に合わせて調整を進め、その司令に従って自律神経系が未来を現実にするだろう。基本的にはモチベーションを高めたい時や、それまでとは違う選択をする必要がある時に見るといい。カギは、完全に今という時間に留まって見ることだ。

マインドムービーをワークショップに取り入れて以来、私は参加者たちが新しい家を顕現させたとか、何年も市場に出されたまま売れなかった物件が売れた話などを聞いている。突然降って湧いたバケーション、唐突に現れたパートナーの話などもある。数え切れないほど聞こえてくるのは豊かさや自由の実現、新しいキャリアや車の取得、あらゆる病気の快癒、耐え難い苦難の終焉、そしてもちろんディープな神秘体験で人生が決定的に変わったという人も少なくない。しかもこれは魔法や妖術の類ではない。ただシンプルに意識的な創造者になる、そして自らの運命と調和することを学ぶだけでいい。

マインドムービーを見る行為は、自分の未来を映すレーダーを見るようなものと捉えるといい。繰り返し脳と心臓で未来を体験しているうちに、あなたが経験するすべての思考、選択、行動、そして感情が現在の現実と未来の現実の狭間で軌道修正され、一直線に望ましい未来へと向かうようになっていく。あなたが意思や注意、エネルギー、愛を注ぎ込んで未来に命を吹き込むほど、それは新しいあなたの現実として存在し始める。今やあなたはよく知っている過去と同じくらいに、未来に精通しているのだから。ならばあなたがすべきことは、たゆまず未来のその映像に恋をし続けることであり、エネルギーレベルを高めにキープし、状況（環境）やこれまでの姿勢、習慣化した否定的反応、あるいは無意識に刷り込まれた習慣があなたの未来へと向かう道を損なわないよう留意することだ。

このテクノロジーの深遠なところは、私たちは〝パターン認識〟、つまり脳内の神経ネットワークと外的環境にある対象物、人、場所などとのリンクにより現実を知覚していることに起因している。たとえば、知っている人を見ると、脳内の神経ネットワークは瞬時にその人とかかわりのある記憶や経験を呼び出す。これとは対照的に、脳内に記録を持たない人に会うと、あなたはその人が誰だかわからない。未来が現実になる前に脳内に配線を作っておかないと（マインドムービー鑑賞で特定の映像、思考、感情を認知しておかないと）、つまり望ましい未来の受け皿としての神経ネットワークができていなかったら、未来のパートナーや新しい仕事、新しい家、新しい体が現れた時、どうしてそれと認知できるだろうか？（こんなふうに考えるとわかりやすいかもしれない。マックPCでウインドウズPC仕様のMSワード文書を開くには、あらかじめMSワードのソフトウェアをマックPCにインストールしておく必要がある）。感じるべき感情が湧くことで未来の現実を作るエネルギーを生み出す予行演習がなければ、見知らぬ未来の経験があなたを見つけてやって来た時、それを信頼し、受け入れることができないかもしれない。スルーしてしまうとすればあなたのエネルギーと感情の状態が、その未来の経験と調和していないからで、それがあなたの待ち望む経験だと歓迎する代わりに、あなたは恐れや不安を感じることだろう。

上級ワークショップ参加者の多くが、マインドムービーの第3弾、第4弾、なかには第5弾を鑑賞中だと私に話してくれている。初期のマインドムービーにリストアップされた夢はもうすべて叶ってしまったからだ。私は彼らの話を聞くにつけ、彼らの創造力の開花に驚くとともに、畏敬の念すら禁じ得ない。彼らが生み出すものは多種多様だが、共通するものがひとつある。意図する未来に向かい、その意識に合わせて体を調教してきたということだ。もしあなたが望む未来について時間をかけて学び、記憶し、神経ネットワークを形成していれば、そこにあなたの注目が集中するのは言うまでもない。そしてもうおわかりのように、注目が集中するところにエネルギーが流れ込んでいく。

カラー図版の画像10を見てほしい。これはある参加者が自分のマインドムービーを見ている時の脳の活動を示す例だ。この人はマインドムービー内の経験に完全に没頭しているため、脳内には膨大なエネルギーが発生している。

さらに踏み込んで、次元を超える

私たちのワークショップでは、マインドムービー・テクノロジーで行う最終段階のワークがある。瞑想の最中に、私は参加者にマインドムービーの中のワンシーンを選び、特定の時間と場所に落とし込んで3次元的に体験してもらうようにしている。私は指導する際「視覚化」という言葉を決して使わないことに、お気づきの人もあるかもしれない。視覚化というのは通常、心の目で〝見ること〟のみを指すので、それは平面の2次元画像となる。たとえば車の写真を視覚化する時、あなたが作り出すのは車の写真だ。視覚化ではなく、現実の3次元的体験として感じられるように五感のすべてを動員してそのシーンを経験してほしいと考えている。

私がワークショップで瞑想を誘導する際、体が占めている空間や、その周辺の空間、さらには部屋が占める空間を意識するのにどうして多くの時間を割くのか、疑問に思う参加者は少なくない。瞑想で行うのは脳内にコヒーレンスを作ることに加え、すべてマインドムービーと万華鏡映像のセットからなる瞑想に向けた心の訓練だ。

脳内で多様な映像や画像を見る前に、参加者はまず自分のいる次元の確認プロセスを行い、意識体としてある風景の中にいることを促される。その過程で私は参加者に、意識体としてのみそこに存在していることを意識するように伝える。つまり彼らに体はなく、五感もないと感じてほしいということだ。彼らは見る、聞く、感じる、味わう、匂いを嗅ぐことのできない存在として、何もない空間を意識するところから瞑想を始める。

参加者たちが自らを体ではなく意識体と捉えるようになると、私は各自のマインドムービーからワンシーンを選択するように言う。すると彼らの脳は自然に感覚的なインプットを始め、脳内のシーンという次元が立ちあがってくる。次に参加者たちは自らの右、左、上、下を感じるように導かれる。この感じる行為はそのシーンを3次元的な構造、形、空間として知覚するのに役立つ。参加者たちが意識をそのシーンの中の他のモノへと拡大していくと、さらなる感覚が加わり、そのシーンはもっと多くの形、構造、曲線、質感、香り、映像、感覚、空間といった要素で埋まっていく。最終的にそのシーンが意識の中で、未来の時空の中でリアルに存在するようになると、それは参加者の体に定住し始める。この場合の体とは、椅子に座って瞑想している参加者の体ではなく、未来の参加者の物理的な体を指す。参加者たちはさらに自らの腕や足、胴体、筋肉などを感じるよう促され、自分の生身の体が未来のそのシーンに存在していると感じられるまで続ける。ここまでくれば参加者はそのシーンの中で自由に動き回り、その現実を体験できる。

私の理論によると、十分な規模で一斉に対象物やモノ、人などをある時間と空間に結びつけた神経ネットワークを活性化できれば、フルスケールのホログラフィックなＩＭＡＸシアターばりの体験の可能性が増すという考えだ。参加者が意識の中で完全に立体化したシーンの中に存在できると、脳内のほとんどの部分（体の感覚、感情と運動、動きの両面につながる神経ネットワーク、そして自分の体の各部分が空間のどこにいるかを視覚以外で知覚する、固有受容と呼ばれる部分を含む）のスイッチが入るからだ。次に参加者たちが感じるのは、現在に留まりながら、目を閉じたまま、そのシーンの中でリアルに生きているという実感だ。

カラー図版の図11を見てほしい。これはある参加者が瞑想でマインドムービーの中のシーンをリアルに体験している時の様子を示している。この女性がそのシーンを3次元的に再現している際、脳内にはかなりの量のエネルギーが発生していた。本人はこの時のことを超リアルなバーチャル体験だったと振り返った。彼女の主観的体験は、このスキャンで客観的に数値化された。

瞑想中に体験したことは、これまでの外界のどの体験よりもリアルだったと感じた参加者は多い。彼らの感覚器官は、外界の刺激がまったくないにもかかわらずパワーアップしていたが、実際に彼らがしていたのは目を閉じて椅子に座っていただけだ。明晰な疑似体験をしている時に、コロンの香り、ジャスミンやクチナシといった花の香りがしたという人は多く、なかには新車の車内に座ると真新しいレザーシートの香りがしたという人もあった。また顔に残る無精ひげ、そよぐ風に踊る髪、あるいはパワフルなエネルギーが体内に充満している感覚といった具体的な記憶を話してくれた参加者も多かった。シーンの体験の中で明確に音を聞いたと証言する参加者もあった。たとえば長期休暇でヨーロッパを旅している時に、遠くで教会の鐘が鳴っていた、新建の家で飼い犬が吠える声がしたなど。シーンを疑似体験していた際、その色彩が信じられないほどくっきり鮮やかだったという人々、そしてココナツ、チョコレート、シナモンの味が本物よりも美味しかったと語る人もいた。多様な感覚を合わせた時、それは文字通り新しい経験を編み出していた。

私たちを外界の現実につなぎとめているのは、五感の感覚だ。新しい経験をすると、その時に見た、聞いた、匂った、味わった、感じたことの情報が五感の回路を経由して脳に送られる。五感で感じたすべての情報が脳内に入ると、神経細胞のクラスターがネットワーク形成を始める。ニューロンがそのシナプスを伸ばし、収まる場所が決まった途端に大脳辺縁系は感情と呼ばれる化学物質を生み出す。経験は脳を豊かにして感情を作り、感情は体に新しい遺伝子発現を行うため、参加者が（まったく五感を働かせることなく）脳内で豊かな感覚的経験をする際、彼らはそれが外界ですでに起きているかのように脳と体を変化させる。それというのはまさしく経験によって起きることではないだろうか？　私は脳内体験を終えた人からこんな声を聞くのが大好きだ。「わかってないなあ！　ほんとに行ったんだよ！　それはもうすでに起きたことだし、経験済みだから、未来でも絶対そうなるってわかるんだ」。至極当然。経験はすでに起きているのだから。

この意識の次元、エネルギー場での現実をフルに体験した時、新しい経験のエネルギーは物理次元の現実が作られる鋳型として機能する。あなたが未来にエネルギーを先行投資すればするほど、それが現実になる前に多くを経験し、感じることができ、未来の現実というエネルギー的刷り込みを強化することができる。体は意識に従い、未知の未来へと誘われる。何故ならあなたのエネルギーがそこにあるからだ。継続して注意とエネルギーをそこに集中させているうちにあなたはその未来にますます惚れ込んでいくだろう。愛はあらゆるものを結びつける性質を持つため、あなたはその未来と絆を結び、未来はあなたの方に引き寄せられてくるだろう。

万華鏡についてもっと詳しく知りたい場合は、以下の私のウェブサイトを訪問してほしい。

drjoedispenza.com/kaleidoscope

万華鏡とマインドムービーの瞑想

上級ワークショップでは、参加者たちにイベント参加当日より前にマインドムービーを制作しておくよう指導している。初めからマインドムービーの映像と万華鏡映像の複合効果を生かした瞑想を行うためだ。イベントではまず第7章でやったような心臓のセンターに意識を集中させ、高次の感情を数分間キープしてから、そのエネルギーを体外の空間に向かって放射していく。それから以下のような誘導瞑想を行う。

今という瞬間に溶け込んでいく。その状態を作ることができたら目を開けて万華鏡の中を覗き込む。トランス状態に入ったら、対象をマインドムービーに変える。約8分間万華鏡を見てからさらに8分間マインドムービーを見るという周期を何度か繰り返す。こうしてマインドムービーを見ていて次のシーンがどんな映像か予測できるようになったら、それは脳内の神経細胞のマッピングが完了した証だ。時間が経つと、あなたが選んだ音楽の違う部分とマインドムービーの違うシーンが連携するようになる。

そして最後の7分間をかけて再び万華鏡を見て、BGMには各自のマインドムービーの音楽を流す。トランス状態であなたの音楽を聴き、万華鏡の映像に見入っていると、あなたの脳は自動的にマインドムービーで描かれたいろいろなシーンを思い出す。これにより脳は自動的に未来の経験のための神経ネットワークを繰り返し発火し、あなたは未来のあなたの生物学的組成を強化していく。これであなたの脳内では、未来の経験がすでに現実に起きているかのようなプログラミングが完了し、それに見合った感情は遺伝子に働きかけて新しい生体的組成の体に変えて、未来が現実になる日に備える。

万華鏡とマインドムービーをセットにして、1か月毎日見続けてほしい。あるいは少なくとも毎日2回、朝起きてすぐと夜寝る直前に1回ずつ見る習慣をつけよう。ワクワクするような冒険の日々が始まり、予想もしなかったことが次々に起こり始めるので、日記をつけるのもお勧めしたい。後で振り返るとその日々が、理想が顕現する未来へと続く道の分岐点だったとわかるだろう。マインドムービーはひとつではなく分野別にいくつも作るといい。健康で快適な未来、大恋愛の末、愛する人と結ばれる未来、そして豊かさをほしいままにする未来、などいくらでもほしいだけ。

第9章
歩行瞑想

ほとんどのスピリチュアルな学派で教える瞑想には4つの体位がある。上級ワークショップではそのすべてを網羅している。座位（読者諸氏はすでに熟練の域にあると願いたい）、立位、歩行（本章ではこの2つを合体した瞑想を学ぶ）そして仰臥位だ。どの体位にも目的や場所、時間によりそれぞれ存在意義があるが、どれも（外界の環境の変化にかかわりなく）私たちが内面の状態を穏やかに維持するという目的のために、相互補完しながら役立っている。

しかし座位の瞑想に加え、立位・歩行瞑想を行うことにどんな意義があるのだろうか？

朝起きてまず瞑想をするのは、1日を始めるには理想的な習慣だ。でもそのエネルギーや意識を1日中維持できなければ、すぐに何年来続いてきた無意識の自動プログラムに舞い戻ってしまうだろう。

たとえば、あなたがある朝、座位の瞑想を終えたとしよう。目を開けるとあなたはいつもより頭がすっきりと覚醒し、パワーアップしたすがすがしい気分で1日を始められる気がすることだろう。あなたの心臓のエネルギーセンターは開かれ、エネルギー場が拡大し、世界とひとつになったような感覚になり、古い自分を断ち切り新しいあなたのエネルギーであふれ、感情は新しい未来と調和しているかもしれない。しかしほとんどの場合、その後すぐに無意識の自動プログラムが再始動し、あなたがたった今取り組んでいた高次の内面の状態を創造するという努力は日常の瑣末な諸々のするべきことへの関心に打ち砕かれていくだろう。お弁当を作り、子供たちを学校に送り出し、急いで車に乗り込みオフィスに向かい、途中で目の前に割り込んできた車にむかつき、かかってきた電話に出て、メールに返信し、今日のアポについて考える、などなど。つまりあなたは元の習慣プログラムである、過去ベースのサバイバルモードの感情の状態に戻り、瞑想で作った創造モードは吹き飛んでいる。これが起きてしまうとあなたはもう未来のエネルギーと切り離され、瞑想時の状態を1日中キープするどころかはるか遠ざかっている。エネルギー的に言えば、あなたは過去に戻っている。

私も例外ではなかったため、私が指導する多くの人々が瞑想時につくった高次のエネルギーを1日中保ち続けるにはどうすればいいか考え始めた。そんな経緯で私は立位と歩行という瞑想を取り入れた。目を開けて覚醒したまま高いエネルギー（波動）を維持できるようになれば、1日中高次のエネルギーを保っていられる。それを続けると、それがあなたの通常モードとして定着するだろう。本章の目的はそれを実現することにある。

未来に向かって歩く

人は1日の大半を無意識に過ごし、自分が何を、なぜしているのかにも気づかないということはすでにご存じのことと思う。たとえば数日前に同僚とケンカしたことについて考え込んでいて、あるいは配偶者の怒りに満ちたメールにどう返信しようかと考えていて、どうやってオフィスに行ったか覚えていないとかいったことは珍しくない。たとえばメールを打つ、話をする、着信メールのチェックをするなど、同時に3つくらいのプログラムが日常的に進行している。あなたの神経のひとつが痙攣しても気づかず、なぜそれが起きたかもわからず、あなたの態度が周囲にどう受け取られているか、あなたの顔の表情やあなたが醸し出すエネルギーがオフィスの同僚にどんな影響を与えているかにも気づかないだろう。このような無意識に回っているプログラムや態度が出てくるのは、体が脳、つまり司令塔となっているためで、これらの無意識プログラムの集合があなたを構成するアイデンティティとなっている。もうおわかりのように、体が司令塔になっている間、あなたは今を生きていない。その時あなたは創造モードにはなく、夢や目標、ビジョンと離れたところにいる。

しかし無意識に取っている態度やプログラムに気づくことができれば、新しいあなたを示す電磁波を盛んに発信し、その波長に合った未来を引き寄せることが可能だ。統一場にその電磁波を多く発信するほど早く、あなたはその波動と一体になるだろう。量子場にすでに存在している潜在的未来と、あなたの発信する波動が共振したら、その未来の出来事の方からあなたを見つけてくるだろう。もっといいのは、あなたの体が新しい現実に引き寄せられていくだろう。あなたは新たな運命を磁石のように引き寄せ、それは未知の、新しい経験として顕現するだろう。

ほんの少しの間、あなたの未来の現実が量子場でまだ未分化な振動という形で、すでに存在している様子を思い浮かべてみてほしい。打ち鳴らされたばかりの音叉の振動のように、描いた未来があなたの方に向かってくる様子を想像してみよう。放たれた音は一定の周波数を保ち、振動として移動する。あなた自身が音叉の役割をすれば、あなたのエネルギーを変化させることによりあなた自身と未来の量子的可能性とを共振させ、それとつながり、同化することができる。その周波数を長い間体にとどめていられるほど、量子場のそれと共振し続けられる。あなたが量子場のそれと同じ周波数で存在している限り、あなたは未来の現実とつながっていられる。時空の中で両者が接近すればするほど相互に影響力を増し、ついに両者は合体してひとつになる。その時、未来の現実はあなたを見つけるというわけだ。新しい現実はこうして創造できる。

このためあなたがサバイバル感情に囚われ、あなたのエネルギーが低次の波動に落ちる時、あなたは未来の現実とはインコヒーレントな関係で、共振もしないというのは理に適っている。あなたは未来の可能性と共振していないため、創造しようとする未来とは同調・同期しない。慣れ親しんだ古い感情の中毒に陥り、無意識の感情的反応を手放せない人は、今目の前にある現実の波動と同じエネルギーを体から発信しているので、繰り返し同じ現実を再生産し続けることになる。

すべての可能性は永遠の今の中にすでに存在していることを第3章で学んだ。あなたが人々やモノ、場所、時間とつながりを持つ自分の体を自らのアイデンティティとする意識を脱却した時、あなたは純粋な意識体となることも学んだ。あなたは体ではなく、物質でもなく、存在する場所も時間もなくなる。あなたが物質的世界から情報とエネルギーの量子場へと移行するのはこのエレガントな瞬間だ。あなたと物理的現実を結ぶ諸々のつながりを切った時、あなたは統一場で創造を始めることができる。こうしてあなたは物質よりパワフルなエネルギーを使って創造することができる。このプロセスを、参加者たちは大体において座位の瞑想により行ってきた。立位と歩行の瞑想は、あなたがもっと今という時間に注意を払えるように、1日中高次の波動の状態をキープできるように、そして目を開けたまま望む未来とつながっていられるように、そして文字通りあなたが新しい未来に向かって踏み出せるようにとの願いから作られた。

歩行瞑想の練習を始める際は、ちょいちょい邪魔が入らないような、静かな自然の中で行うのがベストだ。極力人がいない、周囲で何も行われていない場所を選ぶと集中力を切らさずに済むだろう。練習を積んで上手になれば、ショッピングモールの中でも、犬の散歩中でも、公共の場でもできるようになる。

立位も歩行も、多くの意味で座位の瞑想と変わらない。初めは静かに立ち、目を閉じ、意識を心臓の拍動に向ける。そして呼吸を遅くして心臓のエネルギーセンターから息を吸ったり吐いたりする。座位の瞑想同様に心臓に意識が収まったと感じたら、あなたの理想の未来とつながる高次の感情を醸成していく。

それらの感情が体中に満ちてきたと感じたら、半眼（焦点を絞らない薄目）になりそのエネルギーを体の外に向かって発信する。これを、体の内面も周囲も同じエネルギーで包まれていると感じられるまで数分間続ける。次に、高次の感情エネルギーに、あなたの意思（あなたがその日、あるいは未来にしたいこと、たとえばシンクロニシティを発信する、高貴な人生を送る、世の中の役に立つことをする、新しい仕事を見つける、未来のパートナーと出会う、などなど）を載せていく。今あなたは新しいあなたを示す電磁波を統一場に放射している。座位の瞑想とまったく同じように愛あふれる高次の感情エネルギーを放射するが、唯一の違いは立っていること、その高次のエネルギーを携え目を開けて歩く態勢が整ったということだけだ。

引き続き立ったまま半眼で、外界から関心を逸らしていくと、脳波は遅くなり、ベータ波からアルファ波へと変わる。こうして脳内をにぎわす思考や分析、雑念が鎮まっていき、変性意識に入ると暗示にかかりやすい状態になる。これまでの章ですでに学んだように、この状態に長く留まっていればいるほど、無意識に届く新しい情報に対する抵抗が少なくなる。あなたが求める未来と調和した高次の感情を留めていると、それらの感情と調和する意思に対して信じやすく、受容し従順になる。つまりあなたの意識が考え、画像を思い浮かべ、創造することは分析意識を飛び越えて自律神経があなたの未来に見合った生物的組成を作るようなプログラミングが可能になる。

立位で目をほぼ閉じたままあなたが望む未来のエネルギーを作ることができたら、目を開けて歩き始めよう。周りの人を見たり、周りにあるものに注意を払わないようにしよう。あくまでも半眼で遠くをぼんやり眺めるような感覚で、変性意識状態を保つ。変性意識に留まっている限り、元の慣れ親しんだ自動プログラムに戻ることはない。古い自動プログラムが作動していない間、あなたの意識は新しい未来の映像に集中する。こうして新しい別人のあなたとして未来へと歩み出す準備が完了した。

未来の自分となって歩いているあなたには、古いあなたが無意識に歩いていた様子が識別できる。古いあなたとは違う、新しいあなたの歩幅、歩く速さ、歩く姿勢、呼吸の仕方、体の動きなどを覚えよう。ただ虚空を眺める代わりに、笑顔がこぼれるかもしれない。未来のあなたが億万長者なら、億万長者の歩き方とはどんなものか想像してみよう。勇気を身につけた未来のあなたに似ているかもしれない、憧れの勇者の歩き方を真似てみよう。高次のエネルギーを放射しながら非の打ちどころのない健康な体の持ち主として、あるいは寛大で愛情豊かな人物となって歩いてみよう。基本的にあなたがなりたい人物になったことを意識して歩くのだが、未来のあなたはこれ以外にあり得ないというつもりになってほしい。たとえばほしいものをすべて手に入れた1、2年後のあなたをリアルにイメージする。ここで一番大事なのは、未来のあなたを今に体現することにある。未来のアイデンティティを今体現していれば、もう〝こうなりたい〟という願望は消える。あなたは未来に手に入れたいものを今すでに手中にしているのだから。この時あなたはごくシンプルに、未来のあなたとして考え、感じ、行動している。

過去のあなたとは異なる歩き方を毎日練習しているうちに、あなたは億万長者として歩く習慣や、非の打ちどころのない健康体としてものを考える習慣がついていることだろう。自信に満ち溢れた人として立ち、自由な人生を手に入れて感謝の気持ち（感謝とはすでに起きたことに対して抱く感情だ）でいっぱいの人物らしい感情が湧き起るだろう。この歩行瞑想を繰り返して練習すればするほど、新しいあなたでいることが習慣となり、それはいつか新しい思考、感情、行動の自動プログラムとなるだろう。高次の感情が自然に湧き起るようになったら、それはあなたの中に棲みつき、あなたがなりたかったあなたになっていることを示す。カラー図版の図12は、歩行瞑想により、約1時間で変化した脳波を示している。

未来の記憶を脳にインプットする

歩行瞑想はまた、まだ実際に起きていない出来事、つまり未来の記憶を創出するツールでもある。目を閉じた状態で高次の感情を自らの中に満たし、そのエネルギーを体から外に向かって放射する。それから目を開け、心臓を意識して（高次の感情を感じながら）歩き始める。強く感じるほど、その感情の原動力となっている画像、映像、考えに意識を集中させることができるだろう。新たに内的体験をするというこの過程はごく自然にあなたの神経ネットワークの補強を促す。経験は脳を豊かにし、記憶を生み出す。この時あなたの脳は過去を生きるのをやめ、未来を生きている。高次の感情を記憶と正しく合体させるほど、あなたの脳と体はその未来の記憶が現在進行中であると認識する。つまり事実上あなたは未来を記憶しているのだ。

体を未来仕様に調節し内面世界を変化させると、長期記憶が形成されるため、トランス状態を維持するのは大変重要だ。エネルギーはあなたが注目した対象に集中するため、未来を見て体験して感じながら、マインドムービーの映像を思い浮かべるといいだろう。それをする時、マインドムービーのシーンの数々はあなたの未来のエネルギー的、生体的な地図となる。未来に伴う感情を（現在にいながら）感じ、それにあなたの意思を合体させるという行為には2つの意味がある。あなたの未来の意思の地図を脳内に作るための新たな回路をインストールすること、そして未来に抱く感情を構成する化学物質を生み出すことだ。その化学物質は新たな遺伝子発現を促し、体を新たな運命と調和させる。

これは欲しいものを手に入れるための瞑想ではなく、あなたが変化する、あるいは変化の過程をつくる目的で行うものだということを忘れないでほしい。たとえばあなたが富や成功、健康、新しいパートナーなどを手に入れたいと願う時、あなたはそれらの対象と距離があり、それらを取りに行かなくてはならない状態にあると自らを条件付けしている。しかし真実を言えば、〝それらを手に入れた人物〟になりきるほど、現実のほうが形を変えてあなたの意識の状態に合わせてくる。歩行瞑想の意義は、意識してその人物になりきるというプロセス（今までの延長線ではない未来の運命との調和を促すこと）にある。歩行瞑想訓練を繰り返し、なりたい人物になりきって歩くうちに、目を閉じて行う瞑想と同様に、あなたは目を開けたまま自らの意識状態を変化させられるようになっていくだろう。歩行瞑想に熟練してくると、あなたは1日中未来のエネルギーを身にまとうようになるだけでなく、未来のあなたの意識状態になっているだろう。これを繰り返すことであなたは覚醒時にも常に未来を意識するようになり、知らないうちに未来のあなたとして感じ、考えていることに驚くだろう。これは新しい人格を新しい現実にプログラミングするという過程だ。

これが習慣化すれば、結果は想像を超える。気づけばあなたは夢を実現した幸運な人として歩いているかもしれない。勇気があり、慈愛にあふれ、高邁な思考力を持ち、パワフルな天才として、才気あふれる起業家として自己肯定感がほとばしる人になっているかもしれない。欠けているものなど何もなく、限界もなく、自らの人生を愛している人物として生きているうちに、ある日突然それまで悩まされてきた痛みが消えていたことに気付くかもしれない。あなたの行為が、なりたい人になる習慣を生んだのだ。なぜならあなたは脳内に新しい回路を作り、眠っていた遺伝子に働きかけてなりたい人として考え、感じ、行動するように信号を送ったからだ。あなたは生物学的見地からその人物になった。

自分に意識を向け、未来の自分自身になれる時間は1日のうちで何度でも訪れる。たとえば、あなたが待ち合わせをしている相手が約束の時間に現れない時、イライラして不満を募らせる代わりにその時間に未来のエネルギーを創出してみる。車を運転して渋滞につかまった時、前に進まないことに焦り、怒りを感じる代わりに目を開けたままで未来のエネルギーを呼び起こす練習をする。スーパーのレジの長い列に並び、他人が買ったものを眺めてその暮らしぶりを想像しているのに気づいたら、思考が向かう先を変えて新しい人生を手に入れられたことに信じられないほどの感謝の気持ちを感じながら、新しいあなたとして列を進んでいく。駐車場の中を自分の車に向かって歩く時、あるいは自分の郵便ボックスに向かって歩く時、新しい人生について考えるだけでエネルギーが自然に満ちてくる。こうしてあなたはその感情の状態に見合った思考を受け入れ、信じ、自分のものにしていく。その思考に馴染んでいくと、体はその思考と調和した感情の化学物質を分泌する。こんなふうにしてあなたは自律神経系に新たな運命の自動プログラムを立ち上げる。その練習を積めば積むほど、今を生きていない、古いあなたの自動プログラムに戻りにくくなっていく。

歩行瞑想

静かな自然環境を見つけるところから始めよう。外的環境から自分自身を遮断し、目を閉じて今という瞬間に錨を下ろす。魂が心臓から統一場とつながる、その中心である心臓を意識して、感謝、喜び、インスピレーション、慈悲、愛などの高次の感情を心臓の中心に感じてみる。あなたの新しい未来を心の底から信じられるなら、心臓は開かれ、活性化していくだろう。

注意を心臓に向け、その中心から極力ゆっくりと深く大きく息を吸ったり吐いたりする。これを約2分続ける。それからさらに2、3分にわたり高次の感情を再び心臓に作り出す。それを体の外に向かって放射し、そのエネルギーに包まれる。次にあなたの未来のエネルギーに波長を合わせる。

数分後、心の目で明確な意思を持つ。第3章で学んだように、あなたの未来のエネルギーにつながる象徴的なアイテムを決めておくといい。高次の感情に合わせて意識の状態を変化させる。そして体の外の電磁場に向けてそのエネルギーを放射することに意識を集中させる。これを2、3分続ける。

次に目を開け、トランス状態を維持したまま、目の前のモノや人に注意を向けることなく、ただぼんやりと身の回りの空間を眺める。目を開けてトランス状態を維持したままゆっくりと歩き始める。一歩進むたびに新しいエネルギー（あなたが未来に創造しようとしているものを示す波動）を体に感じる。覚醒している日常の中でこのエネルギーを体に感じ、新しいあなたとして歩いている時、あなたは目を閉じて座位の瞑想をしている時と同じ神経ネットワークを活性化し、同じ意識状態を作っている。

ここであなたの未来のことを思い出す。いろんな映像を呼び起こし、それを見て湧き起こる感情を体で味わう。それを自分の所有物とし、それになりきる。そのまま約10分歩き続け、立ち止まってひと呼吸置く。目を閉じ、エネルギーレベルを再び上げていく。そのエネルギーを体に感じ、今という時間にとどまり、さらに5〜10分過ごす。それから目を開け、トランス状態を維持したまま、未来のあなたになり、意思と目的を心に抱きながら10分歩く。新しいエネルギーを体に感じながら一歩進むたびにあなたは未来の運命に向かって前進し、本来のあなたに近づいていく。

以上のセットを2回行う。2回目が終わったら、静かに立ったまま、第4エネルギーセンターを開放して、そこにある感情に集中する。この時間を使って、その感情に見合った自分自身を確認する。たとえば、自分が無限大の存在だと感じていたら、文字通り、「私は無限大だ」と宣言する。次に手をあなたの美しいハートの上に置き、あなたが創造した未来を、受け取る資格も器もあると感じてみよう。エネルギーレベルを最大限に上げて、深い感謝の気持ちを味わう。

ここで自らの中にある神聖なるもの――あなたに力を与え、すべての生命力を授けるエネルギーの存在を意識する。新しい人生が現実に顕現する前に、感謝をささげる。自らに内在する力を感じ、あなたの人生が予想外の驚き、シンクロニシティや偶然に満ち溢れ、それらがみな喜びとなるよう、その力に願いを込める。新しい人生が始まる喜びに愛を感じ、その愛を体の外に向かって放射する。

第10章　ケーススタディ
顕現への道

本章でご紹介するケーススタディに登場するのは、あなたと少しも変わらない、忙しい毎日の中で時間を作り、新しい未来を創ろうとした人々だ。彼らは過去の記憶ではなく、未来のビジョンによって定義された自分像を毎日再生した。彼らは自らの過去よりも未来を愛したと言える。ワークを毎日続けること、そしてこれまでの3章でご紹介した瞑想を実践し、習得したことにより、彼らは超自然に近づいた。彼らが達成した方法がいかに簡単だったかに注目してほしい。

郵便はがき

料金受取人払郵便

神田局承認

1916

差出有効期間
2025年7月
31日まで
切手を貼らずに
お出しください。

101-8796

509

東京都千代田区神田神保町3-2
高橋ビル2階

株式会社 ナチュラルスピリット

愛読者カード係 行

フリガナ お名前		性別 男・女
年齢	歳	ご職業	
ご住所	〒	
電話		
FAX		
E-mail		
ご購入先	□ 書店（書店名: ） □ ネット（サイト名: ） □ その他（ ）	

ご記入いただいたお名前、ご住所、メールアドレスなどの個人情報は、企画の参考、アンケート依頼、商品情報の案内に使用し、そのほかの目的では使用いたしません。

ご愛読者カード

ご購読ありがとうございました。このカードは今後の参考にさせていただきたいと思いますので、アンケートにご記入のうえ、お送りくださいますようお願いいたします。

小社では、メールマガジン「ナチュラルスピリット通信」（無料）を発行しています。
ご登録は、小社ホームページよりお願いします。**https://www.naturalspirit.co.jp/**
最新の情報を配信しておりますので、ぜひご利用下さい。

●お買い上げいただいた本のタイトル

●この本をどこでお知りになりましたか。

1. 書店で見て
2. 知人の紹介
3. 新聞・雑誌広告で見て
4. DM
5. その他（　　　　　　　　　　　　　　　　　　　）

●ご購読の動機

●この本をお読みになってのご感想をお聞かせください。

●今後どのような本の出版を希望されますか？

購入申込書

本と郵便振替用紙をお送りしますので到着しだいお振込みください（送料をご負担いただきます）

書　籍　名	冊数
	冊
	冊

●弊社からのDMを送らせていただく場合がありますがよろしいでしょうか？

□はい　　□いいえ

未来の鍵を手に入れたティム

シアトルで実施する上級ワークショップはたいていハロウィーンの時期と重なっている。私たちは参加者たちに、ワークショップ初日の夜はこれからなりたい自分に変装してくるように、と伝えている。ティムは神秘的なヨガマスターに変装した。ずっとヨガマスターに憧れ、その生き方に賛同した彼は、若い頃にコネチカットの故郷を出てインドのアシュラムで修業をしていた。ワークショップの初めに、参加者たちは私たち主催者からのプレゼントを贈呈される。贈られるのは各参加者の未来の自分自身への扉を開ける鍵だ。

ティムはこれまでに何度も上級ワークショップに参加してきた。最初に参加した時に作ったマインドムービーには金貨と銀貨の画像を入れた。彼は何年もの間、自らの怖れを手放したいと願ってきた。しかしある時、怖れの背後に〝自分には価値がない〟という思いがあることに気づいた。ティムにとって、コインは価値ある存在の象徴だった。

「みんなお金を欲しがるよね」とティムは言った。「でも僕はヨガやいろんなスピリチュアルな活動をしているから、自分の主義に従って生きるには貧乏でいなくてはならないという思い込みがあったんだ。だから金貨と銀貨はただの豊かさではなく、それを受け取る価値がある自分を象徴しているんだ」。

シアトルのワークショップでティムが作ったマインドムービーには、さらなる進化を求める彼のビジョンに合わせた映像が追加された。価値ある存在を象徴するものとして、漢字の〝富〟という字も入れた。彼はそれまで一度もお金が欲しいと願ってこなかったので、富という漢字の下に〝affluence（豊かさ）〟と注釈を入れた。辞書で調べたところ、この英単語の語源はラテン語で〝～に向かって流れ込む〟という意味だった。「僕のほしいものがみな僕に向かって流れ込んできたら素晴らしいじゃないか？」と彼は思った。

ティムはかなりの論理思考型だったが、マインドムービーと万華鏡を繰り返し見ているうちに簡単に分析思考を飛び越えて無意識の領域（未来の自分のプログラミングができる場所）に入れるようになった。

ワークショップの中でマインドムービーに出てくるシーンを多面的に掘り起こすというワークになった時、ティムは非常に深い体験をした。初め彼は喜びを感じ、それから人生に対して、ほとんど心臓が燃えているというほど熱く盛り上がる愛情を感じた。その時のことを彼は、世界中を火の海にできるかというほどだったと語る。その後の瞑想で私が参加者に自らを開放し、受け取ってみよう、と言った時、ティムの中にエネルギーが流れ込んできた。「あれがどこから来たのかは知らないけれど」とティムは言う。「誰かが蛇口を開けたみたいな勢いで、僕は直立不動になった。エネルギーは頭のてっぺんから入ってきて、両手の先から出ていった。手のひらは下向きになっていたんだけど、押さえていないとエネルギーは手のひらを持ち上げ、裏返しそうだった。時間と空間の感覚がなくて、自分がどこにいるのかわからなかったけれど、瞑想の間じゅう僕はハイになり、エクスタシーの中にいたんだ。なぜかわからないけれど、これからはすべてが変わり、自分はそれまでの自分ではなくなったと確信したよ」。

エネルギーのダウンロードが起きた時、ティムはそのエネルギーが自己肯定感というメッセージを載せてきたと信じている。以来、彼は本当に変わったからだ。

「僕の体に入ってきた新しい情報は、僕のDNAを書き換え、古い自分の遺伝子を削除したんだと思っているよ。あれ以来、あの古い自分はいなくなったからさ」とティムは語った。彼はフェニックスで布団屋を経営しているが、自宅に戻り、翌月曜日には通常通り店を開けた。木曜日になり、数年前に彼の店から布団を買った女性が店を訪れた。この女性が初めて布団を買った日以来、ティムとは懇意の仲となり、数週間に一度ほど店に立ち寄っては雑談をしていた。すでに引退している彼女は、その日ティムに、遺書を書き終えたところだと語った。そしてティムを遺言執行者に任命したいと話した。ティムは名誉なことだと感じ、お礼を言った。

「これよ」と彼女はカウンターに、鍵とともに遺書を置いた。

「読んでみて」

ティムが遺書にざっと目を通すと、ティムは遺言執行者であるだけでなく、金貨と銀貨のコイン11万ドル相当を受け取ることになっていた。カウンターに置かれた鍵は、そのコインを収めた金庫の鍵だった。当然ながらその金貨と銀貨はマインドムービーに描かれたものと一致した。その瞬間、ティムはシアトルの上級ワークショップでもらった〝未来を拓く鍵〟のことを思い出した。それは本当に未来の扉が開いた瞬間だった。

着地できなかったサラ

２０１６年の労働祭の日、サラは5トンボートが埠頭に衝突するのを防ごうとして背中にひどい怪我を負った。それから7週間にわたり、サラは理学療法を頑張り、大量の投薬を受け、カイロプラクティックに数えきれないほど通い、苦しみに耐えた。そのどれひとつとして奏功しなかったため、医師は手術を勧めた。でもその前に、とサラはメキシコのカンクンで開かれた上級ワークショップに参加することにした。

サラがひどい苦痛を抱えていたため、息子は車椅子で行くことを勧めた。サラはそれに従わなかったが、カンクンのホテルに到着するや否や、痛みのために床に崩れ落ちた。その後浮袋を使ってプールに入ったものの、水から上がる際にひどいけいれんを起こしてしまった。

サラは私のワークショップに出たことがあったため、カンクンには瞑想用のクッションとマインドムービーを携えてやってきた。マインドムービーの中の彼女は健康でたくましく、以前のように走ることができた。そして息子とバスケットボールを、娘とはラクロスを楽しんでいた。マインドムービーの中で空中ヨガをする自分自身を見るたび、それが本当にできたら感じるであろう喜びをかみしめた。そしてBGMが流れるとエネルギーレベルが上昇した。

ワークショップの初めの2日間、体幹の筋肉を収縮させて背骨に沿ってエネルギーを上昇させている時、サラの坐骨神経が脈打つのを感じた。それはさながら温かい電流が神経に沿って上昇しているような感覚だった。同時にサラはそのエネルギーがヒーリングの光として上昇しているのだと考えた。

3日目の朝、インターネットで検索している際、空中ヨガをしている女性の画像を見つけた。サラはそのイメージを一日中心に抱き続けた。その日の午後は、万華鏡とマインドムービーのワークだった。参加者たちが量子場に入った後、私は彼らのマインドムービーの中のひとつのシーンを立体的に感じるように指示した。瞑想終了後、私は参加者全員に床に横になるように促す。しかしサラはその時、床が見つからなかった、と後で私に話してくれた。サラは床を探して下に降りても降りても、そこに床はなかったのだ、と。次にサラが気づいたのは、自分が別の次元にいるということだった。それはフルスケールのＩＭＡＸ体験を、五感を使うことなく体験しているようだった。サラはマインドムービーの中の未来を生きていた。脳内の神経回路が一定量以上に活性化したため、彼女は脳内の体験を、実際の現実世界のリアリティに負けない臨場感で体験していたのだ。彼女は未来を視覚化していたのではなく、そのシーンの中にいて、その人生を生きていた。

「あの時私は別の現実、別の時間と場所にいたのです。私の未来の時間と場所に」とサラは語った。「そこで私は本当に空中ヨガをしていました。ちょうど逆さ吊りになっていたので、探しても床が見当たらなかったのです。いくら足を伸ばしてもこの美しい赤いスカーフに体を支えられて逆さになって揺れていたのです。その時、私は体の痛みから解放されていました。私はのびのびと空中で揺れていました」。最終的に彼女は床を見つけて横になったが、彼女の頬には喜びの涙がとめどなく流れていた。瞑想を終えた時、彼女の体の痛みは消えていた。

「私は治ったと確信しました」とサラは言った。「私は自分の意識の持つ計り知れない力に畏敬の念と、言葉にならないほどの感謝の気持ちを感じていました。私のマインドムービーに描かれたことはどんどん顕現していますが、正直言って現実のほうがマインドムービーの先を行っているんです」。

新しい未来へと歩き出したテリー

２０１６年9月、オーストラリアの美しいサンシャインコーストで歩行瞑想の練習をしていたテリーは、そこで深い体験をした。瞑想が終わりに近づき、そこに立ち止まるという最終段階で、彼女は何かとつながり、上昇し、拡大したように感じた。彼女は私の声に従い、自らの未来を受け取るだけの価値が自分にはあるという意思のもと、心を開放して受け取る用意を整えた。何の警告もなく、彼女の頭頂部から電流が差し込み、そのまま降りてきて心臓に達した。そのエネルギーは体の隅々に達し、腿を通って足に至った。テリーの足は自分では抑えられないほどの震えを感じた。

「あれを形容するとしたら、体の中から強い振動が起きたとしか言いようがありません。これまで感じたことがないような電圧のエネルギーでした」とテリーは振り返る。「立っていられず、倒れるんじゃないかと思いました。その時、下半身の感覚がなくなったのです」。彼女は唐突に泣き出し、その開放感から意識も体も脱力した。時間が止まったような感覚だった。テリーは、それまでの人生で溜め込んできた割り切れない感情に体が囚われてきたのだと感じた。体の中を電流が通り、巨大で重量感のある、暗黒物質《ダークマター》が体から雲散霧消していくのを感じた。

「あの物質は私のこれまでの人生だけでなく、いくつもの過去世から持ち込んだトラウマだったと思います。トラウマの中には私が8歳の時、父が自殺未遂を起こしたことも入っています。あの経験がずっと重い影を落としていて、私は長い間無条件の愛を受け取ることができなかったんです」。テリーは自分を狭い枠に閉じ込める考え（その多くは深い悲しみからくる条件付けと、他人の考えを無意識に取り込んだものだった）が、あっさりと溶けて消えていくのを感じた。

「本来の私自身と共振しない考えや想念がはがれて落ちたような感じでした」とテリーは言う。「私は本当の自由を経験しました。それは私の魂が長い長い間、渇望していたものでした。あの時、私はこの大事なワークをするためにワークショップの皆さんと出会い、魂に導かれてあの海岸のあの場所に行ったんだとわかりました」。

彼女が砂浜でひざまずくと、圧倒的な愛のエネルギーが彼女に流れ込んだ。膝立ちになり、その大いなる力に身を任せている時、テリーはそれまでのすべてのことがこの感動的な瞬間のために必要な経験だったのだと感じた。

第11章
空間-時間と時間-空間

私たちが住んでいるのは3次元宇宙（単一宇宙）で、それは人々や物質、空間と時間で構成されている。それは大体において粒子と物質の次元だ。私たちは五感を通じてこれらを形、構造、塊、密度として経験する。たとえば私があなたの目の前にアイスキューブ、携帯電話、アップルパイを置いたとしても、五感がなかったらあなたはそれらを認識できないだろう。物理的現実の経験を作っているのは、あなたの感覚器官だ。

アイスキューブ、携帯電話、アップルパイにはそれぞれ高さ、幅、奥行きがあり、あなたにとってそれが存在するのはひとえにあなたが見、聞き、味わい、匂いをかぎ、感じられるからだ。あなたが五感を失い、あるいはそれらの機能が一斉に停止したら、あなたはそれらにまったく気づくことができず、それらの物理的な存在を経験できないだろう。あなたにとってそれらは文字通り存在しない。なぜなら感覚器官がなければ3次元の現実を経験できないからだ。それともできるだろうか？

天文物理学によると、この3次元領域、つまり既知の宇宙（これを〝空間－時間〟の現実と呼ぼう）では、無限に広がる空間がある。この概念についてちょっと考えてみよう。どこかに座って夜空を見上げ、小さな場所から宇宙を見渡す時、私たちは宇宙のごく一部しか見ていない。それは無限に広い空間のように見えるが、実際の無限はもっと大きい。言い換えれば、空間－時間の領域で、空間は永遠に果てしなく続いている。では時間はどうだろうか？

一般に私たちは空間の中で体を移動させることで時間を経験している。たとえばこの本を置いてキッチンに行き、コップに水を注いで戻ってくるまでに5分かかるとする。それは、あなたの脳内で生まれた「水を飲もう」という考えが、キッチンに行ってくるというイメージを作り出し、あなたがその考えに従って行動した結果、ある地点から別の地点へと空間を移動することにより時間を経験したことを指す。

キッチンに向かう前、椅子に座っている時点であなたが座っている場所からキッチンのあるところを意識する時、あなたのいる場所とキッチンという2つの意識ポイントの間の距離

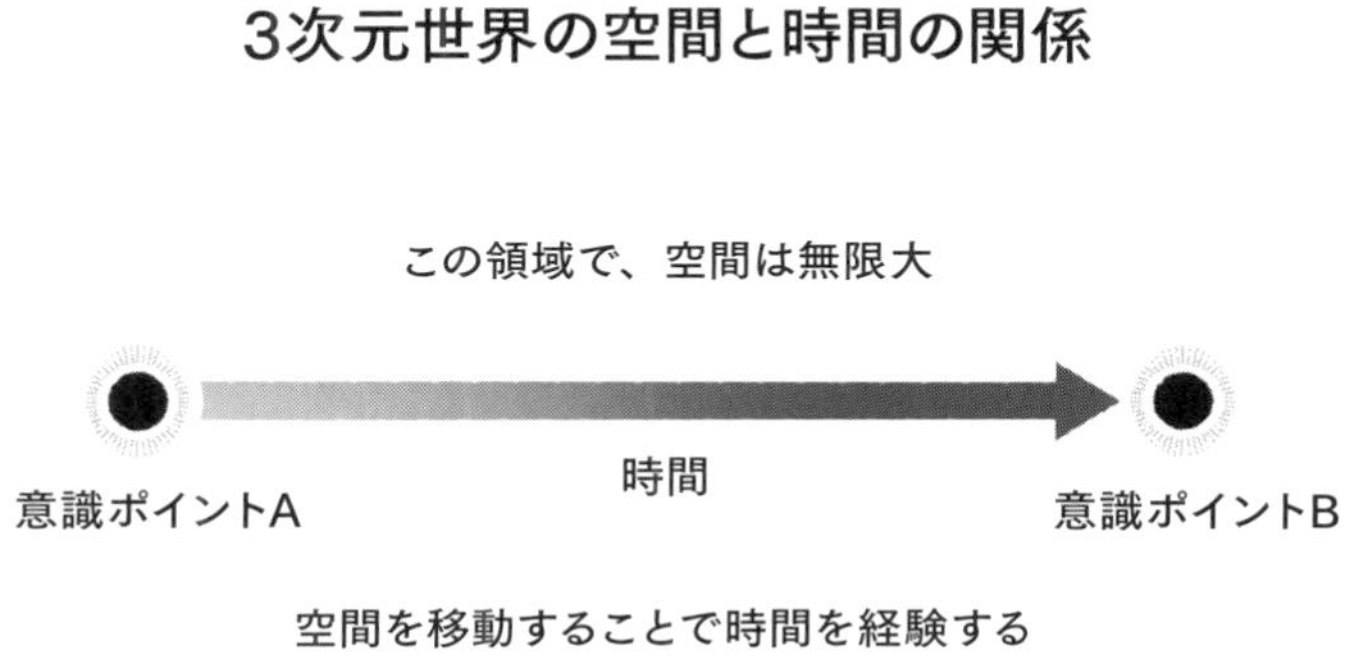
3次元世界の空間と時間の関係
この領域で、空間は無限大
時間
意識ポイントA
意識ポイントB
空間を移動することで時間を経験する

図11.1

ある意識ポイントAからもうひとつの意識ポイントBへと空間を移動することで、私たちは時間を経験する。私たちの3次元世界では空間が崩壊すると、時間が生まれる。

を経験する。2つの意識ポイントの間のギャップを埋めるべく、あなたは空間の中で体を移動させ、それには時間を要する。つまり2つの地点の間の空間、あるいは距離が大きいほど、A地点からB地点へと移動するのに要する時間は大きくなる。逆に、2地点間を移動する速度が速いほど、それに要する時間は短くなる。

　ある物体が空間を移動するのにかかる時間を測定するというのは、ニュートン物理学（または古典力学）の基礎をなす。ニュートンの世界観では、ある物体の性質、たとえば力、加速度、方向、速度、移動する距離などを元に所要時間の予測を立てることができる。したがってニュートン物理学は既知の、予測可能な結果を基準にしている。つまり2つの意識ポイントの間に隔たりがある時、ひとつの意識ポイントAからもうひとつの意識ポイントBへ移動する時、**あなたは空間を〝崩壊〟させている**という。空間が崩壊する時、人は時間を経験する。3次元世界での時間と空間の関係をよりよく理解するために、図11・1を見てほしい。

もうひとつ例を挙げよう。私はこの本を執筆しているが、この章を仕上げたいと思ったら時間がかかる。私は執筆で体を空間移動させる必要はないが、それでも時間を経験する。なぜだろう？　それはこの章の原稿を書いている私という意識ポイントAがあり、この章を書き終えた私という別の意識ポイントBがあるからだ。この章の執筆完了という未来の瞬間は、書いている最中の今とは異なる。2つの意識ポイントのギャップを埋めることが時間の経験だ。図11・1をもう一度見てみると、時間の概念がよりよくわかるだろう。

この章の最後にたどり着くという私の目標を達成するには、私は継続的に何かをしなくてはならない。それには私の感覚器官を働かせ、私の身の回りの環境の中で一連の行動を合成させて移動する——それにも時間がかかる。私が途中で執筆をやめて、たとえば映画を見始めたとする。その場合、意図する結果にたどり着くにはさらに長い時間がかかる。したがってこの章を書き終えるという目標を達成するために、私はコンスタントに自らの行動をその意思に沿わせていなくてはならない。

3次元の物質界で、空間内を移動するのに感覚器官を使う私たちは、その関心のほとんどを人々や物体や場所といった物理的なものに向けている。それらすべては物質からなり、すべてが〝局在性〟を持つ（つまり、それらはある特定の空間と時間を占有している）。これらはどれも意識ポイントであり、私たちはそれらとの間の距離を経験する。たとえば、テーブルの反対側に座っているあなたの親友を見る時、あるいは車庫に停めてあるあなたの愛車を見る時、あなたはあなたと親友、あるいは車との間にある空間に気付いている。その結果、あなたはそれらと分離していると感じる。あなたはここにいて、友人や車はあちらにいる。ちなみに、あなたに夢や目標があれば、今現在のあなたの位置と、夢が現実になっている未来の地点は、2点間の隔たりの経験を生む。以上のことから次のことが言えるだろう。

1. 3次元の現実の中で行動するには感覚器官が必要だ。
2. 現実を定義するのに感覚器官を使えば使うほど、私たちは分離を経験する。
3. 3次元の現実の大半は感覚に基づいているため、空間と時間はすべての人やモノ、場所、体、時間と分離しているという経験を生む。
4. 物質はそれぞれある特定の空間と時間を占有している。そのことを物理学では局在性と呼ぶ。

本章では、空間－時間、そして時間－空間という2つの現実モデルについて探求・比較していく。空間‐時間とは既知の世界、予測可能な結果、物質、そして私たちが住んでいる3次元宇宙（という無限空間）に基づいたニュートン的物質世界のことだ。一方で時間‐空間とは、非物質の量子の世界で、未知の世界、終わりのない可能性、エネルギー、そしてやはり私たちが住んでいる多元宇宙（という無限時間）に基づく、空間‐時間とは真逆の現実のことだ。

私はこれからあなたが理解し、知覚している現実というものの性質に揺さぶりをかけていきたい。これからあなたは多次元的存在としてのあなた自身の神秘を経験するのだから、そこに至るロードマップがきっと必要になるだろう。

絶えずサバイバルモードにあることのストレスと結末

私たちは物理的現実を観察し、意思決定するのに感覚器官を使っている。このため私たちは空間と時間の中で生きている体イコール自分自身だと思っていて、環境にあるすべてのものと分離している。この環境とのやりとりが長い間のうちに、私たちの個性となる経験を作り出す。一生を通じて私たちは人々やモノと、異なる時間と空間に多様な相互作用を経験し、個性はやがて人格へと進化する。外的環境との相互作用の質により、長く心に残る記憶が刻まれ、これらの記憶が私たちの人格を形成する。このプロセスを**経験**と呼び、人生経験が私ている。

たちの人格を形成する。そしてご存じのように、大多数の人々の人格は過去の経験に基づいている。

第8章で学んだ通り、脳にとって人、モノ、場所など私たちが日常的に知覚する物質はパターンとして起こり、それらのパターンを認識することを記憶と呼んでいる。自己というものが過去の経験の記憶から形成されるなら、記憶は既知の領域に基づいていることになる。ほとんどの人はここに関心を集中させている。外界にあるすべての物質を過去の経験の記憶と結びつけて考えれば、それらは馴染みのあるものになるだろう。この時あなたは物理的現実を脳内の一連の神経ネットワークと結びつけている。このことをパターン認識と呼び、このプロセスにより、ほとんどの人が過去というフィルター越しに現実を知覚している。

であるなら、私たちはこの次元に生きているというだけでなく、そこに隷属し、制約を受けている物質主義者だと言えるだろう。なぜなら私たちは自分を、ある特定の時間と空間の中で生きている体であると定義し、関心のほとんどを物質に向け、エネルギーには向けていないからだ。量子の視点から見ると、私たちは関心を非物質の可能性である波動（エネルギー）ではなく、物質である粒子に向けている。こうして私たちは3次元の現実にどっぷりと浸かっている。

これにストレスが加わると、体は周囲を取り巻いている目に見えない電磁場からエネルギーを取り込み、化学物質を生成し始める。ストレスを感じる頻度や強さ、期間が多いほど体は多くのエネルギーを消費する。これらの化学物質は性質上、感覚器官がよりよく物質や既知の領域に注意を向けられるよう促す。私たちの体を取り巻く生命エネルギーの場が縮んでいくと、自分をより物質と捉え、エネルギーとは捉えにくくなる。実際のところ、周波数が遅くなると体は密度を増し、エネルギー不足を起こす。

すでに書いたとおり、危機的状況や天敵が目前にある場合など、短期的には何ら問題はない。実際闘争・逃走反応は私たち人類の進化の根幹をなす。その状態でストレス物質は感覚器官を敏感にし、潜在的危機とされる物質に集中するために注意の及ぶ範囲を狭くする。それが起きると、大脳新皮質（知覚・運動指令・空間推論・言語をつかさどる）が発火し、活性化する。サバイバルという命題の前に、脳は注意を自分の体や外界の危機に集中させ、私たちは危機のさなかという瞬間、そして危機を脱した瞬間という2つの意識ポイントの間の時間のことで頭がいっぱいになる。ストレスを経験すればするほど私たちは分離を感じる。

第2章で読んだように、長期にわたりサバイバルモードのまま生きていると、私たちはやがてストレス性化学物質を糧とするようになり、それらの物質の中毒に陥る。それらへの依存が強いほど私たちは自分の体の局在性（線形時間上で特定の場所を占有して生きていること）を信じるようになる。結果、私たちの環境にある特定の人、問題、モノ、場所などへと、ひっきりなしに関心の対象を変え続けるという興奮・狂乱状態が起きる。かつて私たちを守ってくれた進化のしるしは今や私たちにとって弊害となり、私たちはコンスタントに高い警戒心を稼働し、時間に囚われている。外的環境は安全でないとみなしているため、注意力のすべてが外的環境に向けられるのだ。

内面より外界のほうがより現実的に見えるようになると、外界にある特定の人やモノに依存するようになる。その状態が長引くほどその脳波は高域ベータ波となる。そしてもうご存じのように、高域ベータ波の状態が長引くと、痛み、不安、怖れ、怒り、焦り、決めつけ、余裕のなさ、攻撃性、競争心が起こりやすくなる。その結果、脳波はインコヒーレントになり、体もこれに続く。

サバイバル感情につかまってしまうと、私たちは外界の状態（人間関係の問題、経済的困窮、テロの恐怖、仕事への嫌気など）を通じて、自らが依存するストレス感情を再確認する必要が生まれる。これらの感情への依存により私たちは、外的環境にある何か（人、物など）が問題を起こしているかもしれないことで頭がいっぱいになる。その結果サバイバルの遺伝子のスイッチが入る。こうして予測に違わない現実を生きることになる。

注意を向けた先にエネルギーが集まることを考慮すれば、原因となるものに対する感情が強いほど、その対象である人、物、あるいは問題に対する注目度がエスカレートすることがわかるだろう。そうなった時、あなたはかなりの量のエネルギーをその対象に献上していることになる。こうしてすべての関心とエネルギーが物質界である3次元に固定され、感情は絶えず今の現実を再確認しようとする。この時あなたは変えたいはずの現実に感情的に執着している。こんなふうにエネルギーの使い方を誤ると、あなたは過去に照らして未来予測を繰り返し、既知の世界に隷属し続けることになる。もっと悪いのは、サバイバル状態にある時、未知の領域や予測不能なことは恐ろしいものに属する。したがって、あなたが本当に人生を変えたいなら、未知の世界に足を踏み入れなくてはならない。それをしない限り何ひとつ変わることはない。

ニュートン的3次元空間‐時間の現実特定の空間、時間の中で体、物として生きる

感情が過去の記録であるなら、そしてそれらの感情が思考や行動の元になるなら、人は過去を反復して生きていることになる。したがって未来は予測可能になる。この時人はニュートン的世界にすっかり身を落ち着けている。ニュートン物理学は予測可能な結果に基づいているからだ。ストレスまみれになっている人ほど物質的で、その矛先は物質――物質同士が戦い、強要し、操作し、予測し、コントロールし、張り合って成果を争うといった行為――に向かう。このためあなたが変えたい、顕現させたい、あるいは影響を与えたいことが叶うには長い時間を要する。なぜなら空間‐時間の現実では物質である体を空間移動させて、望む結果を引き出さなくてはならないからだ。

サバイバルモードで生きるほど、そして感覚器官を使って現実を定義するほど、創造したい未来との分離を経験することになる。今あなたがいるところという意識ポイントAと、未来に行きたいところというもうひとつの意識ポイントBとの間には長い距離があり、しかも強いこだわりを持っている実現方法は、こんなふうに起きるであろうというあなたの思考と予測に基づいている。しかし予測をするという時点で、あなたは既知の情報をもとに考えていて、未知のことや新しい可能性が入り込む余地はない。

たとえば、あなたが家を買おうとしているとしよう。頭金を用意し、物件を探し、ローンを組んで、購入申請書を書いて送り、同じ家を希望する競争相手を撃退しなくてはならない。そしてその後30年間家と会社の間（の空間）を、体を引きずりローンを完済しなくてはならない。家を買おうと思ったという意識ポイントAと、ローン完済後に家を所有したという意識ポイントBが交わるには時間がかかる。似たような例を挙げよう。あなたがパートナーを求めているとしよう。ひとつの方法としてインターネットに接続し、自分のプロフィールをアップし、異性のプロフィールを無数にスクロールダウンして検索し、連絡を取りたい異性のリストを作り、全員にアプローチし、最終的に会う約束を取り付け、いつか素敵な人に出会いたいという期待のもと、デートを重ねる。新しい仕事がほしいなら、時間をかけて履歴書を書き、人材募集中の企業を探し、面接に行く。

これらのプロセスに共通しているのは、**時間**（私たちはこれを線形のものとして経験する）がかかるということ。ほしいものは手に入るかもしれないが、サバイバルモードでいるほど長い時間を要する。なぜならその時あなたは物質であり、求めているのも物質で、現在地と目的地の間は相当な時間と空間によって隔てられているからだ。

そうであるなら、この3次元の現実の中で、時間という経験の中に確定的な過去、現在、未来があるという認識を共有できるだろう。一直線上を流れる時間を生きているため、私たちは時間からも分離している。なぜなら過去、現在、未来はそれぞれ異なる時間だからだ。今はここで、未来はあちら、という具合だ。図11・2は過去、現在、未来がそれぞれ明確に独立した時間であることを図解したものだ。

すでに述べたとおり、ニュートン物理学のお蔭で力、加速度、そして物質に関する自然の法則が解明され、結果を予測できるようになった。大体の方向、速度、そしてその物体が空間を移動するパターンが分かればほとんどの場合その物体がどれくらいの時間で、どこに行き着くかが予測できる。ニューヨークからロサンゼルスまで飛行機で移動する際、到着までにどれくらいの時間がかかるか、飛行機がどこに着くかが予測できるのはこの原理による。

私たちが住む3次元世界でニュートン物理学の理解で行けば、私たちの多くはほとんどの時間を投じて、ある人物になり、何かを所有し、どこかの場所に行き、ある時間にある経験をすることに関心を集中させている。ほしいものがない時、私たちは不足を経験する。不足や分離の感覚により、私たちは**二元性**や**極性**の中で生きていると感じるようになる。持って

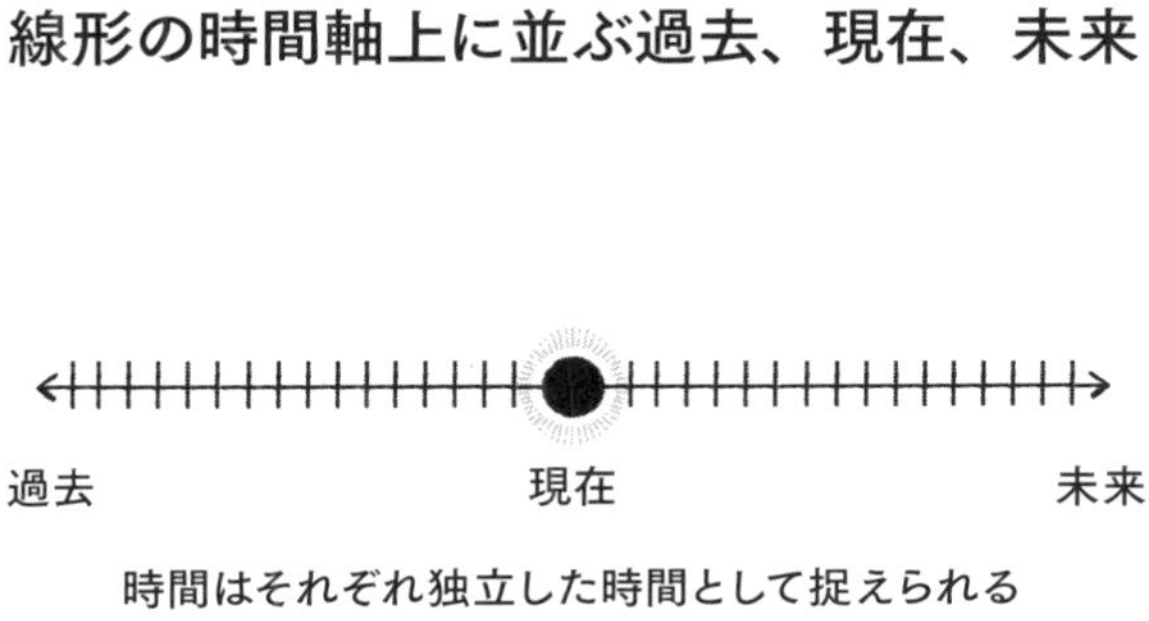

図11.2

3次元の現実で過去、現在、未来はそれぞれ独立した時間として線形の時間軸の上に存在している。

いないものを欲しいと思うのは私たちにとって自然なことだ。実際私たちはそうやって物を創造している。未来の願望との分離を経験する時、私たちはそのほしいものについて考え夢に見て、線形時間の中で一連の行動を起こし、それを手に入れようとする。

たとえば、常に経済的不安がある場合、お金がほしいと思う。病気持ちなら健康がほしい。孤独なら友達やパートナーがほしい。こういった二元性や分離を経験することにより、私たちは創造への意欲を掻き立てられ、そうやって人は夢を叶える過程で自然に進化し成長してきた。しかしお金、健康、愛などの物質を求め、物質に影響を及ぼそうとしている私たちもまた物質である以上、それにはこれまでに確立しているやり方通り、かなりの時間とエネルギーが必要になる。
求めていたものをようやく手に入れると、創造の結実（あるいは2つの意識ポイントが合体したこと）に伴う感情は、かつて感じた欠乏感を満たしてくれる。新しく仕事を得ると安心する。新しいパートナーが見つかると、愛と喜びを感じる。私たちは欠乏感から癒やされ、より完全になったと感じる。この状態で生きていると、私たちが内面でどう感じるかを変えるには、外界の〝ある物〟や〝ある人〟頼みということになる。外界での出来事により欠乏の経験から解放されると、その顕現に向けて安堵の感情が起こり、私たちはその安堵をもたらした人や物に強い関心を寄せる。この原因と結果が新しい記憶を作り、ある程度の進化をもたらす。

待っている出来事が起こらない時、あるいは長い時間がかかっている時、私たちは**ますます欠乏感**を感じる。なぜなら創造しようとしているものとの**分離感が増す**からだ。欠乏、焦り、短気、分離感といった感情の状態は、望んでいる夢との間に距離を作る。こうして夢はますます実現しにくくなっていく。

体や名前でなくなり、物でなくなり、場所と時間がなくなる

もし、ニュートンの法則が、空間－時間（時間よりも空間のほうが多いという次元）の物

感覚主体の世界から感覚を超越した世界への移行
量子場に踏み込む

ニュートン的物質界の3次元の現実		純粋意識体として量子場に進入する
意識：		意識：
体がある 名前がある 物である ある場所にいる ある時間にいる	➡	体がない 名前がない 物でない どこにもいない 時間の感覚がない

図11.3

自分の体、環境、時間から注意を逸らすと、私たちは“自己”（物理的な体と名前とアイデンティティを持つ人物として生き、物を所有し、ある時間、ある場所で生きている存在）を超越し、体や名前を持たない、物でない、どの場所にも時間にもいない存在となる。この時私たちは意識をニュートン物理学の物質界から量子場の非物質界へと移行させている。

理法則の**外面をあらわすもの**であるなら、量子の法則はある意味でその逆と言える。量子は自然法則の**内面の表現**、つまりすべての物質を統合している目に見えない情報とエネルギーの場だ。この非物質界はすべての自然法則を組織し、連携し、統治する。それは空間よりも時間のほうが多いという次元、つまり時間は永遠という次元だ。

第2章、第3章で学んだように、外界のある場所にいる人や物から注意を逸らし、自らの体から注意を逸らし、時間やスケジュールについて考えるのをやめると、私たちは体や名前でなくなり、物でなくなり、場所と時間がなくなる。これをするには自分の体、アイデンティティ、性別、持病、名前、抱えている問題、続柄、抱えている苦痛、過去などとのつながりを断ち切るというプロセスを経る。これが自己を超えることの意味だ。それは体の意識をなくし、自分という意識から誰でもないという意識へ、物質という意識から非物質の意識へ、ある場所を占有しているという意識からどこにもいないという意識へ、そしてある時間の中にあるという意識から、時間を超越した意識へと移行することだ。(図11・3参照)

そして図11・4を見てほしい。

狭い焦点から半眼の焦点へと移行し、自分にかかわるあらゆる側面を手放し、人、物、場所、スケジュール、するべきことのリストなどの詰まった外界を離れ、エネルギー、波動、周波数、意識の内的世界に注意を向ける。研究結果によると、物質から関心を逸らし、焦点をぼかしてエネルギーと情報の世界に向かうと、脳内の別の部分が調和して活動し始めることが分かっている。脳内の同調活動の結果起きるのは、自らが完全だという意識の高まりだ。

これが正しくできれば心臓のエネルギーセンターが開かれ、拍動は規則正しくなり、その結果コヒーレントになる。心臓がコヒーレントになると、脳もコヒーレントになる。すでに自分のアイデンティティも手放している(体、既知の環境の時間と場所を超越している)ため、それらを意識の外に追い出すことにより、脳波はアルファ、さらにシータに変化し、自律神経系に接続する。自律神経系が活性化すると、その役割は秩序と均衡の回復で、心臓、

自己を超越する

自己を超越すると左から右へと移行する。

狭い焦点	→	ぼやけた焦点（半眼）
人、物、場所に関心（粒子）	→	空間、エネルギー、周波数、情報に関心（波動）
物質	→	非物質（反物質）
3次元のニュートン世界	→	5次元の量子の世界
予測可能	→	予測不能
空間-時間（無限空間の領域）	→	時間-空間（無限時間の領域）
分離、二元性、極性、局在性の状態	→	統一、ワンネス、完全性、非局在性の状態
既知	→	未知
制限された可能性	→	無限の可能性
単一宇宙	→	多元宇宙
感覚の世界	→	超感覚の世界

図11.4

物質界とエネルギー界の比較

脳、体、そしてエネルギー場のコヒーレンスと完全性をもたらす。こうして生まれたコヒーレンスは生体としての私たちに多様な影響を与えていく。

この状態で、私たちは量子（統一）場につながっていく。

分離幻想からワンネスの現実へ

ニュートン物理学が自然や宇宙の物理の法則（太陽が惑星に及ぼす重力や木からリンゴが落ちる加速度など）といった大きなものを説明するなら、量子の世界は原子や素粒子など、物質の最小規模の基本的な性質を扱う。ニュートンの法則とは自然の物理定数であり、したがってニュートン世界は計測可能、予測可能な結果を扱う客観性の世界だ。

一方、量子の法則は、予測不能で観測不能な世界（エネルギー、波動、周波数、情報、意識、光の全スペクトル）の法則を扱う。この世界を統治しているのは目に見えない法則、つまり統一場と呼ばれる情報の場だ。ニュートン世界は、意識と物質が分離している客観性の世界を扱うと考えることができる。そして量子の世界は、意識と物質はエネルギーによって統一されている（あるいは、意識と物質が分離不可能なほど結びついている、と言った方がより適切）、主観性の世界を扱う。量子場、統一場において、2つの意識ポイントの間に分離はない。それらはともにワンネスの領域、または統合意識の中にある。

3次元の現実の中で**空間**は無限大で、量子の世界において**時間**は無限大だ。時間が無限大で永遠にあるのなら、それは線形ではない。つまり過去と未来は別物ではない。過去も未来もないのなら、すべては永遠の今という時間の中で起きていることになる。時間－空間の現実の中で時間は無限大なので、私たちは時間を移動することで空間を経験する。物質界では、私たちは空間を移動することで時間を経験する。しかしエネルギーと波動からなる非物質の量子の世界では、真逆が真実となる。

・空間時間の現実で、地点Aから地点Bに移動する際の速度を上げる、または下げると移動にかかる時間が変化する。
・時間空間の世界で、波動やエネルギー振動の速度の上昇または下降に気づく時、私たちはひとつの空間から別の空間へ、あるいはひとつの次元から別の次元へと移動できる。

空間が崩壊する時、私たちは物質界の現実の中で時間を経験する。時間が崩壊する時、私たちは非物質界の現実の中で空間、あるいは次元を経験する。どの波動も固有の情報、あるいは固有の意識を搭載していて、それはそれぞれ異なる現実として経験できるものだ。図11・5には、時間を移動して、永遠の今という時間の中にある異なる次元を経験する様子が示してある。

空間－時間で私たちは体、感覚器官、そして時間を通じて環境を経験する。時間が線形に感じられるのは、私たちが物、人、場所だけでなく、過去や未来とも分離しているからだ。しかし時間－空間の中では、感覚器官を備えた体を通じてでなく、意識体としてこの領域を経験する。この領域は感覚器官を超えたところに存在している。完全に今という時間の中に存在し、過去でも未来でもなく、ただ長い今しかないという状態にある時、ここにアクセスできる。関心を物質から完全に逸らせ、意識が物質の領域を超えている時、それぞれに情報を載せている多様な波動に気が付くようになる。それらの波動を通じて、それぞれに異なる未知の次元にアクセスできる。

あなたが五感の領域を超え、意識体となって統一場のエネルギーの中に入ると、多様な可能性の次元の現実を経験できる（これは簡単には理解し難い話だということは重々承知なので、わからなければそれでかまわない。混乱しているとすれば、それは今新しいことを学んでいるということだ）。

「時間を移動することにより、空間を経験する」という時、それは起こり得るすべての空間、あるいは次元や現実を意味する。したがって、時間－空間の現実では、**起こり得る**すべての空間、あるいは次元は永遠の時間の中に存在している、と言える。これが統一場、つまり可能性、未知なるもの、新たな潜在的現実の領域だ。それらすべてが終わりのない時間、つまり今という一

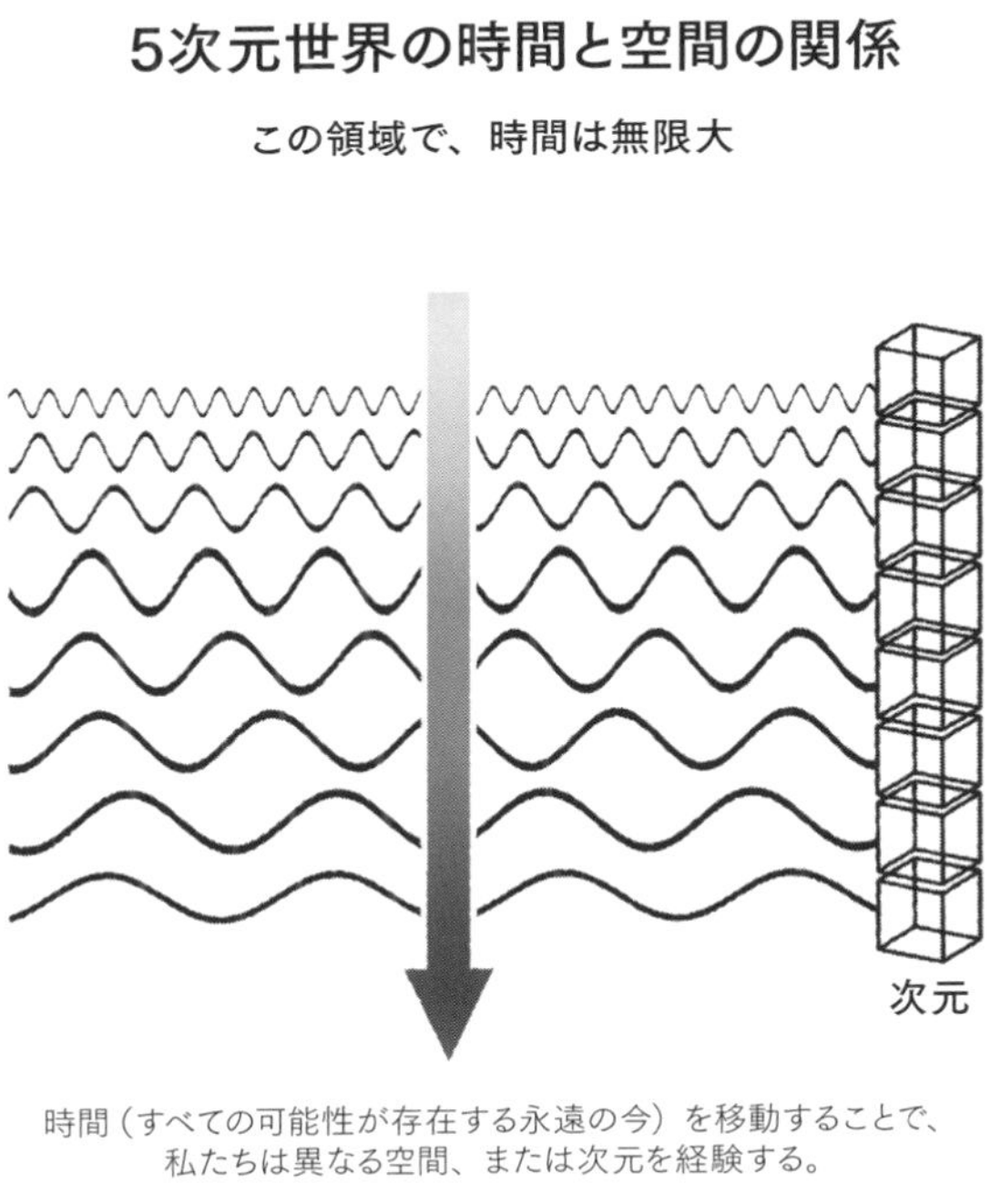
5次元世界の時間と空間の関係
この領域で、時間は無限大
次元
時間（すべての可能性が存在する永遠の今）を移動することで、
私たちは異なる空間、または次元を経験する。

図11.5

時間が無限大の量子の世界で、永遠の今という時間の中ですべてのことが起きている。時間を移動することにより私たちは異なる空間、次元、平面、現実、そして無限の可能性を経験する。ちょうど2枚の合わせ鏡の間に立ち、無限に続く平面を眺めるように、図の右端の箱は無数にある次元ごとに存在するあなたを示し、そのすべては永遠の今を生きている。

瞬一瞬の中に存在している。

別のとらえ方をしてみよう。私が知る限り人は誰もが口癖のように「もっといろんなことを達成するために時間がほしい、時間が必要だ」と言う。時間がもっとあれば、もっと多くのことを経験し、多くのことをなし、結果としていろんなことが達成できる。これが意味するのは、もっと多くの可能性が現実になり、人生をもっと堪能できるということだ。

時間が無限大にあり（過去も未来もないので、現在はそこにとどまり、動かない）、好きなだけ使えると想像してみよう。その場合、あなたはありとあらゆる、終わりのない経験ができ、結果としてたくさんの人生を生きられると思えないだろうか？　そうであるなら、無数の経験が実現可能であり、それはあなたが想像することに等しいと言ってかまわないだろう。別の言い方をすると以下のようになる。

・時間が無限大なら、その無限の時間の中にたくさんの空間が存在し得る。
・時間を伸ばしたり、つくったりし続けると、その時間の中にもっと多くの空間を当てはめることができる。
・無限大の時間があるのなら、その時間に見合う無限大の空間も存在し得る。そこには終わることのない可能性、潜在的現実、次元、経験がある。

無になった後、すべてのものになる

ニュートン的物質界の3次元の現実	純粋意識体として量子場に進入する	非物質界、統一場の5次元の現実
意識：	意識：	意識：
体がある 名前がある 物である ある場所にいる ある時間にいる	体がない 名前がない 物でない どこにもいない 時間の感覚がない	すべての体である すべての名前である すべての物である どこにでもいる どの時間にもいる

図11.6

意識が統一場に入り、さらに深まってくると、意識はすべての体、すべての名前、すべての物、すべての場所、すべての時間とひとつになる。この領域では2つの意識ポイントの間に隔たりはなく、そこはワンネスの世界だ。

量子場では、過去も未来も区別していない。なぜならそこにあるすべては、永遠の今の中に、あるいは永遠の現在という時間の中にあるからだ。そこにあるすべてが量子場の中で統一され、あるいはつながっているのなら、無限の波動にはすべての体、名前、物、場所、時間に関する情報が含まれているだろう。あなたの意識が統一場の意識とエネルギーに合流し始めると、あなたの意識は「私は体である」→「私は体ではない」→「私はすべての体である」へ、「私には名前がある」→「私には名前がない」→「私はすべての名前である」へ、「私は物である」→「私は物ではない」→「私はすべての物である」へ、「私はある空間にいる」→「私はどこにもいない」→「私はすべての空間にいる」へ、そして「私はある時間にいる」↓「私はどの時間にもいない」↓「私はすべての時間にいる」へと変化するだろう。（図11・6参照）

原子　その事実と虚構

量子場の構造をよりよく理解するために、まずは原子の中にある可能性について復習しよう。物質を測定可能な最小単位にまで小さくすると、原子になる。原子は非常に高い周波数で振動している。原子をミカンの皮をむくようにむいていくと、そこには原子核のほか、陽子、中性子、電子といった粒子がある。しかし原子の中身はほとんどが空洞で、99・9999％が何もない空間、あるいはエネルギーだ。

図11・7を見てみよう。左図が学校で習った原子の古典モデルだが、実際には時代遅れとなっている。左図のように、太陽の周りをまわる惑星のように電子が決まった軌道に沿って原子核の周りをまわるわけではない。実際は右図のように、原子核の周りの空間は目に見えない場、あるいは情報の雲のようなものだ。そしてご存じのように、すべての情報は光、波動、そしてエネルギーでできている。これらの粒子がどれほど小さいかをおわかりいただくために例を挙げよう。原子核の大きさがフォルクスワーゲンのビートル1台分だと仮定すると、電子1個の大きさは豆ひとつ分だ。この電子が存在し得る領域は、85，000平方マ

原子の古典モデル　VS　原子の量子モデル

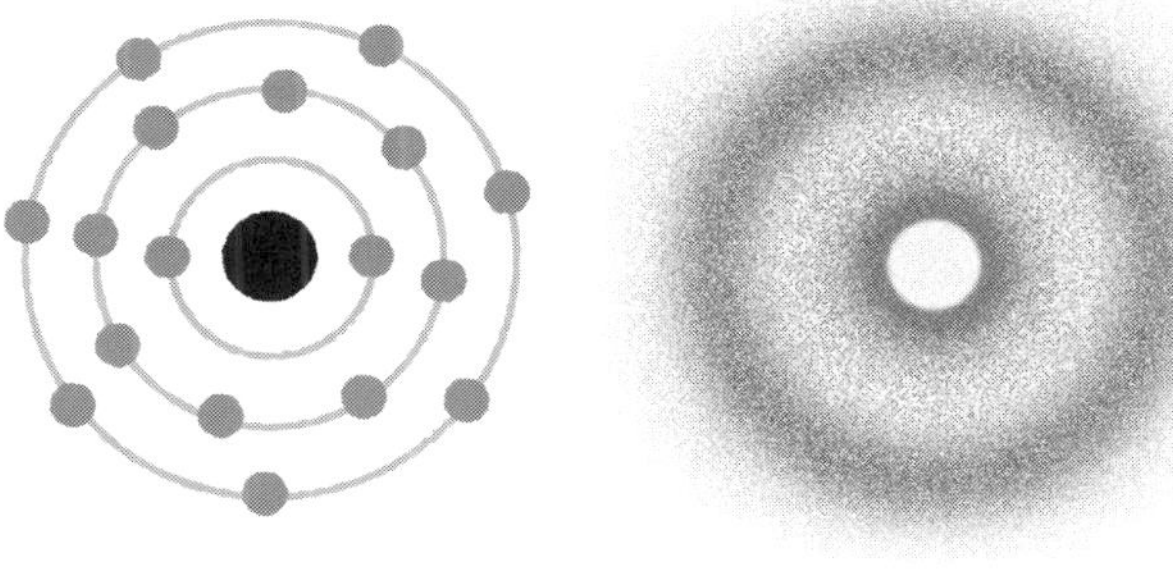

図11.7

原子核の周りで原子が軌道上を旋回するという古典モデルは時代遅れだ。電子は原子核を包む目に見えないエネルギーの雲の中で、確率の波動として存在している。したがって、原子はほとんど非物質のエネルギーであり、物質はほとんど存在しない。

イル、これはキューバ2つ分の面積だ。小さな電子にしてはずいぶんと途方もない活動範囲だ。

ハイゼンベルグの不確定性原理によると、電子雲の中で電子がどこに現れるかを知ることはできない。それは**何もないところから出現する**。これが量子物理学が予測不能で面白い所以だ。電子はいつも物質でいるとは限らない。それはエネルギーとして、あるいは波動の確率として存在する。電子は**観察者が観察するという行為**によってのみ出現する。観察者（意識）がやってきて電子を探し始めると、観察するという行為（指向性エネルギー）は波動である潜在エネルギーを崩壊させ、電子（物質）を出現させる。こうして無限の可能性（未知）の領域から既知の領域に出現する。そしてそれは時間と空間のある地点を占める（局在性を持つ）。観察者が観察をやめると、電子は可能性（つまり波動の機能）に戻る。言い換えると、それはエネルギー、未知の領域、本来の姿に返るということだ。エネルギーや可能性に返ると、それは非局在となる。量子の世界で、意識と物質は分離できない。したがって、ニュートン物理学が予測可能な世界の物理だとすれば、量子は予測不能の世界の物理学だ。

瞑想で目を閉じてから、再び半眼となり無限の空間を眺める時、私たちはまさしくそれをしている。その時、私たちは注意を物質ではなく、エネルギー、空間、情報、そして可能性に向けている。私たちは物質の領域から離れ、非物質の領域に焦点を合わせている。私たちは自らのエネルギーを、予測可能で既知の世界ではなく、予測不能で未知の領域に投影している。これを経験するたびに、統一場のことがより深く理解できるようになっていく。

先に進む前に、簡単におさらいをしておこう。図11・8を見てほしい。3次元のニュートン世界は物、人、場所、物質、粒子、時間（基本的に外界にある、私たちが知っている単語のすべて）でできている。この世界では時間より空間のほうが多い。体に同化した存在として私たちは感覚器官を働かせて自らが住む無限の空間を定義している。それは形、構造、次元、密度の宇宙であり、既知かつ予測可能な領域だ。

私たちは感覚器官を通じて物質宇宙を経験するため、感覚器官が情報を提供し、それは脳内でパターン認識され、私たちはそれを構造として知覚する。このプロセスを経て外界の環境は既知のものとなっていく。このプロセスにより私たちは体となり名前となり物質となり、ある場所と時間を占有していく。あとひとつ、私たちは感覚器官を通じて宇宙を経験するため、分離を経験する。したがって、ここは二元性と極性の領域だ。

さて、図11・9を再び見てみよう。ニュートン世界が感覚器官によって定義される物質界だとすれば、量子の世界では真逆が真実となる。それは**非感覚器官**により定義される**非物質界**だ。言い換えると、そこには感覚ベースのものは何ひとつなく、物質も存在しない。ニュートン世界が物質、粒子、人、場所、物、時間といった予測可能で既知のものに基づいている一方で、量子の世界は光、波動、情報、振動、エネルギー、そして意識からなる予測不能な次元だ。

3次元世界が、時間より空間が多い物質次元なら、量子の世界は**非物質**の次元、空間より時間が多いところだ。空間より時間が多いため、すべての可能性は永遠の現在という時間の中に存在する。3次元世界は私たちのいる宇宙で、つまり現実はひとつだ。一方で量子の世界は多元宇宙、つまり現実はたくさんある。空間-時間の現実が分離に基づいているなら、非物質の量子の世界、あるいは統一場はワンネス、繋がっていること、完全無欠であること、そして単一であること（非局在性）に基づいている。

既知の空間-時間（3次元）の宇宙（二元性と極性を経験する、物質でできた宇宙）を出て、未知の時間-空間（5次元）の多元宇宙（物質の代わりに光、情報、波動、振動、エネ

空間−時間 無限空間の領域 ニュートン世界	量子の世界へと至る 結合部、橋
・3次元宇宙 ・高さ、幅、奥行き ・密度、形、構造 ・物質、粒子：体、人々、物、場所、時間 ・時間は線形：過去、現在、未来 ・感覚が分離、二元性、極性、局在性を生む ・局在性：体、人々、物が特定の時間と空間を占める ・既知で予測可能 体がある 名前がある 物である ある場所にいる ある時間にいる	意識： 体がない 名前がない 物でない どこにもいない 時間の感覚がない 光速

図11.8

3次元ニュートン世界の空間−時間の概要と、5次元・量子の世界の時間−空間の領域に入るための意識の橋。

時間−空間 無限時間の領域 量子の世界	無限大の 未知の可能性
・5次元の多元宇宙 ・非局在性、形や構造がない ・反物質、波動： 　エネルギーと意識、波動と情報、 　振動と思考 ・時間は無限大、永遠で非線形 ・永遠の今の中ですべてが起きている ・感覚の不在により、完全性、ワンネス、一体感、可能性が生まれる ・未知・予測不能 ・意識： 　すべての体である 　すべての名前である 　すべての物である 　どこにでもいる 　いつでもいる	意識： 　不特定の体 　不特定の名前 　不特定の物 　不特定の空間 　不特定の時間

図11.9

量子の世界の5次元の現実の時間−空間の概要

ルギー、そして意識でできた宇宙）に進入するには、ある橋を渡らなくてはならない。その橋とは光速のことだ。私たちが純粋な意識体となり、体、名前、物質、場所、時間から自由になる時、私たちはその橋を渡り、物質からエネルギーへと変容する。

アインシュタインが特殊相対性理論の論文で $E=MC^2$ という等式を発表した時、彼は科学史上で初めてエネルギーと物質が相互に関係することを数学的視点から実証して見せた。物質をエネルギーに変えるのは光の速度、つまり光速より早く移動する物質は3次元の現実を出て、非物質のエネルギーとなる。別の言い方をすると、3次元世界では、物質（あるいは物理的存在）がその形を維持するための境界値となるのが光速なのだ。どんな物も、情報ですら、光速より早く移動することはできない。ある地点から別の地点へ移動する際のスピードが光速より遅いものは、移動に時間がかかる。したがって、4次元は時間ということになる。時間は3次元世界から5次元以上の世界へと移動する際の結合部分をなす。光速よりも早く移動するものは、（移動する前と後の）2つの意識ポイントの間に時間も分離もなくなる。なぜなら、そこでは物質はみなエネルギーに変わっているからだ。3次元から5次元への移行、単一宇宙から多元宇宙への移行、この次元から全次元への移行はこうして起きる。

大変複雑な概念なので、少し簡略化して説明しよう。1980年代、フランスの物理学者、アラン・アスペクトはベルテストと呼ばれる有名な量子物理学の実験を行った。[1] この研究で、科学者たちは2つの光子《フォトン》を絡ませて合体させた。次に2つの光子を引き離し、反対の方向に飛ばした。これにより2つの光子の間には距離と空間が生まれた。そして科学者たちがひとつの光子を消失させた時、もう片方の光子もまったく同じ瞬間に消失した。この実験は、量子物理学にブレークスルーをもたらした記念碑的実験と言われる。なぜなら、これによりアインシュタインの相対性理論にもほころびがあったことが証明されたからだ。

この実験が証明したのは、3次元の空間‐時間の外に、情報の場である統一場が存在していて、すべての物質がつながっているということだった。2つの光の粒子が目に見えないエネルギー場によってつながっていなかったら、空間の中のある地点からもう片方がいる別の地点に情報が伝わるのに時間差があるはずだ。アインシュタインの理論では、ひとつの粒子が消失したら、もう片方が消失するのは（両者が同時に同じ空間にいない限り）一瞬遅れることになっていた。2つ目の光子が消えるのが1ミリセカンド後だったとしても、両者を隔てる空間がある以上、情報が伝わるのに時間という要素が介在するはずだった。物理的現実の上限は光速であり、すべての物質は分離しているということをこの実験では証明するはずだった。

2つの粒子がまったく同時に消失したため、3次元の現実と時間の外で、すべての物質（体、人々、物、場所）はもちろん、時間すらも波動と情報でつながっていることを実験は証明した。物質を超越したものはみな、ワンネスの状態でつながっている。2つの光子の間の情報交換は非局所的に行われた。5次元現実で2つの意識ポイント間に分離はないため、そこに線形時間は存在しない。すべての時間があるのみだ。

神秘的物理学者デヴィッド・ボームは、量子の領域をすべてがつながっている〝内在秩序〟と呼んだ。そして、すべてが分離している物質の領域を〝外在秩序〟と呼んだ。[2] 図11・8と11・9を再び見てほしい。2つの世界を理解する助けになるだろう。

あなたが物理世界とのつながりをすべて断ち切り、体や場所や時間がなくなると、あなたは純粋な意識体となる。あなたの意識は統一場（意識とエネルギーでできている）に合流し、すべての体、すべての名前、物となり、すべての空間と時間にいるという意識と一体になる。こうしてあなたが五感の感覚を手放し純粋な意識体となって、分離のないワンネスの世界に入り、何もない暗黒の深みに分け入ると、そこには物理的なものが何もないことから、あなたという意識体は統一場の意識と分離している感覚がなくなっていく。そのことにさらに意識を集中させていくと、あなたはそこだけにエネルギーを投下していることになる。このため、深く進んでいくほどに分離感が消えていき、一体感が増していく。

最終的に、統一場には永遠の今という時間しかなく、線形の時間がない（全時間がある）ため、すべての物質に形を与えるべく観察している、統一場の意識とエネルギーはいつでも永遠の今という時間の中にある。したがってあなたが統一場とつながり、一体となるには、あなたもまた完全に今という時間にいなくてはならない。図11・10を見ると、あなたの持つ分離感や個人の意識を崩壊させて、統一場のワンネスや足りないものが何もない感覚を経験

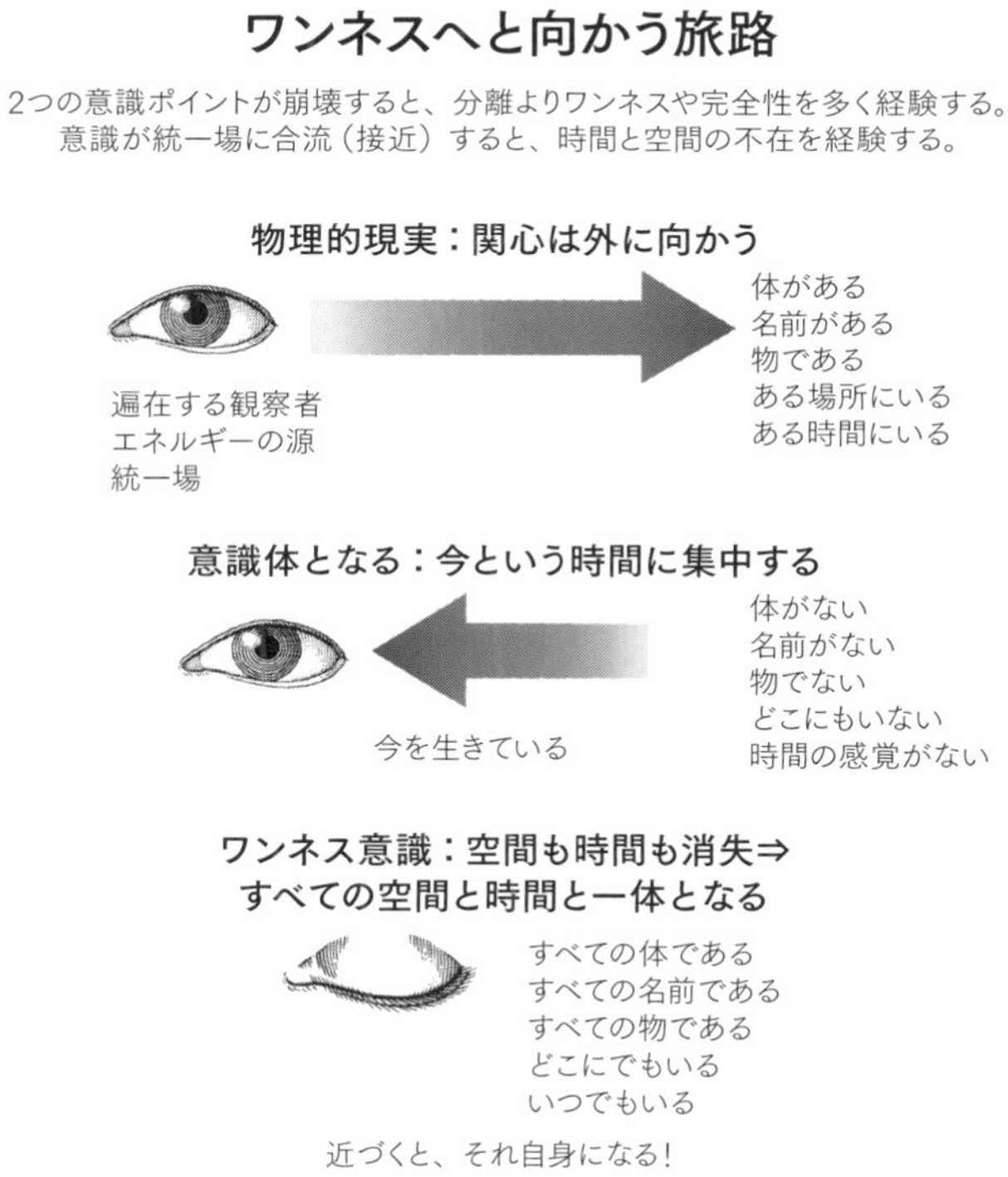
ワンネスへと向かう旅路
2つの意識ポイントが崩壊すると、分離よりワンネスや完全性を多く経験する。
意識が統一場に合流（接近）すると、時間と空間の不在を経験する。
物理的現実：関心は外に向かう
体がある
名前がある
物である
ある場所にいる
ある時間にいる
遍在する観察者
エネルギーの源
統一場
意識体となる：今という時間に集中する
体がない
名前がない
物でない
どこにもいない
時間の感覚がない
今を生きている
ワンネス意識：空間も時間も消失⇒
すべての空間と時間と一体となる
すべての体である
すべての名前である
すべての物である
どこにでもいる
いつでもいる
近づくと、それ自身になる！

図11.10

特定の体があり、名前があり、物を所有し、特定の時間と場所に存在し、関心のすべてを外界の3次元の現実に向ければ向けるほど、私たちは分離と不足を経験する。関心の矛先を外界から内面、今という時間に移すと、私たちの意識は大いなる場の意識と調和し、今という時間を生き始める。すべてを委ね、意識体となって統一場に深く分け入っていくと、分離や欠乏感がなくなり、よりワンネスや完全性を経験する。2つの意識ポイントの間に隔たりがないのなら、そこには（3次元でいうところの）空間も時間も存在しない。そこはすべての空間であり、時間となる。したがって、完全性を多く感じ欠乏感を感じなくなるほど、望む未来がすでに現実であるかのように感じられるようになる。この時私たちはワンネスの意識で創造し、二元論に基づく創造をしていない。

できるだろう。

光速について最後にもうひとつ。物質界の領域で、可視光線は極性（電子、陽子、光子など）に基づいた波動だ。図11・11を見ると、波動が最も低い、下から3分の1程度が光の分離が起きる領域だ。ここから上では物質がエネルギーに変わり、極性がなくなる。この境界線より下の波動は正と負に分離し、極性を持つ。光が分離すると、光子、電子、陽電子《ポジトロン》が現れる。可視光線の場は、組織化された波動が光のパターンとなった物質の情報テンプレートを持っている。この光の分離からビッグバンが起きた。それはつまり、ひとつだったものに二元性と極性が生まれた原点であり、宇宙が組織化された情報と物質の世界として最終的に出現したことの起点だ。だからこそ、量子の虚空は永遠の暗黒領域なのだ。そこに可視光線は存在しない。[3]

物質は非常に低い波動で振動している。時間－空間の次元（統一場）には体や物質のままでは入れないので、体がなくなったという意識になる必要がある。あなたというアイデンティティを保ったままでは入れないので、名前のない存在になる必要がある。物を持ったままでは入れないので、物質でないものになる必要がある。どこかの空間を占有していては入れないので、どこにもない場所に行く必要がある。慣れ親しんだ過去や予測可能な未来からなる線形時間上にいては入れないので、時間－空間に行くためには古い時間認識を消す必要がある。これをどうやって実現するか？　ただひたすらに統一場に意識を集中させる。ここ

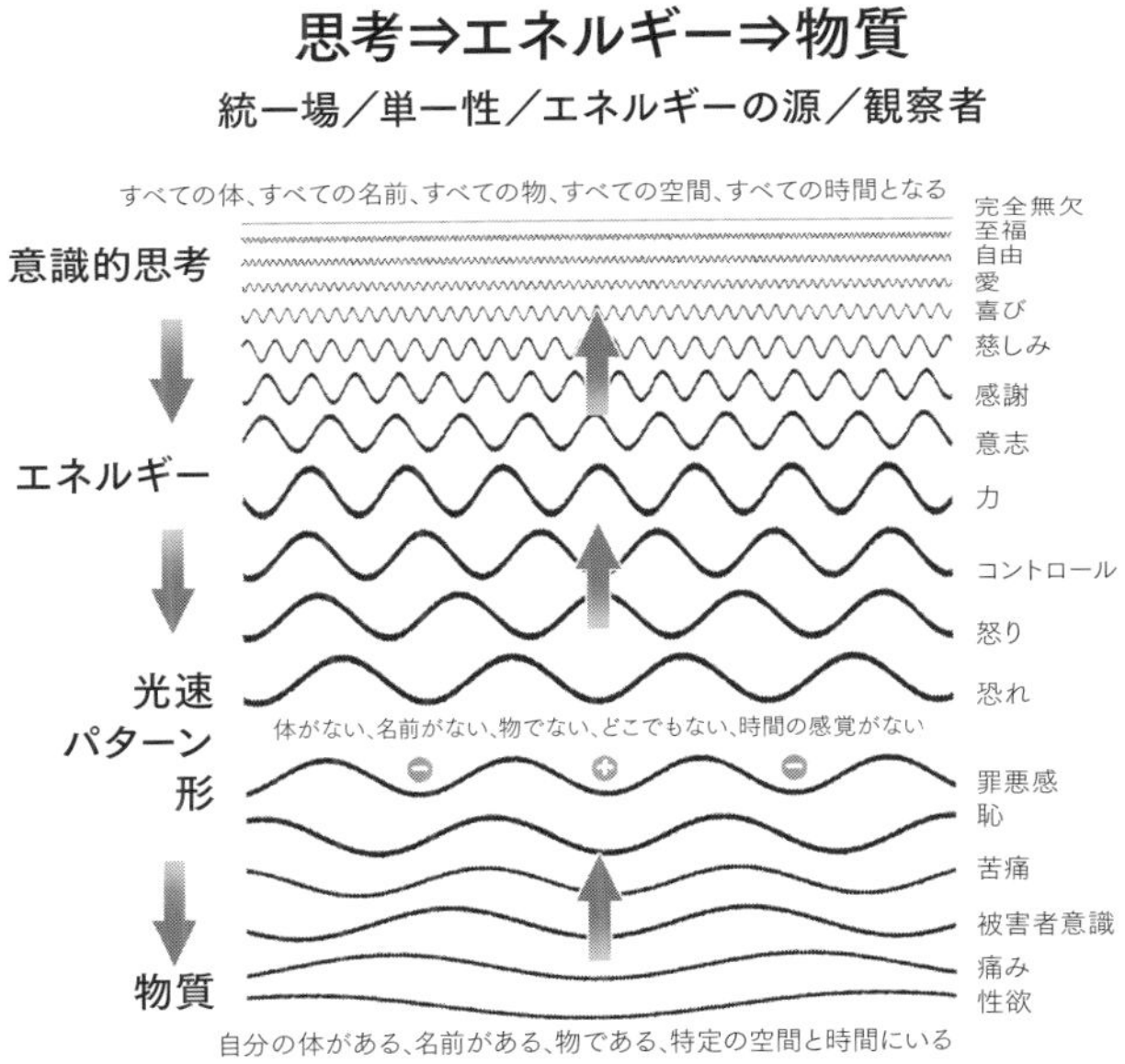

図11.11

すべては意識的思考から始まる。意識的思考の周波数が落ち、振動が遅くなってくるとエネルギーも落ちてきて、最終的には形が生まれ、物質となる。

光速に等しい周波数帯では、すべての物質のパターンは構造の元となるテンプレートとして存在する。光速に等しい周波数帯で、エネルギーには極性や二元性が表れ電子や陽子が作られる。光速より早い周波数の領域では、より大きな秩序が表れ、より完全性が増していく。

私たちの意識の向かう先を物質界から内面に変え、自身を超越し、統一場に注意を向けるという過程の途上で、可視光線の周波数帯を過ぎると私たちは体や名前でなくなり、物でなくなり、どこにもどの時間にも存在しなくなる。この領域で私たちは別次元、別の現実、別の可能性を意識体となって経験する。周波数には情報が載っていて、量子場の周波数は無限大のため、そこに存在する別の世界を経験する。

物質からすべての可能性を示す統一場（一番上にある直線）へと向かう矢印を見ると、統一場へと至るためには、異なる思考や感情を伴う物質から光速までの低い周波数帯を超えていかなくてはならないことがわかる。ワンネスに到達するまでに通過すべき意識レベルを見ると、大多数の人がたどり着けない理由が明らかになるだろう。

で使うのは五感ではなく意識のみだ。意識状態が変わると、あなたのエネルギーレベルが上がっていく。この目に見えない場に注力するほど、分離した物質界を離れ、ワンネスに近づいていく。

こうして統一場、量子場に合流する。そこはすべての体、すべての名前、すべての物、すべての空間、すべての時間がつながっている領域だ。

統一場――すべての体・名前・物・空間・時間となる

物質の密度は非常に濃いため、物質は宇宙で最も遅い波動で振動する。図11・11を見ると、物質の波動の振動数を上げてどんどん速くしていくと、物質として認識されているものは非物質のエネルギーへと変わる。可視光線のスペクトルのすぐ上のあたり（二元性と極性の領域のすぐ上）では、物質に関する情報はより統一化したエネルギーへと変換される。見てわかるとおり、波動が高いほどエネルギーは規則的でコヒーレントになる。このレベルの波動やエネルギーは二元性や極性が一元化されていく。そこには一切の分離や区別がないため、これを私たちは愛、完全性と呼ぶ。ここではポジティブとネガティブが合体している。男性と女性性が一体になっている。過去と未来が合流している。善も悪も存在しない。正しいとか間違っているといった概念が通用しない。両極端のものがひとつになる。そういう領域だ。

この図を物質や分離の極致（最下段）から離れていくほどに、完全性、規則性、愛の度合いが増していく。コヒーレントなエネルギーの規則性には情報が載っていて、その情報にはより多くの愛が含まれていく。物質の波動をさらに上げ、振動数を速めていくと、（あまりに速い振動のため）最終的にその波形は一直線になる。この直線の中に、無限大の周波数というものが存在する。言い換えると、そこには無限大の可能性が存在している。ここがゼロポイントの場で、量子の特異点、情報がエネルギーや波動の形で遍在する場、一点から秩序を生み出し、すべての現実を観察するところだ。

これを神の意識、統合意識、エネルギーの源泉と呼び、あるいはどう呼んでもかまわないが、それは宇宙の原理を組織している力だ。ここにはすべての潜在的可能性が思考の形で存在し、愛ある叡智と知的な愛の究極的源泉が、すべての物理的現実が形になる様子を観察している。したがって、

- 高い波動を経験するほど、エネルギー量が増える。
- エネルギー量が増えるほど、アクセスできる情報量が増える。
- 情報量が増えるほど、意識が拡大する。
- 意識が拡大するほど、気づきの感度が増す。

・気づきが増すほど、意識領域が拡大する。
・意識領域が拡大するほど、物質に与える影響力が増す。

宇宙の法則のヒエラルキーでは、ニュートンの（または古典的）法則より量子の法則が上位に来る。アインシュタインが「量子場は粒子をつかさどる総本拠地」と言ったのもうなずける。量子場はすべての自然の法則をつかさどり、組織し、統括する。そして光を分類して形を作り、常にエネルギーに規則性を与えている。私たちの惑星では、フィボナッチの数列、別名黄金比（自然の中にあまねく見つかる数学的公式で、すべての物質に秩序とコヒーレンスをもたらす）が物質に秩序を与えている様子を確認するには自然を見るだけでいい。それは可能性、つまり思考でできた（思考とは可能性を指す）ゼロポイントの場で、それが波動を下げ、秩序と形を生み出す。

統一場とは、自律的に組織化する知性であり、常に物質界に秩序と形を生み出すべく観察している。この場を受け入れ、自身との距離を縮めて同化するほど分離感や欠乏感がなくなり、結果として完全性やワンネスを経験することになる。純粋な意識体となって、この無限の可能性の領域に踏み込むと、すべての体、名前、物、空間、時間の意識とつながり、未来の夢ともつながる。意識とは気づきで、気づきとは注意を払うことなので、統一場を経験するための第一歩は、それに気づくことにある。気づかないことには存在し得ないからだ。したがってあなたがこの統一場に意識を集中させるほど、その存在に対する気づきが増していく。

ただし、注意事項がある。この純粋意識の領域に入る唯一の方法は、あなたもまた純粋意識にならなくてはならない、と学んできた。つまり、この思考の王国に入る唯一の方法は、思考そのものとなることだ。つまり、意識を物質（粒子）ではなくエネルギー（波動）に向け、感覚器官を超越しなくてはならない。意識体となってこの無限の暗闇である目に見えない非物質の領域に入ることができたら、そして自分が大いなる意識の中にある意識体だという気付きを得られたら、あなたの意識は大いなる意識に溶け込んでいくだろう。

もし、これができたら、そして意識体としてこの領域にとどまり、この知性あふれる愛（宇宙を創造し、生命を与えてくれる同じ内在知性）を受け入れることができたら、あなたはこの領域に吸収されるだろう。この愛あふれる知性は普遍的であると同時に個人的なもので、それはあなたの中に内在し、同時に周り中にも存在する。これがあなたを吸収すると、それはあなたの生物としての組成に秩序と均衡を生み出し、修復する。物質をコヒーレントに再調整するのがこの領域の本質だからだ。あなたは今や針の穴を通るように向こう側に至り、そこには分離もなければ複数の意識ポイントも存在しない。ただひとつの意識、ワンネスがあるのみだ。すべての可能性はこの中にある。

意識、思考、情報、エネルギー、波動の世界に入るため、空間-時間から時間-空間へと至るための橋は体、名前、物、空間、時間につながれた存在から、体、名前、物、空間、時間のない存在へと移行することだ。ここが統一場（量子場）へと至る結束点だ。（図11・8と図11・9参照）

この無限かつ未知の可能性の領域では、無限の新しい経験（あなたがすでに何度も何度も経験したことではないもの）があなたを待っている。そもそもそれが未知というものではないか？　未知とは、新しい思考という形で存在する可能性のことだ。あることが純粋な思考の領域で思考として存在している時、それを制限し得るのは唯一あなたの想像力だ。思考のみの領域にいながら体、名前、物、空間、時間とのつながりをふと思い出すと、あなたの意識は（そしてエネルギーも）３次元の既知の領域、分離の次元に逆戻りしてしまう。

あなたの頭に浮かぶどんな（想像的）思考にも波動があるため、体の痛み、病気の進行、仕事上の問題、母親とのいさかい、早急に片付けるべき用事などについての考えがよぎった瞬間に、あなたは元の３次元に引き戻される。あなたの意識は物質次元に立ち戻り、あなたの思考は物質や粒子の波動と同じになる（図11・10参照）。あなたのエネルギーは既知の物理世界の現実と同じレベルで振動し、結果としてあなたの個人的現実にほとんど影響を与えない。あなたは物質として振動し、元の木阿弥に戻ったことになる。

あなたの波動がどんどん遅くなり、密度の濃い物質の波動を放つようになると、あなたはますます統一場から遠ざかり、結果として統一場との分離を感じるようになる。この場合、統一場にあなたの夢が思考の形で存在していたとしても、その夢が現実になるには長い時間が必要となるだろう。

あなたが自分の体、名前、物、空間、時間について考えている時、あなたは過去の経験によってつくられたあなたを超越していない。その時あなたは文字通り、既知の現実にいる馴染み深い人々や物、時間、場所とつながっている同じ記憶、習慣的思考、条件反射の感情を抱いている。つまり、あなたの関心とエネルギーは過去から現在までの個人的現実に縛り付けられている。あなたは自分のアイデンティティを前提としてものを考えているので、あなたの人生はこれからも変化しない。あなたは同じ古い人格のまま、新しい現実を創ろうとしている。

「あなたを超越しなさい」と私が言う時、それは「あなた自身を忘れなさい」、「あなたの人格と、あなたの過去の現実から注意を逸らしなさい」という意味だ。あなたの体を癒やすためには、あなたの体を超越していなくてはならないというのは理に適っている。同様に、あなたの人生で何か新しいことを始めたいなら、これまでの古い習慣でできている人生を忘れなくてはならない。外界で起きている問題を解決するには、これまでの記憶やその問題に結び付いた感情の次元を超越しなくてはならない。そして未来に予想外の、かつて経験したことのない出来事を起こしたいなら、馴染み深い過去の記憶に基づいた、予測可能な、これまでの延長でしかない未来を、無意識に予期するのをやめなくてはならない。それらすべての既知の現実を作ってきた意識よりも、大きな意識レベルに移行しなくてはならない。

統一場では、どこに行くという概念はない――そこであなたはすべての場所にいるからだ。そこでは何か物を欲しいと思うことはできない――あなたはすべてを持っていて、すでに完全無欠だからだ。そこでは誰を批判することもできない――あなたはすべての人だからだ。そこではもう誰の体を持つ必要もない…あなたはすべての体だからだ。そして時間が足りないと嘆く必要もない――そこには無限の時間があるのだから。

自分が完璧な存在だと感じるにつれ、欠乏感は消えていく。結果として欲しいものも消えていく。すでに完璧なのだから、それ以上何を欲しがり、足りないと感じることができるだろうか？　欠乏感が減れば、二元性や極性、分離の世界から必要とするものも減っていく。完璧な人が一体何を求められようか？　完璧な人が何かを創造する時、それは既に存在していると感じられるだろう。そこにはもう、欲しがる、努力する、願う、強要する、予測する、戦う、希望するといった行為はない。結局のところ希望とは物乞いだ。すでに全部持っている人が創造する時、そこには知ることと観察しかない。創造するものと分離していない、繋がっている――これが現実を顕現させるための鍵だ。

3次元世界の時間というものが、2つの物体または意識ポイントの間の空間という幻想から生まれたものだとするなら、統一場にいればいるほどワンネスに近づき、あなたとすべての物質とを隔てる分離はなくなっていく。あなたの意識が完全無欠で一体となる領域である統一場に合流した時、あるいはつながった時、2つの意識ポイントは分離しなくなる。この完全無欠感は生物学的、化学的に、また神経回路、ホルモン、遺伝子、心臓、脳に反映されるため、すべてのシステムのバランスが回復に向かう。この時高い周波数のエネルギーが自律神経系を巡る。自律神経系とは人に命を与え続けるシステムであり、主たる機能はバランスと秩序をもたらすものだ。このエネルギーは完全無欠という情報を載せているため、結果としてあなたはより神性に近づく。経験する波動が高ければ高いほど、3次元の空間－時間の現実で物事が顕現するまでの時間が短くなる。

本章ですでに書いたとおり、2つの意識ポイントの間隔を縮めていくと、時間が崩壊する。分離という幻想がなくなると、あなた（というアイデンティティを持ち、体の中にいて、物理的環境、線形時間の中を生きている存在）と人々、物、場所、そして夢との間にある空間を感じなくなっていく。したがって、あなたが統一場に接近するほど、あなたはすべての人や物とつながっている感覚が増していく。

意識体となったあなたはワンネスの領域にあり、そこには一切の分離が存在しないため、時間は永遠となる。覚えておいてほしいのは、無限の時間がある時、そこでは無限の空間、次元、そして現実を経験できること。そこにとどまっている限り、あなたがどこにいると考えたとしても、あなたはその場所にあり、あなたが誰だと考えたとしても、その人になっている。実際そこには創造するべく働きかける必要はない。思考しかない領域に、それは思考という形ですでに存在している。するべきことはただ経験することにより、その存在に気づき、観察し、それになりきることだ。

図11・12を見てほしい。左端から順にたどり、注意を向ける先を体、体の不在、すべての体、と進んでいくと、もう誰の体にもなれる。あなたという名前の存在から、名もない存在、すべての名前とくれば、どの名前の存在もあなたになる。物から注意を逸らすと、何も物がない領域に至り、すべての物と混ざり合い、最終的にどんな物でも手中に入る。注意をある場所からどこでもない場所へと移行すると、あなたはあらゆる場所に遍在することになり、あなたはどの場所にも住めるようになる。最後にあなたの注意を特定の時間から逸らすと、時間のない領域に至り、すべての時間に存在し、最終的にどの時間にもいられるようになる。

これが超自然になるということだ。

私は何年もの間世界中を回り、人々に自分を超越する方法を教えてきた。その過程の第一段階は、自らの体を感じ尽くし、外界の状態を超越し、時間を超越することだ。これができるようになると、彼らは統一場の淵に立っていることに気づく。そこに到達したら、その先にはもっと多くの経験が待っていることについて教わる必要がある。

学習することが新しい神経回路を作り出すことであるなら、新しいことを学ぶにつれ、そこには喜びが生まれ、新たな発見があり、新たな経験が生まれる。なぜならあなたはまった

無限の可能性となる

ニュートン的物質界の3次元の現実	純粋意識体として量子場に進入する	非物質界、統一場の5次元の現実	無限の可能性の領域
意識：	意識：	意識：	意識：
体がある 名前がある 物である ある場所にいる ある時間にいる	体がない 名前がない 物でない どこにもいない 時間の感覚がない	すべての体 すべての名前 すべての物 どこにでもいる どの時間にもいる	不特定の体 不特定の名前 不特定の物 不特定の空間 不特定の時間

図11.12

すべての体・名前・物である、どこにでもいる、どの時間にもいるという意識になると、理論上はそこからどの体、名前、物、空間、時間にもなり得る。

く新しい神経回路を使い始めたからだ。つまるところあなたが変化する、あるいは新しい経験をする時、それは学習という形をとる。新しいことを何ひとつ学んでいない時、あなたはこれまでと同じ神経回路で現実を知覚しているため、あなたはこれまでと同じ経験をするだろう。知識とはあなたの経験を進化させる呼び水だ。

　たとえば、私は赤ワインが大好きで、年に数回、世界各地を訪ねるワインツアーを主催している。約1週間のこのツアーに参加する人々は、初めは口をそろえて「ワインのことは何も知らない」と言う。この言葉を私なりに翻訳すると、彼らは恐らく発酵した葡萄について勉強したことがなく、触れる機会がほとんどなかったのだろう。真実を言えば、彼らはこれまでに限定的な知識と経験しかないため、彼らの脳内にはワインの深い味わいや微妙なニュアンスを感知するための神経回路のインフラができていないということだ。言い換えると、彼らはワインの経験を本当の意味で楽しむためには、どこをどう探したらいいかがわからない。

もし、彼らがワインの作り方やワインの歴史、ワインに使われる葡萄の種類、なぜそれらを選択するのかなどについて学んだらどうなるだろう？　そして彼らはワインが樫の木でできた樽に入れられ、どれくらいの期間貯蔵されるか、なぜそうするかなどについて学ぶ。こうすることで彼らはツアーの一連の過程に親しみを感じ、ある特定のワインがどうして美味なのかを理解する。

過程とはそういうことを指すが、ボトルの中の美味なるワインについて考えてみよう。もし彼らがプラムの風味、ブラックチェリーやスグリの痕跡、ヴァニラとレザーの微かな香り、花の芳香、タンニン（ポリフェノール化合物）の割合、それが熟成されたのは樫の樽かステンレスのドラム缶か、どれくらいの期間寝かしたのかなどについての知識がなければ、そのワインの何に注目すればいいかわからず、豊かな経験をすることはできない。何に着目し、どこに気付くべきかがわかって初めて、それらは存在し始める。つまり、新しいことに注目することにより、彼らの経験が変化すると言ってもいいだろう。

その好例として、最初は「赤ワインは好きじゃない」とか、「ワインについて何も知らない」とか言っていた人々がわずか1週間のワインツアーで、ワインとの豊かな付き合い方を経験して帰途につく姿を私はたくさん見てきた。連日、朝から晩までワインについて学び、どこに注目するかを教わり、繰り返し今という時間にとどまり風味や芳香に意識を集中させ、来る日も来る日もいろんなワインを試飲して、どれが自分の好みか、好みでないかを決めるなど、彼らは集中的にワインに関心の矛先を向けている。そのたびに脳内で新しい神経回路を作り、発火し、結束させている。そして彼らは極めて厳密にどのワインが自分の嗜好に合っているかを語るようになる。1週間の行程で、彼らはワインがもたらす喜び、驚き、そして深い理解といったまったく新しい境地に到達する。1週間の経験が彼らを変えたのだ。統一場の経験でも同じことが言える。それに気づかなければ、あなたにとってそれは存在しないも同然だ。しかしあなたがそれについての知識を深め、そこで何に注目すればいいかがわかると、より多くのことに気がつくようになり、より深い体験が可能となる。そしてそれは必ずあなたを変化させる。

生まれてこの方、私たちは常に、エネルギーではなく物質に注意を向けるよう訓練されてきた。現実を経験するには五感が必要だと信じ込まされてきた。言い換えれば、もし見て、聞いて、感じて、匂って、触って、味わって確かめられないものは、存在しないということだ。この刷り込みの結果、大多数の人々は注意や関心のほぼすべてを物質、粒子に向けていて、エネルギーや情報、波動にはまったくと言っていいほど注意を向けていない。

たとえるなら、あなたの足の親指について、意識を向けるまで気づかない。足の親指はずっとそこに存在しているが、あなたが意識を足の親指に向けたとたんに存在感が浮き彫りになる。統一場も同じだ。そこに意識を向ければ向けるほど、それは現実に存在感を増していく。物質に全部の意識を集中させることにより、人々はまだ見ぬ無限の可能性を人生から締め出しているようなものだ。可能性とは波動のことだ。波動とは可能性のエネルギーだ。あなたがこれに意識や注意を向ければ向けるほど、あなたの人生の可能性はリアリティを増していく。

注意を向けた先にエネルギーが集中するため、あなたが統一場に注意を向けた瞬間から、統一場はパワーを増していく。たとえばあなたが体のどこかの痛みに注意を向けると、痛みはひどくなる。これはあなたが痛みという経験を拡大させているからだ。意識を痛みに集中させ、その経験をもっともっと続けると、その痛みはあなたの人生の一部となるだろう。統一場でも同様のことが起きる。統一場に意識を向け続け、いつでも考えていると、それは拡大する。痛みの例とまったく同様に、統一場についての経験を増やすうちに、それはあなたの人生の一部となる。

ただ単純に統一場に意識を向け、その存在について考え、気づき、感じ、やりとりをして、今という時間に生き続けていると、それはあなたの日常に現れ、現実となるだろう。どうやって現れ、現実になるかって？　それは未知のもの、他の物を探しているうちに偶然出合う幸運、共時性《シンクロニシティ》、機会、偶然、幸運、しかるべき時間にいるべき場所に居合わせること、そして畏敬を感じる瞬間として現れる。

私の経験を駆使して表現するなら、統一場とは神聖な愛あふれる知性、私たちの内側にも周りにも存在する叡智という愛だ。したがって統一場に意識の焦点を合わせるたびに、私たちの内側や周りに神聖なるものの存在を感じることになる。あなたが統一場に意識を向けると、神聖なものがたびたび日常に現れるようになるだろう。意識とは気づきで、気づきとは注意を向けることなので、あなたが気づき、注意を払っていればそれと合流することになる。そういう経験を得ると、文字通り統一場そのものになっていく。あなたが統一場に深く分け入っていくほどにあなたの経験の幅が広がっていく。

図11・11をもう一度見てみよう。あなたがエネルギーの源泉、あるいはワンネスを象徴するラインに近づくほどわかってくるのは、このラインに近づける唯一の方法はそこに意識を集中させることだ。二元性や分離の世界から統一、ワンネスの世界へと至る旅を正しく行えば、感情は経験の結果物なので、あなたは移行するにつれて多くの愛、一体感、完全無欠を感じるだろう。この知的な愛を日常的に感じ、経験するようになると以下の3つのことが起こり始める。

まず第1に起きるのは、統一場に意識を向け、エネルギーの源泉に注意を払うと、そこでの経験が増えていくことだ。統一場での経験があなたの思考する脳からまっすぐ自律神経系へとつなげる脳内神経回路を刻み付ける。脳波を遅くして統一場の深淵部に踏み込む経験をするたびに、あなたの脳内回路はますます多くの新たな回路を築き、連携は高速化し、それを頻繁に使うことにより確かな基盤を形成し始める。この基盤が整うにつれ、あなたは簡単に統一場と合流できるようになる。

第2に、経験が脳を豊かにしていくことからあなたが統一場とのつながりを持ち、経験するたびに、あなたの脳が変化するということ。これは経験の結果物だ。経験は脳内回路を緊密化し、洗練させる。こうしてあなたは次に統一場に入った時により多くの気づきが得られるべく、脳内インフラを整えていく。経験は感情を生み出すため、統一場を感じる時、あなたはそれと一体になり、より強く神性を体感することになる。

量子モデルによる現実では、すべての病気は周波数の低下とインコヒーレンスの結果なので、体が新しいコヒーレントな高次のエネルギーに浸ると、その経験が体の振動をコヒーレントで規則的なものに変える。世界各地で私たちが実施している上級ワークショップでは、参加者たちの体が新しい周波数と情報に触れた時、健康状態が変化するという数えきれないほどの実例がある。

自律神経系の仕事は調和と健康を創出することなので、私たちが日常の思考モードを出て分析をやめ、考えるのをやめ、完全に手放した瞬間から、この知的なシステムは介入し、秩序を作り始める。この時導入するのは統一場の高次の波動に載った新しい、より自律的なメッセージだ。その同じコヒーレントなエネルギーが物質の波動を上げていく。それはさながら雑音だらけのラジオ局の電波から、はっきりくっきりした電波信号に変換するようなものだ。体はコヒーレントな信号を受信する。

これが起きるとあなたは生きることへの強く深い愛と喜び、真の自由、言葉にできないほどの至福感、生命に対する畏敬の念、限りない感謝、そして自らの中に漲る力を感じる。その際、統一場から感情の形でやってくるエネルギーが体を新しい意識と思考に合わせて再調整をする。高次の感情は心拍という形で新しい遺伝子に新しい方法で信号を送り、体の組成を変え、過去の生物学的組成と入れ替わる。

第3に起きるのは、知識や情報を聞いたり経験したりする時、以前とは感じ方が違ってくることだ。なぜならあなたが脳内回路を組み変え、以前とは違う人になっているからだ。あなたはまったく新しい次元で真実に触れ、それまで知っていると〝思っていた〟ことでも初めて出合ったように感じられるだろう。あなたの内的体験が、あなたの外界で起きていることのとらえ方を変えたのだ。別の言い方をすると、あなたは覚醒したのだ。

あなたがひとたび統一場を経験し、感じ、理解すると、つまりひとたび新たな脳内回路が作られると、あなたは現実を新しい方法で経験し、認識するようになる。実際のところ、あなたはあなたのそれまでの脳に回路がないために認識するすべを持っていなかったこと――連綿とつながる生命の連鎖を見ることになるだろう。経験を重ねるごとに新しい回路は強化され、インフラが整った今、それはさらにディープな現実の経験となっていく。こうしてあなたが新たに経験する現実は、初めから存在していた。それを知覚するのに必要な回路があなたの脳内になかっただけのことだ。

もし、あなたがこの統一場への旅を深め、エネルギーの源泉（図11・11参照）までいつでもたどり着き、一体となれると、あなたはその源泉のように振舞い始める。源泉の性質があなたの性質となり、あなたを通じて知的な愛が放射されるようになっていく。源泉の性質とはどんなものだろうか？　その性質を帯びたあなたは以前よりも忍耐強く、寛大で、今に集中していて、意図的で、注意深く、意思が強く、奉仕の精神にあふれ、無私で愛情深く、心がこもった言動をする（これはごく一部）。あなたがこれまでずっと探してきたのは、あなた自身だったとこの時点で気づくだろう。あなたは源泉となり、源泉はあなたとなる。

したがって、そこに至るための訓練は以下の通り。

- あなたの意識が、大いなる意識と一体になるようにする。
- 知的な愛にすべてをゆだねる。
- 未知なる領域を信頼する。
- 有限の自分の一部を手放し続け、大いなる自己へと合流する。
- 無の領域で自己を消失させ、すべてのものとなる。

・コヒーレントエネルギーの無限の深い海の中でゆったり脱力する。
・奥深くまで旅を進め、ワンネスに到達する。
・コントロールを手放し続ける。
・完全無欠感を極めていく。
・意識体として、一瞬一瞬を意識して、注意を払い、経験し、今を生き、周り中にある統一場を深く感じる。そして意識を決して3次元の現実に戻さない。

これを正しく行えば、その時あなたは五感を使っていない。なぜなら、あなたは五感の感覚を超越しているからだ。あなたは意識体として存在している。

空間－時間・時間－空間瞑想

まず意識を心臓に持っていく。心臓がある空間に意識を固定したら、呼吸に注意を向ける。深くゆったりとした呼吸を続けながら、吐く息と吸う息が心臓から出入りしていることを意識する。心臓に意識を固定して心臓の呼吸を続けながら、高次の感情を呼び起こし、そのましばらくキープする。高次の感情を体から外の空間に向けて放射する。

次に、あなたがインスピレーションを感じる曲（第5章で使ったものなど）を流し、意識を体から引き離す瞑想を行う。体内にサバイバル感情の形で貯蔵されていたエネルギーを開放し、高次の感情に替える。（この時体の自動運転を上回る力を出す）

これより10～15分間、歌詞のない楽曲を1、2曲聞き、その間に変性意識へと至る。ここで純粋な意識体となり、体、名前、物、場所、時間とのつながりを断ち、統一場へと入っていく。

さて、ここですべての体、すべての人、すべての物、すべての場所、すべての時間の意識とつながり、統一場の大いなる意識と一体となる。するべきことはただこの領域を意識し、注意を向け、今に集中し、一瞬一瞬を感じること。すると自らの完全無欠、ワンネスを感じるようになり、それはあなたの生物的組成に反映される。あなたの体をコヒーレントなエネルギーが駆け巡り、体の周辺にそのエネルギー場を形成するからだ。この状態で10～20分留まり、さらに深い変性意識へと分け入っていく。瞑想を終える時、意識は新しい体、新しい環境、まったく新しい時間の中に戻ってくる。

第12章 松果体

私たちが意識体となって3次元の現実世界を出ると、物質の波動を超越した、光速の、特定情報を搭載した波動にアクセスできることはすでに学んできた。これが起きる時、脳は膨大な量のエネルギーを処理する。上級ワークショップの参加者たちの脳スキャン測定で、私たちはこれを何度も繰り返し観察してきた。脳内のエネルギー量が増加すると、必ず意識や注意力も増加すること（その逆も起きる）についても学んできた。実際のところ、膨大な増加を起こしているのがエネルギーなのか、意識なのかを判定するのは非常に困難だ。しかし両者を分けることはできないと私は考えている。なぜなら意識を変えずにエネルギーが変化することはないし、情報を変えることなく周波数だけ変えることはできないからだ。

統一場の深い領域に到達すると、思考や映像という形の特定情報を持った大きなエネルギーにより脳は活性化する。脳波は文字通りこの深淵なる内的出来事をたどり、記録する。これを経験している本人にとって、脳内で起きていることが何であれ、それは過去のどの物理的体験よりもリアルに経験される。この時、膨大なエネルギーは深淵かつ強力な感情という形をしていて、本人の注意を独占している。この時脳と体の生物学的組成は向上する。

人が目を閉じて椅子に座り、瞑想をしている最中に激しく高揚するような感覚的体験を（五感を使わずに）するとしたら、こんな疑問が浮かぶだろう。「こんな超自然的な効果が起きるからには、脳内で何がすごいことが起きているに違いない」。ただ静かに座っているだけなのに、本人にとっては五感で感じるどんな外的経験よりもリアルに感じられる。そしてさらなる疑問が浮かぶ。「五感を経由せずに、どうしてそんなに臨場感あふれる体験ができるのだろうか？　脳や体のどんな機能が、量子場とのコンタクトをそのような深い内的体験に変換させるのだろう？」。

この疑問を言い換えてみよう。「よりコヒーレントな情報の場にアクセスできたら、それは刺激的な内的体験を作り出す。そんな超自然的な現象を起こすには、神経・化学・生物学的な説明が何かあるに違いない」。あの鮮烈かつディープな内的体験を引き起こすのは、私たちの体のいったいどんな系統、臓器、分泌系、組織、化学的組成、神経伝達物質、あるいは細胞なのか？　もしかしたら私たちの中に眠っていて、起こされるのを待っている生理学的成分があるのだろうか？

本章の内容を理解するにあたり、基本となるのが４つの意識の状態だ。第１に覚醒状態。これは私たちが目覚めていて意識がある状態を指す。第２に睡眠状態。これは私たちが眠っていて、体が修復・復旧作業をしている状態だ。第３は夢想状態。これは体はじっとしているが、意識が映像や象徴などの内的視覚体験をしているという変性意識状態を指す。そして第４に超意識状態。これは私たちの現実認識を超越したものだ。この超意識体験は私たちの世界の見方考え方を不可逆的に変容させるようだ。この超体験の生物学的化学的神経科学的解釈を、私の力の及ぶ限り解説していきたい。それではこれらすべての背後にある分子、メラトニンから話を始めよう。

メラトニン　夢見る神経伝達物質

朝目が覚めて五感の世界に戻る時、あなたの瞳孔に光が差した瞬間から、視神経の受容体が視交叉上核と呼ばれる脳の一部に信号を送る。するとそれは松果体に信号を送り、松果体はすぐにセロトニン（昼間担当の神経伝達物質）を作る。

すでにおわかりのように、神経伝達物質とは神経細胞間で情報を伝達し、意思疎通をする化学物質のメッセンジャーだ。神経伝達物質セロトニンは体に「さあ起きて行動を始めよう」と伝える。あなたは感覚器官の情報を統合し、外界と体内世界の状態を結び付けて状況判断をする。そしてセロトニンは脳波がデルタ波からシータ波↓アルファ波↓ベータ波になるように刺激を加え、あなたが3次元の空間－時間の中にいる物理的肉体だと思い出させる。こうして脳波がベータ波を放つとあなたの注意の大半は外的環境、体、時間に向けられる。これが普通だ。

辺りが暗くなり夜が来ると、これとほぼ同じだが真逆のプロセスが起きる。光の不在を知らせる信号は同じ回路をたどって松果体に伝わる。松果体が作る物質は、今度はセロトニンからメラトニン（夜間担当の神経伝達物質）に変わる。メラトニンの生成と放出により、脳波はベータ波からアルファ波へとペースを落とし、あなたは眠くなり、疲れてくるので何か考えたり分析したりしなくなる。脳波がアルファ波になっている時、あなたの興味は外的環境から内面の精神世界へと戻っていく。最終的に体が眠りに落ちて静止状態になると、脳波はアルファ波からシータ波、さらにデルタ波へと移行し、これより休息を促す深い睡眠と夢見状態を交互に繰り返す。

外界の環境の動きに従い、覚醒と睡眠の周期活動（地球のどこに住んでいるかにより異なるが）をすることにより、脳は毎朝毎晩の決まった時刻にこれらの化学物質を放出するよう自動的に訓練されている。このリズムのことを概日《がいじつ》リズム（サーカディアン・リズム）と呼ぶ。たとえば海外に旅行する際、タイムゾーンをいくつも超えて昼と夜が入れ替わるとこの自然なリズムが乱れ、調子が狂うことをほとんどの人が知っている。これは時差ボケとして知られていて、リズムを再調整するにはしばらく時間がかかる。体の概日リズムが乱されると、新しい環境での日の出、日の入りのリズムに体が慣れるのに普通は数日を要する。これはみな外界の3次元世界との相互作用、つまり目が太陽と可視光線の周波数に反応することにより生まれた化学物質のなせる業だ。

メラトニンはレム睡眠（概日リズムの一部で、夢見が起きる）を誘発する。夜、頭の中で巡る思考や雑念が鎮まり、睡眠が始まり夢見の状態が起きると、脳内では映像、画像、象徴などが見え始める。メラトニンの重要性について語る前に、この夢見の神経伝達物質の分子構造についてみてみよう。

メラトニンの生成過程は、Lトリプトファンと呼ばれる必須アミノ酸から始まる。これはメラトニンとセロトニンの原料だ。この物質がメラトニンになるためには、メチル化と呼ばれる一連の化学変化を起こさなくてはならない。メチル化とは、炭素原子ひとつに水素原子3つ（メチル基と呼ばれる）が、思考、DNA修復、遺伝子スイッチのオンオフ、感染症と戦うといった、無数の重要な身体機能に活用される過程を指す。この場合では、メラトニンの生産に貢献している。

図12・1に、メチル化の過程が示されている。メチル基は非常に安定した化学物質で成り

立っているため、5辺と6辺の輪の基本構造は一連の化学変化を経ても変わらない。しかしこれらの輪に結合する基質によって分子の性質や特徴が変化する。

松果体は、まずLトリプトファンを5－ヒドロキシトリプトファン（5HTP）に変え、それがセロトニンとなる。セロトニンは5－ヒドロキシトリプトファンよりも安定した分子で、脳内に留まり、後述する多様な仕事ができる。松果体は、別の化学反応を通じてセロトニンをNアセチルセロトニンに変換し、さらに化学変化が起きるとメラトニンになる。これらすべてが松果体の中で起きる。24時間周期の中で、メラトニン生成のピーク時間帯は夜中の1時から4時まで。これは記憶にとどめておいてほしい。

副腎ホルモンとメラトニンが反比例関係にあることは、すでに学んだ。副腎のホルモン、コルチゾールの分泌が増大すると、メラトニンの分泌は減少する。ストレス状態では眠りにつけない理由はそこにある。太古の昔なら、これは生物学的な安全確保のメカニズムとして機能した。たとえば水飲み場に行く途中で何度も食肉動物に追いかけられたら、そしてあなたの住居付近で大きな動物を見かけたら、知性を内在させている体は、餌食にならないように予防手段をとる。この時点で睡眠と休息より生き延びることのほうが重要だ。より適切な言い方をすると、夜であっても眠らずにいることの方が、寝ていて殺されるリスクにさらされるよりずっと有意義だということだ。

このような臨戦態勢の中で体を休めようと頑張っても、必要な休息につながる睡眠は取れ

セロトニンとメラトニンのメチル化の過程

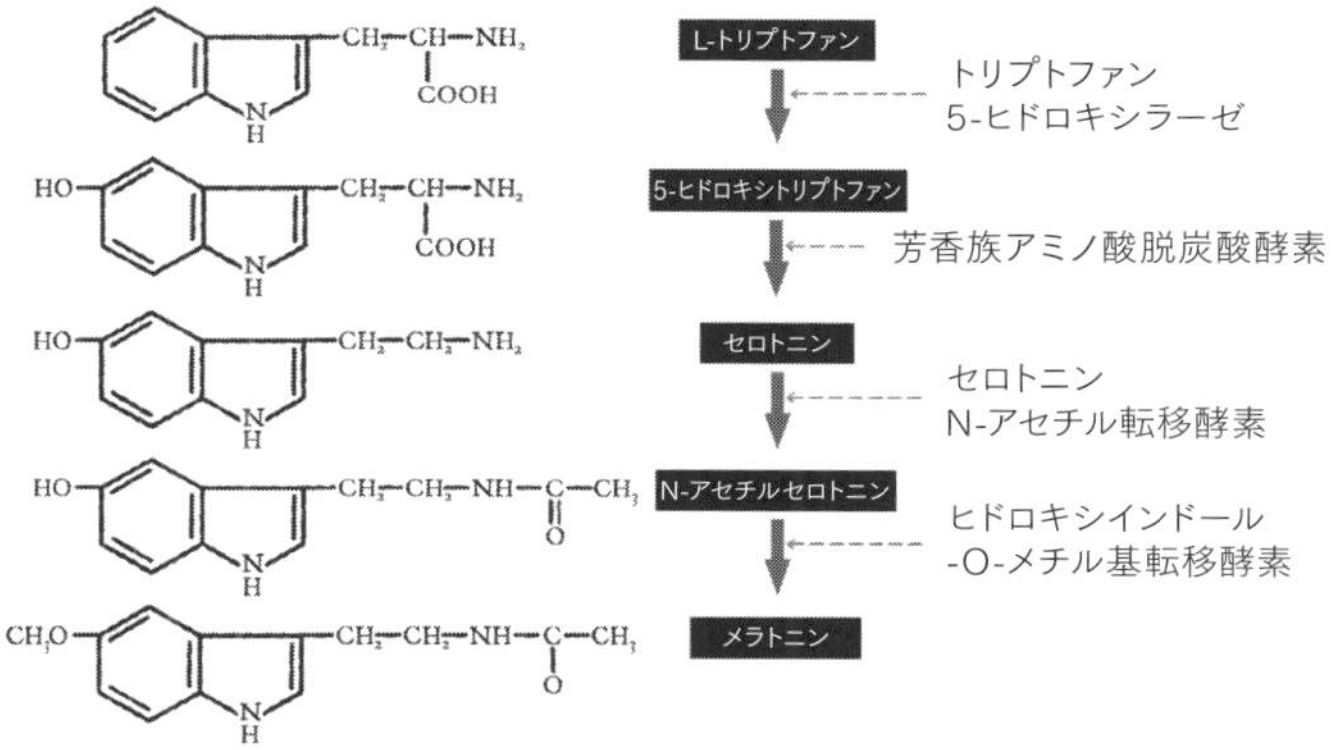

図12.1

アミノ酸の一種、Lトリプトファンがメチル化してセロトニンとメラトニンになる過程

ない。なぜならコルチゾールなどのストレスホルモンが、サバイバルの遺伝子のスイッチをオンにしているからだ。知覚されている外敵が、剣のような鋭い歯の虎ではなく、あなたが毎日顔を合わせなくてはならない元配偶者とのぎくしゃくした関係だったら、その慢性的なストレスはサバイバル機能を発動する。この場合、かつての安全策は不適切な反応だ。この種の慢性ストレスはメラトニン（セロトニンも）の正常値を変化させ、体の恒常性維持機能を乱す。

　しかし、コルチゾールのレベルを下げると、メラトニンのレベルは上がる。言い換えると、ストレス物質への感情面での依存を克服し、ストレス反応を断ち切ることができれば、あなたの体はもう

副腎ホルモンとメラトニンの反比例関係

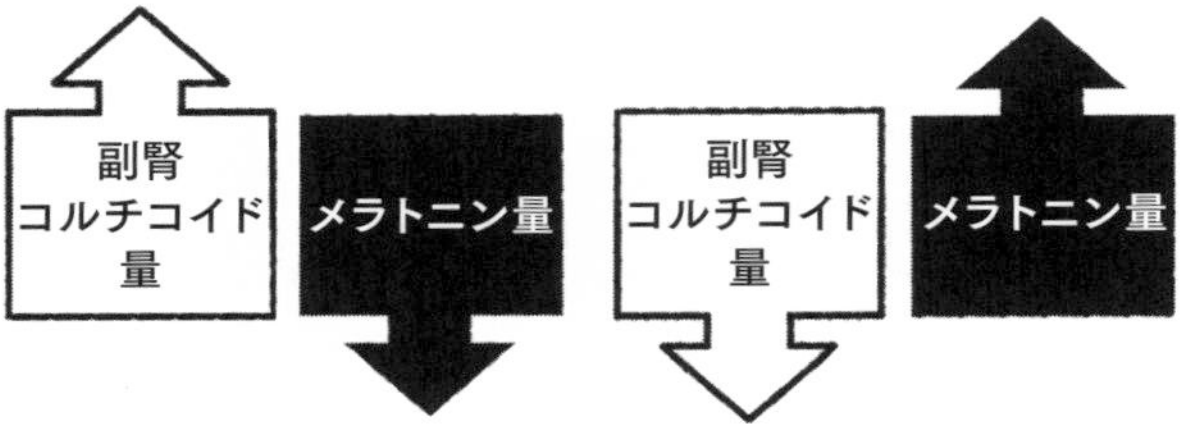

図12.2

ストレスホルモンが増加するとメラトニンは減少する。
ストレスホルモンが減少するとメラトニンは増加する。

四六時中の緊急対応に臨むことなく、長期的な再建プログラムに戻れる。図12・2は、メラトニンとコルチゾールの関係を図解したものだ。

メラトニンは他にもたくさん興味深いことに使われている。たとえば、糖質代謝を促進させることが立証されている。これは重要なことで、一部の人はストレスがかかると糖質摂取という反応をし、体内に脂肪を蓄えるからだ。脂肪とは蓄積エネルギーに他ならない。このストレス反応は、太古の昔の仕様に基づく遺伝子が、飢餓に備えて体にエネルギーの蓄積を促そうとして起きる。メラトニンはまた、うつ病に効果があると言われている。メラトニンはDHEA（アンチエイジングホルモン）のレベルを上げること

メラトニンの科学的事実

- ストレスによるコルチゾールの過剰分泌を止める。
- 糖質の代謝を向上させる。
- トリグリセリド（中性脂肪）の量を下げる。
- アテローム性動脈硬化を抑制する。
- 免疫反応を活性化する。（細胞と代謝）
- 一部の腫瘍の増殖を減らす。
- 研究室のネズミの寿命を25%伸ばす。
- 脳の神経保護機能を活性化する。
- REM睡眠（夢見の状態）を増加させる。
- フリーラジカル（遊離基）除去（アンチエイジング、酸化防止）を刺激する。
- DNA修復と複製を促進する。

図12.3

上記はメラトニンの効能の一部を示している。

も証明されている。夢見の神経伝達物質、メラトニンのその他の重要な機能については図12・3を見てほしい。[1]

それでは、これまで読み進んで積み上げた知識をさらに深めていこう。

松果体の活性化

私はかれこれ何年も膨大な時間を投じて松果体の研究を続けていて、その代謝物や細胞組織を測定した研究者を探し求めてきた。私の関心は、学術研究の結果と古代の神秘の相関関係を見つけることにあった。私は特に以下の抜粋に興味をひかれた。

松果体とは、生体の概日リズムの制

御をつかさどるメラトニンを分泌する、神経内分泌系の変換器だ。ヒトの松果体で新しい生体鉱物化［訳注：生物が無機鉱物を作る作用］の研究が行われ、松果体は20μ以下の極小の結晶群でできていることがわかっている。そのような構造と圧電特性により、松果体の中でこれらの結晶は、電気機械的生体変換メカニズムを持つ。[2]

難解な言葉ばかりで意味がわからないが、重要なのは以下の2つのキーワード（順不同）、圧電特性と変換器だ。

圧電効果とは、ある物質に機械的応力を加えると、その圧力に比例した表面電荷が現れる現象を指す。簡単に言うと、松果体はカルシウム、炭素、酸素からなる方解石結晶を持つ。その構造の都合上、そのような変化が起きる。ちょうどアンテナのように、松果体は電気的に作動して電磁場を形成し、その波動が情報に波長を合わせることができる。これが第一のポイントだ。さらにアンテナが脈動するリズム、あるいは周波数を持ち、進入してくる信号の周波数に同調させるのと同じ要領で、松果体は目に見えない電磁場からやってくる情報を受信する。すべての波動には情報が含まれているため、アンテナがひとたび電磁場の特定の信号とつながれば、その信号を変換し、スクランブルを解いて意味のあるメッセージを引き出す方法があるに違いない。それこそが変換器の仕事で、これが第2のポイントだ。

変換器はある形のエネルギー信号を受信し、別の形の信号へと変換するものだ。ここであなたの周囲を見渡してみよう。あなたが今いるところにはテレビ、ラジオ、ＷｉＦｉ電波などの目に見えない電磁波が交錯していて、それぞれが異なる周波数を持っている。（どれも目で確認することはできないが、確かにそこにある）。たとえば、あなたのテレビ用の信号を載せた周波数帯は、テレビ画面の映像という情報に変換される。ＦＭ局にチャンネルを合わせる時、あなたはアンテナを特定の電磁波に合わせている。その周波数帯に含まれる情報は、コヒーレントな信号となり、あなたの耳に聞こえる音楽となる。

先に引用した文章によると、松果体は脳内で信号を受信し、変換する神経内分泌系の変換器だとある。松果体が変換器として機能する時、それは私たちの感覚を基準とした３次元空間－時間の現実を超越した周波数を受信する。松果体が活性化すると、この高次元の時間－空間（前章で学んだ）にアクセスできる。そしてテレビの例と同様に、その周波数帯が運んできた情報を変換し、鮮やかな映像やシュールで明晰な超越的体験（ディープで高揚する、筆舌に尽くしがたい多次元映像を含む）として脳内で展開する。それは多次元のＩＭＡＸ映画を経験するのに少し似ている。

ここであなたはこんなふうに思うかもしれない。このちっちゃな内分泌腺は頭蓋骨の中にあるのなら、中に入っている結晶にどうやって機械的応力をかけて圧電効果を引き出し、松果体を活性化してアンテナにできるんだろう？　そしてそのアンテナはどうやって物質や光を超越した周波数や情報をキャッチして、その電磁信号を変換して意味のある映像（３次元の現実を超越した体験）にできるのだろうか？

松果体が活性化するには4つの重要なことが起きなくてはならない。これからそのうち3つについて解説し、最後のステップは瞑想を学ぶ時が来たらお伝えしよう。

1. 圧電効果

松果体に圧電効果を起こすのに不可欠なのは、前述の（図12・4）方解石結晶だ。これらは非常に小さく、1~20μだということを覚えておいてほしい。これをわかりやすくたとえると、そのサイズは人の髪の毛の直径の100分の1から4分の1の間だ。ほとんどが八面体、立方体、菱面体《りょうめんたい》のどれかの形をしている。

第5章で学んだ通り、多くの瞑想の前に行う呼吸法の目的は、意識を体から離し、下部3センターに感情の形で蓄積された潜在エネルギーを開放するためだった。息を吸いながら下部3センターの筋肉を収縮させ、呼吸をたどりながら会陰部から頭頂部まで背骨に沿って上昇し、そのまま呼吸を止めて筋肉の収縮をさらに絞り込む。この時あなたは髄腔《ずいくう》に圧力を強めている。本書ですでに書いたように、これは体内に向かって圧力をかける手法だ。それはたとえば、下腹部に力を込めて重い荷物を持つ時のようなものだ。

圧電を指す英単語は、ギリシャ語の piezein（絞る、押す、の意）から来ていて、圧とは

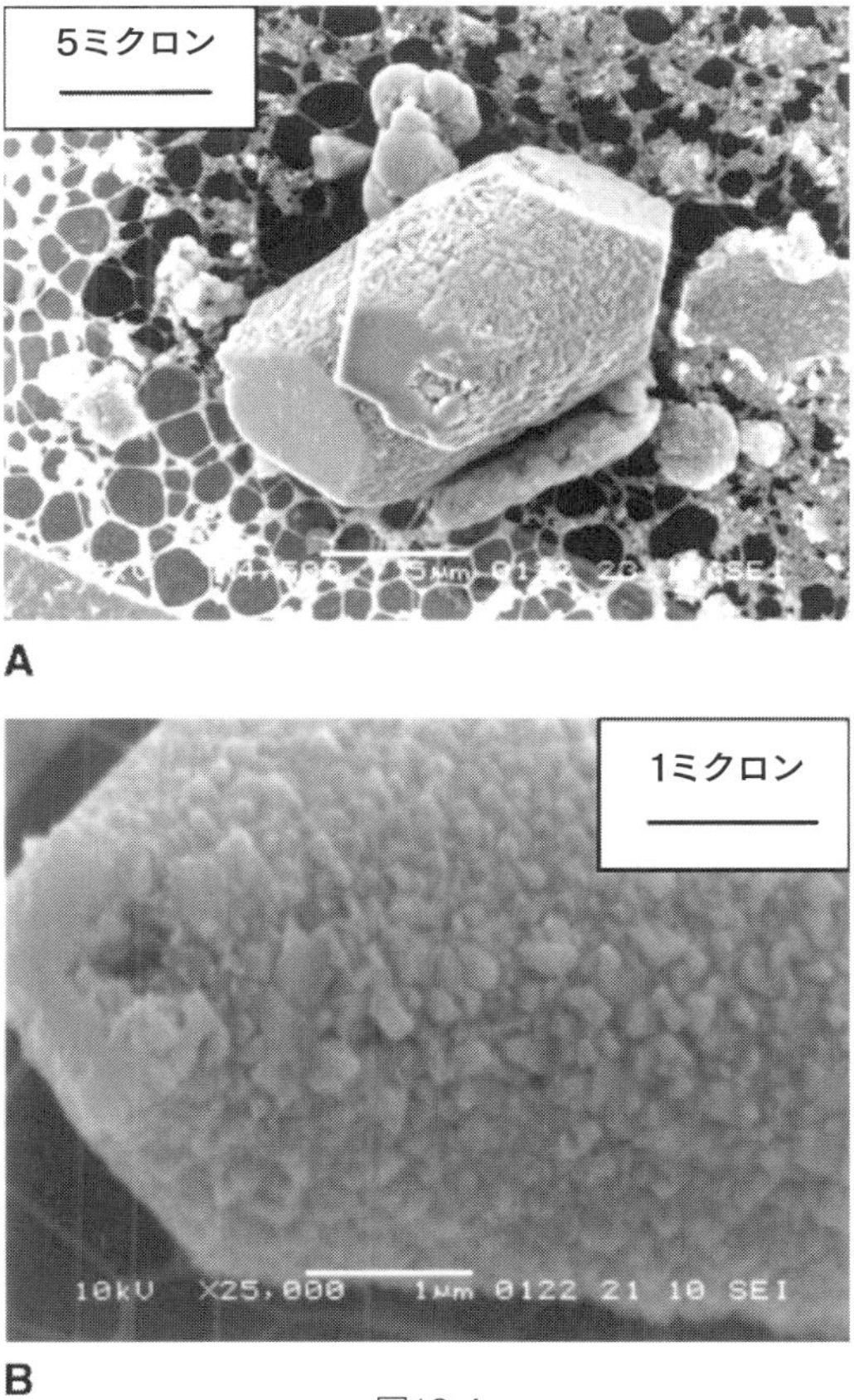

図12.4

松果体にある方解石結晶の画像

〝押す〟という意味だ。つまり、あなたに息を止めて内在筋に圧力をかけるように指導しているのは偶然ではない。これをすることにより、あなたは脳脊髄液を松果体に向かって機械的応力をかけて押し上げている。この機械的応力は電荷に変換され、その行為が松果体の中で整列している結晶を押し、圧電効果を引き起こす。松果体の中の結晶はあなたがかけた圧力に応じて電荷を生み出す。

圧電効果のユニークな特徴のひとつに可逆性が挙げられる。つまり、正圧電効果を示す物質（結晶）は、逆圧電効果も示すということだ。松果体内の結晶に圧力が加えられて電荷が生まれると、松果体から発生・拡大する電磁場がそれらの結晶の形状を引き伸ばす。電磁場を形成する結晶が限界に達し、それ以上伸びなくなると今度は収縮をはじめ、電磁場は方向転換して松果体の中心に向かう。電磁場が松果体の結晶に到達すると、それはさらに収縮し、別の電磁場を形成する。この電磁場の拡大と収縮の周期は永遠に続き、脈打つ電磁場となる。

そんな理由から、私は瞑想で息を止め、筋肉を絞り、収縮させるよう指導している。そしてこのエクササイズを何度も何度も繰り返すよう指導している理由もお分かりのことと思う。あなたがこの呼吸法で息を止め、筋肉を収縮するパターンを繰り返すたびに、あなたは松果体の圧電特性を発動している。これを頻繁にやるほど、この電磁場の拡大と収縮の毎秒ごとの回数が増していく。その結果、脈打つペースはどんどん速くなっていく。こうして松果体は脈打つアンテナとなり、ますます繊細な、高周波数の電磁波を解読できるようになってい

脳室

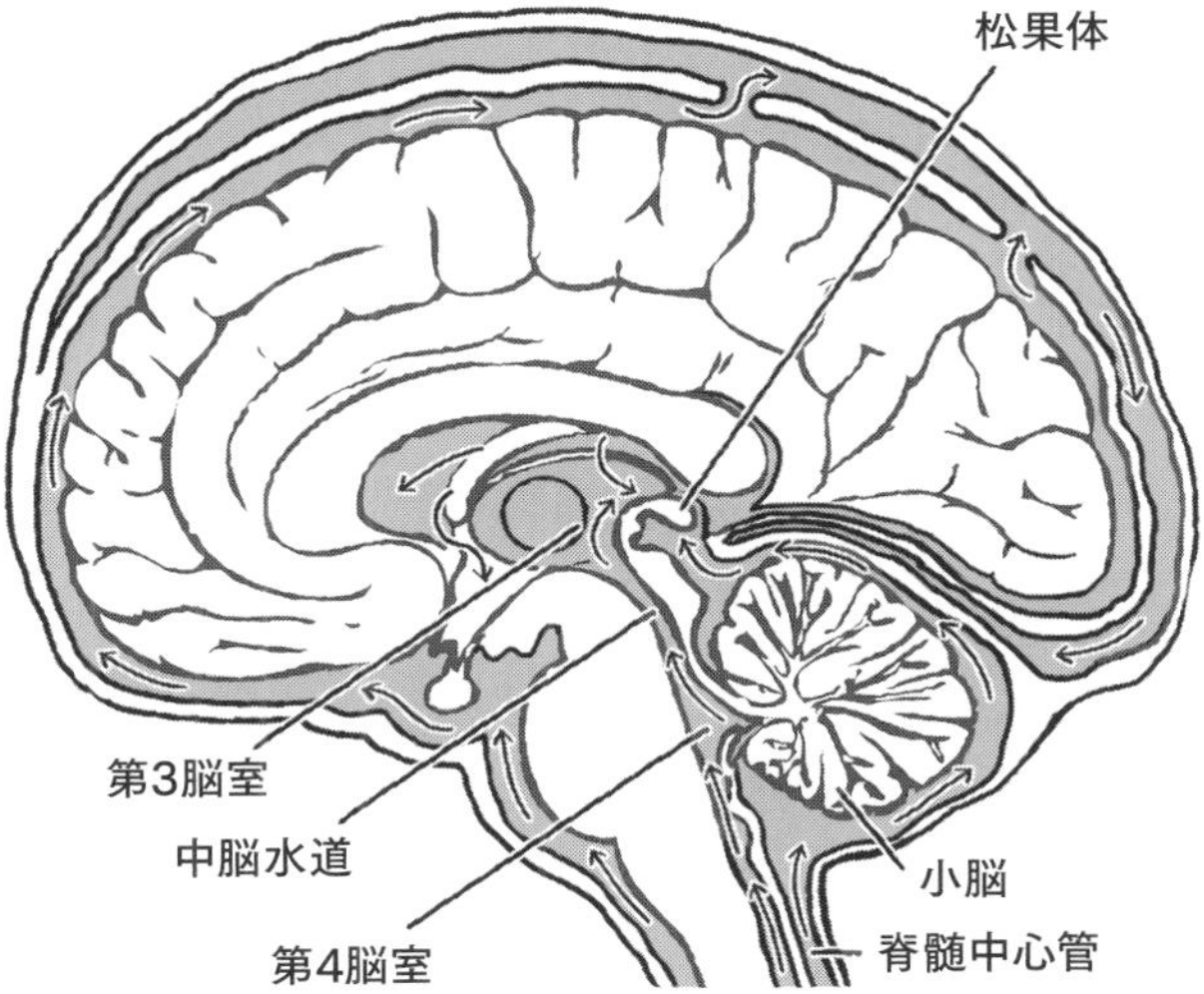

図12.5

鼻から息を吸いながら同時に内在筋を絞っていくと、脳脊髄液を脳に送り込む流れを加速できる。頭のてっぺんに向かって上昇するエネルギーを意識でたどり、息を止めて筋肉を絞ると、髄腔内に圧力がかかる。その圧力により、脳脊髄液が第4脳室から細い管を通って第3脳室に入る（矢印）。同時に、小脳の周りを回る脳脊髄液（矢印）は松果体の結晶に圧力を加える。この機械的応力が松果体に電磁場を作り、圧電効果を起こす。

く。

図12・5を見てほしい。第5章では呼吸に伴い脳脊髄液が移動することについて学んだ。ここではそれに知識を上乗せしていこう。脳脊髄液が脳に入る時、それは脊柱と脊髄の間のスペース、脊髄中心管を通って入ってくる。そしてここで二手に分かれる。ひとつ目は第4脳室を経由して第3脳室に入る。第4脳室から第3脳室に抜ける時、脳脊髄液は非常に細い通路を通るが、第3脳室の裏側に小さな松ぼっくりの形をした松果体がある（この形状から名前がついた）。この腺が松果腺で、サイズは大きめの米粒くらいだ。2つ目は小脳の裏を回って松果体の反対側にたどり着くと、松果体を取り囲み圧力をかける。

髄腔にかける圧力を強めていくと、第3脳室と小脳を囲むスペースにますます多くの脳脊髄液を注ぎ込むことになる。このためあなたが息を止めてぐっと筋肉を収縮させる時、増量された液体が2つの方向から松果体内の結晶に圧力をかけ、圧電効果を起こす。松果体を活性化するためには、まずこれが起きる必要がある。

2. 松果体は代謝物を出す

脳脊髄液は、脳室系と呼ばれる閉鎖された系統内を移動する（図12・5）。脳室系は、脳脊髄液が腰椎から脊柱を通って脳内の4つの部屋（水道または脳室と呼ばれる）に至り、再

松果体の先端にあるシリア

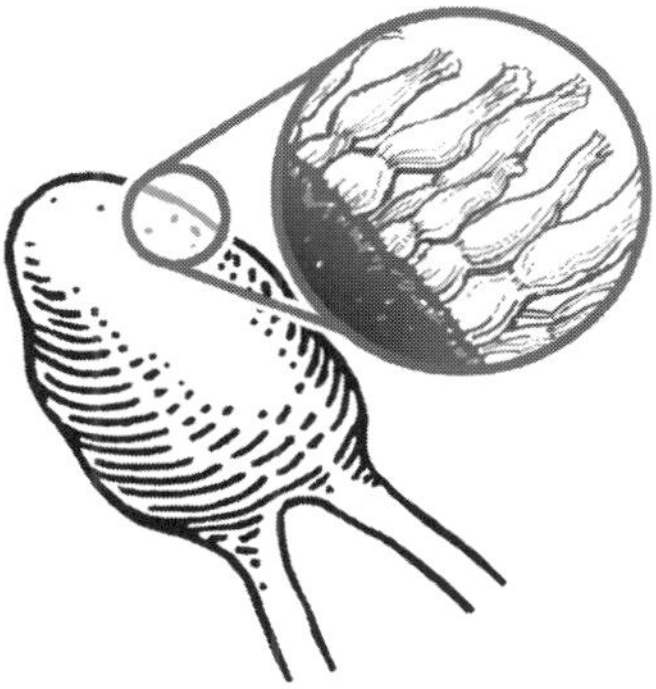

図12.6

松果体に生えている細かい繊毛シリアは、脳脊髄液が脳室系を巡る流れが加速するにつれ、刺激される。

び仙骨（背骨の最下端）まで戻るのを助ける。あなたが息を吸って、エネルギーを頭頂までもっていき、息を止めて筋肉を絞り、内圧をかける時、あなたは脳脊髄液の移動を加速させている。

松果体の表面にはシリア（ラテン語でまつげ、の意）と呼ばれる細かい毛が生えている（図12・6）。通常よりも早く脳室系内を移動する液体の動きは、これらの細かい毛をくすぐり、松果体を過剰に刺激する。松果体は男根のような形をしているため、そこを通る液体の速度が加速することに加え、脳室系内で起きる圧電効果により電気的に活性化することにより、松果体は非常に深淵で高次の代謝物であるメラトニンを脳内に向かって射精する。これが松果体活性化、そして超絶体験への第2のステップだ。

3. エネルギーは直接脳に届く

ロケットを宇宙に向かって打ち上げる時、最も多くのエネルギーを必要とするのは重力に逆らって離陸させるところだ。したがって、下部3センターにあったエネルギーを上昇させるにはかなりの集中と努力が必要となる。自分を縛ってきた過去の感情を開放するにあたり、呼吸が強力な意思として働く。脊柱はこのエネルギーを運ぶ通路となり、頭頂が最終目的地だ。

すでにおわかりのように、この呼吸をするたびにあなたは電荷を帯びた粒子を背骨に沿って押し上げている。これらの粒子の移動速度が上がるにつれ、それらはいわゆるインダクタンスと呼ばれる場を形成する（図12・7参照）。こうしてできた場が、脳と体の間の双方向コミュニケーションをサポートする流れを逆に向ける。ちょうど真空のように、インダクタンスの場は下部センターのエネルギー（オーガズム、消費、消化、闘争・逃走ストレス、支配欲など）を吸い上げ、らせんを描きながら直接脳幹へと送り届ける。エネルギーが椎骨［訳注：脊柱を構成する個々の骨］をひとつずつ通過して上昇する時、脊髄から体の各部へとつながっている神経に触れる。この時エネルギーの一部はそれらの神経をたどって体のあちこち

エネルギーが脊柱に沿って上昇すると
末梢神経系が活性化する

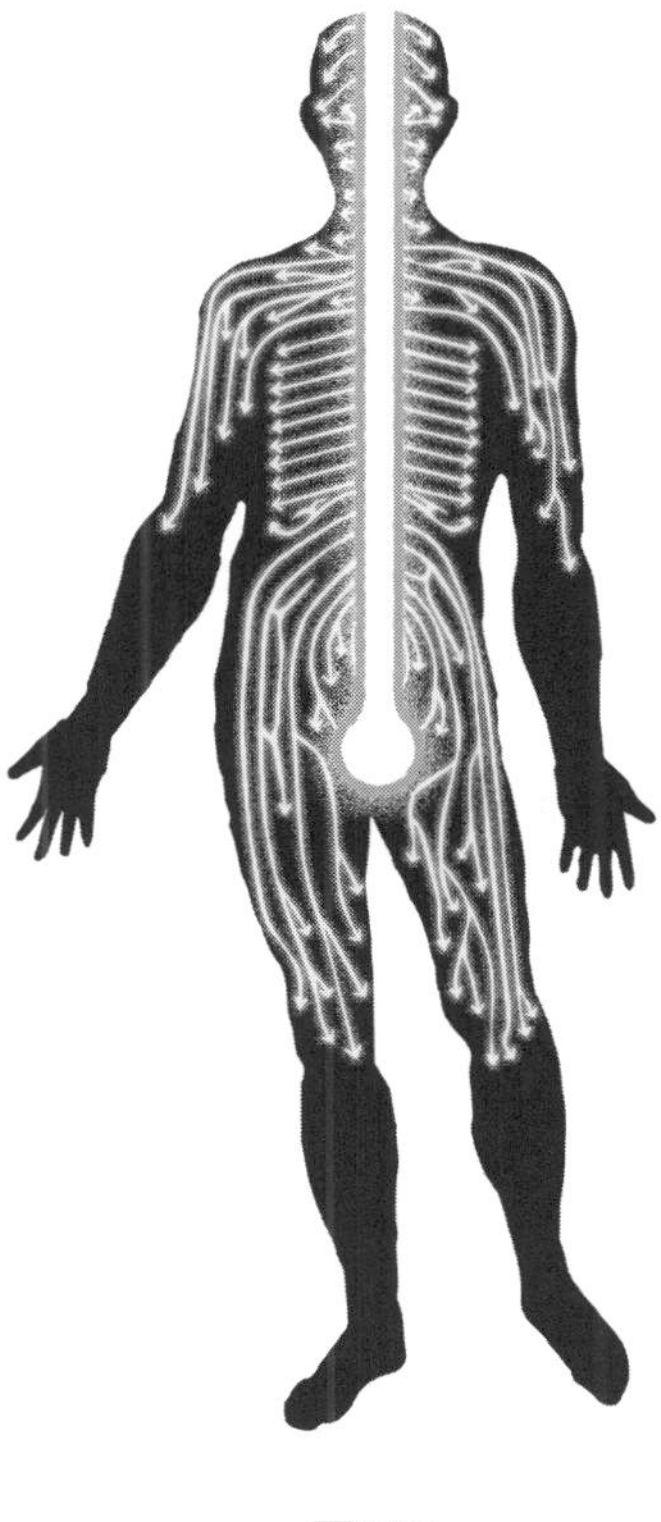

図12.7

エネルギーが体から解放され、脳に送られる際、エネルギーは個々の椎骨の間にある脊髄神経を通過する。この神経系を刺激すると、末梢神経系のスイッチが入り、そこから体内の組織や臓器にエネルギーが流れ込んでいく。結果として体中により多くのエネルギーが満たされることになる。

へと流れていく。こうして末梢神経をたどったエネルギーはそこにある組織や臓器に影響を与える。末梢神経を流れる電流は体の隅々まで続く経路を活性化するため、体の随所にエネルギーが満たされていく。[3]

エネルギーが脳幹に達する時、それは必然的に脳幹網様体を通過する。網様体の機能は、脳と体の間を行き来する情報を随時編集することだ。この構造は、網様体賦活系（RAS）と呼ばれるシステムの一部で、睡眠と覚醒の調節をつかさどる。たとえば、家で熟睡している最中に物音がして目が覚める時、RASが警告を発し、目覚めさせている。これはごく基本的機能だが、交感神経が活性化し、体内に蓄積されたエネルギーを消耗する代わりに副交感神経と合流する時、そのエネルギーを脳に戻しているのがRASだ。エネルギーが脳幹に到達すると、視床の扉が開き、エネルギーは網様体を通って視床に達する。ここから情報は新皮質へと運ばれる。この時網様体は解放されていて、あなたは完全に覚醒している。ある意味で、あなたは普段より意識が敏感で、より多くのことに気づくという状態にある（視床とは、たくさんのホームがある大きなターミナル駅で、他のもっと大きな駅とつながっていると考えるとわかりやすい）。こうして脳はガンマー波へと移行する。

余談だが、中脳には2つの独立した視床が（両側にひとつずつ）あり、新皮質の各半球に情報を流す。松果体はそれらのちょうど間にあり、脳の後ろ側に面している（図12・8参照）。エネルギーが2つの視床という交差点（視床は脳内のすべての地点に情報を送るリ

中脳にある2つの視床と
その中央で後方を向いている松果体

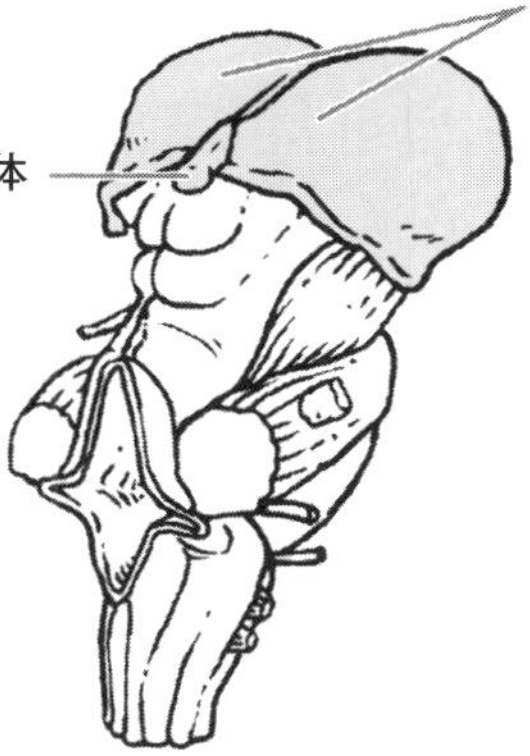

図12.8
中脳にある2つの視床の真ん中に、松ぼっくりの形をした松果体が後ろを向いて収まっている。

レー拠点）に着くと、2つの視床は松果体にその代謝物を脳内に放出するようにという直令を出す。その結果、思考脳である新皮質が活性化し、ガンマー波などの高次の波動が出てくる。メラトニンのような化学物質が放出されると、体がリラックスし、同時に頭が冴えてくる。

脳がベータ波の状態にある時、交感神経が活性化し、外界での緊急事態に備えてサバイバル用にエネルギーを使うことはご記憶だろうか。ガンマー波との違いは、生命エネルギーを消費する代わりに、エネルギーを開放し、より多くのエネルギーを体内で創出することにある。ガンマー波が出ている時のあなたは緊急事態になく、サバイバル状態でもない。あなたは至福の状態にあり、交感神経が活性化して脳内で起きていることにもっと注目するように、と促す。

第5章で私は、エネルギーが体から脳に移動する時、トーラス構造の場ができることを書いた。脊柱に沿って脳脊髄液の上昇を加速することでエネルギーの流れを送ると、あなたの体は磁石のようになり、周囲に電磁場を形成する。トーラス構造の電磁場はエネルギーのダイナミックなフローを示している。この電磁場は上昇し、外に向かい、体を包み込む。松果体が活性化すると、逆流するトーラスの電磁場は頭頂部から体内にエネルギーを取り込んでいく。すべての周波数には情報が搭載されているので、松果体はこの時可視光線を超越した、五感を超えた領域からの情報を受信している（図12・9参照）。

これら3つが連結して起きる時、それはさながら脳内でオーガズムを経験しているかのように感じるだろう。この時あなたは脳内にアンテナを持っていて、そのアンテナが物質界の時空を超越した領域にある情報をキャッチしている。この情報は目が外界から取り込んだものではない。あなたは第3の目である松果体、後頭部にあるもうひとつの目から、量子場にある情報を入手している。

メラトニンがアップグレードすると魔法が起きる

あなたの松果体（第3の目）が覚醒すると、高次の波動を受信するため、その高次のエネ

逆トーラス構造

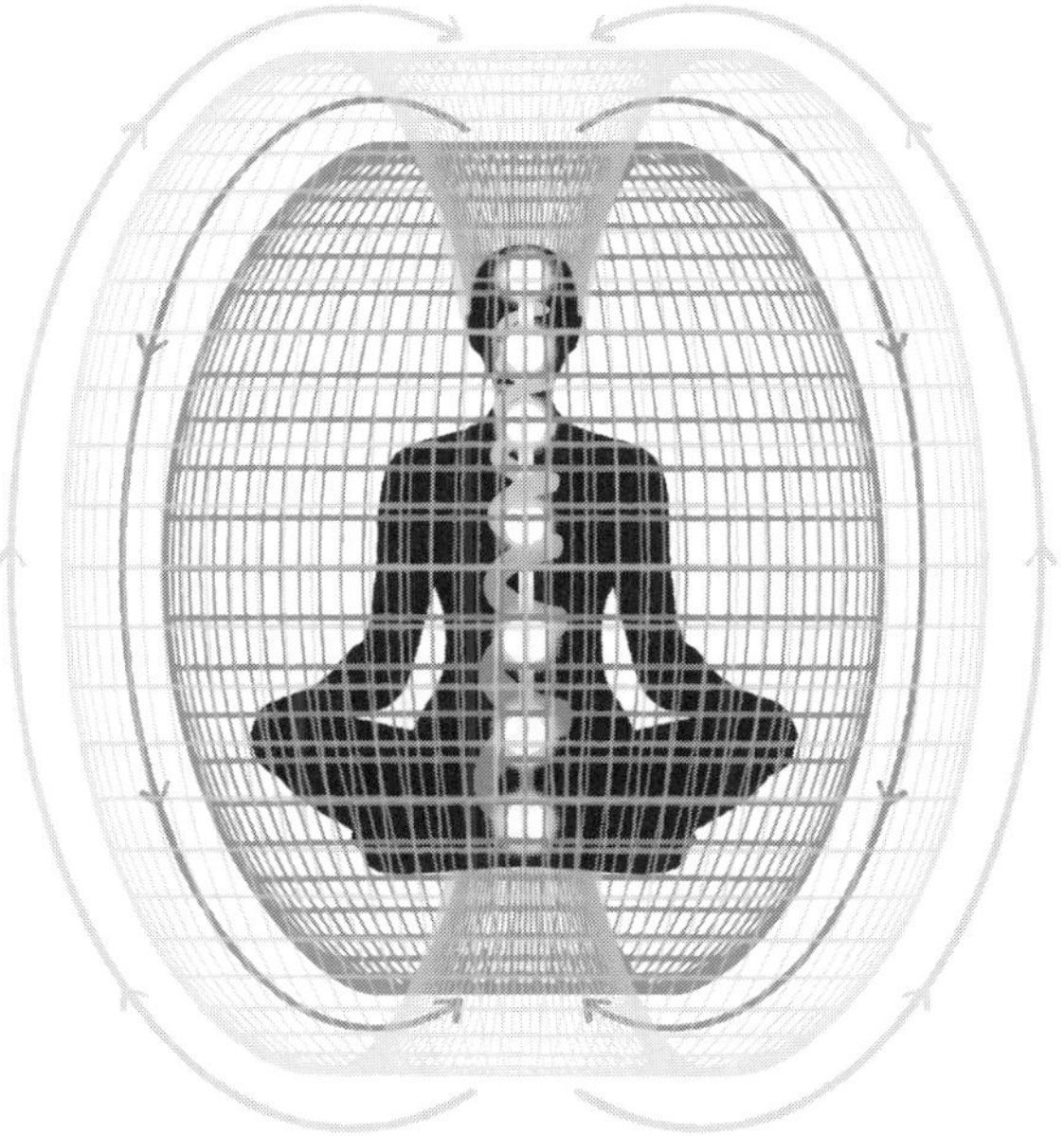

エネルギーは統一場から体内に流入する。

図12.9

下部3センターにあったエネルギーが呼吸により掘り起こされ、脊柱を上昇して脳に至る時、電磁エネルギーでできたトーラス場が体を取り巻くように形成される。松果体が活性化すると、電磁エネルギーでできた逆トーラス場がエネルギーを逆方向に流し、統一場のエネルギーを頭の上から体内に引き込むようになる。エネルギーは波動で、すべての波動は情報なので、松果体は統一場から取り込んだ情報を鮮やかな映像に変換する。

ルギーはメラトニンの化学的組成を変化させる。受信する波動が高いほど、その変化も大きくなる。この情報の化学変化が、超次元の神秘体験が起きるための準備を整える。今やあなたは高次の次元の領域の扉を開けようとしている。松果体はメラトニンを非常に奥深い、過激な神経伝達物質に変える――私が松果体のことを錬金術師と好んで呼ぶのはこのためだ。

図12・10を見てほしい。高次の周波数と高次の意識が松果体と関わると、最初に起きることのひとつとして、高周波数のエネルギーがメラトニンをベンゾジアゼピンと呼ばれる化学物質に変えることが挙げられる。ベンゾジアゼピンは麻薬として分類される物質で、ヴァリウムという精神安定剤の元になっている。ベンゾジアゼピンは分析思考を麻痺させるため、思考脳は突然思考を止めてリラックスする。機能的脳スキャンで見ると、ベンゾジアゼピンは扁桃体（脳のサバイバルセンター）の神経活動を抑制する。つまりあなたが恐れ、怒り、焦り、攻撃性、悲しみ、あるいは苦痛といった感情を起こす化学物質の放出が制限される。[4] 結果としてあなたの体は穏やかでリラックスしているが、意識は冴えている。

メラトニンが変化してできるもうひとつの化学物質は、ピノリンと呼ばれる非常に強力な抗酸化物質に分類されるものだ。（図12・10参照）ピノリンは遊離基《フリーラジカル》（細胞を攻撃し、老化を進める）を攻撃するという意味で非常に重要だ。この抗酸化物質は抗癌、抗老化、抗心臓病、抗脳梗塞、抗神経変性疾患、抗炎症、そして抗微生物作用といった効能がある。メラトニンの通常機能である抗酸化作用を超高機能の抗酸化物質にアップグレードして、普通のメ

その他のメラトニン代謝物の生成

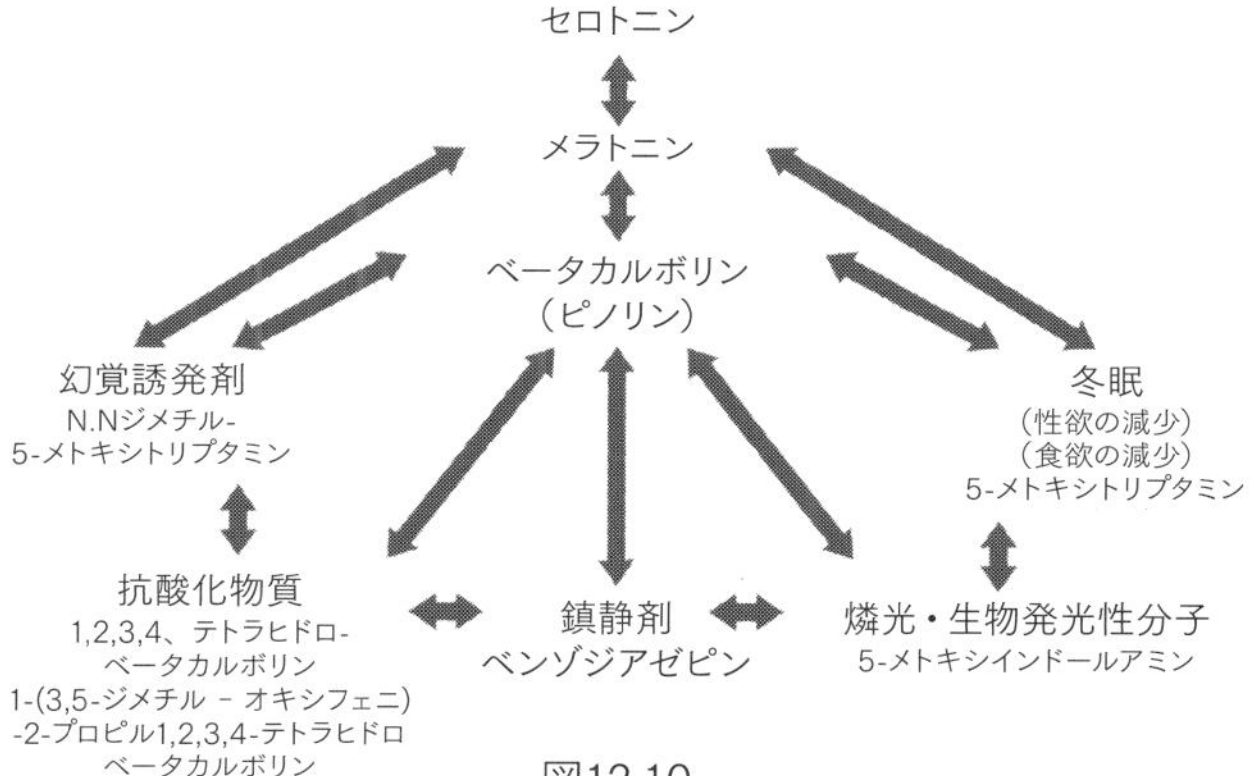

図12.10

松果体が通常の可視光線より高周波数を受信し、神秘体験を誘発する分子が生物学的にアップグレードすると、さまざまなメラトニン代謝物がつくられる。

ラトニンよりはるかにパワフルに体を修復し、癒やしていくという完璧な作用だ（図12・10のパワフルな一連の抗酸化物質を見てほしい。これらはみな松果体の代謝物からつくられる）。

その分子に少し手を加えてメラトニンの〝いとこ〟を作ると、動物を冬眠させられる化学物質が作られる。メラトニン（睡眠や夢想を誘う効果がある）がほんの少し組成変化をしてさらにパワフルな分子になると、さらにワンランク上の休養や修復を引き起こす作用を持つということだ。この物質が体の代謝機能を遅くするよう働きかけ、場合によってはその状態が数か月間続く。この作用を見れば、哺乳類が生息環境を変え、冬眠することにも合点がいく。たとえばこの動物たちは性欲、食欲、運動欲を失い、群れでの社会活動もしなくなる。身を守るためにどこかに隠れ、内面へと向かい、体は静止状態となる。メラトニンがアップグレードすると、私たちにも同じことが起きるかもしれない。体はもう司令塔ではなくなり、一時的に外界への関心を失う。生体としての欲求が抑制され、身体的ニーズに邪魔されない状態となる。このため私たちは今という瞬間に留まりやすくなり、内面深くに入っていける。大体未来の夢を見る時は、体のことなんか忘れたほうがいいじゃないか？

メラトニンの分子をさらに進化させると電気ウナギの体内の成分と同じものができる。これは燐光を発する生物発光性の化学物質で、神経系のエネルギーを増幅させる。図12・10を再び見てみよう。この化学物質はパワフルで、かなりのショックを起こすことができる。これは私の直感だが、この化学物質がこれまで何度となく計測している参加者の脳内でエネルギー量が増大することに関係しているに違いないと確信している。電気ウナギが刺激を受けた時、文字通りエネルギーを発光させる様子を想像してみてほしい。脳内が活性化した時に、まさにそういうことが起きている。脳内で起きるこのエネルギーと情報は、外界の現象を五感で知覚した結果ではなく、周波数の上昇に伴い、脳内で生まれたものだ。被験者の脳内でこの高エネルギー状態ができると、私たちはこの人が深淵な主観的脳内体験をしているとわかるし、客観的に計測もできる。

ちょっとこれについて考えてみよう。外界の情報が目から入ってくると、松果体はセロトニンやメラトニンを作る。太陽からくる可視光線が、私たちを環境と調和するよう促している。これを概日リズムと呼ぶ。この過程で、セロトニンとメラトニンは物理的世界の周波数に等しい情報を搭載する。私たちは五感から可視光線を知覚するため、それらの分子はもともと人間に内在するものだ。つまり、それらは私たちがいる3次元の現実の領域と等しい。

　アインシュタインが、「物質世界の上限は光の速度だ」と指摘したことを思い出してほしい。それなら脳がエネルギーの波動や情報を高め、五感や光速を超えた領域にアクセスしたらどうなるだろう？　統一場からくる波動や情報がメラトニンの化学的組成を変え、脳内に新たな物質を作るのではないだろうか？　そして脳がその高次の周波数を翻訳してメッセージに変えるのではないだろうか？　エネルギーが物質の付帯現象であるのなら、可視光線より高い周波数に載った情報が脳内でメラトニンの分子構造を変化させ、深淵なる効能の秘薬にするのもうなずける。松果体は受信した情報により多様なメラトニンの化学的組成のバリエーションを作るのが仕事なので、変化した分子には受信した高次の周波数の情報が反映されている。その新しい周波数は超化学物質に影響を与えている。これはもはや自然の産物ではなく、超自然の物質だ。メラトニンはこうしてアップグレードする。

　燐光を発する生物発光性の化学物質は、脳内でエネルギーを増やすだけではない。この物質は意識が内的に知覚する映像を増幅し、すべてがシュールで内側から発光しているように見える。このためこれを体験した人々は、今までに見たこともない色彩だったと話す。それはその色彩が、可視光線で見える物理世界には存在しない色彩だからだ。その色彩は深淵で鮮やかで、目の覚めるような、乳白色の光を放つ異次元のわくわくするような美を湛える世界を彩る。目にするすべての物が鮮やかで煌めくエネルギーでできていて、それ自体が発光しているように感じられる。この黄金に輝き、内面も周辺も光を放つまばゆい世界は、私たちが慣れ親しんでいる五感の現実よりずっと光の量が多い。そしてもちろん、あまりに美しいため、関心を逸らすのは困難だ。関心のすべてがそこに注がれるため、あなたはあたかもその異次元に存在し、完全に今を生きているように感じられる。

図12・10を再び見てみよう。メラトニンをもう一度変化させると、ジメチルトリプタミン（DMT）という物質ができる。これは現在知られている中で最も強い幻覚作用を起こす物質のひとつだ。これはアマゾンの先住民の間で古来より儀式用に使われてきたスピリチュアルな薬草、アヤワスカの成分と同じものだ。DMTの主要な有効成分は、スピリチュアルな映像と深淵な洞察から自己の神秘を引き出すと言われている。アヤワスカや、この成分を含むその他の物質を摂取すると、体はDMTのみを取り込むが、松果体が活性化していると、これまで解説してきたあらゆる物質の混合体となり、非常に深淵な内的体験を引き起こす。これらの経験には深淵な時間のゆがみ（時間が永遠に感じられるなど）、時空旅行、異次元探訪、複雑な幾何学模様のビジョン、聖なる存在との対面、その他の異次元の神秘体験などがある。松果体瞑想をした参加者たちからは、物理世界を超越した驚嘆すべき話がたくさん

語られる。

これらの化学物質が脳内で放出されると、五感ベースの現実で経験したことよりずっとリアルな体験が脳内で展開する。この次元を言葉で説明するのは非常に困難だ。この稀有な体験はまったく未知の体験として訪れ、それを受け入れる意思さえあれば比類ない価値がある。

高次元に波長を合わせる　変換器としての松果体

聖書のマタイ伝6章22節で、イエス・キリストはこう言った。「目が澄んでいれば、あなたの全身が明るい」。これは松果体の活性化のことを指しているのだと私は考える。松果体の活性化により、現実をより広い枠組みでとらえることができるからだ。私のワークショップ参加者たちの多くは、松果体が活性化し、完全に統一場とつながると、全身がエネルギーと光で満たされるという事実を証明している。宇宙の場に始まり、五感を超越した領域からくるエネルギーは頭頂部から進入し、全身を巡る。これが起きる時、彼らは記憶のデータベースにも日常の予測の範囲にもない情報がダウンロードできることを感じる。これはすべて松果体でメラトニンが組成変化を起こすことから始まる。

松果体に関する私の研究の結果、私の理解する限りにおいて、以下のような定義ができる。

松果体とは、エネルギー振動する信号（五感を超越した周波数で、量子場にある）の変換

により得られる情報を送受信し、それを意味のある心的イメージに変換し、生体（脳、意識）に送る結晶構造の超伝導体。そのプロセスは、アンテナが受信した波動をテレビ画面の多様なチャンネルの映像に変換するのと同様である。

松果体が活性化すると、あなたの脳内には小さなアンテナができるため、受信する周波数が高いほどエネルギー量が増え、メラトニンの化学変化を促進させる。この化学変化により、メラトニンが通常生み出すものとは異なる体験ができる。より鮮明な映像が見えると言った方がより適切かもしれない。こう考えるといいだろう。波動が高いほど、その映像の見え方は向上し、それは１９６０年代のテレビ画面の精度から、３６０度サラウンドの音響付きのＩＭＡＸ３Ｄ映像体験へと進化するようなものだ。夢見の神経伝達物質メラトニンはパワフルに明晰な神経伝達物質となり、見る夢の臨場感をさらにリアルにしていく。

この過程すべてについて、松果体には脳下垂体という共謀者がいる。脳下垂体は洋梨の形をしていて、脳の中央部、鼻筋の上部の裏側に位置している。その前方部は各エネルギーセンターの腺やホルモンに影響を与える化学物質のほとんどを製造しているところだ。松果体が活性化して、アップグレードされた一連の代謝物が放出されると[5] 脳下垂体の後方部が覚醒し、オキシトシンとヴァソプレシンという２つの重要な化学物質を生成し始める。[6]

ひとつ目のオキシトシンは、心が愛と喜びで満たされるような、高次の感情を作ることが知られている（情緒的つながりや絆をつくるホルモンと言われる）。オキシトシンのレベルが通常域を超えると、人は愛、赦し、慈愛、喜び、完全無欠感、共感など（これらを犠牲にしてでも手に入れたいものは外界には恐らく存在しない）を強く感じるようになる。この状態はつまるところ、無条件の愛の入り口と言える。

オキシトシンの分泌が一定量を超える時、恨みを持つことができなくなるという研究結果がある。チューリッヒ大学で行われた研究では、49名の被験者が〝信頼ゲーム〟と呼ばれるゲームのバリエーションを12回連続して行った。このゲームでは、金を持っている投資家役のプレイヤーは、その金を全部自分で持っているか、任意の金額を他のプレイヤーに受託という形で分け与えるかを決断する。投資家が受託者に与えた金は、金額にかかわりなく自動的に3倍になる。受託者は、受け取って3倍になったその金を全部自分で持っているか（この場合投資家に金は入らない）、あるいは投資家に分け与えるか（投資家は当然それを期待して投資している）を決めなくてはならない。基本的にどちらに決断したとしても裏切りに遭うという構造になっている。利己的決断は受託者にとっての利益となるが、投資家にとっては損失だからだ。

しかし、ここにオキシトシンがかかわるとどうなるだろう？　ゲームを始める前に研究者は、あるプレイヤー集団の鼻腔内にオキシトシンを噴射し、残りのプレイヤー集団の鼻にはプラシーボ（偽薬）を噴射した。そして研究者は投資家が金を他のプレイヤーと分け合うかどうか、そしてその金額について考えている時の脳内の機能的ＭＲＩを撮った。

初めの6回を終えた時点で、投資家たちは彼らの投資に対する受託者の決断のフィードバックが伝えられ、彼らの受託者への信頼は6回のうち3回程度裏切られたことを知らされた。ゲーム開始前にプラシーボを与えられた投資家たちは裏切りに遭ったと感じ、怒りを覚えた。このため後半の6回での投資回数や金額は著しく低くなった。しかしオキシトシンを投与された投資家たちが行った投資回数と金額は、裏切りに遭ったにもかかわらず、前半と変わらなかった。機能的MRI画像で見ると、ゲームの影響を受ける主な領域は扁桃体（恐れ、不安、ストレス、攻撃性と関係がある）と背側線条体（ポジティブなフィードバックに基づき未来の活動を導くところ）だった。オキシトシンを投与された被験者の扁桃体はほとんど活性化していないことがわかり、これは裏切りに遭ったこと、資金を失ったことに対して怒りや不安をほとんど感じなかったことを示す。また背側線条体も活性化していなかった。つまり、彼らは未来の決断を下すためにポジティブな判断材料を必要としなかったことを示している。[7]

この研究結果が示すように、脳下垂体の後方部が化学物質を放出し、オキシトシンレベルが上昇した瞬間に、それは脳内のサバイバルセンターである扁桃体を閉鎖する。つまり恐れ、悲しみ、苦痛、不安、攻撃性、怒りを感じる回路を遮断するということだ。そうすると私たちは、生きとし生けるものへの愛しか感じなくなる。私たちはワークショップ開始前と終了後で、参加者たちのオキシトシンレベルを測定している。参加者たちの中には終了後にオキシトシンレベルを著しく向上させている人々がいる。その人々の話を聞いてみると、彼らは一様にこんなことを言う。「もうただただ自分、そして自分と縁のあった人々に対する愛情があふれている。これからもこの気持ちを忘れたくない。ずっと覚えておきたい。これが本当の自分自身だから」と。

松果体が活性化すると脳下垂体から放出されるもうひとつの物質が、ヴァソプレシン（抗利尿ホルモン）だ。ヴァソプレシンのレベルが上がると、体が液体を留めようとするため体は水の含有量を上げる。これがなぜ重要かというと、より高次の周波数を体が効率よく処理するため、そしてそれを各細胞に届けるには伝導体である水が不可欠だからだ。ヴァソプレシン量が上昇すると、すぐに甲状腺が安定した状態が作られ、それは胸腺と心臓に影響し、それは副腎腺へ、さらに膵臓へと影響が伝達され、雪崩を打って好ましい影響が生殖器官にまで届く。[8]

高次の周波数に波長を合わせると、違ったタイプの光（可視光線よりも高い波動を持つ）にアクセスできる。そして自らの中に突然高次の叡智が湧き起こることに気づく。松果体が活性化しているため高次の周波数を受信するようになり、それは化学物質の組成変化を起こす。受信する周波数が高いほど、その化学変化は劇的（よりビビッドで幻覚のような映像、より高エネルギーな体験など）になる。〝宇宙アンテナ〟として機能する松果体の結晶は、高次の波動の光と情報の領域へと開かれる扉となっている。これが外界での体験よりもっとリアルな体験ができるメカニズムだ。

あなたの体がつくる、松果体の代謝物である化学物質は、セロトニンやメラトニンと同じ受容体部位を持つ。しかし搭載している化学的メッセージは異なり、感覚ベースの物理的現実を超越した領域から来た情報だ。その結果、脳内では物理世界を超越した内的経験ができ、その経験の主体であるあなたを空間－時間の現実から時間－空間の現実へと導く。すべての周波数にはメッセージ（化学物質の組成を変えるための情報）が組み込まれているため、松果体が活性化し、高次の周波数、エネルギー、高次の意識などを経験し、処理し始めると、それらは心の目に変化し続ける複雑な幾何学模様として出現する。それは情報なので、出現はよいしるしだ。

そのような神秘体験が起きる時、あなたの神経系は極めてコヒーレントな状態にあるため、超コヒーレントなメッセージにアクセスできる。虚無の暗闇の中で、松果体はこれらの非常に組織化された図形やまとまった情報の渦となり、あなたがそれらに注目すると、それはさながら万華鏡を見ているように変化し続ける。テレビの受像機が電波を受信して画面に映像が出るのと同様に、松果体は高次の周波数を化学変換することにより、鮮やかでシュールな映像に変えている。

カラー図版13を見ると、こうして見えてくる幾何学模様（これらは神聖幾何学と呼ばれる）の一部が描かれている。このような図形は何千年も前から存在している。第8章で私はこれらの図形は古代曼陀羅のようだと書いた。それらは波動の形をとっているエネルギーであり情報だ。そしてそれらに身をゆだねる時、あなたの脳（松果体）はそれらの図形、メッセージ、情報を極めて鮮やかな画像や映像、明晰な体験へと変換する。幾何学模様が見えてきた時にするべきことは、それらにただ身をゆだねること、つまり自分で何かを起こそうとしないことだ。

これらの図形は通常、2次元画像ではなく、静止してもいない。常に動いていて奥行きがあり、数学的で、極めてコヒーレントなフラクタル模様であり、無限に複雑で、決して終わることがない。これを別の見方で考えると、サイマティクス［訳注：水や砂などの媒質によって物体の固有振動や音を可視化すること、またはその研究］という概念から捉えることができる。サイマティクスという単語はギリシャ語の〝波〟から来ていて、波動、周波数による現象のことを指す。こう考えるとわかりやすい。古いスピーカーの箱を取り除き、中身を横にして置く。そのスピーカーを水に浸けて光を当ててから、クラシック音楽をスピーカーで鳴らしてみる。音楽の持つ周波数や振動は最終的にコヒーレントな重複波として出現する。

それらの波は干渉し合ったのち、最終的に幾何学的な図形を作り、その中にも図形ができ、さらにその中にもできる。万華鏡の模様でもそうだが、幾何学模様がどんどん進化し、限りなく複雑で組織立った図形になっていく。万華鏡とサイマティクスでできる模様の違いは、万華鏡模様は2次元だということだ。サイマティクスなどで見られる幾何学模様は生きていて、3次元で、時には多次元的存在に見える。水に加え、サイマティクスの振動効果は砂や空気にも投影できる。言い換えると、水、砂、空気という媒質はどれも波動を取り込み、コヒーレントな幾何学模様に翻訳できるということだ（インターネット検索すると、Youtubeで映像例を見られる）。

松果体が情報を受信する時、それはあなたの周囲にある同類の周波数も同時に受信する。これらのコヒーレントで高度に組織化された、可視光線のスペクトルの外にある定常波は、松果体でひっきりなしに集められて変換され、まとまった情報や映像となっていく。それらはコヒーレントに絡み合う図形の情報で、あなたがそれらに注目するとどんどん進化するフラクタル模様となり、複雑で美しく、神聖な形へと変わっていく。これらはすべて情報であり、変換器がするように、松果体は情報を取り込むとスクランブルを解いて画像や映像に変換していく。私が上級ワークショップの小道具として万華鏡を取り入れた理由のひとつとして、参加者がこの手の複雑な図形を経験した時に警戒しないように、見慣れる訓練をしておくこと、そしてこれらの情報に身をゆだねる練習をすることが挙げられる。また、万華鏡によって脳波がアルファ波やシータ波に変わり暗示にかかりやすくなると、トランス状態で映像を眺めることで無意識領域の神秘体験が容易になる。

松果体が映像を受信し始めたら、シートベルトを締めよう。エキサイティングなことがすぐに始まる――たとえば体を脱ぎ捨てて光のトンネルを抜けるとか、体全体が光でできている感覚になるとか。あるいはあなた自身が大宇宙となった感覚になり、自分の体を見下ろしてどうすればその体に戻れるかと思案することになるかもしれない。

このような未知の領域の深淵体験をするようになった時の選択肢が2つある。第1に、未知の領域にたじろぎ、怖れおののいて委縮する。第2に、未知だからこそそれに身をゆだね、信頼する。後者のように見えたものに対して身をゆだね、信頼するほどその経験はディープで奥深いものになっていく。あまりに奥深い経験なので、あなたは脳波をベータ波に戻して覚醒したいなどとは思わないだろう。これはすべてをゆだね、リラックスして意識の奥深くに分け入っていくための時間なのだから。この時間のあなたは眠っているのではなく、覚醒しているのでもなく、夢を見ている状態でもない。現実を超越している状態だ。脳内の化学物質が正しく機能していれば、あなたの体は完全に鎮静状態にある。私たちが参加者たちを訓練して導いているゴールはここにある。一段上の完全性、ワンネス、愛、高次の意識の体現だ。

しかし、ここはまだ終着点ではない……。

化学変化が新しい現実を作る

今ここで感覚器官の感度が25％向上したとしよう。そうなったらあなたが見る、聞く、味わう、匂う、感じるすべてに関心が深まり、周囲の環境からもっと多くのことに気づくだろう。気づきと意識が同じものなら、意識が増幅するにつれ脳内で受信するエネルギー量も増加するだろう。（エネルギーが変化しないまま意識が変化することはなく、その逆も言える）あなたの脳が異なる波動を受信し、新たな意識を形成し始めると、それは文字通り変性意識のスイッチが入ったことになる。そして感覚の感度が高まり、より敏感な気付きが起こる態勢ができたことになる。エネルギーまたは波動が高いほど、化学物質の組成変化は大きくなる。組成変化が大きいほど、明晰な神秘体験となる。したがってあなたがこの変性意識状態にある時、普段の日常の現実にいる時よりもずっと多くのことに気づくようになっている。気づきの感度が増すほど、その超現実体験の臨場感が増す。

あなたが五感を超えた、可視光線や太陽光からでない情報を受信することから、それを「第3の目」と呼ぶのもうなずける。なぜならあなたは深淵なる内的体験をし、新しい経験は新たな神経ネットワークを形成したため、その経験が脳内の回路を強化するからだ。体が高次のエネルギーを処理すると、それは体内の化学環境を変化させる。そして経験の結果物が感情なら、その超体験は、超越した感情を生み出すはずだ。このように脳内活性化で起きるビジョンは、あなたのもうひとつの目が見ているものだ。

気分の集積が感情であるなら、そして感情がエネルギーであるなら、あなたがサバイバル感情を味わっている時は、それが波動の低いエネルギーであることから、あなたは自らを低次元の化学環境を持つ密度の濃い物質として感じるだろう。その一方で、高次の意識状態を経験していると、それが高次の波動を持つことからあなたは物質（とそれに見合った化学環境）であるという自覚が薄まり、物質というよりエネルギーでできていると感じるようになる。私がこの感情エネルギーを高次の感情と呼ぶのはこのためだ。

環境が細胞内の遺伝子に信号を送るのなら、そして外界での経験が感情を作るなら、感情は外界での経験の化学的フィードバックに他ならない。そうであるなら、外界が変化しない限り体内の環境（細胞の外側の環境）も変化しない。たとえば何年にもわたり、同じ抑制的感情を抱き続けて生きてきたら、体は生物学的に変化しない。体はその感情が外界の産物か、内的環境の産物かを識別しないからだ。体はずっと同じ環境にあると思い込む。なぜなら同じ感情は同じ化学物質を生成し続けるからだ。体が、変化しない外界に生きているのと同じように、細胞もまた変化しない外界（細胞の外側）の中を生き続けている。

しかし、高次の気づきと拡大意識の内的経験（過去になかったようなリアルな超感覚体験）をするようになると、高次の感情や恍惚としたエネルギーを感じた瞬間からあなたの内的状態は変化し、その結果としてあなたは内面で生み出された現実により繊細に注意を払うようになる。そして脳も注目するほど臨場感あふれる新しい経験をすると、その新しい経験（覚醒）という出来事は脳内の神経回路に刻印される。この新しい感情は長期記憶を形成し、その感情は新しい遺伝子に信号を送る。ただし長期記憶を作っている経験は外界由来のものではない。内面での環境由来だが、細胞にとっては依然として（細胞の）外的環境だ。その経験はあまりにパワフルなため、気づかずにいられない。したがって、

・エネルギーの波動が高いほど、意識レベルも高くなる。
・意識レベルが高くなると、気づきのレベルも向上する。
・気づきのレベルが向上すると、現実の経験の幅が拡大する。

周知のとおり、すべての知覚は脳が過去の経験に基づいて形成した回路がベースになっている。私たちが現実を知覚する時、その対象に合わせて認識するのではなく、私たちの習得回路に当てはめて認識する。たとえば、あなたが深淵なる神秘の存在、輝く光、内面から発する光、後光などを見たり、完全無欠やワンネス、すべての人や物とのつながりを感じたり、異次元の時空を旅したりといった内的経験をすると、覚醒時の現実認識の幅もつられて拡大する。それは内的な経験が脳を変え、新たな脳の回路はより広い現実を認識する受け皿となるからだ。これがあなたが根こそぎ変身するための始まりとなる。こうしてあなたは3次元の物質界の現実での経験を変えることになる。

個人としても種としても、進化のペースは遅い。何かを経験し、痛い思いをし、学習し、ほんの少しだけ成長する。そしてまたちょっと痛い思いをして、次の学びがあり、新たな

チャレンジに直面する。それを克服して目標を達成し、さらなる目標を立て、また成長する、と言った周期の繰り返しだ。その過程がなかなか進まないのは、外界から大して新しい情報が入ってこないからだ。

しかし外界よりずっとリアルな未知の内的経験をするようになると、あなたの現実の知覚の仕方は以前とは違ってくる。内的経験があなたを深いところで変容させるからだ。別の言い方をすると、あなたの脳内ソフトウェアがアップグレードしたのだ。もし知覚するすべての現実が経験に基づくなら、異次元体験をしてきたばかりのあなたの脳は、初めから存在していたが脳内回路がないために知覚できなかった経験を、今や知覚できるようになる。

この拡大経験を日常的にするようになると、あなたの知覚する現実は日を追うごとに拡大していくだろう。結果として幻想に惑わされることはなくなり、真実を覆い隠していたベールを取り去ると、世界の真の姿が見えてくるだろう――すべてが振動し、輝き、繋がり、まばゆい光を放つ世界で、エネルギーがすべてのプロセスを動かしている。すべてを物体として見ていた頃と比べてすべてが違って見え、感じられる世界で今やあなたは幅広い情報にアクセスし、あなたとすべてのものとの関係が変化する。こうして聖者や達人たちは進化していった――自らの内面世界に照準を合わせ、外界の現実の性質を広い視野で知覚するという方法だ。サバイバル、怖れ、苦痛、分離、怒り、競争に明け暮れる、下部3センターの赴くままの人生を生きるのをやめ、愛、ワンネス、有形無形を含めすべてとのつながりを感じながらハートを中心にして生きるとどうなるか想像してみてほしい。

五感を超越した情報の世界での経験を積むと、聖者や達人たちは彼らが生まれた時の遺伝子スペックに基づいて世界を知覚しなくなる。生まれた時の脳内インフラ（これは何千年という間、人類が踏襲してきた構造だ）に従って情報を処理しなくなる。彼らは統一場での経験を通じて異なる現実（それは知らなかっただけで初めから存在していたが）を知覚するために必要な気づき、脳内回路、意識を新たに形成したからだ。

脳内の錬金術師、松果体の神秘的で魔術的な性質について、現代科学ではようやく研究が始まったばかりだが、古代文明の人々にとってはごく当たり前のことだった。

メラトニン、数学、古代のシンボルと松果体

２０１１年7月23日、イギリスのウィルトシャー州ディヴァイザス近郊、ラウンドウェイに突然現れたミステリーサークルは、メラトニンの化学構造にそっくりだった（図12・11）。ミステリーサークルは、よくできたインチキだろうか？　それともどこか別の次元の誰かが地球人に何かを伝えに来たのだろうか？　この手の出来事が偶然か、はたまた高次の叡智のなせる業か、この項を読んでご自身で判断してほしい。

脳には2つの半球があり、脳を真ん中から2つに分けると、いわゆる矢状切断を行うこと

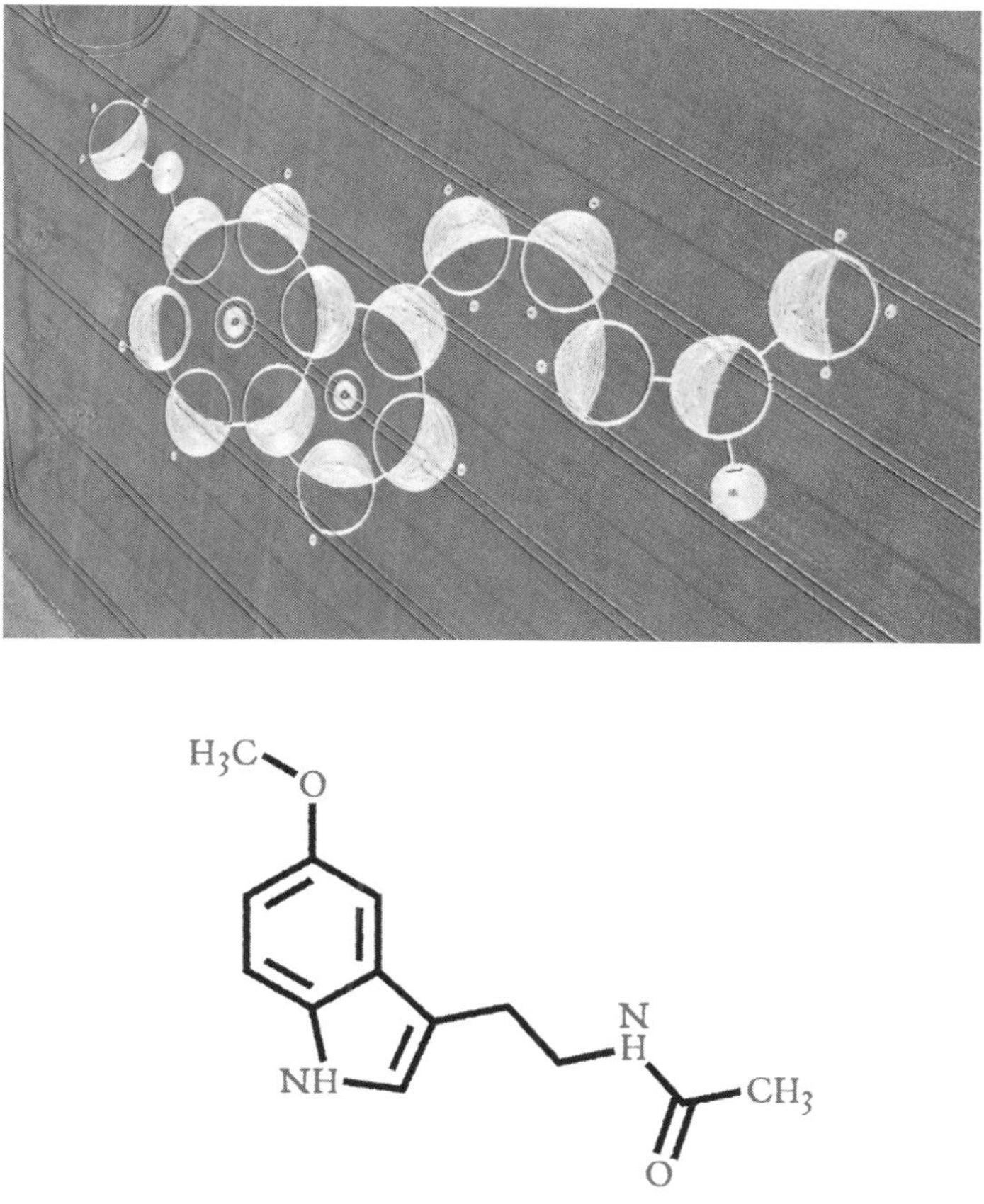

図12.11

2011年7月21日、イギリス、ウィルトシャー州ラウンドウェイで見つかったミステリーサークルは、メラトニンの化学構造を示している。誰かが何かを伝えようとしているのか。

ホルスの目、辺縁系、松果体

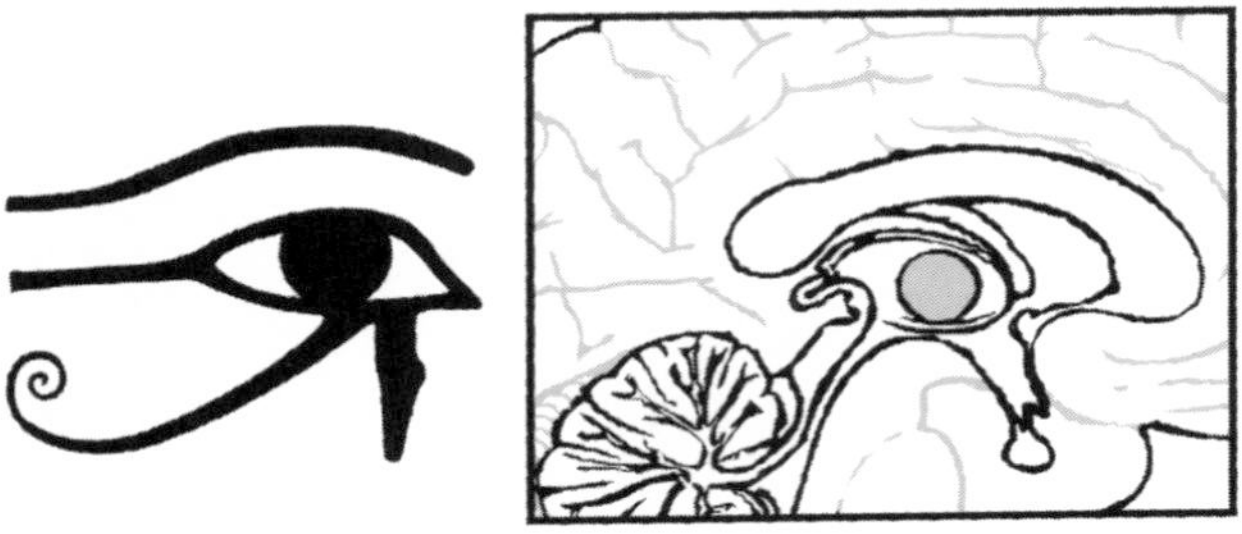

図12.12

脳を真ん中から切断すると、辺縁系を見ることができる。よく見るとそれはホルスの目に驚くほど似ている。

になる。図12・12の矢状断面を見る時、松果体、視床、視床下部、脳下垂体、脳梁の位置と全体的な構成に特に注目してほしい。この形を見て何か思い当たるものはないだろうか？　庇護、権力、健康をつかさどる、古代エジプトのシンボル、ホルスの目だ。自律神経系、脳幹の網様体賦活系、視床の門、そして松果体に関する古代の教えがあったとは考えられないだろうか？　古代エジプト人は自律神経系の重要さを知っていて、松果体の活性化は異界、他次元への入り口だと知っていたに違いない。[9]

古代エジプトの測量法でも、ホルスの目は全体に対して一部を測る、部分定量化システムを象徴していた。現代数学でこのことをフィボナッチの定数、または

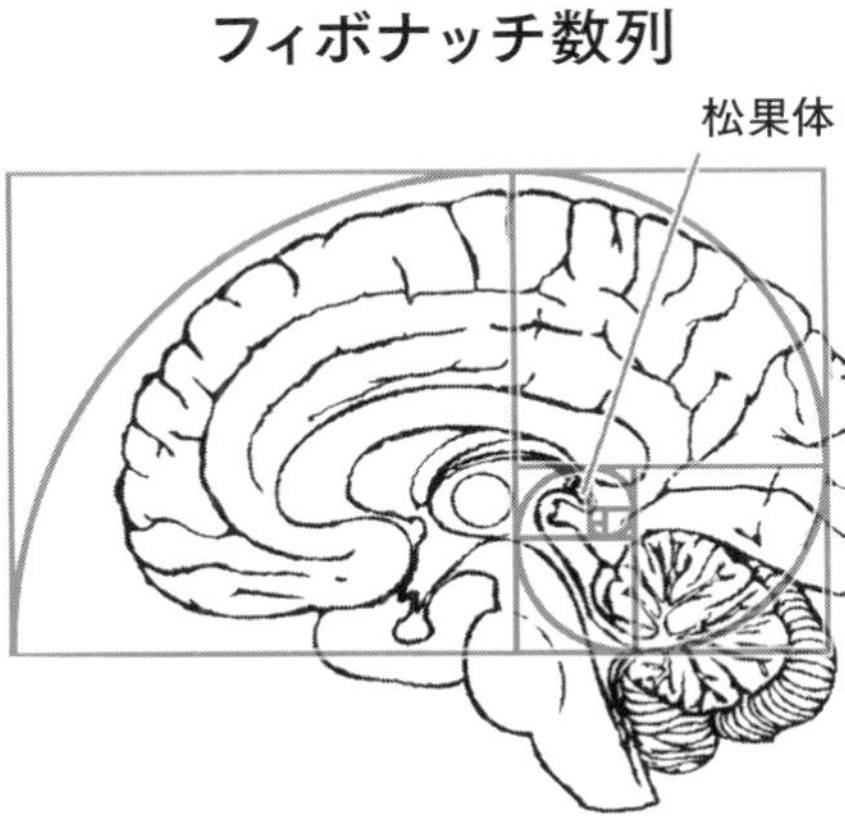

図12.13

脳の外周からフィボナッチ数列と呼ばれる黄金比をたどっていくと、螺旋はぴったりと松果体のある位置で終わる。

数列と呼んでいる。本書でも触れたが、これは自然の至るところに存在する数学の公式で、ヒマワリ、パイナップル、松ぼっくり、卵、貝、そして天の川にもこの公式が表れている。別名ゴールデン・スパイラル、中庸、黄金分割などとも呼ばれ、フィボナッチの数列とは3つ目の数字がはじめの2つの数字の合計だという事実を特徴とする。

　この公式を脳に重ね合わせ、四角形を分割し、その四角形をさらに分割し、と繰り返していくと、そこには小さくなりながら永遠に続くフラクタルの図形が現れる。松果体を起点に、このフラクタル図形は脳とまったく同じ形を表している（図12・13）。松果体はもしかしたら何かすごいものかもしれないと感じ始めただ

カドゥケウス（ヘルメスの杖）自己の錬金術

図12.14

ろうか？

ギリシャ神話でヘルメスは地上界と神界を自由に行き来できるメッセンジャーだ。彼は変容と次元の神、死後の世界への案内人とされている。彼のメインシンボルはカドゥケウスと呼ばれる、２匹の蛇が巻き付いた杖で、最上部には鳥や翼が描かれている（図12・14）。ヘルメスが杖として使っているカドゥケウスはしばしば健康の象徴として使われる。杖に絡みながら上昇する蛇は脳に向かって背骨を上るエネルギーだと、そしてそのエネルギーが松果体に届くと自己が解放される悟りのことを杖の最上部の鳥や翼が表現しているとは考えられないだろうか？　王冠は、松果体（松ぼっくりとして描かれている）が活性化した時に私たちが到達しうる最高の姿、神性の顕現を示している。自己の戴冠とは、自己の克服のことだ。それで私はこの絵を本書の表紙にした。

時間ー空間瞑想で高次元に波長を合わせる

午前1時~4時はメラトニン分泌が最大になるため、この間は瞑想に最も適している。まず1曲音楽を聞きながら心臓のエネルギーセンターを活性化していく。次に第4章で習った各エネルギーセンターを祝福する瞑想に従って、第1センターからひとつずつエネルギーセンターの活性化を行っていく。エネルギーセンターの祝福は、まずそのエネルギーセンターのある空間、次にその周辺の空間に意識を向ける。これを第1エネルギーセンターについて行い、第2センターについても行う。そのあと第1、第2を一緒に意識していく。各エネルギーセンターでこのプロセスを行い、それまで作った場に新しく作ったエネルギーセンターの場を加えて少しずつ意識の場を拡大していく。最後に8つのエネルギーセンターと、体を取り巻くエネルギーを同時に統合する。ここまでするのに45分くらいかかる。次に約20分間横になって、自律神経系が体の調子を整えるに任せる。

次に起き上がり、呼吸法を行う。体のエネルギーをすべて頭頂に向かって引き上げていく。息を止めて筋肉を絞り、松果体の結晶に圧力をかける。そして松果体は活性化し、電磁場を形成する。その電磁場はどんどん拡大し、それ以上いかなくなったら逆進し、結晶に圧力をかける。波動が上がっていくにつれ、ますます高次の波動領域を受信するようになり、脳はそうやって受信した波動を映像に翻訳していく。この呼吸法について、留意すべき最後のポイント。それは、早いテンポで深呼吸を行い内在筋を絞り、そのまま顔が真っ赤になるまで息を止めている必要はないということだ。非常にゆっくりした長い、安定したリズムで呼吸をして、息をゆっくり吐きながら内在筋の収縮を行い、同じペースでゆっくり吸いながらエネルギーを頭頂に向かって送り出していく。

松果体を活性化する4つ目の方法がある。呼吸法を終えたら首の後ろから後頭部にかけての空間に意識を向ける。そこは松果体のある位置で、そこに意識を向けることにより、エネルギーを集中させていく。5~10分間、そのまま意識をそこに集中させる。思考、気づき、意識でできた非常に小さい意識体となって松果体の部屋の中へと入っていく。松果体の中心にとどまり、部屋を感じ、それを取り巻く空間を感じる。その場所に5~10分留まる。それからそこの波動を感じ、松果体の外側にある空間を感じてみる。松果体の小部屋を超えて、広い虚空に向けて光を放射する。そのエネルギーに、松果体が聖なる代謝物を出し、神秘体験をするという意思を載せていく。その情報を脳の外の空間に向かって放射する。

永遠の暗黒の空間で、頭の外に放射されたエネルギーに対して開かれた自分となり、波長を合わせ、吸収する。このエネルギーを意識し続けるほど、そしてそれをたくさん吸収するほど、メラトニンのアップグレードが加速し、魔法の物質となる。何が起きるかについて決して期待も予測もせず、ただ起こるに任せる。最後に再び横になり、自律神経系が稼働するに任せる。そこで見える景色を楽しんでほしい！

第13章　プロジェクト・コヒーレンス

よりよい世界を築く

私たちは極性の時間を生きている。この2極性は未来の地球には存続し得ない古い意識体系であると同時に、地球自身とそこに生きる私たちすべての生命が変容しつつあることの表れである。この古い意識体系は憎しみや暴力、偏見、怒り、怖れ、苦しみ、競争、苦痛など、私たちが一人ひとり分離した存在だという考えに至らしめる、サバイバル感情によって支えられている。この分離という幻想は個人、コミュニティ、社会、国、そして母なる自然そのものにも負荷をかけ、分断している。人々の活動にみられる思慮のなさ、不注意、強欲、不敬が私たちの生命を脅かしているのは周知のとおりだ。純粋に論理立てて考えると、この手の意識がもうこれ以上存続できないのは明らかだ。

すべてが極端に向かうため、現行の政治、経済、宗教、文化、教育、医療、そして環境分野のシステムの多くが時代に合わなくなって亀裂が生じ、崩壊しつつあることは否定できない。これが最も顕著に現われているのはジャーナリズムの分野だ。もう何を信じればいいのか誰にもわからないところに来ている。このような変化により人々はこれまでと異なる選択をするようになり、また物事を注意深く観察するようにもなってきた。しかしはっきりしていることは、今日の情報過多時代に、新しい意識改革の流れに沿わないものはことごとく馬脚を現すということだ。

今起きているエネルギーの増加、たとえば不安、緊張、情熱といった感情エネルギーの増加にあなたがもし気づいていないなら、あなたは恐らく自分の意識状態に無頓着で、人類全体がこのエネルギーとつながっていることにも気づいていないだろう。一触即発状態になっている政治、経済、社会情勢、人々の個人的環境に加え、変化のスピードがどんどん速くなっている、そして重大な出来事が次々に起きていると感じる人は少なくない。この状態の見方によって、わくわくするような覚醒の時が来たと捉える人もいれば、歴史に残る社会不安優位の時代だと捉える人もあるだろう。いずれにしても古いシステムは壊れてなくなり、そこに新しい、より機能的なシステムが築かれていくだろう。こんなふうにして人だけでなくすべての種も意識も、惑星も進化していく。

人々の心や、自然に漲っているエネルギーの高まりはいくつかの疑問を呼び起こす。「人類を暴力、戦争、犯罪、テロリズムへと引き寄せる、あるいは逆に人々を平和、統一、コヒーレンス、そして愛へと導く、何か大きな力が働いているのだろうか？」「これらすべてが今という時代に一斉に起きていることには、何か理由があるのだろうか？」

平和集会プロジェクトの歴史

今日、平和集会が生み出す力は50以上の実証プロジェクトで徹底的に実地検証が行われ、世界中の独立系科学者たちによる査読をクリアした23件の研究結果が公表されている。[1] それによると、どれも即効性のあるプラスの成果があり、犯罪、戦争、テロリズムは平均70％以上の減少が認められた。[2] そこでひとつ考えてみてほしい。ある一団の人々が何かを変えよう、あるいは生み出そうという共通の意思や意識を持って集まる時、平和、統一、ワンネスといったエネルギーや感情を醸成すれば（物理的には何もしなくても）、同じ意識を持つその集団は70％以上の確率で望む変化を起こすことができる。この分野の研究で、結果を数値化するにあたり、科学者たちはリードドラグ分析という手法を用いる。

リードドラグ分析は、人々と出来事との相関関係を見つける時に使われる。たとえばチェーンスモーカーのリードドラグ分析では、その人がタバコを吸う量が増えるほど、肺癌になるリスクが高くなることが明らかになる。平和集会プロジェクトに関する分析結果では、瞑想者と平和集会参加者の数（プラス瞑想時間）が多いほど、社会で犯罪や暴力が起きる数が少なくなることがわかった。

それを如実に示す例として、レバノンの平和プロジェクトが挙げられる。1983年8月と9月にエルサレムで瞑想グループが集まり、「平和への思いを拡散する」行動を行った。時間によって瞑想者の数の増減はあったものの、その数は**超放射効果**［訳注：粒子がバラバラではなく足並みを揃えると、寿命が縮まる一方で強力な光を発する現象］がイスラエルと近隣のレバノンに及ぶだけの人数だった。この効果が実現したのは、特別に訓練された瞑想者の一団が毎日集まって、社会にプラスの効果を生み出すエネルギーを放射したからだった。2か月に及ぶ実験の結果わかったのは、瞑想参加者が多数集まった日は戦争による死者の数が76％減少したということだ。その他の効果としては、犯罪と出火の件数の減少、交通事故やテロ事件の減少、経済成長などがある。レバノン戦争が最も激しかった時期の2年間で、7回続けて実験が行われ、同様の結果を得た。[3]　これらの成果はどれもただ単に愛と慈悲という高次の感情と、平和とコヒーレンスの意思を合体させただけで実現したものだ。ある集団がそろって特定の高次の感情を抱くほど、多くの他者（物理的にどこにいるかにかかわりなく）の意識やエネルギーに変化を起こせることを明確に示している。

西半球で最も著名な平和集会研究とされている3件のうちのひとつで、1983～1985年にかけて3回（各8～11日間）、米国のシンクタンク、ランド研究所が8，000人前後の熟練した瞑想者を集め、世界平和とコヒーレンスに意識を集中させるという実験を行った例がある。その結果、この期間に世界で起きたテロ事件の件数は72％減少した。[4] もしこの手の瞑想やマインドフルネスが教育カリキュラムに取り入れられたら、どんなポジティブな成果がたちどころに起きることだろう？

もうひとつ例を挙げよう。1987～1990年、インドで7，000人が集まって世界平和に意識を集中させる実験を行った。この3年の間に冷戦が終結し、ベルリンの壁は崩壊し、イラン－イラク戦争が終結、南アフリカ共和国ではアパルトヘイト廃止に向かい、テロ攻撃が下火になった。これらの世界的な変化は比較的平和裏に変化したが、誰もが驚いたのはそれがあまりにも速いペースで起きたことだった。[5]

1993年6月7日～7月30日にかけて、約2，500人の瞑想者が米国ワシントンDCに集合し、平和とコヒーレンスに意識を集中するという実験が行われた。この年の初めの5か月間、暴力犯罪が増加の一途をたどっていた。しかしこの実験が始まるとすぐに、米国連邦捜査局（FBI）統一犯罪白書によると、市内の暴力、犯罪、ストレスの劇的な軽減が統計的に判明した。[6] この結果が示すのは、比較的少人数でも愛と目的を持って瞑想を行うと、多様な人々に対して統計に表れるほど顕著な効果を上げられるという事実だ。

２００1年9月11日。ニューヨーク市のワールドトレードセンター、ワシントンＤＣのペンタゴン、ペンシルベニア州シャンクスヴィル付近に飛行機が次々に墜落した出来事は世界中のメディアで瞬時に広められ、地球上の全員が恐怖やショック、怖れ、戦慄、そして悲しみに包まれた。あの時世界中の人々の集合意識がこの事件に向けられた。非常に強い感情の発露が世界中で起こり、人々はつながり、コミュニティを形成し、互いに気遣い合った。

9・11の刻々と明らかになる状況の中で、プリンストン大学グローバル・コンシャスネス・プロジェクトの科学者たちは世界中の40以上の端末からインターネットで情報収集を行っていた。ニュージャージー州プリンストンの中央サーバーにはおびただしい情報がなだれ込んだ。科学者たちは彼らのランダムイベント計測機（コンピュータ制御のコイントスと捉えればいい。表か裏、1か0かを計測するもので、どちらかが出る確率は50対50となる）のパターンが劇的に変化したことに気が付いた。あの事件直後に起きた劇的な変化について科学者たちは、世界中の人々が同時にほとばしらせた強い感情の発露は、地球の磁場を実際に変化させるほど強かったのだと結論付けた。[7]

これらすべてのことから導き出されるのは、熟練した瞑想者のいる、一定以上の人数の瞑想集団が同時に感情とエネルギーを変えれば、世界レベルでの平和とコヒーレンスの創出に向けて非局所的に測定可能な影響を及ぼすことができるという際立った証拠があるということだ。このような平和運動の集会が社会にコヒーレンスをもたらす原動力になるのなら、これと真逆に向かう、人類にインコヒーレンスをもたらす力も存在するのだろうか？

太陽周期と地球の関係

地球は地軸に沿って毎日自転をする。毎朝太陽が現れては暗闇に光を照らし、地上を温め、植物は光合成ができ、人々に安心感を与えている。この恩恵は紀元前1万4千年の時代から石板や洞窟の壁に太陽礼賛として描かれている。古代エジプト、メソポタミア、マヤ、アステカ文明からオーストラリアのアボリジニに至るまで、数えきれないほどの神話に太陽は崇拝の対象として、また悟りや光、叡智の源泉として登場している。文明の発祥地にかかわりなく、どの文明も太陽を地上のすべての生命をつかさどるものとして認識している。太陽がなければ地上に生命は存在し得ないからだ。

人間は、ほぼ電磁的な生き物（常に振動エネルギーを通じてメッセージを受発信している存在）だ。人の体は引力で制御された光と情報からできている（実際のところ、3次元世界に存在するすべての物質は引力によって制御された光と情報だ）。私たちはそれぞれに電磁的存在でありながら、私たちは同時に電磁界の連動するネットワークにつながる部分であり、その全体から個々の存在を切り離すことができない。

巨視的《マクロ》視野で、太陽エネルギー、地球エネルギーとすべての生命エネルギーの相互のつな

地球の電磁場

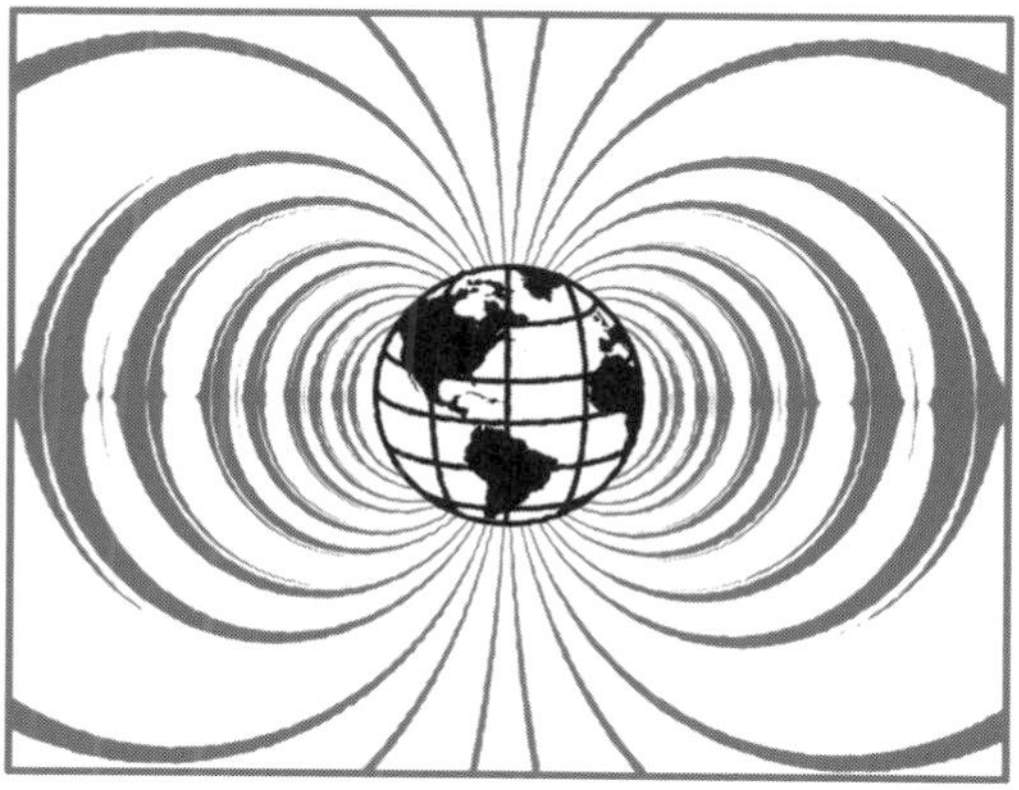

図13.1

がりを否定することは不可能だ。微視的《ミクロ》視野で、この相互依存の形を理解するには果物や野菜のライフサイクルを見ればいい。野菜や果実は種からそのライフサイクルを開始し、水、温度、肥沃な土壌、光合成といった環境的条件が同時に整えば、種は発芽する。その種から最終的に開花する花は生態系だけでなく、多様な生命体の維持と滋養の源として重要な役割を担う。この複雑に絡み合うつながりと微妙なバランスはすべて、太陽系の中の地球のユニークな立ち位置から始まっている。それは〝惑星系生命居住可能領域〟と呼ばれ、水が液体で存在し得る星の軌道が、ある星（私たちの太陽）からどれくらいの距離にあるかの範囲を指す。

太陽は地球から9，300万マイル（約

1億5千万km）近い距離があるが、太陽の活動は地球上の生命に多大なる影響を及ぼす。これは太陽と地球が電磁場でつながっているからだ。地球に電磁場（図13・1参照）があるのは、太陽放射、黒点、宇宙線その他の宇宙気候の悪影響から地球を守るためだ。完全に解明されているわけではないものの、太陽の黒点は比較的暗く、低温の地域で、太陽の磁場同士の相互作用によって生まれる。黒点の直径は最大32,000マイル（約51,500km）にも及ぶ。黒点はちょうど炭酸水のボトルの蓋のようなもので、ボトルを振ってから蓋を開けると、そこから大量のフォトン（光）や、その他の高周波数放射物が噴出する。[8]

もし、地球の電磁場の保護と絶縁機能がなかったら、地上にはひっきりなしに致死量の破壊的粒子が降り注ぐため、私たちが知る限りの多様な生命は地上に存続できなかっただろう。たとえば太陽フレアが起きると、地球の電磁場は何兆トンというフォトン放射（コロナガスの噴出）をかわすことで地球を守っている。コロナガスの噴出は太陽コロナからくるプラズマ（電離した原子の集団）や電磁場の巨大な爆発で、宇宙に向かって数百万マイルもの距離まで放射される。その影響は発生してから24〜26時間後に地球に届くと言われる。

これらの放射は地球の磁場を縮小させ、地球中心部の鉄の温度を上昇させる。地球の核心部分が変化すると、地球の電磁場にも変化が起きる。この太陽放射は約11年に一度定期的に訪れる太陽の周期活動の一部で、地上の生命すべてに潜在的悪影響をはらんでいる。

太陽周期の記録は1755年に始まったが、1915年、18歳のロシアの少年、アレクサンドル・チジェフスキーがある夏、太陽観察をしたことにより人類の太陽の理解、そして地球との関係に革命的進化が起きた。その夏、彼は太陽の活動周期が地上の有機体に何らかの影響を及ぼしているという仮説を立てた。翌年彼は第一次世界大戦に出征したが、祖国を守る任務がない時に太陽の観察を続けた。特に注目したのは、戦況の盛衰が太陽フレアの強さによって変化したことだった（カラー図版14参照）。[9]　チジェフスキーは後に1749年〜1926年までの72か国の歴史を調べ、1年間に起きた顕著な政治経済案件（戦争開始、革命、疫病蔓延、暴力など）の数と、太陽活動の増加とを比較した。そこには太陽の活動と人類の興奮性の相関関係が見つかった。これに劣らず興味深いのは、太陽の活動と人類の偉大な繁栄（建築、科学、芸術の進歩、社会変革など）もまた相関関係があったことだ。[10]

1750年〜1952年までで、カラー図版の赤線が急上昇しているところは、太陽フレアや黒点の活動期と重なっている。青線で示しているのは同時期の歴史上重要な出来事の数だ。チジェフスキーは最終的に、これらの対象国で起きた主要な出来事の80％は太陽活動と地磁気活動期に起きていると結論付けた。[11]　太陽のエネルギー放射（常に情報を搭載している）は、私たちの惑星の活動、エネルギー、意識とほぼ完ぺきにコヒーレントであるようだ。これを執筆している2017年現在、私たちは太陽活動期のピークにある。

これまでの10年間で、この太陽エネルギーが地球とそこに生きる生物にどのように影響しているかについて盛んに議論されてきた。2012年、悲観論者たちはマヤ暦の終焉が12月の冬至と重なったため、この日を世界の終わりと捉えた。今日占星術師たちは水瓶座の時代の到来（占星術でいう時代の単位は約2，150年で、これは春分点がひとつの星座から次の星座に移行するまでの平均所要年数）を説き、それが人類の意識に目覚めをもたらすという。天文学者や宇宙科学者は、惑星直列（12，960年に一度太陽が天の川銀河系と一直線に並ぶという希少な天文学的現象）を語る。

あなたがどれを信じるかにかかわりなく、これらはすべて太陽から地球にやってくるエネルギーの増加に注目している。私たちはみな地球と電磁場を通じてつながっている電磁的存在で、地球の電磁場によって太陽からくる有害物質から守られているため、太陽からくるエネルギーの増加は地球のエネルギー、そして私たち個人のエネルギーにも変化を及ぼす。これが意味するのは、この新しいエネルギー源は私たち次第でポジティブにもネガティブにも影響を及ぼす潜在能力を持っているということだ。たとえば、あなたが分離やサバイバル感情を感じる生活をしていて、ストレスホルモンに支配されているなら、脳と心臓のリズムはインコヒーレントだ。結果あなたの意識やエネルギーは分離し、バランスを崩し、太陽からくるエネルギー増加はあなたの意識状態を増幅する。したがって、あなたがインコヒーレントな生活をしているなら、インコヒーレンスが増大する。

同様に、あなたの脳と心臓がコヒーレントで調和したリズムを刻み、日々瞑想に励んで統一場とつながり、自己抑制的な思考や態度を克服しているなら、あなたは真実のあなた自身をより深く理解できるよう後押しされ、目指す方向も明確になっていくだろう。

要するに、すべての起点は私たちにあるということで、宇宙からくる興奮性のエネルギーに翻弄されないように集中力を高めるには膨大な意思と意識の力が必要となる。ありたい自分の軸に集中していられる限り不確実性の犠牲になることはなく、個人と地球の両方において、このエネルギーを秩序、コヒーレンス、平和を増進する力へと変換することができる。簡単に言えば、このエネルギーは私たちのありよう、つまり思考や感情の習慣を裏から支えている。

シューマン共振

1952年、ドイツの物理学者W.O.シューマン教授は、地球の地表から電離層までの大気圏の空洞（空間）には計測可能な電磁波が存在するという仮説を立てた。NASAの定義によると、電離層とは大量の電子、イオン化した原子、分子などが地上約30マイル（約48km）から宇宙と接する地上600マイル（約966km）までの広域に分布している層のことだ。このダイナミックな層は太陽の状態に応じて拡大と縮小を繰り返していて（その中身はいくつかに分割されている）、太陽と地球の相互作用をリンクする重要な役割を果たしている。[12] この〝天上パワーステーション〟があるお蔭で無線通信が可能になっている。

1954年、シューマンとH．L．ケーニグは7・83Hz近辺の周波数の共振を検出し、シューマンの仮説を立証した。こうして雷による電離層内の放電によって生成・活性化された地球の電磁共振を測定することにより、「シューマン共振」が確立した。この周波数は生命の音叉振動と考えるといい。言い換えると、これは哺乳類の脳（大脳新皮質の下部にある無意識脳、自律神経系の本拠地でもある）の生物回路に影響を及ぼす背景的周波数として機能している。シューマン共振は人の体のバランス、健康、そして哺乳類の本質的な性質に影響を与える。実際、シューマン共振がなくなると、人の体の精神的肉体的健康に深刻な問題を引き起こす。

これは、ドイツのマックス・プランク行動生理学研究所のドイツ人科学者、ルトガー・ヴェーバーの研究によって証明されている。彼は若く健康な学生志願者たちを4週間にわたり、シューマン共振を遮断するべく密閉した地下貯蔵庫の中で過ごさせるという実験を行った。この4週間の間、学生たちの概日リズムは狂い、その結果精神的不安に苛まれ、片頭痛に苦しんだ。その後ヴェーバーがシューマン共振を貯蔵庫内に導入すると、7・83Hzをほんのわずかの時間浴びただけで彼らの健康状態は正常に戻った。[13]

私たちが知り得る限りの昔から、地球の電磁場は7・83Hzという自然の振動で地上の生命を守りはぐくんできた。シューマン振動は地球の心拍と捉えてもいいだろう。古代インドの聖仙たちはこれをOM（オーム）、つまり純粋な音の顕現と考えた。偶然の一致であろうとなかろうと、7・83Hzもまた非常にパワフルな周波数で、低次アルファ波、高次シータ波状態とのつながりがあるため脳波誘導にも使われる。脳波のこの周波数帯が、分析思考を超越して無意識領域へと入ることを可能にする。したがってこの周波数は、高レベルの洗脳、瞑想状態、人の成長ホルモンや脳血流の増加とも関係が深い。[14]　つまり、どうやら地球の周波数と脳波は非常に近いところで共振していて、私たちの神経系は地球の電磁場の影響を受けているようだ。都会を離れて大自然の中に行くと、心穏やかにリラックスできるのは、おそらくこれと関係があるだろう。

創発の理論

1996年、ハートマス研究所の研究者たちは、人の心臓がコヒーレントで調和した心拍を刻んでいる時、さらにコヒーレントな電磁信号を外界に向かって放射していること、そしてその信号を外界の人や動物たちの神経系を通じて感知できることを発見した。実際のところ、すでにおわかりの通り、心臓は体のどこよりも強い磁場を形成していて、それは数フィート離れた地点からも計測できる。[15]　このことは、部屋に入ってきた人の精神状態が、本人の態度とはかかわりなく察知できることのもっともな説明になる。[16]　そこで純粋に科学的見地から、こんな疑問が浮かぶ。「人同士のレベルでそれが起きるなら、地球レベルでも同じことが起きるだろうか？」

前述の発見から10年以上経った２００８年、ハートマス研究所は平和、調和、そして世界的意識変革を推進することを目的として掲げ、科学を基盤とした人々の心臓活性化による国際運動、グローバルコヒーレント構想（ＧＣＩ）を立ち上げた。ＧＣＩは以下の信条に基づいている。

1．人の健康、思考、行動、精神は太陽の地磁気（地球の磁場）活動の影響下にある。

2．地球の磁場は、すべての生命システムを結び付ける生物学的正当性のある情報の伝達をする。

3．すべての人は、生命情報を宿す地球の電磁場に影響を及ぼす。

4．大きな集団で意識の中心を心臓に置き集中している時、その人々の集合意識は、地球の情報の場を創造し、またそれに影響を与える。したがって、やさしさ、愛、平和といった高次の感情は、よりコヒーレントな場の環境を形成し、それは人々にプラスの影響を与え、現在の惑星が陥っている不協和音やインコヒーレンスを相殺する。[17]

人の心拍と、脳（そして心臓血管系と自律神経系）の周波数は地球の共鳴場と重なるため、

ＧＣＩの科学者たちは、私たち人類は生体自己制御システム（私たちはこの情報場から必要な情報を受信するだけでなく、情報発信もしている）のループの一部だと主張する。[18]言い換えると、人の思考（意識）と感情（エネルギー）は地球の磁場と相互にリンクしていて、コード化した情報を磁場に送っている。そして、その送られた情報は搬送波（情報が刻印、搬送される信号）で世界中に配信される。

ハートマス研究所は世界各地に精巧なセンサーを設置し、地球の磁場の観察を行うことでこの研究を進め、仮説を立証するため、グローバルコヒーレンスモニタリングシステム（ＧＣＭＳ）を作った。地球のコヒーレンスを測定するために設計されたＧＣＭＳは、人の脳や心臓血管系の周波数など、人の生理的周波数帯と同じ領域の磁気信号を継続観測するために、非常に精巧な磁気探知機システムを使っている。ＧＣＭＳはまた、太陽風、太陽フレアによって起きる活動、そして太陽風によって生じる太陽風速活動、シューマン共振の混乱、そして人の感情を強く動かし得る大規模な世界的事件などを継続的に計測している。[19]

なぜ彼らはそんなことをしているのか、そして狙いはどこにあるのだろうか？　もしあなたが自分の体の周辺にコヒーレントな電磁場を意図的に作ることができたら、そしてあなたと同じようにコヒーレントな電磁場を自分の周辺に作る誰かとつながったら、この２人が共有する電磁場は非局所的に共振し始める。２人の波動がシンクロし始めると、それはさらに大きな波動となり、体の周りの電磁場は強くなり、地球の電磁場ともつながり、影響力を増していくだろう。

もし、世界中に点在する人々でコミュニティを形成し、それぞれが意図的に自分の周りのエネルギーを高め、平和を願ったら、このコミュニティは地球の電磁場に作用して、世界に影響を与えることも可能なのではないか？　この国際コミュニティはインコヒーレントなところをコヒーレントに変え、無秩序に荒れた地域に秩序をもたらすことができるのではないか？

平和運動の研究結果が示すように、私たちの思考と感情はあらゆる生命体に計測可能な影響を及ぼすことがわかっている。このことは「創発〔訳注：部分の性質の単純な総和にとどまらない性質が全体として現れること〕の理論」として聞いたことがあるかもしれない。魚や鳥の集団が泳ぎながら、飛びながら同調行動をとるように、すべての生き物は目に見えないエネルギー場により、非局所的に相互につながっていて、ひとつの意識体として行動しているという概念だ。この現象の面白いところは、リーダーを中心にトップダウンでまとまっているわけではないことで、そこに統率者はいない。これはボトムアップ型現象で、全員でひとつの意識を共有しているため、各自がリーダーとなる。国際コミュニティが平和、愛、コヒーレンスを掲げて集まる時、この概念に基づいて行うとするなら、地球の電磁場と各自のエネルギー場の相乗効果を創発できる。もし私たち全員が一体となって生き、行動し、生き生きと夢を実現したらどんなことが起きるだろうか？　もし私たちがもともとひとつだったと、――意識によって結ばれているひとつの巨大な有機体だと理解していたら、誰かを傷つけることとは、あるいは誰かに何らかの影響を及ぼすこととは、自分に対して行使しているのに等しいとわかるだろう。この新しい思考パラダイムは人類史上最大の飛躍的進化であり、戦争や闘争、競争、怖れ、苦難を必要とする思考を時代遅れの代物として葬れるものだ。このパラダイムの可能性を現実にするには、どうすればいいだろう？

コヒーレンス対インコヒーレンス

私たちが地球の電磁場に何らかの影響を及ぼす（そしてそれが別の人々へと影響が波及する）ためには、もうおわかりの通り、私たちは体の2つのエネルギーセンターである心臓と脳を活性化する必要がある。第4章で学んだように、脳が意識の中心である一方、心臓はワンネス、完全さ、統一場とのつながりをつかさどるセンターであり、独自の脳を持っている。人々が自らをコントロールして気遣いや親切、平和、愛、感謝、喜びなどの心理状態をキープできると心臓は調和してコヒーレントになり、非常に強い信号を脳に送るため、脳もまたコヒーレントになり調和する。これは心臓と脳が常に対話していることによるものだ。

これと同様に、誰かが体や環境、時間を超越し、物質から関心を逸らすと、その人は体でも名前でも物でも、局在的でもなくなり、どの時間にも存在しなくなる。すでにおわかりのように、人が自分を超越し、非物質のエネルギーだけの領域に意識を合わせると、その人は統一場とつながり、そこには体や物、場所、時間の分離が存在しない。その結果、その人の意識はすべての体、名前、物、場所、時間と一体となる。その人は今や意識体となってエネルギーと情報の量子場にいる。ここは意識とエネルギーが物理世界に非局所的影響を及ぼせるところだ。

このプロセスの副産物として、体や脳がますますコヒーレントになるため、生体としてより完全に近くなる。私たちの研究によると、脳がコヒーレントになる時自律神経系や心臓に影響が及ぶ。統一場とのつながりを持つ心臓は、脳をコヒーレントにするプロセスを促進する増幅器として働く。脳から心臓に送られる情報量をはるかに上回る情報量が心臓から脳に送られるため、心臓が高次の感情でコヒーレントになればなるほど、脳とのシンクロの度合いが増していく。このシンクロは体内で計測可能な変化を起こすだけでなく、体を取り巻く電磁場でも変化を起こす。この電磁場が大きいほど、外部の存在に非局在的に与える影響は大きくなる。何故それがわかるのかって？　私たちは参加者の心拍変動計測で何度も確認してきたからだ。

心臓が作る電磁場が他人の心臓に影響を与えるという証拠はハートマスの研究でも明らかになっている。40名の被験者が10のグループに分けられ、10のテーブルにつく。最初に各テーブルを囲む4名全員の心拍を測定するが、このうち3名はハートマステクニックで高次の感情を醸成する瞑想訓練を積んでいる。３名の熟練した参加者が高次のエネルギーを作り、残りの１人に送ると、その１人の心臓もコヒーレントになる。この実験を行った研究者は、「複数の被験者間で心臓同士がシンクロするという証拠は、心臓同士の生体コミュニケーションの可能性を示唆するものである」と結論付けている。[20]

コヒーレンスのプロセスの鍵は、分析思考を超えることにある（私たちがそのように結論付けたのは、何度も参加者の脳スキャンをしてきたからだ。一定期間の練習をすれば、比較的短時間でコヒーレンスが実現することもわかっている）。思考する脳が鎮まると、脳波の状態はアルファ波やシータ波に変わる。これにより顕在意識と無意識の間の道が開ける。そうなると自律神経系はよりスムーズに情報を受け取るようになる。高次の感情によってエネルギー波動を上げていくと、私たちは物質からエネルギーへ、粒子から波動へと質的変化をする。エネルギーや意識といったエネルギーを体の周辺に作り、この場が大きいほど周辺に非局在的に与える影響も大きくなる。

心臓に高次の感情を留め、大きなエネルギーを創出するほど、統一場とのつながりも強くなっていく。その時あなたはより完全さ、ワンネス、つながりを感じる。しかしあなたがインコヒーレントな時、分離を感じる時、ストレスホルモン漬けの時はつながりを経験できない。ストレスを感じている時に分泌する化学物質が脳を刺激すると、私たちは統一場から遮断されているのを感じ、進化に背を向けた選択をする。間違いなく言えることは、愛、感謝、やさしさ、親切など振動が早く高い周波数のエネルギーに比べ、競争、怖れ、怒り、無価値観、罪悪感、恥の感覚などは振動が遅く周波数も低いため、互いに分離した存在だという認識を醸成するということ。もうひとつ言えるのは、周波数が高いほどエネルギー量も多いということ。そこで以下のような疑問が浮かぶ。

・数百人を一部屋に集め、ハートを開いて高エネルギー状態を作り、同じ部屋の中にいる数人に向かって、最良のことを願ってエネルギーを送ったらどうなるだろうか？
・一人ひとりの体を取り巻く電磁場が隣の人の電磁場とそれぞれつながっていたら何が起きるだろうか？
・高次の感情をキープしていると、部屋のエネルギーは変化するだろうか？
・高次の感情とエネルギーをみんなが経験すると、そのコミュニティにコヒーレンスを生み出すことは可能だろうか？

集合的コヒーレンスの場を作る

私たちは研究を進化させるため、2013年初頭からハートマス研究所を共同研究パートナーとしてやってきた。私たちのイベント参加者の生理的状態を計測するようになってから、何千という脳や心臓のデータを蓄積し、その情報量は膨大なものになった。私たちは自ら収集した情報でありながら、ごく普通の人々が尋常でないことをする様子に圧倒され、畏怖の念を抱いてきた。

ハートマス研究所との共同探究の旅路で、私たちは参加者たちの目覚ましい数値を目撃してきた。全員が集まる部屋のエネルギー計測も行い、ここでも集合エネルギーが日を追うごとに高まって行く様子を計測した。これらはロシア製の精巧なセンサー、スプートニクを使って実施された（第2章で概説した）。

自律神経系の活動と連動した高次の感情は電磁場を形成するため、高次の感情が高まるほど血流の微小循環、発汗などの身体機能が変化する。スプートニクは非常に繊細なため、気圧変化や相対湿度、気温、電磁場その他を計測することにより環境の変動を数値化できる。[21]

カラー図版15Aと15Bを見てみよう。ワークショップで取ったこれらのデータを見ると、室内の集合エネルギーが増加している様子が見て取れる。赤の第一の線はイベントスタート時のエネルギーレベルで、基本ラインとして示している。赤、青、緑、そして最後に茶色の線（それぞれの色は異なる日を表す）を見ると、エネルギーレベルが日に日に着々と上昇していく様子が分かるだろう。カラー図版15Cと15Dでは同じ色が使われているが、ここに示されているのは各日の朝の瞑想時のエネルギーだ。つまり、参加者たちはコヒーレンスの統一を生み出すのに熟達していき、室内のエネルギーレベルが前日を上回るようになったということだ。

スプートニクのデータ解析によると、初日から最終日までに参加者たち全員で創出したエネルギーレベルは常に前日を上回っている。その傾向の中で、ほとんどのグループが非常に高い集中力を発揮し、エネルギーレベルを向上させていることが観察できた。測定結果のうち4分の1ほどで、初日と2日目のエネルギーレベルはほぼ横ばいだったが、3日目以降は目覚ましいエネルギー上昇が起きていた。これは恐らく初日や2日目に参加者たちは過去から現在までの現実に彼らを結びつけるエネルギー的情動的つながりを断ち切ることに集中しているからだと考えられる。このためこの期間の参加者たちは、統一場からエネルギーを取り込んで自らの電磁場を形成している。統一場からエネルギーを吸い上げる行為により、室内の集合的エネルギーレベルが低下すると考えられる。しかし個々の参加者の電磁場が安定し、洗練され、コヒーレントになり、参加者同士の同調が進むと、室内の集合エネルギーは劇的に上昇していく。

図13・2は、2つのコヒーレントエネルギーが同調すると、波動が大きくなる様子を示している。これを建設的干渉と呼ぶ。波形が大きいほど、そこにあるエネルギー量は大きくなる。私たちのワークショップで参加者のコヒーレントな波動が合体する時、集団が作る場のエネルギーは増大し、結果としてヒーリングや創造のための、さらには意識拡大に使われる

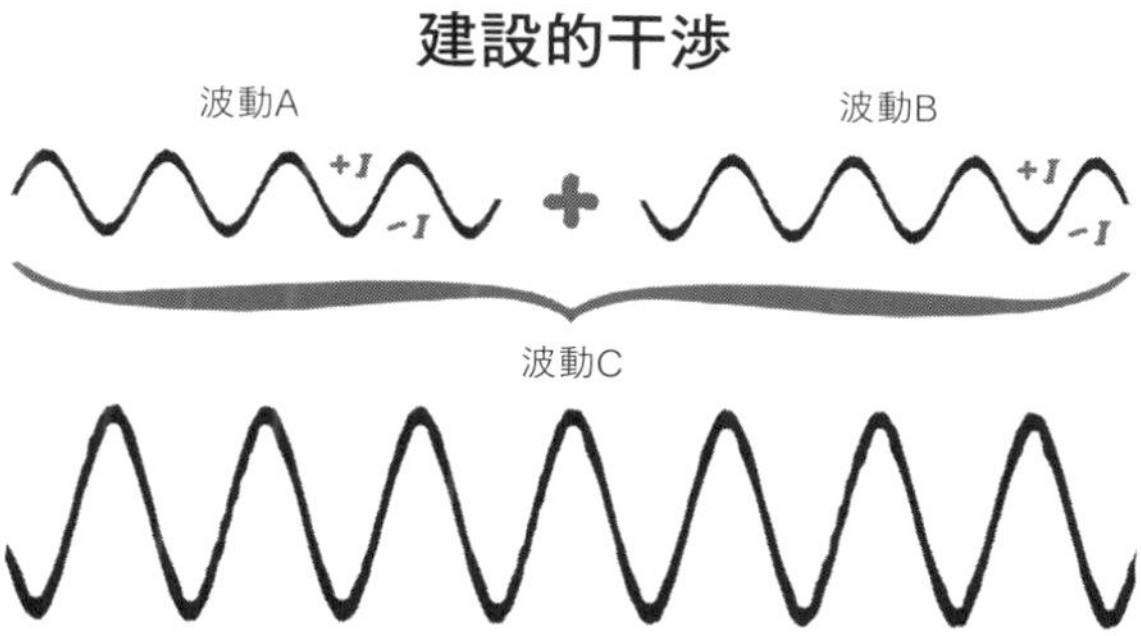

図13.2

建設的干渉とは、2つのコヒーレントエネルギーが同調すると、波動が大きくなることを指す。その大きさは波の高さで測定する。波形が大きいほどエネルギーも大きい。ある集団が一堂に集まってそれぞれがコヒーレントな電磁場を形成すると、1人ひとりの電磁場が干渉し合うため、室内のエネルギー量が増すのは当然の結果だ。

エネルギー量が増え、神秘体験が起きる。

こうして脳波を意図的に変え、ハートを開き、コヒーレント状態を作ることで参加者たちに起きる深いヒーリング、高波動の意識状態を生み出し、コントロールする力、そして彼らが語る数々の神秘体験や人生の洞察などに触れ、私たちは何度となく驚き、畏怖の念を感じてきた。そのうちのいくつかは奇跡と呼んでもいいレベルだが、それもみな常人が超人へと変貌するプロセスの一環だと捉えている。ここで、参加者たちが他者の神経系に影響を与えられるかという疑問が浮かぶ。答えがもしイエスなら、それによってどんなことが起き得るだろうか？　こういった疑問が生み出したのがプロジェクト・コヒーレンスというアイデアだ。

プロジェクト・コヒーレンス

ハートマス研究所との協力態勢の下、私たちは数えきれないほどの実験を行った。上級ワークショップ参加者50～75名から無作為抽出により選出した人々に心拍変動監視装置を胸に装着し、3回の瞑想を挟んだ24時間の間、最前列に座らせた。心拍変動によって、心臓のコヒーレンスだけでなく脳や精神状態についての情報もわかるため、24時間にわたる観察をすることにした。

瞑想実験を始めるにあたり、室内にいる全員が心臓のエネルギーセンターに意識を集中させ、第7章で詳説した手順に従い心臓からゆっくりと深く息を吸ったり吐いたりした。次に高次の感情を醸成し、そのまま2、3分間維持した。こうして心臓の電磁場を拡大させ、自己中心的意識から没我の意識へと変化させていく。それから私たちは550～1500という数の集団で、高次の感情を自分の体の外に向かって一斉に放射した。次に、全員で高次の波動の意識を最前列に座っている被験者に向け、彼らの望む最良の結果（彼らの人生が豊かになり、体は癒やされ、神秘体験が起きること）を願った。

実験の目的は、室内の集団エネルギーの測定と、心拍変動監視装置をつけた被験者たちに起きる非局在的影響を調べることだった。愛、感謝、完全無欠、そして喜びといった高波動のエネルギーは、部屋の反対側に座る他の人々の心臓をコヒーレントにするだろうか？　測定結果は予測を裏付けるものだった。放射された高次のエネルギーは、被験者たちの心臓をコヒーレントにしただけでなく、そのタイミングが全員同じ（同じ日、同じ瞑想、そして同じ時刻）だった。これは何度やっても同じ結果が出た。ワークショップ中何度も試したが、そのたびに同じデータが得られた。これは何を意味するだろうか？

私たちの測定結果は、ハートマス研究所のグローバルコヒーレント構想（ＧＣＩ）が掲げる、情報をやり取りする目に見えないエネルギーの場が存在するという主張を裏付けている。このエネルギー場はすべての生命体、そしてすべての人の集合意識とリンクし、影響を与え合っている。この場が存在するからこそ、私たちは潜在意識のレベルで自律神経系を通じて非局在的にコミュニケーションを取れるのだ。言い換えると、私たちは全員目に見えないエネルギーの場に固定され、相互リンクされていて、それにより一人ひとりの行動、精神状態、顕在・潜在を問わず意識にのぼる思考が他の全員に影響を及ぼしている。

すべての波動に情報が載っているため、参加者の心臓が形成した磁場は、本人の情報を運ぶ手段となる。私たちのワークショップで参加者たちが他者に対して非局在的影響を及ぼせるのなら、ハートを中心とした高次の波動は私たちの子供たち、配偶者、同僚、あるいは縁のあるすべての人々に非局在的に影響を与えはしないだろうか？

図13・3を見ると、参加者17人が全員同じ日の同じ時刻、同じ瞑想中に心臓のコヒーレン

スを実現している様子がわかる。心臓のコヒーレンスを作ったこれらの被験者全員が、他者のエネルギーの影響を受けている。室内の全員が、心拍測定装置を付けた被験者に向かってポジティブなエネルギーを意図して送った。その結果わかったのは、個としての意識を超越すると私たちは統合意識となり、非局在的に相互のつながりが生まれることだ。そのつながりを通じて他者の自律神経系に影響を与えることができ、結果としてより調和が取れ、コヒーレントになり、欠けているものがないと感じられるようになる。数千という人々が同時に変性意識に入り、全世界にポジティブエネルギーを発信したらいったい何が起きるだろうか？

世界瞑想イベントの直後、私のイベント参加者たちからこんなメールをもらった。「550〜1500人が集合したイベント会場で、実際に計測可能なエネルギー変化を創出できたのだから、世界レベルで同じことができないだろうか？」と。というわけで、世界レベルでの瞑想イベント、プロジェクト・コヒーレンスが誕生したのは私のイベントの参加者たちのリクエストからだった。こうして私たちはフェイスブックを通じて2015年11月に第1回のプロジェクト・コヒーレンスを告知した。このイベントには6，000人を超える人々が世界中からオンライン参加し、愛と平和にあふれる世界を集団で願い、創出した。第2回のイベントには36，000人を超えるオンライン参加者が集い、第3回では43，000人を超える人々が集まった。私たちはこのイベントを今後も継続し、地球に愛と平和

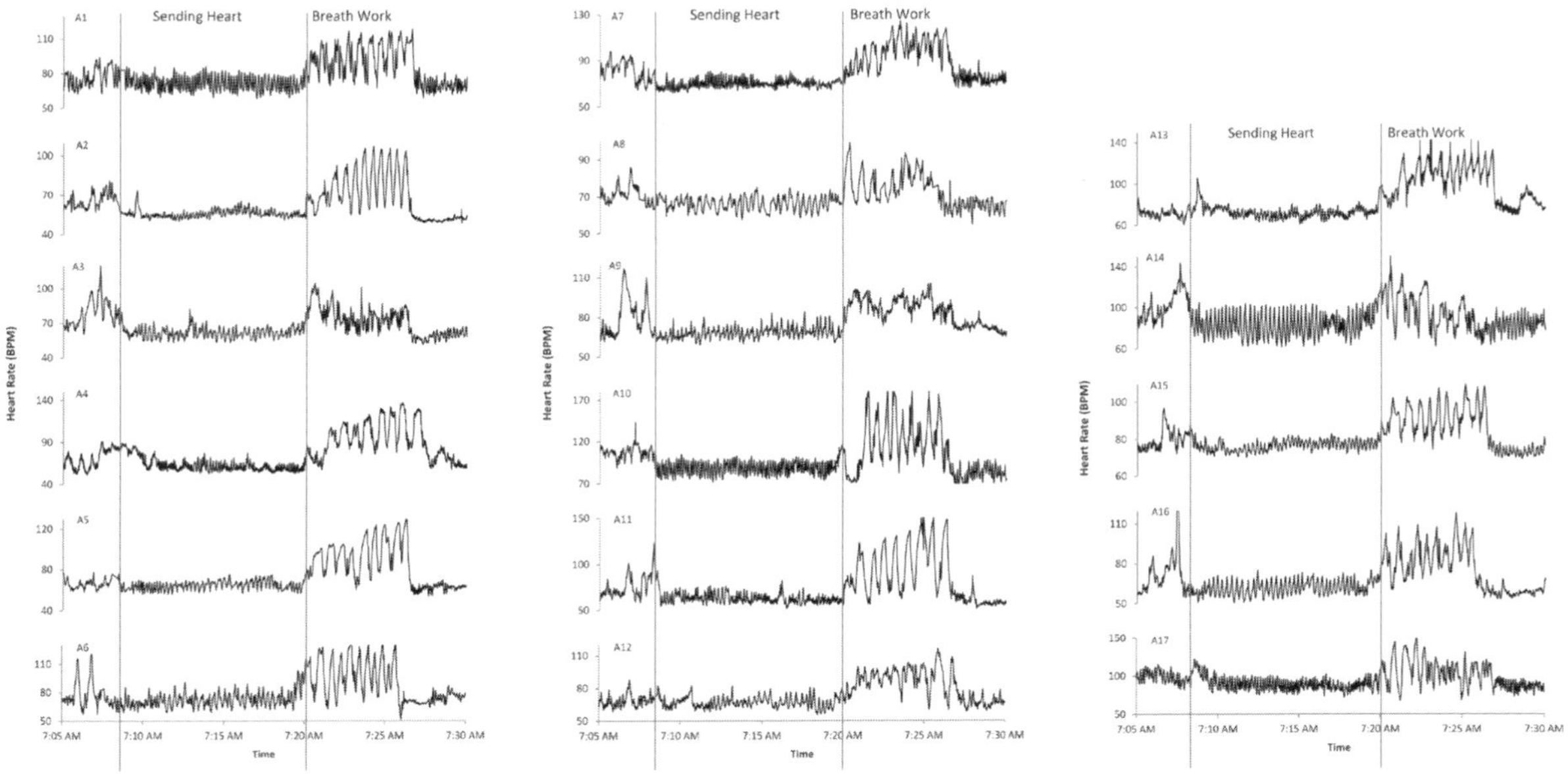

図13.3

これらのグラフは17名が同じ日の同じ時刻、同じ瞑想中にコヒーレントな心臓の状態を作った様子を示している。垂直な線で挟まれた部分は全員の心臓がコヒーレントになった時間帯。

のエネルギーを放射していきたいと考えている。そのうちにイベントの効果を計測できるようになることだろう。

プロジェクト・コヒーレンス瞑想

心臓のエネルギーセンターを意識することからスタートする。意識をそこに集中し、固定しながら焦点をぼかしていく。少しずつ心臓のある空間に意識を向け、その周辺の空間にも意識を向けていく。

次に意識体となって地球の中心に移動して、そこから地球の外に向かって光とエネルギーを放射する。ここで留意してほしいのは、波動を上げて高次の感情をキープしていることだけだ。意識体のまま、地球からゆっくりと離れ、元に戻ったら地球の意識体を心臓の中に取り入れる。地球を丸ごとあなたの心臓に取り込んだら、地球の意識体の波動を上げていく。そして心臓から体の外の空間に向かって高次のエネルギーを放射する。あなたの愛のエネルギーを地球に向かって解き放つ。

第14章 ケース・スタディ
あなたにも起こり得ること

結びとして、超自然になった人々のケース・スタディをここにご紹介するにあたり留意してほしいのは、彼らが誰ひとりとして「何かを起こそう」という意図を持っていなかったということだ。ただ前向きに瞑想し、どんな結果になろうともすべてを大いなる存在にゆだねていただけだ。ヒーリングであれ神秘体験であれ、目指す出来事が起きた時、それを起こしたのは彼らではない。彼らよりも大きな存在が彼らの中に入り、彼らのためにそれを起こしたのだ。彼らは統一場とつながり、大いなる何かとのやり取りを通じてその叡智が彼らを動かしたのだ。ここまで読み進んだ読者にはもうおわかりのことと思うが、その叡智、大いなる存在は、あなたの中にもしっかりと存在している。

神様、私を治してください

2014年からステイシーはひどい頭痛に悩まされ続けていた。彼女はかれこれ25年、正看護師や鍼灸師として、ヘルスケア分野の仕事をしていた。彼女はいつでも健康に気を遣っていて、滅多に薬も飲まなかったため、気を失いそうになるほどのひどい頭痛に突然襲われたことは彼女を大いに驚かせた。約1年にわたりありとあらゆる代替医療を試した揚げ句、彼女はとうとう病院に行き、CTスキャンをすることになった。

医師の所見は髄膜腫と呼ばれる、脊髄神経の一部の組織を包んでいる良性腫瘍だった。ステイシーの腫瘍は第8脳神経付近にあり、聴神経を圧迫し始めているため神経機能に大きな影響を引き起こしていた。聴神経には2つの機能があり、ひとつは聞くこと、もうひとつは体の均衡を保つことだ。このため彼女の症状は耐え難い頭痛と難聴の他、めまいと吐き気を伴った。病変の拡大に伴い、腫瘍は顔につながっている脊髄神経にも広がり、肩のほうにまで進み、野球肩という診断も下された。ステイシーの症状には目の痛みが加わった。

担当医によると、唯一の解決法は開頭術とのことだった。つまり後頭部の頭蓋骨にドリルで大きな穴を開け、腫瘍を取り除く手術だ。ステイシーはこの選択肢が嫌で、何とか開頭せずに治療する方法を探し続けた。２０１５年シアトルで開催された私の週末ワークショップに参加した頃には、彼女の左耳は70％の聴覚を失っていた。２０１６年の秋、彼女はメキシコのカンクンで開かれた上級ワークショップに初参加した。その際、彼女は完全に手放すことを覚え、新たな段階に入った２０１７年冬、フロリダ州タンパで開かれた上級ワークショップに再び参加した。

タンパに木曜日に到着した彼女の耳には強い痛みがあった。その痛みは翌日さらに悪化し、耳が塞がっていくのを感じたという。しかしその日が終わる頃、エネルギーセンターを祝福する瞑想の後、不思議なことに耳のひどい痛みが消えていた。日曜日の朝、松果体瞑想の最中に、ステイシーは時間と空間の意識を超越した。

「あの時の私は、ほとんど椅子から滑り落ちそうでした」とステイシーは振り返る。「その瞬間、びっくりするほど強い閃光が頭の左側を直撃したんです。たとえばダイヤモンドを千個並べて光を当てた様子を想像してみて。でも、それとは程遠いくらいすごい光でした。それがバーン！　と」。彼女の体はピンと直立し、今まで見たことも経験したこともないほど強い、青白い光が彼女の耳に入ってきた。

「かつてないほど神聖な、愛に包まれる感覚でした。神の手がやさしく慈しむように触れてくれたみたい。圧倒的な強い力で、とても言葉では表現できるものじゃありません。でも思い出すたびに今も涙があふれてきます」。

最初に鼻炎がすっきり解消し、次に頭の左側全体が軽くなった。そして左肩が楽になり、力が抜けた。そして最後に、実に3年ぶりに左耳の聴覚が復活した。

「畏敬の念に打たれ、ただ座っているしかありませんでした。笑いながら泣き、涙が頬を伝い続けました。音楽が鳴っていて、鮮明に聞き取れました。それは天使たちが歌い奏でる天上の音楽のようで、物理的に耳で聞いている音楽ではないことが分かりました。左の後頭部ではずっとエネルギーが流れていました。その辺りはもう何年もセメントみたいに固まっていたのです」。

私が参加者全員に横になってリラックスし、自律神経系にヒーリングを任せるように言うと、そのエネルギーはステイシーの体全体を巡り、腕から手の先まで行き渡り、体は制御不能なほど振動した。

「それはつま先や足、頭、首、胸も含め、すべての神経や筋肉の細胞が発火しているような感覚でした。心臓のエネルギーセンターは大きく開かれていました。あの時、これが何ものであろうと私はついていくわ！　と思ったことを覚えています」。ステイシーは未知なるものに完全にゆだね、再び時間と空間を超越した。

横になる瞑想が終わると、ステイシーは再び椅子に座り、体内を巡っていたエネルギーの動きは遅くなり、やがて静まった。そして脳内で思考が再開した。聴力が戻ったことを感じてはいたが、彼女は今起きたことを疑い始めた。耳は完全に治っていないかもしれない。腫瘍はまだあるかもしれない。大体完全なヒーリングをしてもらえるほど価値のある人間じゃないかもしれない。そんなふうに考えた瞬間、目の前に光のエネルギーが現れた。それはさっきとは違うエネルギーだった。

「それは心臓のように赤く、エネルギーのように青く、3次元の立体的な光でした」とステイシーは振り返る。「2フィート（約60㎝）くらいの高さで、目の前で蛇のようにスルスルと動いていました。私は目を閉じたままそれを見ていました。それは多次元的で美しく、クレイジーでゴージャスで、フラクタルで、顔の前まで立ち上ってきました。それはまるでそのエネルギーが私に〝疑っているの？　じゃあこれを見てよ〟と言っているかのようでした。そして私の胸が開いてそれは心臓に入り、両腕は開かれ、私はただ座っていました。それはすべてのエネルギーだとわかりました。氣、精霊、神、宇宙のエネルギーだと」。

「私の人生は一変しました」とステイシーは語る。「聴力は100％正常です。でも、それだけではありませんでした。言葉にするのは難しいのですが、もうこの先何があっても私は大丈夫だと思えるのです。すべてのものの背後には聖なる存在がいて、問いかければ答えるし、癒やしてくれると知っているから、もうこれまでの人生とはまったく違う人生になったのです」。

「汝は我がもの」という声を聞いたジャネット

ジャネットは時たま瞑想をしていたが、習慣にはなっていなかった。25年前のある午後、瞑想をしている時にいわゆる超越経験をした。彼女は目を閉じたまま、突然信じられないほど明るい光が目の前に現れたのを見た。それはやさしい光で、目を傷めるほど強いものではなかった。それは最も純粋で最も強く、かつて味わったことがないほど大きな愛だったと彼女は説明した。それからの25年間、祈りや瞑想の他、思いつく限りの方法であの聖なる光に再び遭遇しようと努力した。

2015年の春、ジャネットはアリゾナ州ケアフリーで開かれた上級ワークショップに参加した。当時の彼女は人生に疲れ果て、立て直す術も見つからず絶望のさなかにあったが、自分を癒やし、何らかのブレークスルーを得ようという固い決意があった。そして何より彼女は、自らを物理的な体以上の存在だと疑わない500人あまりの参加者たちと一緒に数日間過ごすことにワクワクしていた。

ワークショップ開催中、ジャネットは自らが陥っている絶望感を吹き飛ばせるくらいの神秘体験を求めていた。松果体瞑想の時、彼女は蓮華座に座り、松果体の辺りに愛と意思のエネルギーを漂わせていた。すると突然松果体が活性化し、頭の中でまばゆい光が生まれ、松果体を照らした。それは彼女が25年前に経験したのと同じ光だった。

「あの光が私の松果体を包み、小さな松ぼっくりの中の洞窟に並ぶ結晶を照らしたのです。その光は私の体の細胞レベルまで照らし、背骨がピンとなりました。頭が後ろに下がり、私はただなすがままになっていました。ただ恍惚感があふれ出し、至福、感謝、愛に包まれました」。

次に逆三角形の光が頭の上から降ってきた。この三角形は愛と叡智の顕現だと彼女にはわかっていた。逆三角形の光が松果体に当たった時、幾何学的図形が二重になった。コヒーレントで強い光がジャネットにメッセージを送った。その光は何度も何度も「汝は我がものなり。汝は我がものなり」と言っていた。それをジャネットは「私はあなたを世界の何よりも深く愛している」という意味に受け取った。

「どうぞお入りください。そして私の人生の舵を取ってください」とジャネットは答え、すべてを手放し、受け入れる姿勢を取った。すると頭のてっぺんからまばゆい光が入ってきて、情報のダウンロードが始まった。それはコバルトブルーに輝く連珠のように連なって降りてきた。光はゆっくりと下降し、体全体に行き渡った。このエネルギーは逆トーラス場（呼吸時に生まれる上昇するエネルギー場の逆バージョン）に沿って流れ、五感を超えた目に見えない統一場から来るものだった。内的体験はとてもリアルだったため、それは彼女の脳内回路を書き換え、新しい感情信号を体に送信した。その結果、過去は洗い流されて消えていった。コヒーレンスと完全無欠の波動をダウンロードした彼女の体は、生理的アップグレードを果たした。ワークショップが終わった時、絶望感も憔悴感もすっかり消えていた。「あの恍惚感が私の人生を完全にひっくり返しました」。

愛は時空を超えて

私たちは単なる物質、体、粒子ではなく、意識は物質や世界に影響を与えるという信条の元に、イタリアのガルダ湖で実施したプロジェクト・コヒーレンス瞑想には世界中からたくさんの人々が参加した。瞑想の間、サーシャはアメリカのニュージャージー州にいて、地球を自分の心臓の中に取り入れるイメージを視覚化していた。

「意識を心臓に向けた時、私の心臓から体全体に向かって枝や葉っぱがどんどん伸びていくのを感じたんです」とサーシャは話した。「枝からは葉っぱが生え、花が咲き、腕や指先、耳に伸びていって、顔じゅうに白い花が満開になりました。私は文字通り地球という庭の表面になったんです」。

瞑想が終わり、サーシャが足元に置いてあった携帯電話を見ると、そこには親友のヘザーがアイルランドから送ってきた写真が届いていた。サーシャが瞑想をしている時、ヘザーはちょうど庭を散歩していた。足元を見ると岩の上にハート型の苔があったので、写真を撮ってサーシャに送ったのだった。こんなメッセージを添えて。「これを見つけて、圧倒されるほど強くあなたのことを思い出しました。あなたが大好きよ」。

あの世への旅を手助けしたドナ

２０１４年、カリフォルニア州ロングビーチで開かれた週末ワークショップに初めて参加した時、ドナは自分が瞑想を習慣にするなんて夢にも思わなかった。その時点でまだ数回しかしたことがなかったからだ。技術系ライターの彼女は分析思考の強い人だった。しかしこのワークの面白いところは、まったく期待しない時にこそ、このワークがもたらす経験に対してよりオープンになれることだ。あの週末に行われた瞑想のひとつで、はからずも日常の意識をすり抜け、何百という次元を超えた存在に取り囲まれた時はびっくり仰天してしまった。

「その存在たちは何かに怒っているとか、悪い感じはしなかったんだけど、明らかに私から何かをほしがっている様子でした。なかには12～13才くらいの若い子たちもいました。それで私はすぐに悟りました。これは私の婚約者が殺した人々だと」。

ドナが当時婚約中だった米国陸軍特殊部隊の元軍人は、イラクで狙撃兵だった。ワークショップを終えて帰宅したドナは、婚約者にその話をした。彼は、味方の兵士を護衛するために殺した人々のなかには若い子たちもいたと確認した。

ドナはこのつながりに大変興味を持ったものの、その経験をどうしたらいいものか見当もつかなかった。彼女が見たものはどう考えても自分の妄想ではなく、リアルな経験だったのは疑いようがなかった。

それから2年後、ドナはアリゾナ州ケアフリーで開かれた上級ワークショップに参加していた。最初の瞑想が終わった時、ドナは隣に座っている人に向かって、自分が何を言っているのかもわからないままぼんやりとこう言った。「この部屋の中にはいろんな存在がいて、私たちを助けてくれているわ」。

日曜日の朝、松果体瞑想をする時ドナは脳スキャンの被験者に選ばれた。瞑想の途中でドナは再び2年前の瞑想で遭遇した他次元の存在たちがそばにきたことに気づいた。今回彼らはドナの右側に一列に並んで立っていた。

「その時もやはり、彼らは私に何かを求めていると感じたんですが、それが何かはわかりませんでした」とドナは言った。「それから心の目で見ていると、まるでヴァーチャルリアリティのヘッドセットでもつけているように、左側にも一列に並んだ人々が現れました。この列には2種類の存在がいました。ひとつは人間のような姿でしたがすごく大きくて、金色に光っていました。もう1種類は青く光っていました」。

ドナは、婚約者に殺された右側の存在たちを左側の存在たちと引き合わせれば、右側の存在たちが求めるものが得られるだろうという確信があった。狙撃兵に殺された存在たちは、あまりに唐突に予告もなく命を落としたので、自分が死んでいることに気づかず混乱しているように見えた。これからどこに行けばいいのか、何をすればいいのかわからず戸惑う存在、あるいは残してきた愛着のあるものたちへの思いからこの世を去ることができないという存在もあった。彼らは物質界と非物質界の狭間に囚われていたが、どういうわけかドナがその橋渡し、あるいはファシリテーターとして彼岸へ渡る手助けをしてくれるとわかっていたのだ。そしてそれは非常にリアルで明晰な経験として唐突に訪れた。

「私が亡者たちを光の存在に手渡したというのは、正しい言い方ではありません」とドナは言う。「亡者たちが通り過ぎるのを見送ったような感じでした。言葉で表現できるようなことではなく、彼らが一線を越えて反対側に移動した時、光の存在たちを超えていったような感じがしました。その後彼らが腰の辺りまである赤い霧の原っぱを走って行くのが見えました。彼らが自由になり、喜び、原っぱを走り回る幸せを感じている様子が見えました」。

再びヴァーチャルリアリティのヘッドセットでもつけているように、ドナが心の目で右の方角を見ると、くねくねした泥道に延々と遠くの方まで人が続いていた。彼らはボスニアとセルビアからきた人々だとわかったが、なぜそこにいるのかまったくわからなかった。

「言葉がひとりでに浮かんだようでした。彼らは死んでいることに気づいていないとは知りませんでした。中間世に宙ぶらりんに留まっていて、死者の世界に渡る方法を知らないようでした」。この瞑想はワークショップの中で最も長く、2、3時間かかるものだったがドナにとってそれは10分くらいに感じた。

2016年、ドナはその後メキシコのカンクンで開かれた上級ワークショップに再び参加した。私が参加者に向かって、自分の意識を統一場の意識に合流させるよう言った時、ドナは自分が宇宙になった経験をした。彼女は体、物、名前、場所、時間につながれた意識からそのすべてとつながりを断ち、続いてすべての体、物、名前、場所、時間と一体になった。その瞬間、彼女は宇宙の法則や力をつかさどる情報の場、統一場と一体になり、宇宙そのものになった。彼女は至福に満たされていた。

「あの経験以来、私の人生は魔法のように変わり、かつて感じたことがないほどのエネルギーや活力が湧いてきます。すごくパワフルな経験が次から次へとやってくるのです。もうこのワークを始める前の人生に戻るなんて考えられません」。

死の淵から生還したジェリー

2015年8月14日。ジェリーは自宅のテラスであるプロジェクトに取り組んでいた。指示書を読んでいる時、突然胸骨の下の辺りに鋭い痛みを感じた。恐らく消化器系のことだろうと、彼は薬を飲んでみたが、痛みは消えなかった。ベッドに横になっていると、症状はますます悪化した。

ベッドから起き上がろうとすると、立つ力もなくなっていて失神しそうだった。痛みはどんどんひどくなり、呼吸が浅くなってきたので、ジェリーは救急車を呼んだ。彼は力を振り絞って重い体を引きずり、救急隊員がドアを破らなくてもいいように、家からほんの15フィート（約５ｍ）ほど外に出た。家の前の車寄せで、彼は救急車を待ちながら痛みのあまり膝を折り、崩れ落ちた。救急隊員は到着後すぐ、心臓発作の症状と判断し、そのための処置を始めた。

「君たち、違うんだ。僕は呼吸ができなくて苦しいんだよ」とジェリーは救急隊員に訴えた。「すぐに病院に行ってくれ」。ジェリーにはどうすべきかが分かっていた。救急車が向かおうとしている緊急救命室（ＥＲ）で、かれこれ34年も医療技師として働いていたからだ。

ジェリーはＥＲで働くスタッフ全員と顔見知りだった。到着するなり医師や看護士、技師などが総力を挙げて治療に当たった。ジェリーの友人でもある医師が、すべての検査の結果が陽性だったと告げ、状況が思わしくないことをジェリーは悟った。検査結果のうちとりわけ悪かったのは、プロテーゼ、リパーゼ、アミラーゼ（どれも膵臓が分泌する酵素）の数値が１リットル当たり４，０００～５，０００単位（正常値は１００～２００）だったことだ。

ジェリーは集中治療室に入れられた。

「いろいろ投薬されたけれど、そのどれも効かなくて、痛みはどんどん激しくなっていきました」とジェリーは回想する。「胆管がふさがったために膵臓にトラブルが起きたのだろうという見立てでした。最悪だったのは、肺に水が溜まり始め、両肺とも機能が80％に低下しました。それで医師は僕に人工呼吸器を付けました。これはまずいことになった、と思いました」。それから医師がテレビをボストンとつないでテレビ会議の準備をするよう命じた。最寄りの大都市の病院の医師たちと、緊急会議をするためだ。

「これまで長い間ERで働いてきましたが、テレビ会議をしたのは過去に2、3回しかありませんでした。どれも患者がほとんど死にかかっている重篤なケースです」とジェリーは語る。「要するに、彼らは僕の体に何が起きているのかわかっていなかったんです。長年信頼を寄せてきた医師に、どうすればいいかわからないと言われたらどう思います？　僕のストレスホルモンレベルは一気に跳ね上がりました」。この狂乱のさなかに、医療スタッフはジェリーの妻に、遺言や書類の署名など、彼が亡くなる前にするべきことがあればすぐに家から取って来るようにという指示を出した。妻は泣きながら病院を後にした。

ジェリーはすぐに、こうなったら自力で何とかするしかない、と気づいた。体がストレスホルモンに占領されたら、彼に勝ち目はないことがわかっていた。

「僕はヨガを習慣にしていて、食事にも気を遣っていたから何年も病気になったことがなくて。そんな自分が今は集中治療室にいる。僕は自分に、このまま行っては駄目だ、恐れに負けては駄目だ、と言い続け、その通りにしました」。たまたま彼は私の著作『あなたはプラシーボ』を読んだばかりだったので、彼は「**これまでの思考パターンを変えなくてはならない。もうこれ以上コルチゾールが体を攻撃し、残っている元気を奪ってはいけない**」と考えた。

医師団はようやく原因を突き止めた。ジェリーの膵臓の管に大きな塊が詰まっていて、その塊が分泌腺から出るすべての流れをせき止めているため行き場を失って逆流し、血流に混ざっていたのだ。

「担当医たちは僕に3日3晩つきっきりでした。呼吸ができなかったので、呼吸器はつけっぱなし。両脇には点滴の管が下がっていました。僕はひっきりなしに〝何を考えるかに注意を払うんだ、リラックスしろ。量子場の入口に立っているのだから、自分を傷つけるのではなく、元気にするような言葉を投げかけるんだ。僕は復活できる。この苦境だって乗り越えられる。僕は大丈夫〟、と自分に言い続けていました」。ジェリーは意識がある間じゅう危機を乗り越えることにエネルギーを集中させ、思考と感情の状態を変え、ひっきりなしに統一場にある、今の延長でない未来を引き寄せ、創出しようとした。幸運にも彼は個室に入院していたので、いつでも好きな時間に瞑想をすることができた。

ジェリーは集中治療室で1週間過ごした後、段階的管理室に移動した頃には酸素マスクが外れ、歩行も可能になっていた。しかし彼は9週間にわたり、飲食ができなかった。（何か食べるどころか、水を飲んでも彼の膵臓が反応し、酸を放出して死に至るため）彼の唯一の栄養源は点滴の輸液だった。

ジェリーが入院した当時の体重は145ポンド（66kg）だったが、退院時の体重は119ポンド（54kg）に減っていた。点滴スタンドを伴って帰宅した後も、彼は瞑想を続けた。10月が近づいていたが、まだ塊はなくなっていなかった。彼の主治医は、ボストンの大病院で摘出手術を勧めた。ジェリーは医療関連の専門職についていたため、最新の状態を把握できるよう手術日の2日前に検査を行うよう、彼の医療チームに提案した。

「放射線技師は全員知り合いでしたが、彼らに〝もう塊はなくなっているよ〟と告げられても信じられませんでした。私は放射線科の医師や担当医にも相談しました。でも彼らは口々にこう言いました。〝ジェリー、君のX線画像を見ているんだが、何も見当たらないんだよ。これからボストンの病院に連絡を入れ、手術をキャンセルしておくよ〟」。

ジェリーは常にエネルギーレベルを上げて、健康そのものという感覚を作り、自分は病気だという思考や信じ込む気持ちから、自分は全快する、という意識に変えるよう努力し続けたことで、高次周波数がキープされ、それによって癒やされたのだと、後になって気づいた。

「私は自分が悲劇のさなかにあり、この先もっと悪くなるなどと考えることを絶対に許しませんでした。そんな風に考えないように毎日可能な限り意識していました。私は量子場に自らを癒やすために必要なメッセージ、意志、エネルギーを送り続け、それは最終的に現実になりました」。

終わりに　平和を体現する

本書を通じて私が読者に伝えたいことは、望ましい未来のあなたの意識状態を瞑想中につくるだけでは不十分だということだ。瞑想中に目を閉じて平和を感じ、考えても、目を開けたら元の制限だらけの現実で自動運転モードに戻ってしまうのではほとんど奏功しない。第13章で触れた平和運動のほとんどで、一時的に下がっていた暴力や犯罪の発生件数が実験終了後、元のレベルに戻っていることが確認されている。これが意味するのは、私たちは平和を体現しなくてはならないということ。そのためには自らの体を動員しなくてはならないということ。つまり思考から行動へとシフトする必要があるということだ。

私たちがハートを開放し、人生への愛、存在の喜び、生命のインスピレーション、未来がすでに現実になっていることへの感謝、他者への慈愛の精神などの高次意識状態を朝の瞑想で作ったら、その意識やエネルギーを座っていても歩いていても横になっていても一日中携え、維持し、行動で示さなくてはならない。何か困ったことが自分や世界に起きた時、無意識に普段通りの反射的行動を取る（怒り、フラストレーション、暴力、恐れ、苦難、攻撃性などを表わす）代わりに平和を行動で表現する時、私たちはこれまでの地球の古い意識にエネルギーを送っていない。これまで通りの反応のループを断ち切り、平和を自らの行動で示す時、私たちは他者に対し、私たちと同じことをしてもよいと促している。知識は意識のため、経験は体のためにあるので、〝考える〟から〝行動する〟へと移行する時、そして平和や内面の調和に伴う感情を経験する時、平和を自分の一部として行動を起こして初めて、プログラムの書き換えが起きるのだ。

外界のリアクションとして行動する習慣を改め、何度となく繰り返してきたネガティブな経験や感情が再生産されなくなると、脳内のお決まりの神経回路がもう発火しなくなる。こんなふうにして私たちは自己抑制的な意識に従って生きることを体に条件付けするパターンに終止符を打つ。こうして自分自身や、世界との関わり方を本質的に変えていく。私たちはこれをするたび、自らの体に化学物質を通じて、意識が観念的に理解したことを文字通り伝えている。私たちはこうして自らを幸福に導く潜在遺伝子を選択し、それらの遺伝子に「ただ生き延びられればいいというものではない」と教える。今や平和は私たちの中に留まり、しかるべき遺伝子の扉を叩き、私たちは生物学的に平和の波動と同化する。歴史を彩る偉大なリーダーや聖人、仙人、グル、達人たちが繰り返し唱えていたのはまさにこのことではないだろうか？

もちろん、何年もの間自動運転モードにあり、無意識の習慣、反射的感情の発露、脳内にがっちり記憶された習得回路、そして何世代にもわたり受け継がれてきた遺伝子プログラミングなどに逆らう思考や感情、行動を選択するのは初めはかなり不自然で、やりにくいことだろう。しかし超自然になるとは、まさにこれをするということだ。不自然に感じられることをあえてするとは、何かの決断を迫られた時に私たちが遺伝子的にプログラミングされたこと、あるいは生きる上で社会の定石に逆らうということを指す。どんな生物でも、属する環境に何らかの変化が起き、それに適応するためにその群れや集団の集合意識の掟を破る時、不快感や未知なる領域に踏み込む怖さを経験したに違いない。しかし、未知の領域に踏み込むこととは新たな可能性の領域に身を置くことだということを忘れずにいよう。

ここでの真のチャレンジは、私たちが実践しようとしていることを周りの誰もやっていないからと言って、社会の大半に支持されている凡庸な意識レベルに戻らない、染まらないことにある。真のリーダーシップとは、他者の承認を求める必要のないものだ。必要なのは明解なビジョンとエネルギーを変えること（つまり、意識状態を変えること）のみだ。そしてそれを長期間キープし続け、他者にインスピレーションを与え、彼らも同様にエネルギーを変え、同志となるまで強い意志を持ち続けることに尽きる。周囲の人々が自らのエネルギー変化を起こしさえすれば、リーダーと同じ未来のビジョンが見えるようになる。こうして仲間が増える時、その数は実現するための原動力になる。

個人の変容を指導するようになって長い年月が経つが、その経験から言えるのは、自らのエネルギーが変わらなければ人は決して変われないということだ。実際のところ、人が本当に変わることに専念する時、人はそれについて話したり実演して見せたりしなくなる。ただそれを体現しようとする。それには気づきと意思、現在に留まること、そして常に自らの意識状態に注意を払う必要がある。恐らく最大のハードルは、居心地の悪さに耐えることに加え、その不快感を肯定することだろう。不快感とは私たちを成長させるものであり、より生きていると実感させるものだからだ。

結局のところ、ストレスやサバイバル反応が未来予測に失敗した（つまり物事をうまく制御できないと考え、あるいは信じること、そして事態がどんどん悪くなること）時に生まれるものなら、思考と感情を開放し、新たな可能性を信じるには、これまで何千年にわたり遺伝子に書き記されてきたサバイバル意識を捨て去る必要がある。今日までに獲得してきたことよりも格段に高い目標を手にするためには、ほしいものを手に入れる際に長年使ってきた古いやり方を捨てなくてはならない。それこそが真の偉大さだと私は考える。

怒りや恨み、報復に直結する神経ネットワークを不活化し、気配りや奉仕、育成といった経験（とそれに伴う感情）に直結した神経ネットワークを活性化することが一度でもできた人なら、何度でも再生できるだろう。そしてその選択を繰り返すことで神経的にも化学的にも体と意識がその経験や感情と一体となる。体と意識が、その望ましい意識と一体化する方法を習得していれば、それは内面化し、馴染み深く簡単な第2の天性となる。そうなると平和について考え、実践して見せるという、かつて集中力や注意力を要していたことが、無意識に作動するプログラムとなる。この時私たちは平和な意識状態という、新しい自動プログラムを完成させたことになる。つまり平和は私たちの存在の一部となったと言える。

こうして、私たちは外界の条件付けより高邁な内面の神経化学的秩序をインストールする。そうなると私たちはもはや平和を行使するだけでなく、平和の達人となる。同時に自分自身や、置かれた環境の達人となる。この意識状態を確立した人の数が一定レベルに達する時、つまり同レベルのエネルギー、波動、高次の意識を共有する集団が統一のとれた行動を取る時、その集団はひとつの意識体となり、新しい種族《トライブ》を形成する。しかし自らの体をむしばむ癌細胞のような行動を取り続けていると、その種族はやがて滅び、進化へ向けた新たな実験が続くことになる。

忙しい日々の中で時間を作り、自分に投資してみよう。それはあなたの未来への先行投資になるだろう。あなたが慣れ親しんでいる環境があなたの思考と感情を条件づけているのなら、その日常から撤退し、受け身の被害者的生き方を返上し、人生のクリエイターとなるために内面と向き合おう。本書をここまで読み進んできた読者は、内面から人は変われるのだということ、そして実際そうするとそれが外界に反映されるのだということをご理解いただけたことと思う。

歴史の中で今ほど〝知っているだけ〟では足りず、それを〝活用すること〟が求められる時はない。哲学的考察と量子力学の科学原則、神経科学、後世的遺伝学などによると、私たちの主観的意思が客観的世界に影響を及ぼすことがわかっている。意識が物質に影響を及ぼすのだから、私たちは意識についてもっと深く知りたいと希求せずにはいられない。私たちの現実認識が行動に意味を与えることになるのだから。知識が経験をもたらすのであれば、私たちがどれほどパワフルな存在かという知識を持てば持つほど、そしてものの道理の背後にある科学を理解するほど、私たちは個人として、また人類全体としてもどれほど無限の潜在能力を備えているかが理解できるようになるだろう。

私たちは、生きとし生ける者同士のつながりについての理解を深く広く追究し続けているし、また各人が地球の電磁場に影響を及ぼす存在なのだから、私たちが一致協力すれば平和で繁栄する未来を地上に創出し、導き出せるだろうと確信している。すべては心臓に意識を向け、波動を高め、愛と完全さと高度な情報のある統一場に波長を合わせることから始まる。自立心と意思を携え、コヒーレントな自分自身のアイデンティティを発信する電磁場を形成することから始めよう。静かな湖面に小石を投じると波紋が広がるように、繰り返しエネルギーを上昇させ、ハートを開放して、電磁場を拡大していこう。このエネルギーは情報だ。

私たち1人ひとりが自らのエネルギーを意思とともに配信すると、それは非局所的に現実を変える力を持っている。

私たちが観察者、意識体として、あるいは思考体としてエネルギーを物質に投下すると、それは物質に上意下達的因果関係を形成し始める。簡単に言うと、意識や思考は文字通り物質化するということだ。これらの概念（サバイバルモードの思考や感情から気づき、慈愛、感謝といった高次の思考や感情へとエネルギーレベルを変えること）を一貫して訓練し続けると、これらのコヒーレントな電磁場は他の人々に伝染していく。その効果により、かつて自分は物質にすぎないという認識を持っていた人々のコミュニティがひとつにまとまっていくだろう。意識状態がサバイバルモードから慈愛・感謝・創造モードに変わると、暴力やテロリズム、恐れ、偏見、競争、自己中心、分離といった観念（ちなみにメディア、CM、ビデオゲームその他すべての刺激性商品はみな私たちを分離した個人として留まるよう促すプログラミングをしかけてくる）に反応する代わりに、危機に瀕したら心をひとつにして助け合う。私たちはこの先もうこれ以上ばらばらに分断され、他者を非難し、報復する必要などなくなるだろう。

地球コミュニティの一員として瞑想をするたび、私たちは愛と奉仕というコヒーレントな波動を世界中に向かって力強く放射している。これを長期間継続すれば、いずれ世界のエネルギーや波動の変化を測定できるだけでなく、私たち自身の未来に起きる、努力に見合った好ましい変化も物理的に確認できることだろう。

正義と平和のために立ち上がるには、まず自らの中に平和を見出さなくてはならない。その上で平和を他者に対して行使しなくてはならない。つまり平和を唱えながら隣人と争い、同僚を忌み嫌い、上司を批判することはできない。

もし、私たち全員（頭だけでなく体も含め）が同じ時間に心をひとつにして平和を選択したら、私たち全員の未来にどんなポジティブな変化を起こせるか想像してほしい。その先の未来に争いの文字は消えるだろう。同様にパワフルなのは、私たちが平和の体現者となると、私たちは他者の目に予測不能に映り、彼らは私たちから目が離せなくなることだ。ミラーニューロン（他人の行動を見ると発火する脳細胞の一種）のお蔭で人は生物学的に互いの言動を真似するように作られている。私たちが平和、公平さ、愛、親切、理解、慈悲の手本を示すことで他者はハートを開放し、恐れや攻撃性のサバイバルモードから完全性や絆のモードへと変化する。分離や孤独ではなく、私たちが初めから相互に、そして統一場ともつながっていると人類全体が理解したらどんなことが起きるだろうか？　私たちの意識が世界に影響を及ぼすことを知っている以上、私たちはそろそろ自らの抱く思考や感情に責任を持つことを学ぶべきではなかろうか？　こんなふうにして私たち自身がまず変わることにより、世界が変化していく。

人類の未来は、私たちに進むべき道を示してくれる1人の偉大な人物、リーダー、あるいは救世主に委ねられているのではない。たくさんの人々の意識から新しい集合意識が作られ、進化していかなくてはならない。人の意識がつながり合い、私たちが歴史の流れを変えられると認識し、それを行使することで変化が起きるからだ。

古い構造やパラダイムが崩壊していく様子を見て、私たちは恐れや怒り、悲しみを抱いてはならない。なぜならそれは新しい構造が誕生するためには不可欠な進化のプロセスだからだ。私たちは新しい未来をまったく新しい光、エネルギー、意識で迎え入れなくてはならない。すでに書いたとおりおよそ新しいものが始まり、繁栄するには古いシステムは分解され、消えなくてはならないからだ。このプロセスに必要なのは、リーダーや権力者に感情的に反応してエネルギーを浪費することではない。権力者たちに感情的に反応する時、私たちは権力者に注意を向けている、つまりエネルギーを献上している。権力者はこうして自らの元に権力を集めている。彼らに注意を向ける代わりに、私たちは人としての矜持、価値、自由、公正、真実、平等といった道徳観念のために立ち上がらなくてはならない。集団の力を持ってこれらを実現する時、私たちはもはや分離の概念に支配されず、ワンネスのエネルギーに裏付けられた連帯を確立できるだろう。この時、真実のために立ち上がることとは個人的な行動ではなくなり、団結し、コミュニティを形成し、普遍的価値を掲げる行動となる。

私たちは今、人類の偉大なるブレークスルー的進化の瀬戸際に立っていると私は信じている。別の言い方をすると、私たちはイニシエーションを経験しようとしている。結局のところイニシエーションとはある意識が変容し、別の意識が誕生するという通過儀礼であり、今より大きな潜在能力を発揮する人物へと脱皮するためのチャレンジを指すのではないか？私たちが本来の自分の姿を見て、思い出し、覚醒する時、人の集合意識はサバイバルから繁栄へとギアをシフトできるだろう。そうなれば私たちは本来の性質を十全に行使でき、人として本来備わっている資質、つまり与え、愛し、奉仕し、互いの存在を、そして地球を慈しむという内面の性質に目覚めるだろう。

毎日こんなふうに自問してみよう。「愛を体現する時、私はどんな行動を取るだろう？」と。

これがあなた本来のありようであり、未来のあなた自身でもある。そして私たちの誰もが心のうちに持っている超自然の姿だ。

謝辞

本書の構想は、数年前ヘイハウス社の経営陣と交わした何気ない会話の中で生まれた。リード・トレイシーCEO、マルガレーテ・ニールセンCFO、パティ・ギフト副社長と食事をした際、私は次に執筆を考えていたアイデアについて話すことになるとはまったく予想していなかった。

振り返ってみると、私はどうやらはめられたようだ。いやはや後悔先に立たずだ。

あの時私が話したことが彼らの心に刺さったのだろう。その1週間後、私は膨大な労力を必要とするであろう、新しいパラダイムについてシンプルで整合性のある筆致で描き上げる新作の出版に合意したのだ。積み上げられた研究結果、進行中の実験データ、厳密な測定と分析、簡潔な理論構成、イベント企画、イベント内で実施する数千の科学的スキャンのスケジュール管理、科学者たちとの白熱した議論の数々に加えて測定を実施する私のチームのことなど、気弱な人にはとてもこなせるものではない。私たちが得た実験データのうちあまりに多くのものが科学の範疇を超えたものだったため、私との話し合いに多くの時間が費やされた。そのような奇異な結果を理解するためには情熱とコミットメントが不可欠だった。

進むべき道に留まり、誰かの心にあるビジョンを信じるには不屈の人格が不可欠だ。しかもその抽象的ビジョンを抱く本人にすらその正体がわかっていなければなおさらだ。しかし可能性を確信し、目に見える現実にしようとする情熱があるところには魔法が起きる。私のチームを構成する驚嘆すべき人々とともに働く幸運に恵まれた私は、それを経験することができた。素晴らしい集団の一員になれたのはこの上ない幸福だった。

ここで改めて、私を信頼して任せてくださったことに対し、心からの感謝をヘイハウスの人々にささげたい。親切で協力的で優秀な、志を共有する集団の一員となれたことは大きな喜びだった。

リード・トレイシー、パティ・ギフト、マルガレーテ・ニールセン、ステイシー・スミス、リシェル・フレッドソン、リンゼイ・マクギンティ、ブレイン・トッドフィールド、ペリー・クロウ、セレステ・フィリップス、トリシア・ブライデンタル、ダイアン・トーマス、シェリダン・マッカーシー、キャロライン・ディノフィア、カリム・ガルシア、マーリーン・ロビンソン、リサ・ベルニア、ミシェル・ゴールドスタイン、ジョーン・D・シャピロ、他の人々、ありがとう。この仕事を通じて皆が成長したことを願っている。

エレガントで優雅な日常を送るヘイハウス編集者のアン・バーテルには特にお世話になった。あなたのやさしさと専門性を示してくれた膨大な時間、そして私に対する忍耐に心からありがとう。あなたの謙虚さには頭が下がる。

私の編集者ケイティ・クーンズとティム・シールズにも謝辞を表したい。私の仕事へのあなた方の貢献は目覚ましいものだ。飽くなき探究心に感謝する。

私の脳チームとして参加してくれたすべての人々にも、彼らの研究と協力に感謝申し上げたい。ポーラ・マイヤー、カティナ・デイスペンザ、ラデル・ホヴダ、アダム・ボイス、クリステン・ミケリス、ベリンダ・ドーソン、ドナ・フラナガン、ライリー・ホヴダ、ジャネット・テレーズ、シャシャニン・クアッケンブッシュ、アンバー・ローディア、アンドリュー・ライト、リサ・フィトキン、アーロン・ブラウン、ヴィッキ・ヒギンズ、ジャスティン・ケリハード、ヨハン・プール、アリエル・マガイヤ、ありがとう。また彼らが私とともに人々の人生を変えるべくたくさんの時間と労力を割くことに理解と愛情を示してくれた、彼らの配偶者や家族、大切な人々にも感謝をささげたい。

私の瞑想に使う音楽のほとんどを作曲してくれた才能あふれるバリー・ゴールドスタインには特別な謝辞を送りたい。あなたのお蔭で音楽への愛が再燃した。

マインドムービーのナタリー・レドウェルは、私たちの目指すものに大きな貢献をしてくれた。人の変容に向けられたあなたの情熱、そして友情に感謝したい。あなたのお蔭でたくさんの人々の人生が変化した。

私の親友、ジョン・ディスペンザについても記しておきたい。あなたの忍耐力と熱意に心からありがとう。本書内のアートワーク、図版、そして素晴らしい装丁は私のお気に入りだ。あなたの才能は恒星クラスだ。

私の卓越した脳科学チーム、ダニエラ・デベリック医師、ＥＥＧニューロフィードバックセンター所長トマス・ファイナー、ＯＴ、ＩＦＥＮのノーメン・シャックとフランク・ヘガー、クローディア・ルイズ、ジュディ・スタイヴァーズにも感謝を表したい。あなた方の秀逸な研究、意欲あふれるエネルギーによる献身と奉仕、世界をよくしたいという情熱、そして開かれたハートに心からありがとう。あなた方と知り合えて光栄だった。すべての脳スキャンの実施、最先端の機器を用意してくれたこと、卓越した分析、データの集計、そして忙しい日々の時間を割いて私と常人と超人についての長い議論に付き合ってくれてありがとう。そして何より私を信じ、私の師となってくれたことに感謝したい。あなた方は皆一服の清涼剤であり、未来を生きる人々だ。

ＧＤＶとスプートニクによる測定のエキスパート、メリッサ・ウォーターマンＢＳ．ＭＳＷにも大変お世話になった。研究を快く共有してくれたこと、そしていつでも快く呼び出しに応じてくれたことに感謝したい。

ドーソン・チャーチ博士、あなたの天才的力量と友情に称賛を贈りたい。あなたもまたワークショップの数日間で誰でも遺伝子発現を変えられると信じていたひとりだった。チームのメンバーでいてくれたこと、そして実用科学情報を惜しみなく提供してくれたことに感謝したい。知り合えて光栄だった。

ロリン・マッカーシー博士、ジャッキー・ウォーターマン、ハワード・マーティン、そしてハートマス研究所のチーム全員にも大きな感謝をしたい。あなた方は惜しみなく無欲に私たちの研究をサポートしてくれた。私たちの関係を有り難く思う。

私の企業訓練会社の経営チーム、スザンヌ・クオリア、ベス・ウルフソン、フローレンス・イエーガーには感謝している。私とビジョンを共有してくれてありがとう。また、人生の変容とリーダーシップのお手本となるべく勤勉に働いてくれた、世界中の企業トレーナーたちにも謝辞を述べておきたい。

ジャスティン・ラスチェクは、私の仕事の奥義を理解するためたくさんの時間を割いてくれた。コーチングプログラムの構築に協力してくれたことに感謝したい。またぜひ一緒に仕事をしたいと思っている。

グレッグ・ブレイデン、心に響くパワフルな序文を書いてくれてありがとう。あなたは現実の人生のお手本だ。あなたとの友情は私の宝物だ。

ロバータ・ブリッティンガム、あなたは私がこれまで出会った中で最も偉大で神秘的で素晴らしいハートの持ち主だ。あなたの愛と献身には感謝してもしきれない。あなたの万華鏡の制作についても称賛を贈りたい。あれほど芸術性の高い作品はあなたにしか作れない。

ユニークで健康な若者である私の子供たち、ジェイス、ジャナ、シェン。私が情熱を傾けて仕事をすることに寛大な君たちに感謝したい。

そして最後に、本書で取り上げたすべてのワークにかかわってくれた私のイベント参加者の人々。私はあなた方の多くから深いインスピレーションを受けた。あなた方は文字通り、超自然になった。

巻末注

はじめに

1. Global Union of Scientists for Peace, "Defusing World Crises: A Scientific Approach," https://www.gusp.org/defusing-world-crises/scientific-research/.
2. F.A. Popp, W. Nagl, K. H. Li, et al., "Biophoton Emission: New Evidence for Coherence and DNA as Source," Cell Biophysics, vol.6, no.1: pp. 33-52(1984).

第1章

1. R.M. Sapolsky, Why Zebras Don't Get Ulcers (New York: Times Books, 2004).

In addition, emotional addiction is a concept taught at Ramtha's School of Enlightenment; see JZK Publishing, a division of JZK, Inc., the publishing house for RSE, at http://jzkpublishing.com or http://www.ramtha.com.

第2章

1. Also known as Hebb's Rule or Hebb's Law; see D.O. Hebb, The Organization of Behavior: A Neuropsychological Theory (New York: John Wiley & Sons, 1949).
2. L. Song, G. Schwartz, and L. Russek, "Heart-Focused Attention and Heart-Brain Synchronization: Energetic and Physiological Mechanisms," Alternative Therapies in Health and Medicine, vol. 4, no. 5: pp. 44-52, 54-60, 62 (1998); D. L. Childre, H. Martin, and D. Beech, The HeartMath Solution: The Institute of HeartMath's Revolutionary Program for Engaging the Power of the Heart's Intelligence (San Francisco: HarperSanFrancisco, 1999), p. 33.
3. A. Pascual-Leone, D. Nyuyet, L. G. Cohen, et al., "modulation of Muscle Responses Evoked by Transcranial Magnetic Stimulation During the Acquisition of New Fine Motor Skills," Journal of Neurophysiology, vol. 74, no.3: pp. 1037-1045 (1995).
4. P. Cohen, "Mental Gymnastics Increase Bicep Strength," New Scientist,

vol.172, no. 2318: p.17 (2001), http://www.newscientist.com/article/dn1591-mental-gymnastics-increase-bicep-strength.html#.Ui03PLzk_Vk.

5. W. X. Yao, V. K. Ranganathan, D. Allexandre, et al., "Kinesthetic Imagery Training of Forceful Muscle Contractions Increases Brain Signal and Muscle Strength," Frontiers in Human Neuroscience, vol.7: p.561 (2013).
6. B. C. Clark, N. Mahato, M. Nakazawa, et al., "The Power of the Mind: The Cortex as a Critical Determinant of Muscle Strength/Weakness," Journal of Neurophysiology, vol.112, no.12: pp. 3219-3226 (2014).
7. D. Church, A. Yang, J. Fannin, et al., "The Biological Dimensions of Transcendent States: A Randomized Controlled Trial," presented at French Energy Psychology Conference, Lyon, France, March 18, 2017.

第3章

1. N. Bohr, "On the Constitution of Atoms and Molecules," Philosophical Magazine, vol.26, no.151: pp. 1-25 (1913).
2. Church, Yang, Fannin, et al., "The Biological Dimensions of Transcendent States: A Randomized Controlled Trial."
3. Childre, Martin, and Beech, The HeartMath Solution.
4. "Mind Over Matter,"Wired (April 1,1995), https://www.wired.com/1995/04/pear.

第4章

1. Popp, Nagl, Li, et al., "Biophoton Emission: New Evidence for Coherence and DNA as Source."
2. L. Fehmi and J. Robbins, The Open-Focus Brain: Harnessing the Power of Attention to Heal Mind and Body (Boston: Trumpeter Books, 2007).
3. A. Hadhazy, "Think Twice: How the Gut's 'Second Brain' Influences Mood and Well-Being," Scientific American Global RSS (February 12, 2010), http://www.scientificamerican.com/article/gut-second-brain/.
4. C. B. Pert, Molecules of Emotion (New York: Scribner, 1997).
5. F. A. Popp, "Biophotons and Their Regulatory Role in Cells," Frontier Perspectives (The Center for Frontier Sciences at Temple University, Philadelphia), vol. 7, no. 2: pp. 13-22 (1998).

6. C. Sylvia with W. Novak, A Change of Heart: A Memoir (New York: Warner Books, 1997).
7. P. Pearsall, The Heart's Code: Tapping the Wisdom and Power of Our Heart Energy (New York: Broadway Books, 1998), p.7.

第5章

1. M. Szegedy-Maszak, "Mysteries of the Mind: Your Unconscious Is Making Your Everyday Decisions," U.S. News & World Report (February 28, 2005).
2. M.B. DeJarnette, "Cornerstone," The American Chiropractor, pp. 22, 23, 28, 34 (July/August 1982).
3. Ibid.
4. D. Church, G. Yount, S. Marohn, et al., "The Epigenetic and Psychological Dimensions of Meditation," presented at Omega Institute, August 26, 2017. Submitted for publication.

第6章

1. "Electromagnetic Fields and Public Health: Electromagnetic Sensitivity" World Health Organization backgrounder (December 2005), http://www.who.int/peh-emf/publications/facts/fs296/en/; WHO workshop on electromagnetic hypersensitivity (October 25-27, 2004), Prague, Czech Republic, http://www.who.int/peh-emf/meetings/hypersensitivity_prague2004/en/.

第7章

1. D. Mozzaffarian, E. Benjamin, A.S.Go,etal.on behalf of the American Heart Association Statistics Committee and Stroke Statistics Subcommittee, "Heart Disease and Stroke Statistics-2016 Update: A Report from the American Heart Association," Circulation, 133:e38-e360 (2016).
2. Childre, Martin, and Beech, The HeartMath Solution.
3. HeartMath Institute, "The Heart's Intuitive Intelligence: A Path to Personal, Social and Global Coherence," https://www.youtube.com/watch?v=QdneZ4fIlHE (April 2002).
4. Church, Yang, Fannin, etal, "The Biological Dimensions of Transcendent

States: A Randomized Controlled Trial."; Church, Yount, Marohn, et al., "The Epigenetic and Pyschological Dimensions of Meditation."

5. R. McCraty, M. Atkinson, D. Tomasino, et al., "The Coherent Heart: Heart-Brain Interactions, Psychophysiological Coherence, and the Emergence of System-Wide Order," Integral Review, vol.5, no. 2: pp.10-115 (2009).
6. T. Allison, D. Williams, T. Miller, et al., "Medical and Economic Costs of Psychologic Distress in Patients with Coronary Artery Disease," Mayo Clinic Proceedings, vol. 70, no. 8: pp. 734-742 (August 1995).
7. R. McCraty and M. Atkinson, "Resilience Training Program Reduces Physiological and Psychological Stress in Police Officers," Global Advances in Health and Medicine, vol.1, no.5: pp. 44-66 (2012).
8. M. Gazzaniga, "The Ethical Brain," The New York Times (June 19, 2005), http://www.nytimes.com/2005/06/19/books/chapters/the-ethical-brain.html.
9. R. McCraty, "Advanced Workshop with Dr. Joe Dispenza," Carefree Resort and Conference Center, Carefree, Arizona (February 23, 2014).
10. W. Tiller, R. McCraty, and M. Atkinson, "Cardiac Coherence: A New, Noninvasive Measure of Autonomic Nervous System Order," Alternative Therapies in Health and Medicine, vol. 2, no. 1: pp. 52-65 (1996).
11. McCraty, Atkinson, Tomasino, et al., "The Coherent Heart: Heart-Brain Inter-actions, Psychophysiological Coherence, and the Emergence of System-Wide Order."
12. R. McCraty and F. Shaffer, "Heart Rate Variability: New Perspectives on Physiological Mechanisms, Assessment of Self-Regulatory Capacity, and Health Risk," Global Advances in Health and Medicine, vol. 4, no. 1: pp. 46-61 (2015); S. Segerstrom and L. Nes, "Heart Rate Variability Reflects Self-Regulatory Strength, Effort, and Fatigue," Psychological Science, vol. 18, no. 3: pp. 275-281 (2007); R. McCraty and M. Zayas, "Cardiac Coherence, Self-Regulation, Autonomic Stability, and Psychosocial Well-Being," Frontiers in Psychology; vol. 5: pp. 1-13 (September 2014).
13. K. Umetani, D. Singer, R. McCraty, et al., "Twenty-Four Hour Time Domain Heart Rate Variability and Heart Rate: Relations to Age and Gender over Nine Decades," Journal of the American College of Cardiology, vol.31, no.3: pp. 593-601 (March 1, 1998).

14. D. Childre, H. Martin, D. Rozman, and R. McCraty, Heart Intelligence: Connecting with the Intuitive Guidance of the Heart (Waterfront Digital Press, 2016), p. 76.
15. R. McCraty, M. Atkinson, W. A. Tiller, et al., “The Effects of Emotions on Short-Term Power Spectrum Analysis of Heart Rate Variability,” The American Journal of Cardiology, vol.76, no.14 (1995): pp. 1089-1093.
16. Pert, Molecules of Emotion.
17. Ibid,
18. Song, Schwartz, and Russek, “Heart-Focused Attention and Heart-Brain Synchronization.”
19. Childre, Martin, and Beech, The HeartMath Solution. P.33.
20. Song, Schwartz, and Russek, “Heart-Focused Attention and Heart-Brain Synchronization.”
21. Childre, Martin, and Beech, The HeartMath Solution.
22. J. A. Armour, “Anatomy and Function of the Intrathoracic Neurons Regulating the Mammalian Heart,” in I. H. Zucker and J. P. Gilmore, eds., Reflex Control of the Circulation (Boca Raton, FL: CRC Press, 1998), pp. 1-37.
23. O. G. Cameron, Visceral Sensory Neuroscience: Interoception (New York: Oxford University Press, 2002).
24. McCraty and Shaffer, “Heart Rate Variability: New Perspectives on Physiological Mechanisms, Assessment of Self-Regulatory Capacity, and Health Risk.”
25. H. Martin, “TEDxSantaCruz: Engaging the Intelligence of the Heart,” Cabrillo College Music Recital Hall, Aptos, CA, June 11, 2011, https://www.youtube.com/watch?v=A9kQBAH1nK4.
26. J. A. Armour, “Peripheral Autonomic Neuronal Interactions in Cardiac Regulation,” in J. A. Armour and J. L. Ardell, eds., Neurocardiology (New York: Oxford University Press, 1994), pp. 219-44; J. A. Armour, “Anatomy and Function of the Intrathoracic Neurons Regulating the Mammalian Heart, "in Zucker and Gilmore, eds., Reflex Control of the Circulation, pp. 1-37.
27. McCraty, Atkinson, Tomasino, et al., “The Coherent Heart.”

第8章

1. E. Goldberg and L. D. Costa, "Hemisphere Differences in the Acquisition and Use of Descriptive Systems," Brain Language, vol.14, no.1 (1981), pp. 144-73.

第11章

1. Aspect, P. Grangier, and G Roger, "Experimental Realization of Einstein-Podolsky-Rosen-Bohm Gedankenexperiment: A New Violation of Bell's Inequalities," Physical Review Letters, vol.49, no.2 (1982): pp. 91-94; A. Aspect, J. Dalibard, and G, Roger, "Experimental Test of Bell's Inequalities Using Time-Varying Analyzers," Physical Review Letters, vol, 49, no, 25 (9182): pp. 1804-1807; A. Aspect, "Quantum Mechanics: To Be or Not to Be Local," Nature, vol. 446, no.7138 (April 19, 2007): pp. 866-867.
2. D. Bohm, Wholeness and the Implicate Order volume 135 (New York: Routledge, 2002).
3. I. Bentov, Stalking the Wild Pendulum: On the Mechanics of Consciousness (New York: E. P. Dutton, 1977); Ramtha, A Beginner's Guide to Creating Reality (Yelm, WA: JZK Publishing, 2005).

第12章

1. W. Pierpaoli, The Melatonin Miracle: Nature's Age-Reversing, Disease-Fighting, Sex-Enhancing Hormone (New York: Pocket Books, 1996); R. Reiter and J. Robinson, Melatonin: Breakthrough Discoveries That Can Help You Combat Aging, Boost Your Immune System, Reduce Your Risk of Cancer and Heart Disease, Get a Better Night's Sleep (New York: Bantam, 1996).
2. S. Baconnier, S. B. Lang, and R. Seze, "New Crystal in the Pineal Gland: Characterization and Potential Role in Electromechano-Transduction," URSI General Assembly, Maastricht, Netherlands, August 2002.
3. T. Kenyon and V. Essene, The Hathor Material: Messages from an Ascended Civilization (Santa Clara, CA: S.E.E. Publishing Co., 1996).
4. R. Hardeland, R. J. Reiter, B. Poeggeler, and D. X. Tan, "The Significance of the Metabolism of the Neurohormone Melatonin: Antioxidative Protection and Formation of Bioactive Substances," Neuroscience & Biobehavioral

Reviews, vol.17, no.3: pp.347-57 (Fall 1993); A.C. Rovescalli, N. Brunello, C. Franzetti, and G. Racagni, "Interaction of Putative Endogenous Tryptolines with the Hypothalamic Serotonergic System and Prolactin Secretion in Adult Male Rats," Neuroendocrinology, vol.43, no.5: pp.603-10 (1986); G. A. Smythe, M. W. Duncan, J. E. Bradshaw, and M. V. Nicholson, "Effects of 6-methoxy-1,2,3,4-tetrahydro-beta-carboline and yohimbine on hypothalamic monoamine status and pituitary hormone release in the rat," Australian Journal of Biological Sciences, vol.36, no.4: pp.379-86 (1983).

5. S.A. Barker, J. Borjigin, I. Lomnicka, R. Strassman, "LC/MS/MS Analysis of the Endogenous Dimethyltryptamine Hallucinogens, Their Precursors, and Major Metabolites in Rat Pineal Gland Microdialysate," Biomedical Chromatography, vol.27, no.12: pp.1690-1700 (December 2013), doi: 10.1002/bmc.2981.
6. Hardeland, Reiter, Poeggeler, and Tan, "The Significance of the Metabolism of the Neurohormone Melatonin."
7. David R. Hamilton, Why Kindness Is Good for You (London: Hay House UK, 2010), pp. 62-67.
8. R. Acher and J, Chauvet, "The Neurohypophysial Endocrine Regulatory Cascade: Precursors, Mediators, Receptors, and Effectors," Frontiers in Neuroendocrinology, vol.16: pp. 237-289 July 1995).
9. D. Wilcox,"Understanding Sacred Geometry & the Pineal Gland Consciousness," lecture available on YouTube at https://youtube/2S_m8AqJKs8?list=PLxAVg8IHIsUwwkHcg5MopMjrec7Pxqzhi.

第13章

1. Global Union of Scientists for Peace, "Defusing World Crises: A Scientific Approach."
2. Ibid.
3. D.W. Orme-Johnson, C. N. Alexander, J. L. Davies, et al., "International Peace Project in the Middle East: The Effects of the Maharishi Technology of the Unified Field," Journal of Conflict Resolution, vol. 32, no. 4 (December 4, 1988).
4. D.W. Orme-Johnson, M. C. Dillbeck, and C. N. Alexander, "Preventing

Terrorism and International Conflict: Effects of Large Assemblies of Participants in the Transcendental Meditation and TM-Sidhi Programs," Journal of Offender Rehabilitation, vol. 36, no.1-4: pp. 283-302 (2003).

5. "Global Peace-End of the Cold War," Global Peace Institute, http://globalpeaceproject.net/proven-results/case-studies/global-peace-end-of-the-cold-war/.

6. J. S. Hagelin, M. V. Rainforth, K. L. C. Cavanaugh, et al., "Effects of Group Practice of Transcendental Meditation Program on Preventing Violent Crime in Washington, D.C.: Results of the National Demonstration Project, June-July 1993," Social Indicators Research, vol. 47, no. 2: pp. 153-201 (June 1999).

7. R.D. Nelson,"Coherent Consciousness and Reduced Randomness: Correlations on September 11, 2001," Journal of Scientific Exploration, vol. 16, no. 4: pp. 549-70 (2002).

8. "What Are Sunspots?" Space.com, http://www.space.com/14736-sunspots-sun-spots-explained.html (February 29, 2012).

9. A.L. Tchijevsky (V. P. de Smitt trans.), "Physical Factors of the Historical Process," Cycles, vol. 22: pp. 11-27 January 1971).

10. S. Ertel, "Cosmophysical Correlations of Creative Activity in Cultural History," Biophysics, vol.43, no.4: pp. 696-702 (1998).

11. C. W. Adams, The Science of Truth (Wilmington, DE: Sacred Earth Publishing, 2012), p. 241.

12. "Earth's Atmospheric Layers," (January 21, 2013), https://www.nasa.gov/mission_pages/sunearth/science/atmosphere-layers2.html.

13. R. Wever, "The Effects of Electric Fields on Circadian Rhythmicity in Men," Life Sciences in Space Research, vol. 8: pp. 177-87 (1970).

14. Iona Miller, "Schumann Resonance," Nexus Magazine, vol.10, no.3 (April-May 2003).

15. Childre, Martin, Rozman, and McCraty, Heart Intelligence: Connecting with the Intuitive Guidance of the Heart.

16. R. McCraty, "The Energetic Heart: Bioelectromagnetic Communication Within and Between People, in Bioelectromagnetic and Subtle Energy Medicine," in P. J. Rosch and M. S. Markov, eds., Clinical Applications of Bioelectromagnetic Medicine (New York: Marcel Dekker, 2004).

17. Childre, Martin, Rozman, and McCraty, Heart Intelligence: Connecting with the Intuitive Guidance of the Heart.

18. R. McCraty, "The Global Coherence Initiative: Measuring Human-Earth Energetic Interactions," Heart as King of Organs Conference, Hofuf, Saudi Arabia (2010); R. McCraty, A. Deyhle, and D. Childre, "The Global Coherence Initiative: Creating a Coherent Planetary Standing Wave," Global Advances in Health and Medicine, 1(1): pp. 64-77 (2012); R. McCraty, "The Energetic Heart," in Clinical Applications of Bioelectromagnetic Medicine.

19. HeartMath Institute, "Global Coherence Research," https://www.heartmath.org/research/global-coherence/.

20. S. M. Morris, "Facilitating Collective Coherence: Group Effects on Heart Rate Variability Coherence and Heart Rhythm Synchronization," Alternative Therapies in Health and Medicine, vol.16, no.4: pp.62-72 (July-August 2010).

21. K. Korotkov, Energy Fields Electrophotonic Analysis in Humans and Nature: Electrophotonic Analysis, 2nd edition (CreateSpace Independent Publishing Platform, 2014).

22. D. Radin, J. Stone, E. Levine, et al., "Compassionate Intention as a Therapeutic Intervention by Partners of Cancer Patients: Effects of Distant Intention of the Patients' Autonomic Nervous System," Explore, vol.4, no.4 (July-August 2008).

レンスをハートマスセンサーで、エネルギーレベルの測定をGDVスプートニクセンサーを用いて行っている。

企業コンサルタントとしては、神経科学の原理を使って雇用者の創造力、革新性、生産性その他の向上を図る企業や組織の現場に赴きレクチャーやワークショップを開催している。企業向けプログラムには経営者のプライベートコーチングも含まれる。ジョー博士は世界中の企業に彼の変容モデルを応用したトレーニングを行える企業トレーナーをこれまで70名以上育成し、資格認定を行ってきた。また最近ではこの変容モデルを各自のクライアント向けに行うコーチにも資格認定を始めた。

ニューヨークタイムズベストセラー作家であるジョー博士は、投薬や外科手術ではなく、思考だけで自らを癒やす能力について探求した"You Are the Placebo: Making Your Mind Matter"(ヘイハウス、2014)を出版した。『あなたという習慣を断つ―脳科学が教える新しい自分になる方法』（ナチュラルスピリット、2015）、"Evolve Your Brain: The Science of Changing Your Mind"(2007)は、どちらも変化と後成遺伝学の神経科学を詳説している。『超自然になる』はジョー博士による第4作目となる。出演した映像には、HEAL(2017), E-Motion(2014),Sacred Journey of the Heart(2012),People v. the State of Illusion (2011), What IF – The Movie (2010), Unleashing Creativity (2009), What the #$*! Do We Know? &Down the Rabbit Hole (DVD完全版、2005)がある。

ジョー博士はエバーグリーン州立大学で理学士号を、ライフ大学では優秀な成績でカイロプラクティック博士号を取得している。大学院での研究は神経学、神経科学、脳機能と化学、細胞生物学、記憶形成、加齢と寿命など多岐にわたっている。ウェブサイトはwww.drjoedispenza.com

著者について

ジョー・ディスペンザ、カイロプラクティック博士は国際的講演者、研究者、企業コンサルタント、著者、教育者で、これまで5つの大陸にまたがる32か国から招聘を受けている。講演者、教育者としての彼は、人間には無限の可能性と偉大さが潜在的に備わっているという信条に基づいて活動を続けている。永続的変化を起こすには脳内回路を書き換え、体に新たな条件付けを行うという方法を分かりやすく説明し、励ましながらやさしく導くスタイルで、彼はこれまで何千という人々を指導してきた。

多様なオンラインコースや遠隔クラスに加え、米国内外で3日間の進化のためのワークショップ、5日間の上級ワークショップを主宰してきた。2018年から、このワークショップは1週間となり、両ワークショップともオンラインで受講可能となる。（これについての詳細はwww.drjoedispenza.comのイベントセクション参照のこと）ジョー博士はハワイ州ホノルルにあるクォンタム大学、ニューヨーク州ラインベックにあるオメガ・インスティテュート・オブ・ホリスティック・スタディーズ、マサチューセッツ州ストックブリッジにあるクリパル・センター・フォー・ヨガ&ヘルスの教授陣に名を連ねている。またジョージア州アトランタにあるライフ大学研究機関でも教授として招聘を受けている。

研究者として、ジョー博士の情熱は神経科学、後成遺伝学、量子力学などの最先端研究を学際的に扱い、自然寛解の背後にあるサイエンスを探求している。その知識を活用し、人が病気、慢性疾患、あるいは死に至る病気からの快癒を果たし、より充実した人生を謳歌できるよう、また意識の進化を遂げられるように支援している。世界中で実施されている上級ワークショップでは、後成遺伝学的テスト、EEGによる脳内マッピング、ガス放電表示装置を使った個人のエネルギー場の測定などを通じ、瞑想の効果に関する大がかりな研究を、他の科学者たちとともに実施している。彼はまた、ワークショップ実施前、中、後の心臓のコヒー

訳者

東川恭子 Kyoko Cynthia Higashikawa

翻訳家。ヒプノセラピスト。

ハワイ大学卒業、ボストン大学大学院国際関係学部修了。メタフィジカル・スピリチュアル分野の探究を経て、2014年東京、吉祥寺にヒプノヒーリングサロンを開設。最先端の脳科学をベースにしたヒプノセラピー＆コーチングを行う傍ら、催眠による心身治療、潜在意識活用法の普及に努めている。

翻訳書は『前世ソウルリーディング』『新月のソウルメイキング』『魂の目的：ソウルナビゲーション』（徳間書店）、『あなたという習慣を断つ』（ナチュラルスピリット）、『あなたはプラシーボ』（めるくまーる）など多数。

米国催眠士協会会員。米国催眠療法協会会員。

ウェブサイトは https://hypnoscience-lab.com/

超自然になる
どうやって通常を超えた能力を目覚めさせるか

●

2020年5月24日　初版発行
2024年9月27日　第5刷発行

著者／ジョー・ディスペンザ
訳者／東川恭子

装幀／山添創平
編集／山本貴緒
DTP／小粥 桂

発行者／今井博揮
発行所／株式会社 ナチュラルスピリット
〒101-0051 東京都千代田区神田神保町3-2 高橋ビル2階
TEL 03-6450-5938　FAX 03-6450-5978
info@naturalspirit.co.jp
https://www.naturalspirit.co.jp/

印刷所／モリモト印刷株式会社

ISBN978-4-86451-337-1 C0011